DER HINDUISMUS

DER HINDUISMUS

Ausgewählt und zusammengestellt von

Alfred Hillebrand
Leopold von Schroeder
Adolf Holtzmann

VOLTMEDIA

ISBN 3-938478-61-6

Gesamtherstellung: Oldenbourg Taschenbuch GmbH, Kirchheim

Einbandgestaltung: Oliver Wirth, Paderborn

INHALT

EINFÜHRUNG IN DIE VEDISCHE LITERATUR

Der *Veda*, d.h. „das heilige Wissen", umfaßt die Gesamtheit der von den Indern für übermenschlich und inspiriert gehaltenen Schriften und gliedert sich zunächst in vier Abteilungen. Sie sind:

I. *Rigveda*, der Veda der Verse (*rik*),
II. *Samaveda*, der Veda der Gesänge (*saman*),
III. *Yajurveda*, der Veda der Opfersprüche (*yajus*),
IV. *Atharvaveda*, nach *Atharvan*, einem mythischen Priester der Vorzeit so benannt.

Die Einreihung des gesamten Stoffes in diese vier Abteilungen beruht darauf, daß zu einem feierlichen Somaopfer vier Hauptpriester gehören:

I. der *Hotar*, welcher die Götter durch Rezitation von Versen (*rik*) einlädt,
II. der *Udgatar*, der das Opfer mit seinem Gesange (*saman*) begleitet,
III. der *Adhvaryu*, der unter Murmeln von Opfersprüchen (*yajus*) die heilige Handlung vollzieht,
IV. der *Brahman*, der Oberpriester, welcher die ganze Zeremonie leitet, ohne in der Regel selbst in dieselbe einzugreifen.

Das Handbuch des *Hotar* ist der *Rigveda*, das des *Udgatar* der *Samaveda*, das des *Adhvaryu* der *Yajurveda*. Hingegen hat der *Brahman* kein besonderes Handbuch, sondern muß alle drei genannten Veden kennen. Nur künstlich und in späterer Zeit wurde ihm eine Beziehung zum *Atharvaveda* angedichtet, einer Sammlung aus apokryphen Materialien, welche diesen Charakter in allen Teilen, aus denen sie besteht, deutlich zur Schau trägt.

Jeder der drei erstgenannten Priester bedarf bei seinen Obliegenheiten: A. einer *Samhita* (Sammlung), welche ihm das von ihm zu verwendende Material von Hymnen und Sprüchen an die Hand gibt; B. eines *Brahmanam* (theologische Erklärung), welches ihm die Anweisung über den richtigen Gebrauch dieses Materials beim Opferdienste erteilt, und dessen weitschichtiger Inhalt sich unter drei Rubriken bringen läßt, als: a. *Vidhi* (Vorschrift), b. *Arthavada* (Sacherklärung, exegetischer, mythologischer und polemischer Art) und c. *Vedanta* oder *Upanishad* (theologische und philosophische Betrachtungen über das Wesen der Dinge). Die letzterwähnten Abschnitte heißen *Vedanta* (Veda-Ende), weil sie in der Regel am Ende der Brahmanas stehen (später als „Endziel des Veda" ausgedeutet), oder Upanishad (vertrauliche Sitzung, später „Geheimlehre"), weil sie dem Schüler, wohl gegen Ende der Lehrzeit und unter Ausschluß des weitern Schülerkreises, mitgeteilt zu werden pflegten. Außer *Samhita* und *Brahmanam* gehört zu jedem Veda noch: C. ein *Sutram* (Leitfaden), welches dem Inhalt des Brahmanam parallel läuft, sofern es denselben in kurzer, übersichtlicher Form reproduziert und zu einem systematischen Ganzen vervollständigt. Hiernach gliedert sich die gesamte vedische Literatur in verschiedene Abteilungen:

Jede dieser Abteilungen ist nun aber nicht in einfacher, sondern in mehrfacher, zum Teil vielfacher Form vorhanden. Jeder der vier Veden wurde nämlich in verschiedenen *Shakhas*, „Zweigen", d.h. *Vedaschulen*, gelehrt, welche in der Behandlung des gemeinsamen Materials so sehr voneinander abwichen, daß daraus mit der Zeit verschiedene Werke parallelen Inhalts erwuchsen. Für die Samhitas ist dieser Unterschied, vermutlich weil ihr Inhalt schon zu sehr fixiert war, nicht sehr erheblich und beschränkt sich in der Regel auf eine Verschiedenheit der Rezension oder Redaktion; um so mehr aber für die Brahmanas und Sutras, derart, daß jeder der vier Veden in verschiedenen Shakhas nebeneinander bestand, deren jede ihr eigenes Brahmanam und später, unter mehrfacher Verschiebung der Namen und Verhältnisse, ihr eignes Sutram hervorbrachte. Von den Sutras können wir hier des weitern absehen; dieselben stammen, wie schon die Sprache zeigt, der Hauptsache nach aus späterer, nachbuddhistischer Zeit und sind vermutlich aufzufassen als ein Versuch, sich dem massenhaften Materiale des vedischen Opferwesens gegenüber aufs neue zu orientieren, nachdem man ihm durch das Aufblühen des Buddhismus und seiner opferfeindlichen Tendenzen längere Zeit, wohl mehrere Jahrhunderte hindurch, entfremdet worden war. Wie dem auch sei, jedenfalls gehören die Sutras nicht mehr zum vedischen Kanon im engern Sinne, welcher nur *Mantra* (Hymnen und Opfersprüche) und *Brahmanam* (theologische Erklärung) umfaßt und mit den Schlußkapiteln der Brahmanas, wie schon deren Name *Vedanta* (Veda-Ende) besagt, seinen Abschluß findet. Nur bis auf sie einschließlich erstreckt sich die Inspiration des Veda, während die Sutras nicht mehr für inspiriert gelten und nicht mehr das Ansehen der *Shruti* (Offenbarung), sondern nur das der *Smriti* (Tradition) genießen.

Jede Shakha hatte sonach ihr eignes Brahmanam, das in Vidhi und Arthavada das rituelle Textbuch, im Vedanta, d.h. der Upanishad, das dogmatische Textbuch der Schule enthielt. Die Upanishads sind also ursprünglich nichts anderes als die *dogmatischen Textbücher der einzelnen Vedaschulen*, woraus sich namentlich erklärt, daß sie alle (soweit sie der ältern Zeit angehören) denselben Inhalt, die *Lehre vom Atman oder Brahman*, bald kürzer, bald länger, in mehr oder weniger voneinander abweichender Weise behandeln.

Jede dieser Shakhas hatte also ihr eigenes Brahmanam und im Anschlusse daran ihre Upanishad.

Indessen ist diese ursprüngliche Bestimmung der Upanishad, ein Bestandteil des (anfangs nur von Mund zu Mund überlieferten, dann aber auch schriftlich fixierten) *Textbuches einer Vedaschule* zu sein, nur für die ältesten Upanishads gültig und in den späteren Erzeugnissen dieses Namens zurückgedrängt oder ganz verlassen worden. In dem Maße wie mit der Zeit die Zusammenhänge der Vedaschulen sich verwischten und zerfielen, während hingegen neue Interessen (wie die *Yoga*-Praxis, das Leben als *Sannyasin*, das Sektenwesen) in den Vordergrund traten, wurde auch die überkommene und in geheiligtem Ansehen stehende Upanishadform im Dienste derselben verwendet.

1) Periode des Rigveda und des Lebens im Penjab 1200 v. Chr. aufwärts bis vielleicht 2000 v. Chr.
2) Periode der Festsetzung im Gangeslande und Arbeit an den Samhitas 1200-1000 v. Chr.
3) Periode der prosaischen Yajus-Teile und der Brahmanas 1000-800 v. Chr.
4) Periode der jüngeren Brahmanas, Aranyakas und Upanishaden 800-600 v. Chr.
5) Periode der Sutras 600-400 oder 300 v. Chr.

Der *Rigveda*, dessen Charakteristik wir uns nun speziell zuwenden, ist das älteste Denkmal nicht nur des indischen, sondern des indogermanischen Geisteslebens überhaupt, dem höchstens noch die älteren *Gathas* des Zendavesta an die Seite gestellt werden können. Er liegt uns in einer Sammlung von 1.028 Hymnen vor, welche in zehn Bücher, *Mandalas* oder Kreise genannt, zerfallen. Die Art ihrer Entstehung und Überlieferung wird deutlich dadurch charakterisiert, daß die Mehrzahl dieser Bücher bestimmten altberühmten priesterlichen Sängerfamilien als spezielles Eigentum zugeschrieben wird; so das zweite Buch den *Gritsamadas*, das dritte dem *Vishvamitra* und seiner Familie, das vierte den *Vamadevas*, das fünfte dem *Atri* und seinen Abkommen, den *Atreyas*, das sechste den *Bharadvajas*, das siebente *Vasishtha* und den Seinigen, das achte vorwiegend wenigstens dem *Kanva* und den *Kanviden*. Buch 1, 9 und 10 stammen von verschiedenen Verfassern; das neunte ist speziell dem Somaopfer gewidmet; das erste und zehnte ganz gemischten Inhalts; das zehnte enthält jedenfalls die jüngsten Stücke.

Diese Lieder, meist von priesterlichen Dichtern, den sogenannten *Rishis* oder Weisen der Vorzeit, verfaßt, wurden als wertvolles Kleinod in den Familien ihrer Verfasser von Geschlecht zu Geschlecht vererbt, so daß einzelne hervorragende Familien schließlich einen ganzen Schatz von Liedern besaßen. Diese verschiedenen Kreise der Hymnendichtung wurden in einer späteren Zeit, als sich die Priester bereits als geschlossener Stand fühlten und das Bedürfnis nach systematischer Ordnung und Übersicht ihres gesamten Hymnenschatzes empfanden, in der großen Sammlung, die den Namen *Rigveda*, d.h. der Veda der Lieder oder Hymnen, führt, zusammengefaßt. Diese Zusammenstellung fand gewiß erst statt, als die Inder bereits aus dem Penjab in das Gangestal gewandert waren, und dürfte etwa gegen das Jahr 1000 v. Chr. zustande gekommen sein. Die Schöpfung der Hymnen selbst reicht aber ohne Zweifel um Jahrhunderte weiter zurück.

Die höchste, reinste und erhabenste Göttererscheinung des Rigveda ist *Varuna*. *Varuna* von der Wurzel *var* „umhüllen, einschließen, umfassen“, heißt eigentlich „der Umschließende, Umfassende“, und ist ursprünglich eine Bezeichnung des allumfassenden Himmels gewesen, identisch mit dem griechischen ουρανος. Wahrscheinlich war dies eigentlich ein Beiwort des alten Dyaus, das sich aber dann als besondere Persönlichkeit ablöste. Im Rigveda ist Varuna über diese ursprüngliche Naturbedeutung hoch hinauf gehoben, in eine höhere, geistigere Region. Hier ist er der hoch über aller Welt im Lichte thronende Herr über alles Licht und Leben, der allwissende Vater aller Wesen. Er hat die Welt geschaffen und geordnet; nach seinen unverbrüchlichen Satzungen wandeln Sonne und Mond; auf sein Geheiß strömen die Gewässer, und niemand vermag seinen Geboten zu trotzen. In ein glänzendes Gewand gekleidet sitzt er hoch oben in seiner Himmels-Veste und schaut hinab in das Verborgene; sieht, was da ist, was war und was sein wird, umgeben von seinen Spähern, die auf der Menschen Wandel merken. Vor des Gottes sittlich reiner, erhabener Erscheinung erschauert der Mensch im Gefühl seiner Sünde und fleht zu ihm, daß er ihm gnädig und vergebend, freundlich wieder das Antlitz zuwenden möge. Der erhabene Schwung dieser Lieder erinnert uns bisweilen an die Psalmen des Alten Testaments.

Neben Varuna, ihm wesensverwandt, aber von geringerer Bedeutung, stehen seine sechs Brüder, die lichten Adityas, d.h. Söhne der Aditi oder der Unendlichkeit. Der vornehmste unter ihnen ist *Mitra*, ursprünglich wohl ein Sonnengott, der im Rigveda vielfach dualisch eng verbunden mit Varuna angerufen und gepriesen wird. Daß wir denselben Gott auch bei den Persern vorfinden, ist schon früher erwähnt worden. Ein anderer von den Adityas ist *Bhaga*, der auch im

Avesta als Bagha erscheint. Die anderen Adityas, Aryaman, Daksha und Amsha, sind uns von geringerer Bedeutung; von dem sechsten dieser Brüder des Varuna läßt sich aus den Texten nicht einmal der Name sicher feststellen.

Im ganzen treten diese Adityas neben Varuna nur wenig als selbständige Personen hervor. Sie sind mehr oder weniger nur Entfaltungen *einer* Idee, nämlich des Varuna, und nur in Gemeinschaft wirksam. Die Namen Mitra und Aryaman deuten auf Freundschaft und Vertrautheit; Bhaga heißt der Gütige, Daksha der Geschickte, Kluge (δεξιος, dexter), Amsha der Zuteilende, der Spender. Der oberste Gott hat gleichsam einen hohen Rat befreundeter, wesensgleicher Götter um sich, welche eigentlich nur Ausflüsse ein und derselben göttlichen Person sind.

Die ganze Welt der Götter, welche *unter Varunas Lichtregion* in den verschiedenen Gebieten der Natur walten, zerfällt in *drei Hauptgruppen*:

1) die Götter der *sichtbaren himmlischen Lichterscheinungen*, der Sonne, der Morgenröte usw.
2) die Götter des *Luftraumes*, der Luft und der Windregion.
3) die Götter, welche auf der *Erde* ihren Sitz haben.

Unter den Göttern der *himmlischen Lichterscheinungen* sind zuerst die beiden *Ashvinen*, die „mit Rossen Versehenen" oder „die Ritter", zu nennen, welche als die ersten am Morgenhimmel erscheinen und das Tageslicht heraufgeleiten. Die Zeit, wo Licht und Dunkel noch ringen und das Licht allmählich siegt, die Morgendämmerung, ist nach der indischen Theologie ihre Zeit. Die Ashvinen sind ein Zwillingspaar von Rosselenkern, in goldenen Wagen erscheinend, von geflügelten Rossen, Adlern oder Falken gezogen. Ihre Naturbedeutung ist nicht ganz sicher festzustellen. Gegen die Deutung auf die ersten Lichtstrahlen spricht der Umstand, daß sie als ein Paar auftreten, wofür der Grund dabei ganz unverständlich bliebe. Ebenso wenig befriedigt aber die Deutung auf Morgenstern und Abendstern, da sie doch zusammen erscheinen. Im übrigen ist aber der Charakter der Ashvinen sehr klar und deutlich. Es sind gütige, rettende und helfende Götter, von denen schon im Veda viel ruhmeswürdige Taten erzählt und gepriesen, oft auch nur angedeutet und als bekannt vorausgesetzt werden. Die beiden ewig in jugendlicher Schönheit strahlenden Helden, mit Wunderkraft und Weisheit begabt, sind auch die Ärzte der Götter. Sie heilen Blinde und Lahme, sie helfen den Elenden. Greise, wie den Seher Kali und den alten Shyavana, sollen die Ashvinen wieder verjüngt haben, dem Vimada verhalfen sie zu einer schmucken Maid, der alternden Ghosha zu einem Gatten. Den Vandana befreien sie aus einer Falle und setzen der lahmen Vishpala in der Schlacht ein ehernes Bein an, so daß sie wieder gehen kann; dem weisen Atri, der samt seinen Mannen durch seiner Feinde List in einen heißen Schlund geraten war, bringen sie Kühlung und retten ihn daraus. Insbesondere aber wird ihnen auch Rettung aus Wassersnöten nachgerühmt. Die gefeiertste Tat der Ashvinen ist die Rettung des von seinem Vater Tugra im Stiche gelassenen *Bhujyu* aus den Wasserwogen. Auf sein Hülfeflehen nahen die Ashvinen auf ihrem Wagen mit den von selbst sich schirrenden Flügelrossen und retten den Bedrängten.

Die vergleichende Mythologie hat es lange erkannt, daß dies hülfreiche lichte Brüderpaar von Göttern in die indogermanische Urzeit zurückreicht und daß sie speziell mit den griechischen Dioskuren ursprünglich identisch sind. Auch diese, auch Kastor und Pollux, sind ein Zwillingspaar jugendlich schöner Helden; sie werden in der griechischen Kunst mit Rossen abgebildet, was uns deutlich an den Namen der Ashvin erinnert; sie sind vor allen Dingen ϑεοι σωτηρες, wie auch die Ashvinen. Zu Roß und Wagen nahen sie, ihre Freunde zu retten, sie erscheinen dem vom Sturme bedrängten Schiffe und zeigen ihre Ankunft durch Licht am Maste an. Insbesondere in Wassersnot werden die Dioskuren angerufen, und das weist uns deutlich auf die am meisten gepriesene Tat der Ashvinen hin.

Den Ashvinen folgt am Morgenhimmel die schönste und reizvollste Gottheit des Lichtes, die *Morgenröte*. Der indische Name für diese Göttin, *Ushas*, ist mit dem griechischen ηως, dem lat. aurora (aus ausosa) zusammenzustellen, in entfernterer Weise auch mit slawischem *утро* und dem deutschen Ostara, Osten. Auch bei Griechen und Römern ist die Morgenröte eine Gottheit, aber ein eigentlicher Kultus derselben hat sich dort nicht ausgebildet.

Die Morgenröte wird eine Schwester der Nacht genannt und willig räumt die dunkle der strahlenden Schwester den Platz. Sie heißt Tochter des Himmels, auch der Sonne; viele schöne Hymnen sind an sie gerichtet, aber ein ausgeprägter Mythus ist eigentlich nicht vorhanden. Hervorgehoben wird die unverbrüchliche Regelmäßigkeit, mit der die Morgenröten immer wieder erscheinen. Zugleich wird der Mensch beim Anblick dieser immer wiederkehrenden Morgenröten an die Vergänglichkeit des eigenen Lebens erinnert, und so sagt er, daß *Ushas* die Menschen altern macht, daß „sie die Geschlechter der Menschen hinschwinden läßt, während sie die göttlichen Ordnungen aufrecht erhält“ (RV 1, 124, 2).

Den Mittelpunkt der himmlischen Lichterscheinungen bildet natürlich die *Sonne* selbst, die unter *verschiedenen Namen* und *Gestalten* im Rigveda verherrlicht wird.

Surya, die Sonne, personifiziert „der Sonnengott“, folgt der Spur der strahlenden Morgenröte wie ein Jüngling der Spur des Mädchens, erhebt sich mit seinen lichten Sonnenrossen am Rande des Himmels; vorgebeugt klimmen sie empor zur Himmelshöhe und durchmessen in einem Tage den Weltraum.

Ein anderer und häufiger angerufener, etwas mehr persönlich hervortretender Sonnengott ist *Savitar*, der Beleber oder Erwecker, der mit seinen goldenen Armen, den Sonnenstrahlen, am Himmel aufsteigt und alles, was lebt und sich regt, in Bewegung setzt. Er ist es, der dann auch des Abends alles wieder zur Ruhe bringt, und so erscheint er dann in doppelter Wirksamkeit, als Lenker und Herr des Tages wie der Nacht. Darum wird er nicht nur in seiner strahlenden Erscheinung bei Tage verherrlicht, sondern auch angefleht, bei Nacht die bösen Träume fernzuhalten. An Gott Savitar sind jene Verse gerichtet, die seit uralters bis auf den heutigen Tag jeder Brahmane tagtäglich zum Himmel emporsenden muss, die hochheilige sogenannte Gayatri oder Savitri. Wenn er sich erhebt, in der frühesten Morgendämmerung, ehe noch die Sonne am Horizont erscheint, muss er dies Gebet sprechen (RV 3, 62, 10):

tat savitur varenyam
bhargo devasya dhimahi,
dhiyo yo nah pracodayat.

„Den herrlichen Glanz Gott Savitars mögen wir erlangen! Er soll unsre Andacht fördern!"

So ist Savitar seit der Zeit des Rigveda bis in unsere Tage ein viel angerufener Gott.

Ganz andersartig ist die Gestalt eines anderen Gottes, den wir ebenfalls deutlich als Sonnengott erkennen, nämlich des Pushan, der als ein Hirt vorgestellt wird, mit dem Ochsenstachel bewaffnet, oben am Himmel wandelt und vor allem den Herden Wachstum und Gedeihen spendet. Er wird auch als der Geleitsmann auf Wegen und Straßen, als „Wegesherr" verehrt und angerufen. Vor allem aber soll er dem Vieh, den Rindern und Rossen der Opferer und Sänger nachgehen und sie behüten, daß keins sich verliert, keins sich verletzt und keins in eine Grube fällt; unversehrt soll er sie alle wieder herbeibringen. Wahrscheinlich weil die Ziege von allem Vieh am kühnsten klettert, ist dem Gott auf seiner schwindelnden Höhe ein Ziegenpaar verliehen, das seinen Wagen zieht.

Auch der als einer der Adityas schon früher besprochene *Mitra* ist ursprünglich ein Sonnengott.

Ein Sonnengott ist aller Wahrscheinlichkeit nach auch *Vishnu*, der Geschäftige oder Wirksame, dessen Gestalt im Rigveda nur wenig hervortritt, der aber berufen war, in späterer Zeit zu dem Range eines obersten Gottes emporzusteigen. Aus dem vedischen Pantheon könnte er herausgenommen werden, ohne daß die Lücke merkbar würde.

Es wird im Rigveda von ihm hauptsächlich das eine berichtet, daß er mit *drei Schritten* den ganzen Lichtraum durchmißt; Aufgang, Höhepunkt und Niedergang des Lichtes sind seine drei Fußstapfen, schon nach den indischen Kommentatoren. Auch erscheint er als tätiger Freund des Indra. An diesem bescheidenen Gotte bewährt sich das Wort, daß die Letzten die Ersten werden sollen. Denn er ist es, der später als Erhalter der Welt gefeiert, für die Weltseele selbst erklärt wird, die in wiederholter irdischer Verkörperung der Welt und den Menschen Heil gebracht hat.

Er ist es, dessen Kult sich in späteren Jahrhunderten halb Indien vornehmlich weihte, und bis zum heutigen Tage wird er dort in unzähligen prächtigen Tempeln verehrt.

Wir kommen nun nach den Göttern des Lichtes zu den *Göttern des Luftraumes*, der Region der Winde und Wolken.

Der Gewaltigste unter ihnen, alle anderen weit überragend, ist *Indra*, ein starker und streitbarer Gott, dessen Erscheinung uns in kräftigen, ja bisweilen derben und ungeschlachten Zügen im Rigveda vorgeführt wird; ein Gott, so recht nach dem Herzen des kriegerischen Inders im vedischen Zeitalter. Wahrscheinlich existierte Indra schon in der indopersischen Periode; das können wir aus seiner, wenn auch vereinzelten, Erwähnung im Avesta vermuten, wo ein böser Dämon Indra oder Andra erscheint. Jedenfalls aber ist er erst bei den Indern, im Zeitalter des Rigveda, zu wirklicher Bedeutung gelangt.

In dieser Zeit drängt sich die mächtige Gestalt Indras immer mehr in den Vordergrund, eine große Menge Hymnen sind an ihn gerichtet, preisen seine Taten, rühmen seine Stärke, bitten ihn um Hülfe im Kampfe und rufen ihn herbei zum Soma-Trinken. Man sieht es deutlich, wie er mehr und mehr der Liebling, der eigentlich *nationale Gott* der Inder wird, der zuletzt sogar die erhabene Gestalt Varunas in den Hintergrund drängt. Zur Zeit des Rigveda steht Varuna noch hoch und gefeiert da, aber schon merkt man es deutlich, daß das Herz des Volkes sich dem streitbaren Indra zuwendet und daß die bis dahin unbestrittene Herrschaft des alten Himmelsgottes gegen das Ende der Rigveda-Periode gefährdet ist.

Indra ist vor allem der Gott des Gewitters, der seinen Donnerkeil gegen die bösen Dämonen schleudert, welche die befruchtenden Wasser der Wolken gefangenhalten. Er tötet Vritra, den „Umhüllen" oder „Einschließer", den bösen Wolkendämon, zerspaltet den Wolkenfels, der die Wasser einschloß, und läßt den Regen zur Erde strömen. Der Wolkendämon, den er tötet, wird auch *Ahi* „die Schlange" oder der Drache genannt, der die Flut umlagerte; ahi ist das lateinische Wort anguis, griechisches εχις (εχιδνα), zendisches azhi, und der Drachentöter Indra ist von der vergleichenden Mythologie mit dem germanischen Siegfried, dem griechischen Achilleus zusammengebracht. Auch andere böse Dämonen werden genannt, die er tötet, so Vala, Danu, Danava, Shambara, Shushna, Kuyava u.a., alles Gestalten ähnlichen Charakters, Dämonen der Dürre und des Mißwachses. Er sucht sie in ihren Schlupfwinkeln auf, er entreißt ihnen die Beute, die sie geborgen; er zerschmettert sie und befreit die Kühe, d.h. die Wolkenwasser, die sie geraubt. Andere stürzt er hinab, wie sie den Himmel erklimmen und stürmen wollen, und verrichtet noch viele andere Heldentaten.

Jeder Sänger und Opferer müht sich, den Gott zu *seinem* Opfer herbeizuziehen, damit er den Seinen helfe und nicht den Gegnern. In zahlreichen Liedern laden sie den Indra, oft mit stürmischem Drängen, ein, zum Trinken des Soma herbeizukommen. Der Soma ist ein berauschender Trank, aus dem Saft einer bestimmten Pflanze bereitet, deren fleischige Stengel mit Steinen zerschlagen und gepreßt wurden. Die dazu gebrauchte Pflanze ist wahrscheinlich zu unterschiedlichen Zeiten eine verschiedene gewesen und heutzutage wohl eine andere als damals, als die Inder noch in anderen Gegenden lebten. Gegenwärtig ist es Sarcostemma acidum oder Asclepias acida. Der Trank mußte gären und wurde dann entweder rein oder mit Milch und anderen Zutaten gemischt dargebracht.

Wenn der Somatrunk für den Gott bereitgestellt ist, dann fleht der Sänger etwa folgendermaßen (RV 3, 42):

1. Komm her zu unsrem gekelterten Trank, zum Soma, o Indra, der mit Milch gemischt ist, mit deinen beiden Falben!

2. Komm her, o Indra, zu diesem Rauschtrank, der auf der Opferstreu steht und mit Steinen gekeltert ist; willst du dich nicht an ihm ergötzen?

3. Zum Indra gehn meine Lieder hin, von hier entsandt, um ihn herbeizuschaffen zum Somatrunk.

4. Den Indra rufen wir zum Trinken des Soma mit Lobgesängen hier und Liedern. Ob er wohl kommen wird?

5. O Indra, hier sind die gekelterten Somatränke, nimm sie in dich auf, du hundertfach Kräftiger, Rossereicher!

6. Wir kennen dich ja als den Beutegewinner, der kühn ist in den Schlachten, du Weiser! Nun bitten wir um deine Gunst!

7. Trink, Indra, diesen gekelterten Trank, der mit Milch und Gerste gemischt ist, herankommend mit deinen Hengsten.

8. An gewohnter Stätte lasse ich dir, o Indra, den Soma zum Trunke strömen; gern weile er in deinem Innern!

9. Zum Trinken des Soma rufen wir dich, o Indra, den Alten, wir Söhne des Kushika, Hülfe begehrend.

Und die Sänger rühmen sich, daß der Somatrunk den Indra begeistert und stark macht, so daß er dann erst die rechte Kraft erlangt, die bösen Dämonen niederzukämpfen. Für solchen Dienst beanspruchen sie dann auch in naiver Weise eine Gegenleistung, Hülfe und Förderung von seiten des Gottes. Das Keltern des Soma und die Einladung des Indra, zum Trankopfer zu kommen, wiederholt sich so viel, daß wir recht deutlich sehen, welche Rolle dieser Kult des streitbaren, trunkliebenden Indra zur Zeit des Rigveda bei den Indern spielte.

Neben Indra, dem Gewittergott, finden wir in der Region des Luftraums eine ganze Reihe von Göttern der *Winde* und *Stürme*.

So zuerst *Vayu* und *Vata*, beides Namen des Windes, Götter, bei denen ihre Naturbedeutung überall klar am Tage liegt, während ihre individuelle, persönliche Gestaltung nicht gerade weit ausgebildet ist.

Neben Vayu und Vata finden wir in der Luftregion vor allem noch die *Maruts* oder die Sturmwinde, welche den Indra als seine rechten Kampfgenossen mit Jubel, Lärm und Gesang begleiten. Sie fahren dahin in großer Schar, von bunten Hirschen oder Gazellen gezogen, als kampfgerüstete Männer, geziert mit allerhand Schmuck, Spangen und Gold, mit Speeren und Harnischen bewehrt. Die Schilderungen, welche die vedischen Dichter von der wild dahinstürmenden Schar der Maruts geben, sind oft sehr schön, kräftig und schwungvoll. Es ist mit Recht daran erinnert worden, daß jene indischen Poeten die gewaltige Erscheinung der Monsune kannten und dieselbe bei ihren Schilderungen offenbar vor Augen hatten.

Ein Gott des Sturmes ist auch *Rudra*, dessen Name entweder der „Heulende, Brüllende" oder der „Rote" bedeutet. Er steht in naher Beziehung zu den Maruts, wird ihr *Vater* genannt und repräsentiert die gefährliche, verheerende Gewalt des Sturmes. Aber man rühmt ihn auch, vielleicht mit einer Art euphemistischer Schmeichelei, als einen helfenden, schützenden Gott und nennt ihn *Shiva*, d.h. den Gütigen. Er ist im Besitz „heilsamer" Arzneien, ja er wird sogar „der beste der Ärzte" genannt, und es scheint dabei in der Tat an die heilsame, reinigende Seite der Stürme gedacht zu sein.

Aus diesem Rudra, oder doch in Anknüpfung an ihn, entwickelt sich in späterer Zeit der große Gott Shiva.

Ein uralter Gott, noch aus der Periode der indogermanischen Einheit stammend, ist der Regengott *Parjanya*, der mit dem litauischen Perkunas, wahrscheinlich auch mit dem slawischen Perun ursprünglich identisch ist. Im Rigveda hat er sich noch erhalten und wird in herrlicher, hochpoetischer Weise gefeiert, später aber ganz vergessen. Folgendes kraftvoll-schöne Lied des Sängers Atri ist an Parjanya gerichtet (RV 5, 83):

1. Begrüße den Mächtigen mit diesen Liedern; preise Parjanya, ruf ihn her in Demut! Mit lautem Brüllen läßt der Stier die Tropfen rinnen und legt seinen Samen als Leibesfrucht in die Pflanzen.

2. Er zerschmettert die Bäume und tötet die bösen Dämonen, vor seiner mächtigen Waffe bebt ein jedes Wesen; vor dem Gewaltigen flüchtet selbst der schuldlose Mensch, wenn Parjanya donnernd die Missetäter niederschlägt.

3. Wie ein Rosselenker, der mit der Peitsche seine Rosse peitscht, so scheucht Parjanya seine Regenboten auf; es erhebt sich wie eines Löwen Gebrüll aus der Ferne, wenn Parjanya sein Gewölk zum Regen sammelt.

4. Die Winde wehn, die Blitze schießen dahin, die Kräuter erheben sich, es schwillt der Himmel; jedwedem Wesen wird ein Labetrunk zuteil, wenn Parjanya mit seinem Samen die Erde erquickt.

5. Unter dessen Gebot die Erde sich beugt, unter dessen Gebot sich alles regt, was Hufe hat; unter dessen Gebot alle bunten Kräuter stehen, du, o Parjanya, sollst uns mächtigen Schutz verleihen.

6. Spendet uns Regen, ihr Maruts, vom Himmel her laßt schwellen die Ströme des starken Rosses; komm herbei mit deinem Donner in unsre Nähe, die Wasser strömen lassend, unser göttlicher Vater!

7. Brülle und donnre, befruchte du, fahr umher mit deinem Wagen, der von Wasser überströmt; den geöffneten Schlauch schlepp dahin, nach unten gekehrt, Tal und Hügel sollen gleichgemacht werden.

8. Heb auf die große Kufe und gieß sie aus, es sollen die Bäche entfesselt vorwärts strömen, benetz mit fruchtbarem Naß Erd und Himmel, eine schöne Tränke soll es sein für unsre Kühe.

9. Wenn du, o Parjanya, brüllend und donnernd die Übeltäter zu Boden schlägst, dann jauchzt alles lustig auf zu dir, was irgend auf der Erde lebt.

In der *Region der Erde*, welcher wir uns nunmehr zuwenden, ist der wichtigste und vornehmste Gott *Agni*, der Gott des Feuers, dessen Kult jedenfalls schon in die indopersische Periode zurückreicht. Der Name Agni bedeutet „Feuer“ und fällt zusammen mit dem lat. ignis. Die Erde kann eigentlich nicht eines großen Gottes Heimat sein. Auch Agni ist, wie die Sage erzählt, vom Himmel, aus der Götterwelt herabgestiegen. *Atharvan* oder *Matarishvan*, eine Art indischer Prometheus, soll ihn von dort geholt haben, aber nicht als einen Raub, sondern als eine Gabe der Götter.

Agni ist der gütige Gott des Feuers, der auch im Dunkel der Nacht dem Menschen sein Heim traulich, warm und hell macht. Er ist den Guten ein Schützer, er durchbohrt mit seinen Flammenpfeilen die bösen Dämonen, die Rakshasen, die Zauberer und Hexen. Er ist selbst ein großer und heiliger Gott, aber seine Hauptfunktion besteht doch darin, daß er der Bote zwischen Menschen und Göttern ist. Er trägt die Opfergabe hinauf zum Himmel und an seine Gegenwart ist die Gegenwart der Götter beim Opfer gebunden. Nicht in Tempeln, sondern unter freiem Himmel, auf schmucklosem Altar wird dieses Opferfeuer entzündet, und dort erscheinen die Götter. In der Regel – und dies ist das Heiligste – wird das Feuer durch Reibung zweier Hölzer von verschiedenen Bäumen erzeugt, die seine „Eltern“ genannt werden. Das eine Holz wird in einer Vertiefung des anderen gedreht oder gequirlt, bis der Funke herausspringt. Diese Art der Feuererzeugung ist jedenfalls eine uralte, als heilig angesehene Sitte, und ähnlich hat sie sich auch bei anderen indogermanischen Völkern noch lange erhalten, so z.B. in dem germanischen sogenannten Notfeuer. Die gewöhnlichste Opferspende ist Butter oder Schmalz, die ins Feuer gegossen werden. Die religiöse Dichtung sucht, Gott Agni auch persönlich, menschlich zu gestalten. Er wird geschildert als ein kühner Krieger, der auf dem Streitwagen erscheint, die Flammen sind seine Rosse – aber wenn die Dichter das Feuer schildern wollen, so bricht doch immer wieder die Vorstellung des Naturelements hindurch und die Persönlichkeit verblaßt.

Agni erscheint am Himmel als Sonne, er erscheint in der Luft als Blitz, auf Erden als Feuer auf dem Herd und Altar des Menschen. So ist er überall, in allen drei Gebieten geboren, gehört allen dreien an. Er wird auch der „Sohn der Wasser“ genannt, offenbar weil er aus den Wolkenwassern als Blitz entspringt. Man erzählt, daß er, verfolgt, sich in das Wasser flüchtet; so wird das Erlöschen des Feuers im Wasser gedeutet; es ist plötzlich weg, es hat sich im Wasser versteckt. Auch „Sohn seiner selbst“ wird Agni oft genannt, d.h. es geht ihm nichts Analoges, Homogenes voraus, er springt scheinbar ganz von selbst aus den Hölzern, wenn sie richtig behandelt werden. –

Dem Menschen ist Agni der nächste, liebste, trauteste Gott, der Hausherr und Hausbewohner, ein willkommener Gast, ein allverehrter, lieber Hausfreund. Unzählige Hymnen sind an ihn gerichtet. Der Rigveda beginnt mit einem Hymnus an Agni, und auch in den weiteren Büchern desselben stehen die Lieder an Agni fast durchweg an erster Stelle, als wenn sich dieser Vorrang für den priesterlichen Gott von selbst verstünde.

Zum Schluß seien nur noch zwei Götter hervorgehoben, die schon mehr den Eindruck priesterlicher Schöpfungen machen und uns so zu einer späteren Periode der indischen Gottesverehrung hinüberleiten, nämlich *Soma* und *Brihaspati* oder *Brahmanaspati*.

Soma ist eigentlich nur der früher schon besprochene Trank, welchen die Priester den Göttern darbringen, durch den die Götter Kraft und Stärke zu ihren Taten gewinnen und um dessentwillen sie den Menschen dankbar und freundlich sind. Wegen dieser seiner hohen Bedeutung wird der Soma dann selbst personifiziert, als ein Gott dargestellt, und werden auf ihn eine Menge hoher göttlicher Qualitäten gehäuft. Er verleiht nicht nur Indra die Kraft zu seinen Kämpfen, er wird auch Herrscher und König der ganzen Welt genannt, König der Götter und der Menschen; es heißt, daß er alle überwältigt oder überragt; ja er wird Vater und Erzeuger der Götter genannt, der den Himmel stützt und die Erde festigt. Er soll die Sünden verzeihen und dereinst den Frommen in das Reich der Unsterblichkeit führen. Das ganze neunte Buch des Rigveda beschäftigt sich mit ihm, fast alle (114) Hymnen desselben sind an ihn gerichtet

Brihaspati oder *Brahmanaspati*, der Gebetesherr, ist ein Ansatz zu einer ähnlichen Schöpfung wie sie der spätere Gott Brahma darstellt, den wir im Rigveda noch gar nicht vorfinden. Heldentaten anderer Götter werden auf diesen Gebetesgott übertragen. Er soll der Erde Enden gestützt haben, er soll das All umfassen. Von ihm wird gerühmt, was sonst Indras Ruhm war, daß er den Wolkenfels gespalten, die Dämonen besiegt und die befruchtenden Wasser befreit habe. Er soll den Göttern erst ihren Opferanteil verschafft haben – eine bedeutsame Tat. Von dem Wert und Einfluß des Opfers und Gebetes gewann man allmählich immer höhere Vorstellungen, und der, welcher Herr über das Gebet war, hatte damit eine gewaltige Macht in Händen. Er, der Bändiger auch der Starken, wird angefleht um Schutz und Hülfe gegen jede Anfeindung.

AUSGEWÄHLTE HYMNEN DES RIGVEDA

I.

An die Morgenröte (Ushas)

1. Wie des Meeres glänzend helle Wasserwogen
Sind der Morgenröte Strahlen aufgestiegen;
Alles machst du wegsam rings und alles gangbar,
Gnädig ist genaht die hehre Morgenröte.

2. Glücklich bist erschienen du und weithin leuchtend,
Deine Strahlen sind zum Himmel aufgeflogen;
Glänzend öffnest du die Brust, o Morgenröte,
Hohe Göttin, du im Strahlenschimmer leuchtend!

3. Rötlich helle, glänzend schöne Stiere fahren
Sie, die Sel'ge, Unbesiegte, Weitberühmte;
Wie der Held mit seinem Speer verjagt die Feinde,
So auch bannt sie schnell der Finsternisse Scharen.

4. Die du Weg' und Stege hast in allen Bergen,
Die du selbst die Wasser überschreitest,
O so bringe doch, auf weitem Wagen leuchtend,
Nahrung zum Genuß für uns, o Himmelstochter!

5. Fahre doch mit deinen Stieren, Unbesiegte!
Segen bringst du uns nach Wunsch, du Himmelstochter!
Als die Göttin, die beim Frühgebet zu ehren
Heil'ge Pflicht ist, bist du sichtbar uns geworden.

6. Wie du dämmerst, steigen auf aus ihrer Wohnung
Vögel so wie Männer, die der Nahrung nachgehn;
Wer dir nah von deinen sterblichen Verehrern,
Dem verleihst du Schätze viel, o Morgenröte!

V.
An die Ashvinen

1. Ashvinen! euer falkenschneller Wagen,
Der glänzende und prächtige, der nah' uns,
Der schneller fliegt als Sterblicher Gedanken,
Der windesschnelle, dreigeschmückt, ihr Spender!

2. Im Wagen, dessen dreifach Rad die Dreiwelt
Im Flug' durcheilt, o nahet uns, Ashvinen!
Den Kühen Milch, den Pferden reichlich Futter,
Und uns, Ashvinen, spendet gut Gedeihen!

3. Im Wagen, der so eilig fliegt und gut geht,
Genahet hört, ihr Milden, unser Preisen!
Ja, priesen euch, Ashvinen, schon die Alten
Als wohlgeneigt dem Mangel stets zu wehren!

4. Wohlan, Ashvinen, Falken mögen bringen
Euch her zu uns, dem Wagen angejochet,
Die schnellen wie die Geier, die wie Wasser
Das Himmelszelt durchrauschen, euch Wahrhaft'ge!

5. Auf euren Wagen hebt sich dann die Jungfrau,
Des Sonnengottes Tochter, die geliebte,
Und schnelle Rosse, glänzend schön, geflügelt,
Die bringen euch, ihr Männer, uns dann nahe!

6. Dem Vandana habt ihr, o milde Spender
Dem Rebha auch mit Rat und Tat geholfen;
Des Tugra Sohn hin übers Meer geholfen,
Den Shyavana zum Jüngling umgeschaffen.

7. Dem Atri gabt, Ashvinen, ihr im Kerker,
Die Gluten löschend, Speise, die ihn heilte.

Desgleichen gabt dem blinden Kanva wieder
Ihr sein Gesicht, ihr Freunde guten Lobes.

8. Und ihr, Ashvinen, fülltet einst dem Sayu
Als er euch bat, mit Milch sogleich die Kühe;
Das Sperlingsweibchen löstet ihr aus Nöten.
Und gabt dem Vishpala den Schenkel wieder.

9. Das weiße Roß, das Indra euch verliehen,
Das gabt ihr an den Pedu, o Ashvinen,
Das hell aufwiehernde, der Feinde Schrecken,
Das starke, das an tausend Schätze bringet.

10. Euch selbst, Ashvinen, Wohlgeborne, Männer,
Gemäß der Sitte, rufen wir zum Schutze.
Zur Freude kommt mit eurem Götterwagen
Und laßt euch unser Feierlied gefallen!

11. Ja kommt, Wahrhaftige! mit Falkenschnelle:
Euch ruf ich an, Ashvinen kommt und freut euch!
Ich bin bereit, das Opfer darzubringen
Beim ersten Strahl des ew'gen Morgenlichtes.

VI.
An Surya

1. Die Strahlen tragen aufwärts schon
Im Angesicht der ganzen Welt
Den Sonnengott, der alles weiß.

2. Es schleichen wie ein Dieb sich fort
Die Sterne dort mitsamt der Nacht
Vor Surya, welcher alles sieht.

3. Es werden sichtbar seine Strahlen,
Die alle Wesen rings erhellen
Wie blitzend helle Feuerflammen.

4. Gesehn von allen ziehst du hin
Und bringst das Licht, o Sonnengott,
Und machst den ganzen Äther hell.

5. Auf steigst du vor dem Göttervolk,
Auf vor den Menschen, vor dem All,
Um dir den Himmel zu beschaun.

6. O Reiniger, mit deinem Auge,
Mit welchem du hier überschaust
Die immer rege Menschenwelt:

7. Durchläufst du, Tag und Nacht bestimmend,
O Surya, und die Wesen sehend,
Den Himmel und den weiten Äther!

8. Es fahren sieben falbe Rosse
Im Wagen dich, o Sonnengott,
Du Strahlenlockiger, du Erleuchter!

9. Mit diesen sieben reinen Rossen,
Die deinen Wagen ziehn und die
Er selbst anspannt, fährt er daher.

10. Nach Finsternis das schöne Licht
Erblickend, nahn wir, Surya, dir,
Dem Götter-Gott, dem höchsten Licht.

11. Aufgehend heut, o große Sonne,
Und bis zum höchsten Himmel steigend,
Nimm meine Angst, mein Herzeleid!

VII.

An Agni

1. Wir laden dich zum guten Opfer,
Zu diesem Opfertranke ein:
O Agni, komm doch mit den Winden!

2. Denn nicht ein Gott und nicht ein Mensch
Ist dir, dem Großen, überlegen:
O Agni, komm doch mit den Winden!

3. Die da des Wassers Fülle kennen,
Die Leuchtenden, die niemand schaden:
O Agni, komm doch mit den Winden!

4. Die Schrecklichen, die Lieder singen,
Die unbesiegbar sind an Macht:
O Agni, komm doch mit den Winden!

5. Die lichten, furchtbar Anzusehnden,
Die Schätzereichen, Feindvertilger:
O Agni, komm doch mit den Winden!

6. Die Götter, die im Himmel wohnen,
Noch oberhalb des Sonnenglanzes:
O Agni, komm doch mit den Winden!

7. Die sich mit ihren Strahlen dehnen
Weit über's wogenreiche Meer:
O Agni, komm doch mit den Winden!

8. Ich weihe dir zum ersten Tranke
Die Süßigkeit des heil'gen Saftes:
O Agni, komm doch mit den Winden!

IX.
An denselben

1. Ich preise den Agni,
Den göttlichen Opferer,
Den Priester, den Sänger,
Den Schätzereichsten.

2. Gepriesen von alten
Und neuen Weisen,
Führe Agni
Die Götter hierher!

3. Durch ihn erhalte der Opfrer
Täglich sich mehrenden,
Ruhmvollen Reichtum.
Und kräftige Kinder!

4. O Agni, das Opfer,
Das du umfassest
Ungestört,
Das kommt zu den Göttern.

5. Er, der heilige Sänger,
Der das Opfer leitet,
Der wahrhaftig und ruhmvoll,
Er, der Gott, nahe mit den Göttern.

6. O Agni, das Heil,
Das du dem Opfrer gewährst,
Das kommt auch wahrlich
Dir zugut.

7. Wir nahen dir täglich
Bei Nacht und am Tage,

Mit frommen Werken
Dich verehrend.

8. Wir nahen dir,
Dem Beschützer der Opfrer,
Dem Strahlenden,
Der du wächst in der Wohnung.

9. Sei uns freundlich, o Agni,
Wie der Vater dem Sohn!
Sei du mit uns
Zu unserm Heile!

X.
An denselben

1. Feuer, deine Strahlen sind lauter Feuer,
Du, dessen Glanz die Götter all erfreuet,
Vaisvanara, du bist der Menschen Nabel,
Die Säule, welche immerdar sie stützet.

2. Des Himmels Haupt, der Erde Nabel, Agni!
Des Himmels wie der Erde Lenker warst du.
Dazu erschufen dich dereinst die Götter,
Vaisvanara, zu leuchten guten Menschen.

3. Sowie die Sonn' ein Strahlenmeer entsendet,
So du in Fülle, Agni, Schätze spendest:
Was in den Bergen, Kräutern, in dem Meere,
Im Menschen ist – des allen bist du Herrscher.

4. Das All hat sich für dich, den Sohn, erweitert:
Der Opferer, der kundige, dir singet,
Vaivanara, viel hohe Lobgesänge,
Dem Heiligen, dem starken Schutz und Schirmer.

5. Du Weiser, Hocherhabner, selbst des Himmels
Gewölbe überschreitet deine Größe.
Du bist der Menschen, du der Völker König,
Im Kampf hast du den Göttern Gut erworben.

6. So laßt mich schnell des Spenders Größe preisen,
Den Menschen als den Vritratöter ehren.
Vaisvanara, die Feinde tötend, spaltet
Die Wolken, er vergießt uns reichlich Wasser.

7. Vaisvanara, durch eigne Größe König
Der Menschen, die mit Opfern dich verehren,
Du warst des Sat'van anhangreichem Sohne,
Der dich mit Feierliedern pries, so gnädig!

XI.

An denselben

1. Den Agni, euren großen Gott,
Ihr Gottverehrer, feiern wir
Mit festlich frommem Hochgebet, den Feuergott,
Den andre schon gefeiert oft.
Der Kraft Vermehrer nennen ja die Menschen dich;
Verehrt sei'st du mit Butter rein:
Du wolltest heute gnädiglich beschützen uns,
Der reichlich Speise du verleihst.

2. Dich wählen wir zum Boten aus,
Den Priester dich, der alles weiß:
Dein Licht, wenn groß geworden du, ergießet sich,
Zum Himmel reicht dein Strahl hinan.
Die Götter Mitra, Varuna und Aryaman,
Den alten Boten ehren dich.
Durch dich erlangt den Reichtum all, o Feuergott,
Wer dich verehrt, der Sterbliche.

3. Erfreuer, Hausbeschützer, auch
Der Menschen Bote, Agni, du!
Was Götter einst erschufen, sieh, das feste Werk
das ruhet allesamt auf dir.
Jedwedes Opfer wird ja dir dem Jüngling reich
Mit Freuden, Agni, dargebracht.
Erzeige du dich gnädig heut, in Zukunft auch,
Den mächt'gen Göttern opfre du.

4. Ja ihn, der glänzt mit eignem Glanz,
Verehren sie mit Ehrfurcht so:
Mit Opfern zünden Menschen an den Feuergott,
Daß ihren Feind besiegen sie.
Die Götter schlugen Vritra auch und nahmen sich
Zur Wohnung Himmel, Erd' und Luft.
Erflehet spend' dem Kanva viel, du reicher Gott,
Ein nach den Stuten wiehernd Pferd.

5. Nun sitze, Großer, her zu uns
Und leuchte, gottgeliebter Herr!
Verehrlicher, ergieß den Rauch, den schnellen aus,
Den wunderbaren, Hehrer du.
Setz' her dich, du Verehrlichster, den Götter einst
Dem Manu hielten auf der Erd'
Den Kanva, freundbesuchet, hielt, den Segnenden;
Den Indra, jeder Preiser hält.

6. Den Gott, den Kanva freundbesucht
Im Angesicht der Sonn' entbrannt',
Des Strahlen leuchten wunderbar, den feiern wir.
Und mehren ihn, den Feuergott.
An Speise reicher! Schätze spend', denn du verkehrst
Vertrauet mit den Göttern, Herr.
Der Speis' und guten Nahrung bist Beherrscher du:
Erfreu' uns drum, denn groß bist du.

7. Sei aufrecht, Herr, zu unsrer Hilf',
Wie Savitar der Gott, bereit!
Sei aufrecht, gib uns Nahrung, wenn mit Butter rein
Und Lobgesängen wir dir nahn.
Schütz', aufrecht, durch Erkenntnis uns vor aller Schuld
Und niederbrenn' den wilden Feind.
Zum Handeln und zum Leben mach' aufrichtig uns
Die Opfer bring' den Göttern dar!

8. Vor Rakshasas beschütze uns,
Vor Mördern die nicht Opfer weihn!
Vor wilden Tieren schütz' uns, Herr, und vor dem Feind,
Der unser Leben stets bedroht.
O schlage du mit glüh'ndem Strahl! mit Keulen du
Den Feind, der keine Gaben weiht.
Den Sterblichen, der feindlich uns die Waffen schärft,
Laß nie *den* Feind beherrschen uns.

9. Dich, Agni, gab dem Menschgeschlecht
Manu zum leuchtenden Gestirn.
Geborn zum Opfer glänztest du dem Kanva, Gott!
Butterbesprengt, Gepriesener!
Des Agni starken Flammen ist, den strahlenden,
Die jeder scheut, nicht leicht zu nah'n.
Die übelwoll'nden Geister, o! die starken, Herr,
Verbrenne sie und jeden Feind!

XII.
An Indra

1. Dich besingen heil'ge Hymnen
Und dich feiern Lobgesänge,
Opferreicher, den Brahmanen
Wieder wie ein Rohr aufrichten.

2. Steigt der Opfrer auf die Berge,
Um sein Opfer zuzurüsten,
Kennt schon Indra sein Beginnen,
Eilt, den Wunsch ihm zu gewähren.

3. Spanne an die mähnenreichen,
Wasserspendenden, falben Rosse!
Du, des heil'gen Saftes Trinker,
Komm, vernimm die Lobgesänge!

4. Komm hieher und freu', o Indra,
Dich an unsern Lobgesängen!
Speise gibst du uns und Wohnung,
Mehre du auch unsere Opfer!

5. Singt ein hohes Lied dem Indra,
Der der Feinde Schar vertreibt,
Daß gepriesen werd' der Mächt'ge
Unter Söhnen und Genossen!

6. Wir erflehen seine Freundschaft,
Macht und Reichtum mög' er geben;
Er, der Starke, Schätzespender,
Mög' auch uns sich stark erweisen!

7. Deine Gabe ist, o Indra,
All die reiche, frohe Nahrung.
Mehre du uns unsre Kühe
Und beschenke uns mit Gütern!

8. Erd' und Himmel nicht, sie beide,
Können dich verstehn, o Indra!
Du, der Feindetöter, sendest
Himmelswasser; gib uns Kühe!

9. Deine Ohren hören alles;
O vernimm auch unser Rufen!
Merk' auf unsere Gesänge!
Laß dir unser Loblied nahen!

10. Dich als Spender reicher Gaben
Kennen wir; du hörst in Schlachten
Unsern Ruf: wir flehn um deine
Tausend Gaben bringende Hülfe.

11. Komm, zu uns, o Indra, eiligst!
Trinke freudig deinen Trank!
Laß die Jugend uns genießen
Und beschenke reich den Sänger!

12. Vielgepries'ner! unsre Lieder
Laß dich überall umgeben!
Dir zu Lieb' sind sie gesungen:
Mögen sie dir lieb sein, Ew'ger!

XIII.

An denselben

1. Von Indras Heldentaten laßt mich singen,
Die kühnlich einst verrichtet hat der Donnrer:
Den Ahi schlug er, goß dahin die Wasser,
Und teilte auf den Bergen all die Flüsse.

2. Den Ahi schlug er in des Berges Nähe:
Tvastr schmiedet ihm den Pfeil nach Lobe.
Wie Kälber zu den Mutterkühen eilen,
So rannen flugs zum Meere hin die Wasser.

3. Dem Stiere gleich stürzt' Indra auf das Opfer
Und trank dreimal vom Tranke dem geweihten;

Dann griff Maghavan schnell zum Pfeil, der Waffe,
Und schoß damit der Wolken Erstgeborne.

4. Als, Indra, du der Wolken Erstgeburt schlugst,
Da brachst du schnell die Gaukelei der Gaukler;
Du zeigtest Himmel, Sonne, Morgenröte,
Und keinen Feind hast du fürwahr gefunden.

5. Indra schlug kräftigen Wurfs den finstren Vritra
Mit seinem Pfeil, daß ihm die Schultern brachen;
Wie Bäume, die der Äxte Schlag gefället,
Stürzt Ahi hin, so lang er war, zur Erden.

6. Als ob ihm niemand gliche, rief der Frevler
Den starken Sieger Indra noch zum Kampfe:
Verwegen, dessen Siege Zahl zu mehren:
Verletzet hat des Indra Feind die Flüsse.

7. An Hand und Fuß verstümmelt reizt zum Kampfe
Er Indra, der durchbohrte ihm den Nacken.
Verschnittnen gleich, die Männer scheinen möchten,
Lag Vritra da, gar mannigfach verstümmelt.

8. Hin über ihn, der gleich gebrochnem Flußbett
Dalag, die Wasser frohen Mutes stürzten;
Den allen, welche Vritras Größ' umfaßt hielt,
Lag Ahi jetzt gebändiget zu Füßen.

9. Des Vritra Mutter neigte sich herüber:
Von untenher durchbohrt sie Indras Waffe;
Die Mutter oben lag, der Sohn zuunterst:
Und Danu schlief, die Kuh mit ihrem Kalbe.

10. Über des Vritra namenlosen Leichnam,
Inmitten stillstandloser Wasser liegend,

Die nimmer ruh'n, stürzen hinweg die Fluten:
Vritra verschläft dort lange Finsternisse.

11. Vritragebändigt, feindbeschützet, wie Kühe
In Panis Hut, die Wasser war'n gefesselt.
Der Wasser Quelle, schon versiegt, hat Indra,
Der Vritratöter, abermals erschlossen.

12. Als dich ein Gott mit seinem Pfeil erstrebte,
Da warst du schnell ein Pferdeschweif, o Indra!
Du herrschtest über Kühe, Held, und Opfer,
Und schicktest sieben Flüsse aus zu fließen.

13. Als Indra mit dem Ahi kühnlich kämpfte,
Nicht Blitze hielten ihn, noch Donnerkeile,
Noch Regen, den der Feind ihm zugeschleudert;
Trotz andrer Zauberkünste siegte Indra.

14. Wen sahst du, der den Ahi schlug, wenn dir schon,
Als du ihn schlugst, das Herz vor Furcht erbebte?
Denn neun und neunzig fließende Gewässer,
Hast du, ein Falke, bebend überschritten.

15. Ja Indra, der beherrscht, was fließt und stillsteht,
Der Donnrer, der, was Hörner trägt, gebändigt,
Der ist fürwahr der Menschen rechter König,
Der, wie ein Kreis die Strahlen, alles fasset.

XIV.

An denselben

1. Du weilst in deiner selbstgeschaffnen Kraft,
Siegreichen Geistes an des Luftraums Rande;
Erschufst die Erde, deiner Stärke Bild,
Für uns, und hältst umspannt Luft, Äther, Himmel.

2. Du bist der Erde Bild, der Hort des Himmels,
Des großen, wo die hehren Helden leuchten;
Den ganzen Luftraum füllet deine Größe,
Kein andrer Gott ist dir vergleichbar, Indra!

3. Dich fassen Erd' und Himmel nicht; die Ströme
Der Luft gelangen nicht zu deiner Grenze,
Der du den Regenhemmer freudig angriffst:
Allein erschufst du alles außer dir.

XV.
An Vata

1. Der Wucht von Vatas Wagen Preis und Ehre!
Mit Donnerhall fährt er dahin zerschmetternd.
Bald streift den Himmel er und färbt ihn rötlich.
Bald stürmt er erdenwärts und wühlt den Staub auf.

2. So stürmen Vatas Scharen durch die Lande,
Wie Bräute zu des Bräutigams Empfange.
Mit seinen Freunden auf demselben Wagen
Saust er dahin, des Weltenalls Beherrscher.

3. Er fährt dahin auf luftig hohen Bahnen
Und kommt nicht *einen* Tag zu Rast und Ruhe.
Der Wolken Freund, der Fromme, Erstgeborne,
Wo stammt er her, von wannen mag er kommen?

4. Der Götter Hauch, dem Weltenall entsprossen,
Er fährt dahin, wohin es ihn gelüstet.
Man hört sein Brausen wohl, doch niemand sieht ihn.
Auf, laßt uns Vata hoch mit Opfern ehren!

XVI.
An die Maruts

1. Wer sind die glänzenden Helden, die nahverwandten,
Des Rudra Mannen auf schmucken Rossen?

2. Ihren Ursprung weiß keiner; nur *sie* allein wissen
Um ihren Geburtsort untereinander.

3. Mit Schwingen bedecken sie einer den andern
Und kämpfen zusammen, die windtosenden Falken.

4. Um diese Geheimnisse weiß (nur) der Weise,
Wie Prsni, die Große, (ihnen) reichte das Euter.

5. Das Geschlecht hier sei heldenreich durch die Maruts
Und allzeit siegreich, Manneskraft nährend!

6. Im Gang die schnellsten, an Glanz die glänzendsten,
Mit Anmut verbunden, gewaltig durch Kraft.

7. Ihre Kraft ist gewaltig, fest ist ihre Stärke,
Darum mit den Maruts die Schar vermag viel.

8. Schön ist eure Wildheit, zornig der Sinn –
Wie ein tobender Muni (seid ihr) – der kühnen Schar.

9. Durchaus haltet fern von uns das Blitzgeschoß,
Möge euer Zorn uns nicht treffen!

10. Eure Namen, die lieben, (Namen) der Starken rufe ich an,
Auf daß sie begierig sich sättigen, ihr Maruts!

XVII.
An Varuna

1. Das Lied stimm an bald laut, bald leiser tönend
Dem Varuna, dem Herrn des Alls, das liebe,
Ihm, der die Erde spannte, wie der Schlächter
Die Stierhaut in dem Sonnenscheine spreitet.

2. Die Lüfte hat mit Wolken er durchwoben,
Ins Roß den Mut gelegt, die Milch in Kühe,
Verstand ins Herz, in Wasserfluten Feuer,
Die Sonn' am Himmel, auf den Fels den Soma.

3. Die Wolkentonne stürzt er um und läßt sie
Zerrinnen in die Luft, nach Erd' und Himmel.
So tränkt er, der König allen Lebens,
Die Wesen, wie des Feldes Frucht der Regen.

4. Er netzt der Erde Boden und den Himmel;
Sobald er jene Milch will melken lassen,
So hüllen Berge sich in Wetterwolken,
Und rüstige Männer bringen sie zum Schmelzen.

5. Auch dies gewaltige Wunderwerk Varunas,
Des hochgerühmten Gottes, will ich künden:
In Lüften stehend mißt er mit der Sonne
Die Erdenräume wie mit einem Maße.

6. Auch dies gewaltige Wunderwerk des Gottes,
Des höchsten Weisen, tastet keine Hand an,
Daß aller Ströme blinkende Gewässer
In *eine* See gegossen sie nicht füllen.

7. Wenn wir den nah befreundeten und lieben
Genossen oder Bruder oder Nachbarn,

Wenn wir den Landsmann oder Fremden jemals,
O Varuna, verletzten, so vergib das.

8. Wenn wir wie Schelme bei dem Spiel betrogen,
Wenn wissentlich wir fehlten oder anders,
So löse alle diese Schuld wie Flecken;
Dir lieb und wert zu sein, ist unser Streben.

XIX.

An denselben

1. Alle Opfer, die wir täglich
Dir, o Varuna, darbringen,
Sind ja nach der Menschen Weise
Allezeit nur unvollkommen.

2. Gib uns drum nicht preis dem Tode,
Du, der freche Sünder strafet!
Laß uns deinen Grimm nicht fühlen,
Du, der alles Unrecht rächet!

3. Unsers Heiles wegen preisen
Deinen Geist wir, Varuna,
Wie der Fuhrmann freundlich zuspricht
Seinem angespannten Rosse.

4. Wie zum Nest die Vögel fliegen,
So auch gehn mir die Gedanken
Dahin, wie ich möcht' erwerben
Hier ein schätzereiches Leben.

5. Wann doch laden wir den Führer
Und den Hüter aller Kräfte,
Ihn, der viel erschaut, den Varun'
Wohl hierher, zu unserm Heile?

6. Mögen Varuna und Mitra
Dies verbundne Opfer nehmen!
Sie, die niemals irren, lieben
Den, der sein Gelübd' erfüllet.

7. Varuna, er kennt die Bahnen
Der die Luft durchziehnden Vögel,
Und er kennt den Lauf der Schiffe,
Die das Wolkenmeer durcheilen.

8. Er, der sein Gelübd' erfüllet,
Kennet die Geschöpferzeuger,
Die zwölf Monde und den Monat,
Welcher neu hinzuentsteht.

9. Ja, er kennt den Weg des Windes,
Der da weithinwaltend, mächtig
Und verheerend ist; er kennt
Die auch, die darüber wohnen.

10. Er, der sein Gelübd' erfüllet,
Weilt hienieden unter Menschen.
Wegen der Gesamtregierung
Und indem er Gutes stiftet.

11. Deshalb überschaut der Weise
Alle wunderbaren Taten,
Die zuvor schon sind geschehen
Und die noch geschehen werden.

12. Er, der Sohn der Aditi,
Der da wohltut, möge täglich
Auf den rechten Pfad uns führen
Und das Leben uns verlängern!

13. Einen goldnen Panzer tragend,
Der den reinen Leib bedecket,
So ist Varuna umgeben
Ganz mit goldig lichten Strahlen.

14. Er, der Gott, den weder Menschen,
Welche andre Menschen hassen,
Noch die mord- und frevelsücht'gen
Je imstande sind zu töten.

15. Der den Menschen allerorten
Speis' und Nahrung zubereitet
Und sie gibt in aller Fülle
Zur Erhaltung ihres Lebens;

16. Nach dem Gott, der viel erschauet,
Streben sehnend meine Bitten,
So wie sich die Kühe sehnen
Nach dem Stalle ihres Herrn.

17. Ist das süße Opfer fertig,
Werd' ich wieder zu dir reden;
Wie ein Priester issest du
Die dir wohlgefäll'ge Speise.

18. Ja, fürwahr, ich sah den Varun',
Ihn, auf welchen alle sehen;
Sah auf Erden seinen Wagen,
Und er hört, wie ich ihn preise.

19. O erhöre, Varuna,
Meine Bitten und Gebete!
Mögest du uns heut erfreuen!
Sieh, ich fleh' um deine Hülfe.

20. Du, o Weiser, hast die Herrschaft
Über Erd' und über Himmel;
Du beherrschest ja das All:
Höre uns zu unserm Heile!

21. Löse unsers Hauptes Fesseln
Und die Fesseln unsers Leibes
Und die Fesseln unsrer Füße,
Gott, damit wir leben können!

XX.
An Vayu, Indra, Mitra und andere Götter

1. Kräft'ge, segensreiche Opfer
Warten deiner nebst Gebeten:
Komm, o Vayu, und genieße.

2. Beide hohen Himmelsgötter,
Indra rufen wir und Vayu
Zum Genusse dieses Trankes.

3. Ihr, der frommen Werke Schützer,
Geistesschnell und tausendäugig:
Weise rufen euch um Hilfe.

4. Die mit reiner Kraft begabten,
Varuna und Mitra rufen
Wir zum heil'gen Opfertranke.

5. Euch, des wahren Lichtes Herrscher,
Die die Wahrheit redlich fördern,
Varuna und Mitra ruf' ich.

6. Möge Mitra Hilfe leisten,
Möge Varun' uns beschützen!
Mögt ihr beide uns bereichern!

7. Indra mit dem Heer der Winde
Rufen wir zum heil'gen Tranke:
Möge er und sie sich freuen!

8. Ihr, der Winde Scharen, die ihr
Indra folgt, du Gabenspender.
Pushan höret an mein Beten!

9. Kräftig unterstützt von Indra,
Schlugt, ihr Spender, ja den Vritra:
Möge der uns nie beherrschen!

10. Alle Götter, alle Winde
Rufen wir zum heil'gen Tranke:
Stark sind ja der Sonne Söhne.

11. Wie der Sieger Stimme schallet,
Also rauschet auch, ihr Helden,
Wann ihr kommt zum reinen Opfer.

12. Ihr aus Luft und Licht geborenen
Maruts, ihr, der Winde Scharen,
Mögt uns schützen und erhalten!

13. Komm, o Sonnengott, zum Opfer,
Zu dem grasgeschmückten, wie ein
Hirte zum verlornen Schafe!

14. Das am unwegsamen Orte
Aufgestellte, grasgeschmückte
Opfer fand der helle Pushan.

15. Immer führt er mit den Opfern
Mir zurück die Jahreszeiten,
Wie der Gerste säende Landmann
Stets die Felder wieder pflüget.

16. Mütterliche Fluten kommen,
Süße Milch den Opfrern spendend,
Freundlich auch heran zum Opfer.

17. Alle, die der Sonne nahen,
Oder denen nah die Sonne,
Möge unser Opfer freuen!

18. Zu den Göttinnen der Wasser,
Welche unsre Kühe tränken,
Ruf' ich; ihnen muß man opfern.

19. Denn im Wasser ist der Nektar,
Heilkraft ist darin; ihr Priester,
Preist das Wasser unverdrossen!

20. Soma sagte mir: im Wasser
Seien alle Arzeneien;
Agni mache alles glücklich,
Und das Wasser heile alles.

21. Gebt, ihr Wasser, meinem Körper
Krankheitwehrende Heilmittel,
Daß ich lang noch seh' die Sonne!

22. Nehmt hinweg von mir, ihr Wasser,
Alles, was an mir ist sündlich,
Jegliche Gewalttat, beides,
Fluch und Lüge, die ich aussprach!

23. Heut verehrte ich die Wasser,
Bin teilhaftig ihres Wesens;
Komm, o Agni, wasserreicher,
Mich mit deinem Glanz umgebend!

24. Mich mit deinem Glanz umgebend
Schenke Kinder mir und Leben!
Mein den Göttern kundig Opfer,
Sag's auch Indra nebst den Rishis!

XXII.
An Agni und andere Götter

1. Von allen, allen Göttern, die unsterblich,
Wes heil'gen Namen sollen wir nun feiern?
Wer gäb' uns denn der großen Erde wieder,
Daß Vater wir und Mutter wieder schauten?

2. Des Agni, ja, des ersten aller Götter,
Des heil'gen Namen laßt uns heute feiern!
Der gäb' uns wohl der großen Erde wieder,
Daß Vater wir und Mutter wieder schauten!

3. Gott Savitar, dich helfenden,
Dich reichen Herrn der Schätze all,
Dich flehen wir um Schätze an!

4. Um Schätze, die erwünscht uns sind,
Und die gepriesen, nie verschmäht,
In deinen Händen angehäuft.

5. Der du besitzest jedes Gut,
Mit deiner Hilf' erreichen wir
Der Güter höchstes Gut zuerst!

6. Nicht deinen Sinn, nicht deine Macht noch Stärke
Besaßen je die Vögel, eilig fliegend,
Auch nicht die Wasser unaufhörlich flutend:
Des Windes Flug erreichet nicht dein Schnellen!

7. In Luft, die ohne Grund, hochoben hält er,
Der hehre Varuna, des Lichtes Fülle.
Hier unten stehn sie, oberhalb gewurzelt,
Die Strahlen sei'n in unsrer Näh' gelagert!

8. Der König Varuna in Wahrheit machte
Der Sonne weite Wege umzukreisen,
In unwegsamen Lüften Fuß zu fassen –
Ja er, der bösen Feinde strenger Geißler!

9. Du hast, o König, hundert Arzeneien,
Ja tausend, drum so sei uns immer gnädig!
Du banne fort aus unsrer Näh' den Bösen,
Die Sünden nimm uns, die wir schon begingen.

10. Die nachts erglänzten, sieben Bärensterne,
Sind irgendwo beim Tageslicht verschwunden:
Die Werke Varunas sind unverletzlich;
Das Mondlicht wandelt nachts einher und leuchtet.

11. Um dieses flehet brünstig, der dich feiert;
Und dies ersehnt, der Opfer dir geweihet:
Verschmäh' es nicht, laß dir, o Gott, gefallen,
Und nimm uns nicht, Geweihter, unser Leben!

12. Dies sagten nachts sie mir, und dies bei Tage,
Dies, hat des Herzens Sinn mir zugeflüstert:
Den Shunahshepa angefleht in Fesseln,
Der König Varuna, der geb' uns Freiheit.

13. Zum Aditiden flehte Shunahshepa,
An drei der Opferpfosten angefesselt;
Befreiet hat ihn Varuna, der König:
Der Unbesiegte, Weise lös' die Banden!

14. Wir wenden ab von uns den Zorn mit Opfern,
O Varuna, und manchen frommen Bitten;
Verweile nun, Asura, weiser König,
Und nimm von uns die Sünde, die begangen!

15. O Varuna, die Ketten nimm, die höchsten,
Die untersten, die mittleren, sie alle;
Dann laß uns, Aditide, frei der Sünde,
Bei deinem Opfer unverletzlich werden!

XXIII.
An Vishnu

1. Des Vishnu Heldentaten will ich nun verkünden,
Der ausgemessen hat der Erde weite Räume,
Der Stützen auch verlieh der höchsten Wohnung,
Als mit drei Schritten weit er ausschritt.

2. Zu seiner lieben Stätte möge ich gelangen,
Wo fromme Männer sich (vereint) ergötzen!
Das ist der Anhang des, der weit ausschreitet;
An Vishnus höchstem Orte ist der Somabrunnen.

XXIV.
An Savitar

1. Ich ruf' zuerst den Agni, daß er Heil verleih,
Den Mitra wie den Varuna zur Hilfe dann,
Ich ruf' die Nacht, die all die Welten schläfert ein,
Zur Hilfe dann den Savitar, den Himmlischen.

2. Durch schwarzes Dunkel kehrt er heim und ladet
Unsterbliche wie Sterbliche zum Schlummer ein.
Auf goldnem Wagen nahet er dann wieder,
Gott Savitar, und schaut sich an die Schöpfung.

3. Er gehet Pfade, die sich heben, senken,
Er geht mit weißen Pferden, die erglänzen;
Gott Savitar erscheint von ferne leuchtend,
Und nimmt hinfort das Laster und das Übel.

4. Den Wagen neben ihm, den großen goldnen,
Mit goldnem Stachel, den besteigt, zu feiern
Von Opferern, der Gott, der herrlich strahlet.
Und weithin scheucht die schwarzen Finsternisse.

5. Das leuchtend Roßgespann mit weißen Füßen,
Mit goldnem Joch am Wagen, bringt das Licht uns;
Im Angesicht des Gottes aber stehen
Die Menschen wie das All der ganzen Schöpfung.

6. Drei Welten gibt's: zwei in des Gottes Nähe;
In Yamas Reich die andre, für die Toten.
Wie sich ein Wagen um die Achse drehet,
So dreht sich, was unsterblich, um die Sonne.

7. Ihr Strahl beschaut, geflügelt, all die Welten,
Unsichtbar ist dem Aug' der Gang der Hehren
Wo weilt die Sonne jetzo denn? Wer weiß es?
Durch welchen Strich des Himmels sandt' den Strahl sie?

8. Des Himmels Gegenden, die acht, beschaut er,
Die Welten auch, die drei, und sieben Flüsse:
Gott Savitar mit goldnem Auge nahet,
Dem treuen Opfrer Schätze reichlich spendend.

9. Mit goldnen Händen! alles sehend, schreitet
Gott Savitar einher durch Erd' und Himmel.
Verscheucht den Schmerz, und nahet dann der Sonne
Und überzieht mit Finsternis den Himmel.

10. Mit goldnen Händen! wärmend und erquickend,
Erfreuer du, o Göttlicher, du nah' uns!
Die Rakshasas und bösen Geister haltend
Ist da der Gott, den jede Nacht wir feiern!

11. Auf deinen Pfaden, Savitar, den alten,
Den wohlgebahnten, staubbefreiten, luft'gen,
Die leicht zu gehen, Herr! auf diesen nahe,
Und schütz' uns, Herr, und gib uns deinen Segen.

XXV.
An Ratri (Nacht)

1. Die Nacht, die Göttin, zieht herauf,
Aus vielen Augen blickt sie her,
Mit vollem Schmucke angetan.

2. Die Göttin füllt, die Ewige,
Die Höh'n und Tiefen weit und breit,
Vertreibt mit Glanz die Finsternis.

3. Die Dunkelheit mit blankem Schmuck,
Das lichtverzierte Schwarz ist da:
Bezahl' die Wette, Abendrot!

4. Die Göttin kam und trieb hinweg
das schwesterliche Abendrot,
Und mit ihm flieht die Dämmerung.

5. Du kamst zu uns, nun suchen wir
Des Lagers Ruhestätte auf,
Wie Vögel zu dem Neste zieh'n.

6. Zur Ruhe geht das ganze Dorf,
Zur Ruh, was läuft, zur Ruh, was fliegt,
Zur Ruhe selbst der gierige Aar.

7. Den Wolf, die Wölfin halte fern,
Halt ab den Dieb, o düst're Nacht,
Und bring uns Heil zum Morgen hin.

8. Die Herden trieb ich für dich ein,
Wie Beute um den Sieger her:
So nimm sie hin, du Himmelskind!

XXVI.
An Soma

1. Gar mannigfach ist unser Sinn,
Verschieden, was der Mensch sich wünscht:
Radbruch der Wagner, Beinbruch der Arzt,
Der Priester den, der Soma preßt,
Dem Indra ströme Soma zu!

2. Der Schmied mit dürrem Reiserwerk
Mit Flederwisch als Blasebalg,
Mit Amboßstein und Feuersglut
Wünscht einen, der das Geld nicht spart,
Dem Indra ströme Soma zu!

3. Ich bin Poet, Papa ist Arzt,
Die Küchenmühle dreht Mama,
So jagen vielfach wir nach Geld,

Wie Hirten hinter Kühen her,
Dem Indra ströme Soma zu!

4. Das Streitroß wünscht den Wagen leicht,
Zulächeln, wer Anträge stellt,
Hirsutam vulvam mentula,
Es wünscht der Frosch den Wasserpfuhl,
Dem Indra ströme Soma zu!

XXVIII.
An denselben

1. Ein Mädchen ging zum Wassers Rand
Und auf dem Strom sie Soma fand.
Sie trug ihn heim und sprach dabei
Für Indra will ich pressen dich,
Für Shakra will ich pressen dich.

2. Der du einher als Männchen gehst
Und dir ein jedes Haus beschaust,
Trink ihn, den dir mein Mund gepreßt,
Mit Körnern und mit Mus gemischt,
Mit Kuchen und mit Liedes Preis.

3. Wir möchten gerne dich erkennen,
Und kommen doch nicht zu dir hin –
Nur sachte jetzt, ganz sachte jetzt –
Für Indra ströme, Indu!

4. Ob er's wohl kann, ob er's wohl macht,
Ob er uns wohl viel besser macht?
Ob wir wohl, einem Gatten feind,
Jetzt Indra treffen auf dem Weg?

5. Hier diese Flächen alle drei,
O Indra, laß bewachsen sein.
Des Vaters Haupt, das Saatfeld da
Und ferner diesen meinen Leib.

6. Das Saatfeld dort,
Hier meinen Leib,
Sodann des Vaters Haupt:
Die alle mache du behaart.

XXIX.
Würfellied.

1. Mein Weib hat nie mich aufgereizt, gescholten,
Sie meint' es gut mit mir und meinen Freunden;
Obschon sie treu war, stieß ich sie doch von mir,
Dem Würfel, der mir alles gilt, zuliebe.

2. Nun haßt die Schwieger, weist mich ab die Gattin,
Des Spielers Klagen finden kein Erbarmen;
Ich weiß auch nicht, wozu ein Spieler gut wär',
So wenig als ein teurer Gaul im Alter.

3. Nach seinem Weibe greifen fremde Hände
Indes mit Würfeln er auf Beute auszieht.
Der Vater, Bruder und die Mutter rufen:
„Wer ist der Mensch? Nur fort mit ihm in Banden!"

4. Und sag' ich mir: ich will nun nicht mehr spielen,
So lassen mich im Stich die Freunde alle;
Doch hör' ich wieder braune Würfel fallen,
So eil' ich wie zum Stelldichein die Buhle.

5. Sie sind wie Angeln, die sich bohren in das Fleisch,
Betrüger sind sie, brennen, quälen, peinigen;

Nach kurzem Glücke rauben sie den Sieger aus,
Dem Spieler sind sie dennoch süße Herzenslust.

6. Sie rollen nieder, hüpfen in die Höhe
Und ohne Hände zwingen sie die Fäuste.
Die zauberhaften Kohlen auf dem Plane
Versengen jedes Herz, obwohl sie tot sind.

7. Verlassen grämt des Spielers Weib sich einsam,
Die Mutter, weil der Sohn – wer weiß, wo – umirrt.
Er selbst verschuldet geht voll Angst auf Diebstahl,
Verbirgt zur Nacht sich unter fremdem Dache.

8. Ein Weh ergreift ihn, wenn er sieht die Gattin
Und wohlbestellte Heimat eines andern.
Am frühen Morgen schirrt er schon die Braunen;
Erlischt das Feuer, sinkt der Wicht zusammen.

PHILOSOPHISCHE LIEDER

XXX.

Der Allschöpfer (Vishvakarman)

1. Der, opfernd, sich in alle diese Wesen
Als weiser Opfrer senkte, unser Vater,
Der ging, nach Gütern durch Gebet verlangend,
Ursprungverhüllend in die niedre Welt ein.

2. Doch was hat wohl als Standort ihm ...,
Was hat und wie als Stützepunkt gedient ihm,
Auf dem die Erde er erschuf, allschaffend,
Mit Macht den Himmel deckte auf, allschauend?

3. Allseitig Auge und allseitig Antlitz,
Allseitig Arme und allseitig Fuß,
Schweißt schaffend er mit Armen, schweißt mit Flügeln
Zusammen Erd' und Himmel, Gott, der Eine.

4. Was ist das Holz, was ist der Baum gewesen,
Aus dem sie Erd' und Himmel ausgehauen?
Ihr Weise, forscht im Geiste diesem nach, worauf
Er sich gestützt hat, wenn er trägt das Weltenall!

XXXI.
Derselbe

1. Des Auges Vater, treu dem eignen Ratschluß,
Schuf die im Urschlammschmalz versunknen Welten:
Als erst zuäußerst war der Saum befestigt,
Da woben zwischenein sich Erd' und Himmel.

2. Der Allschaffer, kraftvoll an Geist und Werken,
Der Schöpfer, Ordner ward dann höchster Anblick;
Mit Opfer jauchzt ihm zu der Menschen Wünschen,
Wo jenseits der Sternscharen thront die Einheit.

3. Er, unser Vater, Schöpfer, er, der Ordner,
Kennt die Wohnstätten und die Wesen alle;
Er gab allein den Göttern ihre Namen,
Von ihm erfragten sie die andern Wesen.

4. Ihm brachten, gleichwie Beter, Opfergaben
Aus ihrer Fülle dar die Erstlingsweisen,
Als aus dem Niederschlag des Weltenraumes,
Dem dunkeln, hellen, sie die Wesen schufen.

5. Der hoch erhaben über Erd' und Himmel,
Erhaben über Götter und Dämonen,

Wer war der Urkeim, den die Wasser bargen,
In dem die Götter all zu sehen waren?

6. Er war der Urkeim, den die Wasser bargen,
In dem die Götter all versammelt waren,
Die Eine, eingefügt der ew'gen Nabe,
In der die Wesen alle sind gewurzelt.

7. Ihr kennt ihn nicht, der diese Welt gemacht hat,
Ein andres schob sich zwischen euch und ihn ein;
Gehüllt in Nebel und Geschwätz umherziehn
Die Hymnensänger, ihren Leib zu pflegen.

XXXII.

Purusha (Urmensch) als Weltschöpfer

1. Der Purusha mit tausendfachen Häuptern,
Mit tausendfachen Augen, tausend Füßen
Bedeckt ringsum die Erde allerorten,
Zehn Finger hoch noch drüber hinzufließen.

2. Nur Purusha ist diese ganze Welt,
Und was da war, und was zukünftig währt,
Herr ist er über die Unsterblichkeit,
Diejenige, die sich durch Speise nährt.

3. So groß ist diese, seine Majestät,
Doch ist er größer noch als sie erhoben;
Ein Viertel von ihm alle Wesen sind,
Drei Viertel von ihm sind unsterblich droben.

4. Drei Viertel von ihm schwangen sich empor,
Ein Viertel wuchs heran in dieser Welt,
Um auszubreiten sich als alles, was
Durch Nahrung sich und ohne sie erhält.

5. Aus ihm, dem Purusha, ist die Viraj,
Aus der Viraj der Purusha geworden;
Geboren überragte er die Welt
Nach vorn, nach hinten und an allen Orten.

6. Als mit dem Purusha als Darbringung
Ein Opfer Götter angerichtet haben,
Da ward der Frühling Opferschmalz, der Sommer
Zum Brennholz und der Herbst zu Opfergaben.

7. Als Opfertier ward auf der Streu geweiht
Der Purusha, der vorher war entstanden,
Den opferten da Götter, Selige
Und Weise, die sich dort zusammenfanden.

8. Aus ihm als ganz verbranntem Opfertier
Floß ab mit Schmalz gemischter Opferseim,
Daraus schuf man die Tiere in der Luft
Und die im Walde leben und daheim.

9. Aus ihm als ganz verbranntem Opfertier
Die Hymnen und Gesänge sind entstanden,
Aus ihm auch die Prunklieder allesamt,
Und was an Opfersprüchen ist vorhanden.

10. Aus ihm entstammt das Roß, und was noch sonst
Mit Schneidezähnen ist auf beiden Seiten,
Aus ihm entstanden sind die Kuhgeschlechter,
Der Ziege und der Schafe Sonderheiten.

11. In wieviel Teile ward er umgewandelt,
Als sie zerstückelten den Purusha?
Was ward sein Mund, was wurden seine Arme,
Was seine Schenkel, seine Füße da?

12. Zum Brahmana ist da sein Mund geworden,
Die Arme zum Rajanya sind gemacht,
Der Vaishya aus den Schenkeln, aus den Füßen
Der Sudra damals ward hervorgebracht.

13. Aus seinem Manas ist der Mond geworden
Das Auge ist als Sonne jetzt zu sehn,
Aus seinem Mund entstand Indra und Agni,
Vayu, der Wind, aus seines Odems Wehn.

14. Das Reich des Luftraums ward aus seinem Nabel,
Der Himmel aus dem Haupt hervorgebracht,
Die Erde aus den Füßen, aus dem Ohre
Die Pole, so die Welten sind gemacht.

15. Als Einschlußhölzer dienten ihnen sieben,
Und dreimal sieben als Brennhölzer da,
Als, jenes Opfer zurüstend, die Götter
Banden als Opfertier den Purusha.

16. Die Götter, opfernd, huldigten dem Opfer,
Und dieses war der Opferwerke erstes;
Sie drangen mächt'gen Wesens auf zum Himmel,
Da wo die alten, seligen Götter weilen.

XXXIII.

Dem unbekannten Gott

1. Als goldner Keim ging er hervor zu Anfang;
Geboren kaum, war einziger Herr der Welt er;
Er festigte die Erde und den Himmel –
Wer ist der Gott, daß wir ihm opfernd dienen?

2. Der Odem gibt und Kraft gibt, er, dem alle,
Wenn er befiehlt, gehorchen, auch die Götter,

Des Abglanz das Unsterbliche, der Tod ist –
Wer ist der Gott, daß wir ihm opfernd dienen?

3. Der, wenn sie atmet, wenn sie schließt die Augen,
Die Lebewelt regiert als einz'ger König,
Zweifüßler hier beherrschend und Vierfüßler –
Wer ist der Gott, daß wir ihm opfernd dienen?

4. Durch dessen Macht dort die beschneiten Berge,
Das Meer, der Weltstrom ist, von dem sie fabeln,
Des Arme dort die Himmelspole sind –
Wer ist der Gott, daß wir ihm opfernd dienen?

5. Durch den der Himmelsraum, der Erde Festen,
Der Sonne Glanz, das Firmament gestützet sind,
Und der im Mittelreich den Luftraum ausmißt –
Wer ist der Gott, daß wir ihm opfernd dienen?

6. Zu dem aufschau'n die Kämpfer beider Heere,
Auf Hilfe bauend, sorgenvollen Herzens,
Aus dem aufgeht und fernhin strahlt die Sonne –
Wer ist der Gott, daß wir ihm opfernd dienen?

7. Als ehemals die großen Wasser kamen,
Die allkeimschwangern, die das Feuer zeugten,
Ging er daraus hervor als Lebenshauch der Götter –
Wer ist der Gott, daß wir ihm opfernd dienen?

8. Der machtvoll selbst die Wasser überschaute,
Die kräfteschwangern, die das Opfer zeugten,
Er, der der einzige Gott war von den Göttern –
Wer ist der Gott, daß wir ihm opfernd dienen?

9. Nicht schäd'ge er uns, der der Erde Schöpfer,
Der auch den Himmel schuf, wahrhaft an Satzung,

Der auch erschuf die glanzreich großen Wasser –
Wer ist der Gott, daß wir ihm opfernd dienen?

10. Prajapati! Du bist es und kein andrer,
Der alles dies Entstandene umfaßt hält!
Zuteil werd' uns, was wir, dir opfernd, wünschen;
Uns, die dich kennen, mach' zu Herrn der Güter!

XXXIV.
Der Ursprung der Dinge

1. Damals war nicht das Nichtsein, noch das Sein,
Kein Luftraum war, kein Himmel drüber her.
Wer hielt in Hut die Welt, wer schloß sie ein?
Wo war der tiefe Abgrund, wo das Meer?

2. Nicht Tod war damals noch Unsterblichkeit,
Nicht war die Nacht, der Tag nicht offenbar.
Es hauchte windlos in Ursprünglichkeit
Das Eine, außer dem kein andres war.

3. Von Dunkel war die ganze Welt bedeckt,
Ein Ozean ohne Licht, in Nacht verloren;
Da ward, was in der Schale war versteckt,
Das Eine durch der Glutpein Kraft geboren.

4. Aus diesem ging hervor zuerst entstanden,
Als der Erkenntnis Samenkeim, die Liebe;
Des Daseins Wurzelung im Nichtsein fanden
Die Weisen, forschend, in des Herzens Triebe.

5. Als quer hindurch sie ihre Meßschnur legten,
Was war da unterhalb? und was war oben?

Keimträger waren, Kräfte, die sich regten,
Selbstsetzung drunten, Angespanntheit droben.

6. Doch, wem ist auszuforschen es gelungen,
Wer hat, woher die Schöpfung stammt, vernommen?
Die Götter sind diesseits von ihr entsprungen!
Wer sagt es also, wo sie hergekommen?

7. Er, der die Schöpfung hat hervorgebracht,
Der auf sie schaut im höchsten Himmelslicht,
Der sie gemacht hat oder nicht gemacht,
Der weiß es! – oder weiß auch er es nicht?

EINFÜHRUNG IN DIE BRAHMANAS UND UPANISHADEN

Zwei Begriffe sind es hauptsächlich, die in der Periode der Brahmanas sich mehr und mehr in den Vordergrund drängen, mehr und mehr an Bedeutung und Inhalt wachsen, bis sie zuletzt den Charakter weltbeherrschender Potenzen annehmen – der Begriff des *Atman* und der des *Brahman*.

Atman heißt zunächst „Hauch, Odem". „Sein Odem ist der Wind, der die Luft durchrauscht", sagt Vasishtha in einem Hymnus an Varuna und braucht da das Wort atman; atman, „der Lebenshauch", bedeutet dann soviel wie „die Seele", und weil die Seele den Kern unseres Wesens bildet, so bedeutet es auch „das Selbst, die Person, das Ich". Der Atem spielt von Anfang an in den brahmanischen Spekulationen eine Rolle. Das Einatmen, das Ausatmen, der den Körper durchdringende Atem usw., kurz die Atemkräfte, die Pranas überhaupt, sind wichtige Potenzen, und es heißt sogar die Pranas sind die Götter. Aber am wichtigsten doch ist der Atman, das Innerste, die Seele; auf ihn gründen sich die Atemkräfte. Er tritt immer mehr hervor als der wichtigste Begriff, der den Kernpunkt des Seins bezeichnet; und wenn das Denken vom individuellen Sein in die objektive Welt hinüberschweift – muß nicht auch dort jener Kernpunkt, die Seele, zu finden sein? Läßt doch der Inder die Stimme, den Sinn, das Gehör u. dgl. m. als objektive Kräfte in der Welt walten – wie sollte dort der Atman fehlen? Das Wichtigste muß er sein von allem, die innerste, bewegende und schaffende Potenz des Alls.

Und auf der anderen Seite das *Brahman*. Früh schon, in den ältesten prosaischen Texten, den schwarzen Yajurveden, tritt uns das Brahman als ein hervorragend wichtiger und bedeutender Begriff entgegen. Das Wort „brahman", welches im Rigveda nur noch Gebet bedeutet, hat hier in der Blütezeit der Gebete, Sprüche und Opfer, in der Zeit, wo die Götter zu Priestern und die Priester zu Göttern wurden, einen immer tieferen, immer umfassenderen Inhalt gewonnen. Es ist zum Inbegriff der Gebets- und Priesterheiligkeit geworden. Alle jene wirksamen, weltbewegenden Sprüche wie auch die heiligen Lieder des

Rigveda, sie gehören zum Brahman, sie sind das Brahman. Das Opfer, die kosmogonische Potenz dieser Zeit, es gehört zum Brahman, es ist im Brahman enthalten. Alles, was an dem Priester groß und heilig ist – alles das ist das Brahman. Obenan in der Welt wie im menschlichen Leben muß also das Brahman stehen, es ist das Höchste, Heiligste und Gewaltigste. Und ähnlich wie einst die Göttergestalten des Rigveda zuletzt in ihren Umrissen ineinander übergingen und sich vereinigten, so wachsen hier Atman und Brahman in ihrer Bedeutung größer und größer, bis sie endlich zusammenströmen und sich vereinigen. War der Atman das Innerste, der Kernpunkt der Welt und allen Seins, der alles lenkt und regiert, und das Brahman doch das Oberste, Höchste, Heiligste, alles Lenkende, dann ist eben der Atman das Brahman, und das Brahman ist der Atman, es sind zwei Namen für das Eine, Höchste.

Es hat, sagt Oldenberg, „etwas von der ruhig unaufhaltsamen Nothwendigkeit eines Naturprocesses dieses Vordringen oder dieses Anschwellen jener beiden Vorstellungen, des Atman und des Brahman, von denen jede erst in ihrem Kreise den Herrscherplatz gewinnt und dann von dem vorwärtsdringenden Gedanken in Weltweiten hinausgetragen wird und auch da eine immer wachsende Macht bethätigt. So verschieden die Bilder sind, die dem Inder, von Haus aus mit Beiden sich verknüpften, so konnte es nicht anders geschehen, als dass im Lauf einer solchen Entwickelung der Gedanke des Atman sich dem des Brahman, und der des Brahman sich dem des Atman immer mehr anähnlichte."

Atman und Brahman, ein jedes wird für sich als Urgrund und Mittelpunkt der Welt erkannt, und die Lösung des Rätsels findet der suchende Geist endlich in der weiteren Erkenntnis, daß Atman und Brahman identisch sind, daß dies beides nur Namen sind für das große ewige Eine, aus welchem alles geworden, in welchem alles lebt und webt, in dessen wunderbarem Wesen alle Verschiedenheit aufhört, alle Gegensätze verschwinden.

Als eine Neubildung ist der *männliche Gott* Brahma zu bezeichnen, oder richtiger der Glaube an einen solchen Gott.

Es ist ein merkwürdiges Schauspiel in der Geschichte des indischen Geisteslebens, daß der auf dem Wege abstrakter theosophischer Spekulation gefundene Begriff des Brahman zu einem Element des Volksglaubens wird. In keinem Lande hat die philosophisch-theosophische Spekulation in den priesterlichen Kreisen so viel bedeutet wie in Indien, und nirgends haben ferner die Priester das religiöse Leben, ja überhaupt das Denken und Empfinden des Volkes so beeinflußt und beherrscht als wiederum in Indien. So allein erklärt es sich, wie es möglich war, daß der Begriff des Gebetes, erweitert zu dem Inbegriff aller Heiligkeit, die in Gebet, Opfer und Priester vereinigt ist, endlich gesteigert zu dem Begriff des Heiligen und Göttlichen in sich, der Weltenseele, des Absoluten – höchstes Objekt der religiösen Verehrung werden konnte. Dies Brahman, identifiziert mit dem Atman, war als das Höchste und Heiligste aus der ganzen priesterlichen Ideenentwicklung der vedischen Zeit zuletzt hervorgesprungen; ihm – so erkannten die theosophischen Denker – muß die höchste Verehrung gezollt werden, mehr als irgendeiner der alten Götter beanspruchen konnte und dasselbe lehrten sie nun auch das Volk. Aber hier tritt alsbald eine wichtige Umwandlung ein. Jenes neutrale abstrakte Brahman, der Inbegriff aller Heiligkeit und Göttlichkeit, das Absolute, war seiner Natur nach nur dem *Denker* möglich zu erfassen. Dies Göttliche, so ganz abstrakter Begriff, war doch allzuweit von jeder Vorstellung entfernt, als daß es je vom Volke wirklich aufgenommen werden konnte, geschweige denn sich irgendwelcher Sympathien erfreuen. Das Göttliche, soll es vom Volke verehrt werden, muß *persönlich* gestaltet sein – und so erklärt es sich, daß aus dem neutralen Brahman bald der männliche Gott Brahma gebildet wird. Man gab jenem Absolutum *Person* und *Geschlecht*. Nun konnte man es sich als Weltenschöpfer denken und als den, zu dem der Fromme sein Gebet emporsenden mag.

Diese merkwürdige und interessante Entwicklung des neutralen Brahman zum männlichen Gott Brahma, können wir in unseren Quellen im einzelnen nicht verfolgen. Soviel aber läßt sich bestimmt behaupten, daß dieselbe vor dem Auftreten des Buddhismus vollendet gewesen sein muß; denn in den Berichten von Buddha, seinem Leben und Wirken spielt der männliche Gott Brahma Sahapati oder Sahampati eine hervorragende Rolle. Kein anderes göttliches Wesen ist der Vorstellung der Buddhisten so geläufig wie dieser Brahma Sahampati. Bei allen wichtigen Vorkommnissen im Leben Buddhas steigt dieser Gott aus seinem Himmel, huldigt dem Buddha, fleht ihn an, oder äußert sonstwie seine respektvolle Meinung. Man sieht hieraus deutlich, wie verfehlt es wäre, die Entstehung der Lehre vom Atman-Brahman zu nah an die buddhistische Zeit heranzurücken. Dieselbe muß lange vor Buddha abgeschlossen gewesen und es muß nachher noch eine geraume Zeit verflossen sein, in welcher sich aus jenem neutralen Begriff der männliche Gott Brahma herausbilden und zu einem, dem Volksbewußtsein ganz geläufigen, Gotte werden konnte.

In diesen letzten, dem Buddhismus vorausgehenden Jahrhunderten kam noch ein anderer hochwichtiger Glaube auf, der ebenfalls wohl zuerst nur den Kreisen der theologischen Denker angehörte, mit der Zeit aber vollständig zu einem wichtigen Element des Volksglaubens wurde und so allgemein durchdrang, daß derselbe mit dem religiösen Denken des indischen Mittelalters untrennbar verbunden bis in die neueste Zeit noch fortlebt. Es war dies die Lehre von der *Seelenwanderung*, die jedenfalls zu Buddhas Zeit, also im sechsten Jahrhundert v. Chr., schon allgemein verbreitet gewesen sein muß.

Niedrigstehende Seelen gehen, wie die Upanishads lehren, nach dem Tode in feste Gegenstände (wie Stöcke und Steine) über; bessere gelangen aufs neue in einen Mutterschoß; die Gerechten und Edlen kommen in die Seligkeit der Mondwelt, von wo sie nach einer bestimmten Zeit wieder zur Erde zurückkehren; nur die wahrhaft Wissenden gelangen in die Welt des Brahman.

Der Atman-Brahman hat die ganze Welt, all die vielen Einzelexistenzen aus sich hervorgehen lassen. Während nun ein Teil dieser Wesen ihm noch näher steht, sind die andern Wesen in einer Menge von Abstufungen weiter und immer weiter von ihm entfernt. Nach Maßgabe dieser Entfernung von dem einstigen Ausgangspunkte hat jedes Wesen, oder vielmehr der Kern, die Seele desselben, einen kürzeren oder weiteren Weg zurückzulegen, um wieder in den Atman-Brahman einzugehen. Die pantheistische Weltauffassung, ihre Evolutions- oder Emanations-Theorie, die in den Upanishaden in mannigfachen Bildern vorgeführt wird, gehört aufs engste mit der Lehre von der Wanderung der Seele durch eine ganze Reihe verschiedener Existenzen zusammen.

Die Stufenfolge dieser verschiedenen Existenzen, welche die Seele zu durchlaufen hat, wird mit der Zeit immer systematischer ausgebildet. Von Wichtigkeit ist in dieser Hinsicht vor allem das Auftreten der Lehre von dem Karman, d.h. dem Tun, der Tat, welche die Wanderung der Seele bestimmt. „Rein wird man durch reines Tun, böse durch böses Tun", d.h. der Mensch wird nach dem Tode das, was sein Tun, seine Werke verdienen.

AUSZÜGE AUS BRAHMANAS UND UPANISHADEN

SHATAPATHA-BRAHMANA

TOD UND UNSTERBLICHKEIT

(*im Anschluß an die Darstellung des Agnihotraopfers*)

Der, der dort brennt (die Sonne), ist fürwahr der Tod. Weil er der Tod ist, darum sterben die Wesen, die sich diesseits von ihm befinden. Jenseits von ihm befinden sich die Götter, darum sind diese unsterblich. Durch seine Strahlenzügel sind alle Wesen zum Lebenshauch erweckt. Daher erstrecken sich seine Strahlen bis auf den Lebenshauch.

Er nimmt, wem er will, das Leben und geht auf. Dieser stirbt. Wer ohne vom Tode sich ganz befreit zu haben zu jener Welt eingeht, den läßt er in jener Welt immer wieder sterben, so wie man einen, der gebunden ist, in dieser Welt nicht achtet, sondern wann immer man will, dem Tode überantwortet.

Wenn einer abends nach Sonnenuntergang zwei Spenden opfert, dann nimmt er mit diesen beiden als Vorderfüßen auf diesem Tode einen festen Stand, und wenn er früh vor Sonnenaufgang zwei Spenden opfert, dann nimmt er mit diesen beiden als Hinterfüßen auf diesem Tode einen festen Stand. Und wenn (die Sonne) aufgeht, geht sie mit ihm auf, und er befreit sich vom Tode. Das ist die Befreiung vom Tode beim Agnihotra. Der befreit sich vom abermaligen Tode, welcher diese Befreiung vom Tode beim Agnihotra kennt ...

Tag und Nacht, in beständigem Umlauf in jener Welt, vernichten des Menschen gute Werke. Aber sie befinden sich diesseits von dem (der zum Himmel gegangen ist). Seine guten Werke vernichten Tag und Nacht dann nicht.

Wie einer, der im Inneren eines Wagens steht, von oben auf die rollenden Räder sieht, so sieht er von oben auf Tag und Nacht herab. Nicht vernichten Tag und Nacht die guten Werke dessen, der die gänzliche Befreiung von Tag und Nacht in dieser Weise kennt.

(II, 3, 3, 7ff.)

WAHRHEIT UND UNWAHRHEIT

Die Götter und Dämonen beide, die Nachkommen des Prajapati, traten das Erbe ihres Vaters an: die Rede, wahr und unwahr, Wahrheit und Unwahrheit. Sie sprachen beide die Wahrheit, sie sprachen beide die Unwahrheit. Weil sie beide in gleicher Weise sprachen, waren sie auch gleich.

Die Götter gaben die Unwahrheit auf und hielten sich an die Wahrheit; die Dämonen gaben die Wahrheit auf und hielten sich an die Unwahrheit.

Da überlegte die Wahrheit, die in den Asuras wohnte: ‚Die Götter haben die Unwahrheit aufgegeben und sich an die Wahrheit halten wollen: wohlan, ich will dahin gehen.' Sie ging zu den Göttern.

Die Unwahrheit aber, die in den Göttern wohnte, überlegte: ‚Die Asuras haben die Wahrheit aufgegeben und sich an die Unwahrheit halten wollen; ich will dahin gehen.' Sie ging zu den Asuras.

Die Götter sprachen ganz die Wahrheit, die Asuras ganz die Unwahrheit. Die Götter, die beständig die Wahrheit sprachen, wurden scheinbar geringer und ärmer. Darum wird einer, der ständig die Wahrheit spricht, scheinbar geringer und ärmer; aber schließlich gedeiht er; denn die Götter gediehen schließlich.

Hingegen die Asuras, die beständig die Unwahrheit sprachen, glänzten wie Salzboden äußerlich, wurden scheinbar reich. Darum glänzt äußerlich der, der beständig die Unwahrheit spricht, wie Salzboden, wird scheinbar reich. Aber schließlich versagt er; denn es versagten die Asuras.

(IX, 5, 1, 12ff.)

TOD UND UNSTERBLICHKEIT

(*im Anschluß an die Erörterung des Feueraltarbaus*)

Prajapati schuf die lebenden Wesen. Aus den aufwärtsgerichteten Atemzügen schuf er die Götter, aus den abwärtsgerichteten die sterblichen Wesen. Danach schuf er für die lebenden Wesen den Tod als ‚Verzehrer'.

Prajapati war zur Hälfte sterblich, zur Hälfte unsterblich. Mit seiner sterblichen Hälfte fürchtete er sich vor dem Tode, in seiner Furcht ging er in die Erde, zwiefach, zu Lehm und zu Wasser geworden.

Der Tod sprach zu den Göttern: ‚Was ist aus dem geworden, der uns geschaffen hat?' „Er ist aus Furcht vor dir in die Erde gegangen." Er sprach: ‚Wir wollen ihn suchen; wir wollen ihn sammeln; ich will ihn nicht schädigen.' Die Götter sammelten ihn aus der Erde. Ein Teil von ihm war in den Wassern, den sammelten sie als Wasser; ein Teil in der Erde, den sammelten sie als Lehm. Nachdem sie beides, Lehm und Wasser, gesammelt hatten, strichen sie einen Ziegel. Darum ist ein Ziegel beides, Lehm und Wasser.

Seine fünf sterblichen Bestandteile sind: die Haare am Munde, Haut, Fleisch, Knochen, Mark; die unsterblichen: Geist, Stimme, Hauch, Auge, Ohr.

Prajapati ist das Feuer, das geschichtet wird. Seine fünf sterblichen Bestandteile sind die Schichtungen aus Erde; seine unsterblichen Bestandteile die Schichtungen aus Ziegeln ...

Anfänglich war Prajapati beides, sterblich und unsterblich. Seine Lebenshauche waren unsterblich, sein Leib sterblich. Durch dieses Opferwerk, durch dieses Verfahren machte er gleichzeitig sich frei vom Alter und unsterblich. Ganz ebenso ist der Opferer beides, sterblich und unsterblich. Seine Lebenshauche sind unsterblich, sein Körper sterblich. Er macht durch dieses Opferwerk, durch dieses Verfahren sich gleichzeitig frei vom Alter und unsterblich.

(X, 1, 3, 1ff.)

DER WIEDERTOD

Die Besiegung des Wiedertodes bedeutet den Ausdruck der Hoffnung, daß der Mensch in einem zukünftigen Leben nicht mehr wie in diesem dem Tode ausgesetzt sein wird.

Die Speise im Menschen ist seine Speise; das Wasser sein Trank; die Knochen sein Heil; das ist die Natur der ‚Umlegeziegel' (beim Altarbau); das Mark sein Licht; denn das ist die Natur der Yajushmatisteine; Prana ist das Unsterbliche, denn das ist die Natur des Feuers.

[„Prana ist Feuer, Prana ist das Unsterbliche", so sagt man.] Infolge von Nahrung weicht der Hunger, infolge von Trank der Durst, infolge von Heil das Unheil, infolge von Licht die Finsternis, infolge der Unsterblichkeit der Tod. Alles weicht von dem, den Wiedertod besiegt der, zu einem vollen Lebensalter gelangt der, der so weiß. Das ist es, was er als ‚das Unsterbliche' in jener, als ‚Leben' in dieser Welt verehren soll. Einige verehren es in dem Prana mit der Behauptung: Prana ist Feuer, Prana ist das Unsterbliche. So soll er nicht denken. Denn der Prana ist etwas Unsicheres. Es heißt ja in einem Spruch: ‚Ich löse ihn von dir, wie aus der Mitte des Lebens.' Darum soll er es als das ‚Unsterbliche' in jener, als das ‚Leben' in dieser Welt verehren. So gelangt er zu einem vollen Lebensalter.

(X, 2, 6, 18, 19)

HAUCH UND WIND ALS SITZ DES LEBENS

(*siehe unten Chandogya IV, 1-3*)

Agni ist Hauch. Wenn der Mensch schläft, geht die Stimme in den Hauch, in den Hauch das Auge, in den Hauch der Geist, in den Hauch das Ohr. Wenn er erwacht, dann entstehen sie wieder aus dem Hauch. Das gilt für die Person.

Für die Götter gilt: Die Stimme ist Agni, das Auge ist die Sonne, der Geist ist der Mond, das Ohr sind die Weltgegenden, der Hauch ist der Wind, der da weht.

Wenn Agni ausgeht, dann verweht er in den Wind. Darum sagen sie von ihm: ‚Er verwehte'; denn er verweht in den Wind. Wenn die Sonne untergeht, dann geht sie in den Wind, in den Wind der Mond, auf dem Wind beruhen die Himmelsgegenden; aus dem Wind entstehen sie wieder. Wer mit solcher Kenntnis aus dieser Welt scheidet, geht mit seiner Stimme in das Feuer ein, mit seinem Auge in die Sonne, mit seinem Geist in den Mond, mit seinem Gehör in die Himmelsgegenden, mit seinem Hauch in den Wind. Zu einem Bestandteil davon geworden, wird er zu der von diesen Gottheiten, zu welcher er will, und kommt zur Ruhe.

(X, 3, 3, 6-8)

BRAHMAN

Der Text spricht von der mystischen Wichtigkeit der Yajus, der Opferformeln, und gibt im Anschluß daran eine kurze, für die Entwicklung des Brahmabegriffes nicht unbedeutsame Schilderung.

Voran steht der Geist. Der Geist ist der erste der Atemzüge; das Auge ist der ‚Fuß'; denn mit Hilfe des Auges wandelt dieses Selbst (Individuum) einher. Die Opferformeln samt den einleitenden Handlungen sind in bezug auf Gottheit und dieses Selbst fest begründet. Wer die Opferformeln samt den einleitenden Handlungen in bezug auf Gottheit und sein Selbst als fest begründet kennt, der erlangt, unversehrt und unverletzt, glücklich das Ende des Opfers. Der wird unter den Seinigen der Beste, ein Führer, ein Herr und Fürst, wer also weiß.

Wer einem, der also weiß, unter den Seinigen entgegenzutreten wünscht, der ist für die Untertanen nicht geeignet. Aber wer sich einem, der also weiß, anschließt und im Anschluß an ihn die Untertanen zu unterhalten sucht, der ist für die Untertanen geeignet. Das ist das größte *Brahman*. Nicht gibt es etwas Größeres als das. Der Größte und Beste unter den Seinigen wird der, der also weiß.

Das *Brahman* hat nichts vor und nichts hinter sich. Der, welcher das Brahman in dieser Weise als etwas kennt, das nichts vor und hinter sich hat, hat unter seinesgleichen keinen besseren, als er selbst ist. Die Nachkommen, die ihm geboren werden, werden immer besser. Wenn einer größer als er wäre, so soll er dic Himmelsgegenden östlich von ihm verehren. Dann tut er ihm nichts.

Von diesen Opferformeln ist die Geheimlehre (die Upanishad) der Kern. Wie klein auch die Opferformeln sein mögen, mit denen der Adhvaryu einen Becher Soma schöpft, er durchdringt Rezitationen und Gesänge, er durchsetzt Rezitationen und Gesänge. Wie klein auch die Essenz einer Speise ist, sie würzt die ganze Speise, sie durchzieht die Speise.

(X, 3, 5, 7ff.)

DER TOD UND DIE GÖTTER

Die kleine Erzählung, die in der den Brahmanas eigenen Weise die Einsetzung von rituellen Bräuchen zu begründen sucht, ist auch hier nicht ohne Interesse, weil sie von der Schichtung eines Altarfeuers spricht und damit gewissen Anschauungen entspricht, die unten in der Kathaka-Upanishad zum Ausdruck kommen.

Das Jahr ist der Tod; denn es schmälert durch Tag und Nacht das Leben der Menschen, und sie sterben. Darum ist dies der Tod. Wer in dem Jahr den Tod erkennt, dessen Leben schmälert es nicht durch Tag und Nacht vor dem Alter. Er gelangt zu vollem Alter.

Es ist der ‚Beender'; denn es bereitet den Menschen durch Tag und Nacht ein Ende, und sie sterben. Darum ist es der Beender. Wer in dem Jahr den Tod-Beender erkennt, dessen Leben beendet es durch Tag und Nacht nicht vor dem Alter. Er gelangt zu vollem Alter.

Die Götter waren in Furcht vor diesem Beender, dem Tode, dem Jahre, dem Herren der Geschöpfe: daß es uns nur nicht durch Tag und Nacht das Leben beende.

Sie spannten die Opfergewebe aus: das Agnihotra, das Neu- und Vollmondsopfer, die Quartalsopfer, das Tieropfer und das Somaopfer. Sie opferten damit, aber sie erlangten nicht die Unsterblichkeit.

Sie schichteten einen Feueraltar und setzten in unbestimmter Zahl die Umfassungsziegel ein, in unbestimmter Zahl die *yajushmati* genannten, in unbestimmter Zahl die *lokamprina* genannten, so wie jetzt einige die Ziegel in dem Gedanken einsetzen, daß so die Götter taten. Sie erlangten die Unsterblichkeit nicht.

Sie zogen betend und sich kasteiend, um die Unsterblichkeit zu gewinnen, umher. Prajapati sprach zu ihnen: ‚Ihr setzt nicht alle meine Formen ein; ihr nehmt zu viel oder zu wenig. Darum seid ihr nicht unsterblich.'

Sie sprachen: ‚Sage du uns, wie wir alle deine Formen einsetzen sollen.'

Er sprach: ‚Setzet 360 Umfassungsziegel ein; 360 Yajushmatiziegel und dazu 36; sodann 10.800 Lokamprinaziegel. Dann werdet ihr alle meine Formen einsetzen, dann werdet ihr unsterblich sein.' Die

Götter setzten in dieser Weise ein; daher wurden die Götter unsterblich.

Der Tod sprach zu den Göttern: ‚So werden alle Menschen unsterblich sein; aber was für ein Anteil wird mir sein?' Diese sagten: ‚Hinfort wird keiner zusammen mit seinem Körper unsterblich sein. Wenn du diesen Anteil dir nehmen willst, dann wird, abgesehen von seinem Körper, der unsterblich sein, welcher, sei es durch sein Wissen, sei es durch sein Werk, unsterblich wird.' Wenn sie sagten, sei es durch sein Wissen, sei es durch sein Werk, so ist Agni (der Feueraltar) sein Wissen, Agni sein Werk.

(X, 4, 3, 1ff.)

SCHÖPFUNGSMYTHE IM ANSCHLUSS AN DIE FEUERSCHICHTUNG

Nicht war diese Welt am Anfange nicht; nicht war sie. Diese Welt war am Anfange, und sie war nicht: Es war nur der Geist, der existierte (Manas).

Darum wurde von einem Propheten gesagt: ‚Nicht gab es damals Sein noch Nichtsein'; denn der Geist war nicht Sein und war nicht Nichtsein.

Dieser Geist war geschaffen und wünschte sichtbar zu werden, deutlicher, körperlicher. Er suchte nach einem Selbst, er tat Buße und wurde körperlicher. Er sah seine 36.000 Arkafeuer, die aus Geist gebildet, aus Geist geschichtet waren. Sie wurden nur im Geiste angelegt, nur im Geiste geschichtet; im Geist wurden bei ihnen die Somabecher geschöpft; im Geist sang und rezitierte man; welche Handlung man beim Opfer vollzieht, welche Opferhandlung, die wurde bei diesen aus Geist gebildeten, im Geist geschichteten im Geist rein geistig vollzogen ...

Dieser Geist schuf die Stimme. Die Stimme war geschaffen und wünschte sichtbar zu werden, deutlicher, körperlicher. Sie suchte nach einem Selbst. Sie tat Buße und wurde körperlicher. Sie sah ihre 36.000 Arkafeuer, die aus der Stimme gebildet, aus der Stimme geschichtet waren. Sie wurden nur mit der Stimme angelegt, nur mit der

Stimme geschichtet; nur mit der Stimme wurden bei ihnen die Becher geschöpft; mit der Stimme sang und rezitierte man; welche Handlung man beim Opfer vollzieht, welche Opferhandlung, die wurde bei diesen aus Stimme gebildeten, aus Stimme geschichteten nur mit der Stimme rein stimmhaft vollzogen ...

Die Stimme schuf den Hauch. Der Hauch war geschaffen und wünschte sichtbar zu werden ...

Der Hauch schuf das Auge. Das Auge war geschaffen und wünschte sichtbar zu werden ...

Das Auge schuf das Ohr. Das Ohr war geschaffen und wünschte sichtbar zu werden ...

Das Ohr schuf das Werk. Das Werk verdichtete sich zu Lebenshauchen, zum Gefäß, zum Speisebehälter (?). Das Werk ist unvollständig ohne die Lebenshauche; die Lebenshauche sind unvollständig ohne das Werk.

Das Werk war geschaffen und wünschte sichtbar zu werden ...

Das Werk schuf das Feuer. Das Feuer ist sichtbarer als das Werk; denn durch das Werk bringen sie das Feuer hervor, durch das Werk zünden sie es an.

Das Feuer war geschaffen und wünschte sichtbar zu werden ...

Diese Feuer sind durch Wissen geschichtet. Alle Wesen schichten sie immerdar für den, der die Feuer in dieser Weise kennt, auch für den, der schläft. Durch Wissen allein sind sie für den, der so weiß, geschichtet.

(X, 5, 3, 1ff.)

Es folgt die Identifikation des Feueraltars mit Erde, Luftraum, Himmel, Sonne, Gestirnen usw.

DIE LEHRE DES SHANDILYA

(*Eine andere Version Chadogya-Upanishad 3, 14*)

Er soll als die Wahrheit das Brahman verehren. Der Mensch besteht aus Wollen, und so groß wie das Wollen ist, mit dem er aus dieser Welt scheidet, so groß ist das Wollen, mit dem er nach dem Tode in jene Welt eingeht.

Er soll so das Selbst verehren: Verstand ist sein Stoff, der Hauch sein Leib, Glanz seine Erscheinungsform, der Äther [der Raum] sein Selbst. Es wandelt nach Belieben seine Gestalt, ist schnell wie der Geist, ist wahrhaften Entschlusses, wahrhaften Verhaltens, voll jeglichen Geruches und voll jeglichen Geschmackes, nach allen Himmelsrichtungen sich weitend, alles erfüllend, wortlos, achtlos. Wie ein Reis- oder Gersten- oder Hirsekorn oder eines Hirsekorns Korn, ist im Innern der Purusha [das Selbst], golden wie ein rauchloses Licht, größer als der Himmel, größer als der Luftraum, größer als die Erde, größer als alle Wesen. Es ist das Selbst des Hauches, es ist mein Selbst. Zu diesem Selbst werde ich beim Scheiden von hier gelangen. Wem solche Gewißheit ist, dem bleibt kein Zweifel. So sagt Shandilya; so ist es.

(X, 6, 3)

SCHÖPFUNGSMYTHE

Die Welt war anfangs Wasser, eine wogende Flut. Es wünschte sich fortzupflanzen, kasteite sich und tat Buße. Als es Buße tat, entstand ein goldenes Ei. Es gab damals noch kein ‚Jahr'. Das goldene Ei schwamm solange umher, als die Zeit eines Jahres beträgt.

Daraus entstand in einem Jahre ein Mann, der Prajapati. Darum gebiert innerhalb eines Jahres eine Frau oder Kuh oder Stute; denn innerhalb eines Jahres entstand Prajapati. Er durchbrach das goldene Ei, fand aber keinen Halt. Da trug ihn, umherschwimmend, für die Dauer eines Jahres das goldene Ei. Nach Jahresfrist wünschte er zu sprechen. Er sagte *bhur*, da entstand die Erde; er sagte *bhuvar*, da entstand der Luftraum; er sagte *suvar*, da entstand der Himmel. Darum wünscht ein Kind nach Jahresfrist zu sprechen; denn nach Jahresfrist sprach Prajapati.

Als er zum erstenmal sprach, sagte Prajapati ein und zwei Silben; darum sagt ein Kind, wenn es zum erstenmal spricht, ein und zwei Silben.

Die fünf Silben (*bhur* usw.) machte er zu den fünf Jahreszeiten. Das sind diese fünf Jahreszeiten. Prajapati erhob sich nach Jahresfrist so über diese entstandenen Welten; darum wünscht ein Kind nach Jahresfrist sich zu erheben; denn nach Jahresfrist erhob sich Prajapati.

Er wurde tausend Jahre. Wie einer zum anderen Ufer eines Flusses hinübersieht, so sah er zum anderen Ufer seines Lebens.

Singend und sich kasteiend wandelte er, sich Nachkommenschaft wünschend, umher. Er legte in sich Zeugungskraft; er schuf mit dem Munde die Götter (*deva*); diese Götter wurden für den Himmel (*div*) geschaffen, darum sind die Devas Devas. Als sie für den Himmel geschaffen wurden, war es für den, der sie geschaffen hatte, wie Tag. Darum sind die Devas Devas, weil es für den, der sie geschaffen hatte, wie Tag war.

Mit seinem abwärtsgehenden Hauch schuf er die Asuras; diese wurden für die Erde geschaffen. Für ihn, der sie erschaffen hatte, war es gleichsam dunkel.

Er wußte: ‚Ich schuf ein Übel, weil es für mich nach ihrer Erschaffung gleichsam dunkel wurde.' Daher durchbohrte er sie mit Unheil, daher gingen sie zugrunde.

Darum sind die Geschichten von den Göttern und Asuras, die man teils im Epos, teils in der Sage erzählt, nicht wahr. Denn ‚daher durchbohrte Prajapati sie mit Unheil, daher gingen sie zugrunde'. Das hat ein Prophet in dem Verse ausgesprochen:

‚Nicht hast du irgendeinen Tag gekämpft, nicht lebt dir, Herr, ein Feind. Eine Täuschung nur ist es, was man von deinen Kämpfen sagt: Nicht heut noch früher hast du einen Feind bekämpft.'

Was für ihn nach Schaffung der Götter wie Tag war, das machte er zum Tage; was für ihn nach Schaffung der Asuras wie dunkel war, das machte er zur Nacht. Das ist Tag und Nacht.

(XI, 1, 6, 1ff.)

DAS BRAHMAN UND DIE GÖTTER

Brahman dringt Name und Gestalt gebend in die Welten ein. Diese Vorstellung wird später in bestimmterer Form in der Chandogya-Upanishad VI, 2 entwickelt, wonach das als Gottheit gedachte Sein die von ihm zuerst geschaffenen drei

Elemente Feuer, Wasser, Nahrung mit seinem Selbst durchdringt und Name und Gestalt, d.h. Individualität schafft. In dem Buddhismus erscheint Name und Gestalt als drittes Glied, das aus dem Erkennen entsteht und selbst wieder Ausgang der sechs Organe wird.

Die Welt war anfangs Brahman. Es schuf die Götter und nach ihrer Schöpfung setzte es sie einzeln in die Welten ein, in diese Welt den Agni, den Vayu in den Luftraum, an den Himmel die Sonne.

In die Welten, welche höher als diese (drei) waren, setzte es die Götter ein, welche höher als diese (drei) waren. So wie hier die Welten sichtbar sind und ihre Götter, so sind jene Welten und deren Götter, welche er in sie einsetzte, sichtbar.

Das Brahman aber selbst ging nach der entgegengesetzten Seite. Nach der entgegengesetzten Seite gegangen, überlegte es: ‚Wie möchte ich in diese Welten wieder hinabgehen?' Es ging mittels zweier Dinge, nämlich mittels Name und Gestalt in sie wieder hinab. Was immer einen Namen trägt, das ist eben Name; was aber keinen Namen trägt und, indem man sich sagt, ‚diese Gestalt ist das', an seiner Gestalt erkennbar ist, das ist Gestalt. So weit reicht diese Welt, wie Name und Gestalt.

Das sind die beiden großen Mächte Brahmans. Wer diese beiden Mächte Brahmans kennt, wird zur großen Macht.

Das sind die beiden großen Geheimkräfte Brahmans. Wer diese beiden großen Geheimkräfte Brahmans kennt, wird zur großen Geheimkraft. Von diesen beiden ist eins das wichtigere, die Gestalt. Denn auch was Name ist, ist Gestalt. Wer das wichtigere von beiden kennt, wird wichtiger als der, dem er überlegen zu werden wünscht.

Die Götter waren anfangs sterblich. Als sie durch das Brahman es erreichten, wurden sie unsterblich. Wenn er dem Geist ein Gußopfer bringt – Geist ist Gestalt, durch den Geist erkennt er: ‚das ist diese Gestalt' –, dadurch erlangt er die Gestalt. Wenn er der Rede ein Gußopfer bringt – Rede ist Name, durch die Rede erfaßt er den Namen –, dadurch erlangt er den Namen. So weit reicht dies All, wie Name und Gestalt. Das alles erlangt er. Das alles ist unvergänglich. Dadurch wird ihm unvergängliches gutes Werk, unvergängliche Welt zuteil.

(XI, 2, 3, 1ff.)

WAS IST BESSER ALS OPFER FÜR DIE GÖTTER?

Da sagt man: ‚Wer steht höher, der, welcher sich selbst, oder der, welcher den Göttern opfert?' Darauf soll man erwidern: ‚Der, welcher sich selbst opfert.' Sich selbst opfert der, welcher weiß: ‚Dieser mein Leib wird hierdurch bereitet, dieser mein Leib wird dadurch angelegt.' Wie eine Schlange die Haut, so legt er diesen sterblichen, schlechten Leib ab. Aus Versen, Opfersprüchen, Spenden bestehend, erlangt er die Himmelswelt.

Der opfert den Göttern, welcher weiß: ‚Den Göttern opfere ich hier, die Götter verehre ich.' Wie ein Geringerer einem Höheren Tribut bringt oder wie ein Vaishya einem Könige Tribut bringt, so ist dieser. Eine solche Welt, wie der andere, gewinnt er nicht.

(XI, 2, 6, 13)

LOB DES STUDIUMS

Erwünscht sind Studium und Unterricht. Man wird aufmerksam, unabhängig, erwirbt Tag für Tag Vermögen, schläft gut und wird sein eigener bester Arzt: Selbstbeherrschung, Zielbewußtsein, Wachstum der Erkenntnis, Ansehen, Reifen der Menschheit (sind damit verbunden). Wachsende Erkenntnis entwickelt in dem Brahmanen vier Pflichten: Brahmanenwürde, entsprechendes Verhalten, Ansehen, Reifen der Menschheit (durch Belehrung). Die reifende Menschheit lohnt dem Brahmanen durch vier Pflichten: Ehrerbietung, Freigebigkeit, Sicherheit gegen Vergewaltigung und gegen Mord.

Was immer die Mühen zwischen Himmel und Erde sein mögen, deren höchste Stufe ist das Studium; das Ziel dessen, der so wissend sein Studium betreibt. Darum soll einer sein Studium betreiben.

Was immer er vom Veda studiert, das hat er als ein Opfer dargebracht, wer so wissend sein Studium betreibt. Darum soll er sein Studium treiben.

Wenn einer auch gesalbt, geputzt, behaglich auf bequemem Lager liegend sein Studium treibt, bis in die Fingerspitzen kasteit er sich, wer so wissend sein Studium treibt. Darum soll einer sein Studium treiben.

Honig sind die Verse des Rigveda, Butter die Verse des Saman,

Ambrosia die Sprüche des Yajus; wenn er die Dialoge studiert, so ist das Reis mit Milch und Reis mit Fleisch.

Mit Honig erfreut der die Götter, wer so wissend die Verse des Rigveda Tag für Tag als Studium treibt. Erfreut erfreuen ihn diese mit allen Wünschen, mit allen Genüssen.

Mit Butter erfreut der die Götter, der so wissend die Verse des Saman als Studium Tag für Tag treibt. Erfreut erfreuen ihn diese mit allen Wünschen, mit allen Genüssen.

Mit Ambrosia erfreut der die Götter, der so wissend die Sprüche des Yajus als Studium Tag für Tag treibt. Erfreut erfreuen ihn diese mit allen Wünschen, mit allen Genüssen.

Mit Milchreis und Fleischreis erfreut der die Götter, der so wissend die Dialoge, die Erzählungen aus Mythe und Geschichte als Studium Tag für Tag treibt. Erfreut erfreuen ihn diese mit allen Wünschen, mit allen Genüssen.

Dahin wandeln die Wasser, es wandelt die Sonne, es wandelt der Mond, es wandeln die Sterne. Als wollten diese Gottheiten nicht wandeln, nicht wirken, so wäre an dem Tage ein Brahmane, an dem er sein Studium nicht treibt. Darum soll einer sein Studium treiben. Darum soll man wenigstens einen Vers des Rigveda, einen Spruch des Yajurveda, einen Vers des Samaveda, eine Gatha oder eine Episode (?) sagen, um das Gelübde nicht zu unterbrechen.

(XI, 5, 7)

EINE OPFERUNTERREDUNG ÜBER DIE GÖTTER

Janaka, der Videha, brachte ein Opfer mit großen Opferlöhnen dar. Tausend Rinder hielt er zurück und sprach: ‚Der Beste unter euch, ihr Brahmanen, soll sie sich heimtreiben.'

Yajnavalkya sprach: ‚Her mit ihnen!' Sie sprachen: ‚Bist du denn, Yajnavalkya, unter uns der größte Brahmane?' Er sprach: ‚Verehrung dem größten Brahmanen. Ich wünsche die Rinder.'

Sie sprachen: ‚Wer von uns wird diesen fragen?' Da sprach der kluge Shakalya: ‚Ich.' Den erblickte er und sprach: ‚Haben dich, Shakalya, die Brahmanen zur Feuerzange gemacht?'

Er sprach: „Wieviel gibt es Götter, Yajnavalkya?" ‚303 und 3.003.' „Ja", sprach er. „Ich frage, wieviel Götter gibt es, Yajnavalkya?" ‚Dreiunddreißig!' „Ja", sprach er. „Ich frage, wieviel Götter gibt es, Yajnavalkya?" ‚Drei!' „Ja", sprach er. „Ich frage, wieviel Götter gibt es, Yajnavalkya?" ‚Zwei!' „Ja", sprach er. „Ich frage, wieviel Götter gibt es, Yajnavalkya?" ‚Eineinhalb!' „Ja", sprach er. „Ich frage, wieviel Götter gibt es, Yajnavalkya?" ‚Einen!' „Ja", sprach er. „Welches sind die 303 und 3.003?"

‚Soviel sind deren Kräfte. Der Götter sind drei und dreißig.' „Welches sind die drei und dreißig?" ‚Acht Vasus, elf Rudras, zwölf Adityas: das sind einunddreißig, Indra und Prajapati sind die zwei- und dreiunddreißigsten.'

‚Wer sind die Vasus?' „Agni und die Erde, Vayu und der Luftraum, Aditya und der Himmel, Mond und Sterne. Diese beherbergen alles. Weil sie alles beherbergen, darum heißen sie Vasus."

‚Wer sind die Rudras?' „Die zehn Hauche im Menschen hier, die Seele (Atman) ist der elfte. Wenn sie aus diesem sterblichen Leib ausziehen, dann lassen sie weinen. Weil sie weinen lassen, darum heißen sie Rudras."

‚Wer sind die Adityas?' „Die zwölf Monate des Jahres, das sind die Adityas. Diese gehen dahin, indem sie alles an sich nehmen. Weil sie alles an sich nehmend dahingehen, darum sind sie die Adityas."

‚Wer ist Indra, wer Prajapati?' „Indra ist der Donner, Prajapati das Opfer." ‚Wer ist der Donner?' „Der Blitz." ‚Wer ist das Opfer?' „Die Tiere."

‚Wer sind die drei Götter?' „Die drei Welten; in diesen sind alle diese Götter." ‚Wer sind diese beiden Götter?' „Speise sowohl als Atem." ‚Wer die anderthalb?' „Der, der hier weht." ‚Wer der eine Gott?' „Der Atem."

Er sprach: ‚Du hast mich nach einer Gottheit gefragt, nach der man nicht fragen darf. Du wirst vor dem soundsovielten Tage sterben. Nicht werden deine Gebeine in deine Wohnung gelangen.' Er starb in dieser Weise. Räuber schleppten, ihn verwechselnd, seine Gebeine fort. Darum soll einer nicht durch Reden herausfordern. Und wer so weiß, steht ja am höchsten.

(XI, 6, 3, 1ff.)

TAITTIRIYA-BRAHMANA

SCHÖPFUNG

Aus dem Nichtseienden entstand das Manas; das Manas schuf den Prajapati, Prajapati schuf die Geschöpfe. Alles, was besteht, ist im Manas zuoberst gegründet. Das ist *das* Brahman, welches den Namen ‚Morgen reicher' führt. Jeder neue Morgen leuchtet für ihn reicher auf. Er pflanzt sich fort in Kindern und Vieh.

(II, 2, 9, 10)

GESPRÄCH ANLÄSSLICH DER SCHICHTUNG DES SAVITRA GENANNTEN FEUERS

Atyanha, der Sohn des Aruna, teilte einem Schüler einige Fragen mit und sandte ihn aus: ‚Gehe und frage den Plaksha Daiyampati: „Kennst du das Savitarafeuer oder kennst du es nicht?"' Er ging zu ihm und fragte ihn: ‚Der Meister schickte mich: Kennst du das Savitarafeuer oder kennst du es nicht?' Der sprach: „Ich kenne es."

‚Worauf ist es gegründet?' „Auf dem, der jenseits des Dunstkreises liegt." ‚Wer ist das?' Er sprach: „Der, der dort brennt, das ist der, der jenseits des Dunstkreises liegt." ‚Der liegt diesseits des Dunstkreises; worauf aber ist jenes gegründet?' „Auf die Wahrheit." ‚Was ist die Wahrheit?' „Kasteiung." ‚Worauf ist die Kasteiung gegründet?' „Auf die Kraft." ‚Welche Kraft ist das?' „Der Hauch." ‚Nicht frage weiter nach dem Hauch, sagte zu mir der Meister.' Da sprach Plaksha Daiyampati: „Hättest du, Schüler, weiter nach dem Hauche gefragt, wäre dein Kopf abgesprungen und ich würde höher als der Meister sein, der über das Savitarafeuer sich mit mir zu unterreden wünschte." Darum soll man über das Savitarafeuer sich nicht unterreden. Wer über das Savitarafeuer mit einem dessen Kundigen sich unterredet, legt in ihn den Erfolg. Jenes, das dort brennt, gewährt ihm den Erfolg; Erfolg gewährt ihm Kasteiung; Kasteiung gewährt ihm Kraft; Kraft gewährt ihm Hauch.

(III, 10, 9)

BRAHMAN

Die ersten Weltschöpfer hielten eine Opfersitzung, die tausend Jahre währte, indem sie Soma preßten. Daraus wurde der Hüter der Welt geboren, der goldene Vogel, Brahman mit Namen. Durch ihn brennt die Sonne, von seiner Macht entzündet ... Diesen hohen, alles durchdringenden Atman versteht der bei seinem Tode nicht, der nicht den Veda kennt. Er ist die beständige Macht des Brahmakenners. Er wächst durch Werke nicht und wird dadurch nicht kleiner. Der Atman findet für ihn den Weg. Hat er ihn gefunden, so wird er durch schlechtes Tun nicht befleckt.

(III, 12, 9, 7)

BRIHAD-ARANYAKA-UPANISHAD (MADHYANDINAREZENSION)

GEDANKEN ÜBER DIE ENTSTEHUNG DER SCHÖPFUNG AUS DEM ATMAN

Am Anfang war hier nur das Selbst; es war wie ein Mensch. Es blickte um sich und sah nichts anderes als sich selbst. ‚Das bin ich', war sein erstes Wort. Daher erhielt es den Namen ‚Ich'. Darum sagt auch jetzt jemand, der begrüßt worden ist, zuerst, ‚ich bin der' und nennt dann den andern Namen, den er führt.

Weil es aller Welt zuvor alle Übel verbrannte, darum ist es ein ‚purusha'. Der, wer so weiß, verbrennt wahrlich den, der ihm voraus sein will.

Es fürchtete sich. Darum fürchtet sich einer, der allein ist. Es überlegte: ‚Wenn es nichts anderes gibt als mich, vor wem fürchte ich mich denn da?' Da wich seine Furcht; denn vor wem hätte es sich fürchten sollen? Man fürchtet sich doch nur vor einem Zweiten.

Es empfand keine Freude. Darum empfindet ein Einsamer keine Freude. Es wünschte sich einen Zweiten. Es war so groß wie Mann und Frau bei der Umarmung.

Es ließ sich in zwei Teile zerfallen. So entstanden Gatte und Gattin. ‚Darum sind wir beide hier nur wie ein Halbstück', sprach Yajnavalkya. Darum wird dieser Raum durch die Frau ausgefüllt. Er nahte ihr. Darauf entstanden die Menschen.

Sie überlegte: ‚Wie kann er mir nahen, nachdem er mich aus sich selbst geschaffen hat? Wohlan, ich will mich verbergen.'

Sie wurde eine Kuh, er ein Stier. Wieder nahte er ihr, darauf entstanden die Rinder.

Sie ward zu einer Stute, er zu einem Hengste, sie zu einer Eselin, er zu einem Esel. Wiederum nahte er ihr. Darauf entstanden die Einhufer.

Sie wurde eine Ziege, er ein Bock; sie eine Schafmutter, er ein Widder. Wieder nahte er ihr, darauf entstanden Ziegen und Schafe. In dieser Weise erschuf es alles, was sich paart, bis hin zu den Ameisen ...

Wenn sie nun hier in bezug auf den einzelnen Gott sagen, opfere ‚diesem oder jenem', so ist der nur eine Einzelschöpfung von ihm; denn es begreift alle Götter in sich ...

Daß es die höheren Götter schuf, ist eine Überschöpfung Brahmans. Weil es als ein Sterblicher die Unsterblichen schuf, darum ist es eine Überschöpfung. Wer so weiß, ist in dieser seiner Überschöpfung enthalten.

Die Welt war damals noch nicht (nach Name und Gestalt) geschieden. Sie schied sich nach Name und Gestalt: ‚Er heißt soundso und hat die und die Gestalt.' So unterscheidet sich auch jetzt noch diese Welt nach Name und Gestalt: ‚Er heißt soundso und hat die und die Gestalt.'

Das (Selbst) ist (in alles) bis in die Nagelspitzen eingegangen. Wie das Messer in der Scheide verborgen liegt, wie das Feuer im Reibholz, so nimmt man es nicht wahr. Denn es ist zerteilt.

Wenn es atmet, ist ‚Atem' sein Name; wenn es spricht, ist ‚Rede' sein Name; wenn es sieht, ist ‚Auge' sein Name; wenn es hört, ist ‚Ohr' sein Name; wenn es denkt, ist ‚Verstand' sein Name. All das sind nur Namen für seine Tätigkeiten. Der weiß das nicht, der nur die Einzelerscheinung verehrt. Denn es ist zerteilt und tritt nur als Einzelerscheinung auf.

Er soll nur den Atman verehren; denn in ihm werden all diese Einzelerscheinungen (Atem, Rede, Auge) zur Einheit. Darum ist der Atman ein Weg zu allem. Denn man erkennt durch ihn alles, wie man mit Hilfe der Fußspur (jemanden) findet. Wer so weiß, gewinnt Ehre und Ruhm.

Dieser selbige ist lieber als ein Sohn, lieber als Besitz, lieber als alles andere. Das Vertrautere ist der Atman. Wollte man von dem, der einen anderen als den Atman für lieb erklärt, sagen, daß er das Liebe beeinträchtige, so wäre man dazu berechtigt. Nur den Atman soll man als Liebes verehren. Wer nur den Atman als Liebes verehrt, dem wird Liebes nicht verkümmert.

Da sagt man: ‚Wenn Menschen mit Hilfe der Wissenschaft vom Brahman glauben, zum All werden zu können, was wußte denn das Brahman, dadurch es zur ganzen Welt wurde?'

Nur das Brahman war hier am Anfang. Dies kannte nur sich selbst: ‚Ich bin Brahman.' Darum wurde es zu der ganzen Welt. Wer immer von den Göttern das erkannte, der wurde dazu (zur ganzen Welt). Ebenso ist es bei den Rishis, ebenso bei den Menschen.

Vamadeva, der Rishi, erkannte das und vergegenwärtigte sich: ‚Ich war Manu einst und Surya' (RV. IV, 26, I). Darum wird auch jetzt der, der so weiß: ‚ich bin Brahman', zur ganzen Welt. Auch die Götter sind nicht imstande, dies Werden zu verhindern. Denn er ist ihr Atman. Aber wer eine andere Gottheit verehrt und denkt: ‚sie ist etwas anderes als ich', der hat kein Verständnis. Er ist wie ein Nutztier für die Götter. Wie viele Tiere dem Menschen zum Nutzen dienen, so dient der einzelne Mensch den Göttern zum Nutzen. Wenn nur ein einzelnes Tier ihnen genommen wird, so ist das ihnen schon nicht angenehm, geschweige denn, wenn viele ihnen genommen werden. Darum ist es ihnen nicht lieb, wenn die Menschen zu dieser Erkenntnis gelangen.

Am Anfang war hier nur das Brahman; es war allein. Da es allein war, entfaltete es sich nicht. Es schuf als höhere Form darüber den Kriegerstand, nämlich die Fürsten unter den Göttern: Indra, Varuna, Soma, Rudra, Parjanya, Yama, Mrityu, Ishana. Daher gibt es nichts Höheres als den Kriegerstand; daher verehrt bei dem Fest der Königsweihe der Brahmane, indem er unter ihm steht, den Kshatriya; dem Kriegerstand verleiht er damit Ruhm. Das Brahman ist die Geburtsstätte des Kriegerstandes. Darum stützt der König, auch wenn er zur höchsten Höhe schreitet, sich am Ende doch auf das Brahman. Wer den Brahmanen verletzt, der schädigt seine eigene Geburtsstätte damit. Der ist schlechter noch, als wenn er einen Vornehmen verletzt hätte.

Es war noch nicht entfaltet; es schuf das Volk, die Göttergeschlechter nämlich, die man in Gruppen aufzählt: die Vasus, Rudras, Adityas, Allgötter und Maruts.

Es war noch nicht entfaltet; es schuf die Kaste der Shudras (Knechte), den Pushan. Diese Erde ist Pushan. Diese Erde nährt alles, was da ist.

Es war noch nicht entfaltet; es schuf als höhere Form darüber das Recht. Das Recht ist die Herrschaft über die Herrschaft. Darum gibt es nichts Höheres als das Recht. Durch das Recht beherrscht der Schwächere den Stärkeren wie durch den König. Das Recht ist gleich mit Wahrheit. Darum heißt es von einem, der die Wahrheit sagt, daß er Recht spreche, oder von einem, der Recht spricht, daß er die Wahrheit sage. Beides ist ein und dasselbe.

Dasselbe ist Brahman, Herrschaft, Volk, Knecht. Durch Agni erschien es als Brahman unter den Göttern, als Brahmane unter den Menschen, durch den Kshatriya als Kshatriya, durch den Vaishya als Vaishya, durch den Shudra als Shudra. Darum begehrt man unter den Göttern eine Stätte bei Agni, unter den Menschen eine bei einem Brahmanen. Denn in diesen beiden Formen zeigte sich das Brahman.

Wer aus dieser Welt scheidet, ohne seine eigentliche Welt erkannt zu haben, dem nützt diese, weil sie nicht erkannt ist, so wenig wie der Veda, den man nicht studiert hat, oder eine Arbeit, die man unterlassen hat. Welch großes, verdienstliches Werk ein in dieser Weise Unkundiger auch vollbringen mag, es wird am Ende doch zunichte. Nur den Atman soll er als die Welt verehren. Das Werk dessen, der nur den Atman als die Welt verehrt, wird nicht zunichte. Denn aus diesem Atman schafft er sich alles, was immer er nur begehrt.

Dieses Selbst ist eine Stätte für alle Wesen. Wenn man opfert, wenn man verehrt, dann ist es die Stätte für die Götter; wenn man lernt, dann ist es die Stätte für die Rishis; wenn man Nachkommen wünscht, wenn man den Manen hinstreut, dann ist es die Stätte für die Manen; wenn man Menschen beherbergt, wenn man ihnen Speise gibt, dann für die Menschen; wenn man für die Nutztiere Gras und Wasser sucht, dann für die Nutztiere; wenn wilde Tiere, Vögel bis hin zu den Ameisen, in seiner Behausung ihren Unterhalt finden, dann ist es die Stätte für sie. Wie einer seiner Stätte Heil wünscht, so wünschen dem, der so weiß, alle Wesen immer Heil. Das ist es, was man erkannt und erwogen hat.

Nur das Selbst war hier am Anfang; es war allein. Es wünschte, ‚möchte mir eine Gattin sein, dann würde ich mich fortpflanzen, dann würde mir Reichtum sein, dann würde ich Werke verrichten.' So war sein Wunsch. Trotz aller Wünsche möchte einer nicht mehr als das erreichen. Darum wünscht auch jetzt ein Lediger: ‚Möchte mir doch eine Gattin sein, dann würde ich mich fortpflanzen, dann würde mir Reichtum sein, dann würde ich Werke verrichten.' Solange einer jedes Einzelne von diesen Dingen nicht erlangt, hält er sich für unvollkommen. Darin besteht jemandes Vollkommenheit.

Der Verstand ist sein Selbst, die Rede seine Frau, der Hauch seine Nachkommenschaft; sein Auge das menschliche Vermögen; denn mit dem Auge gewinnt er es; das Ohr sein göttliches Vermögen; denn mit dem Ohr vernimmt er es; sein Ich ist sein Werk, denn mit seinem Ich vollzieht er es.

Fünffach ist das Opfer (an Götter, Rishis, Manen, Menschen, Tiere); fünferlei sind die Opfertiere (Mensch, Roß, Rind, Schaf, Ziege); fünffach ist der Mensch (Verstand, Rede usw.). Fünffach ist das alles, was da ist. Alles erreicht der, der so weiß.

(I, 4)

WAS IST DAS BRAHMAN?

Driptabalaki war ein gelehrter Gargyasproß. Er sprach zu Ajatashatru von Kashi (Benares): ‚Ich will dir das Brahman erklären.' Ajatashatru sprach zu ihm: ‚Ich gebe dir tausend für diese Rede; die Leute laufen herbei mit dem Rufe: „ein Janaka, ein Janaka"'.

Gargya sprach: ‚Den Purusha in der *Sonne*, den verehre ich als Brahman.' Ajatashatru sprach: ‚Rede nicht mit mir von diesem, er überragt alle Wesen, ist ihr Oberhaupt, ihr König. Als den verehre ich ihn.‘ Wer ihn in dieser Weise verehrt, überragt alle Wesen, wird ihr Oberhaupt, ihr König.

Gargya sprach: ‚Den Purusha in dem *Monde*, den verehre ich als Brahman.‘ Ajatashatru sprach: ‚Rede nicht mit mir von diesem. Er ist der große, in ein weißes Gewand gekleidete König Soma. Als den verehre ich ihn.‘ Wer ihn in dieser Weise verehrt, für den wird er Tag für Tag gepreßt und weiter gepreßt; seine Speise versiegt nicht.

Gargya sprach: ‚Den Purusha im *Blitz*, den verehre ich als Brahman. ‘ Ajatashatru sprach: ‚Rede nicht mit mir von diesem. Als den „Leuchtenden“ verehre ich ihn. Wer ihn in dieser Weise verehrt, wird leuchten, dessen Nachkommenschaft wird leuchten.‘

Gargya sprach: ‚Den Purusha im *Raum*, den verehre ich als Brahman.‘ Ajatashatru sprach: ‚Rede nicht mit mir von diesem; als den Vollen, Unbeweglichen verehre ich ihn.‘ Wer ihn in dieser Weise verehrt, der erreicht Fülle an Nachkommenschaft und Nutzvieh. Seine Nachkommenschaft schwindet nicht aus dieser Welt.

Gargya sprach: ‚Den Purusha im *Winde*, den verehre ich als Brahman.‘ Ajatashatru sprach: ‚Rede nicht mit mir von diesem. Als „Indra Vaikuntha“, als das unbesiegbare Heer, verehre ich ihn.‘ Wer ihn in dieser Weise verehrt, ist siegreich, unbezwinglich und bezwingt die anderen.

Gargya sprach: ‚Den Purusha im *Feuer* verehre ich als Brahman.‘ Ajatashatru sprach: ‚Rede nicht mit mir von diesem. Als den „Allgewaltigen“ verehre ich ihn.‘ Wer ihn in dieser Weise verehrt, wird allgewaltig. Allgewaltig wird seine Nachkommenschaft.

Gargya sprach: ‚Den Purusha in den *Wassern*, den verehre ich als Brahman.‘ Ajatashatru sprach: ‚Rede nicht mit mir von diesem. Als das Gegenbild verehre ich ihn.‘ Wer ihn in dieser Weise verehrt, dem begegnet Entsprechendes, nicht Widersprechendes. Ein ihm Entsprechender wird ihm geboren.

Gargya sprach: ‚Den Purusha im *Spiegel*, den verehre ich als Brahman.‘ Ajatashatru sprach: ‚Rede nicht mit mir von diesem. Als den Strahlenden verehre ich ihn.‘ Wer ihn in dieser Weise verehrt, der wird strahlend. Strahlend wird seine Nachkommenschaft. Er überstrahlt alle, mit denen er zusammenkommt.

Gargya sprach: ‚Den Purusha in den *Weltgegenden*, den verehre ich als Brahman.' Ajatashatru sprach: ‚Rede nicht mit mir von diesem. Ich verehre ihn als den unzertrennlichen Gefährten.' Wer ihn in dieser Weise verehrt, der hat einen Gefährten, und seine Gefolgschaft weicht nicht von ihm.

Gargya sprach: ‚Den *Schall*, der hinter dem Schreitenden her sich erhebt, den verehre ich als Brahman.' Ajatashatru sprach: ‚Rede nicht mit mir von diesem. Als das Leben verehre ich ihn.' Wer ihn in dieser Weise verehrt, der erreicht in dieser Welt ein volles Alter. Nicht verläßt ihn der Hauch vor der Zeit.

Gargya sprach: ‚Den Purusha, der als *Schatten* erscheint, verehre ich als das Brahman.' Ajatashatru sprach: ‚Rede nicht mit mir von diesem. Als den Tod verehre ich ihn.' Wer ihn in dieser Weise verehrt, der erreicht in der Welt ein volles Alter. Nicht naht ihm der Tod vor der Zeit.

Gargya sprach: ‚Den Purusha in der *Person* (*atmani*), den verehre ich als Brahman.' Ajatashatru sprach: ‚Rede nicht mit mir von diesem. Als den Persönlichen (mit einem individuellen Selbst Behafteten) verehre ich ihn. Wer ihn in dieser Weise verehrt, wird mit Persönlichkeit erfüllt, dessen Nachkommen sind mit Persönlichkeit erfüllt.' Da schwieg Gargya.

Da sprach Ajatashatru: ‚Ist das alles?' „Das ist alles!" ‚Damit ist aber nichts erkannt.' Da sprach Gargya: ‚Ich will zu dir in die Lehre kommen.'

Da sprach Ajatashatru: ‚Es ist gegen die Natur, daß ein Brahmane zu einem Kshatriya in die Lehre geht in dem Gedanken: Er wird mir das Brahman verkünden. Doch will ich es dir auseinandersetzen.' Er nahm ihn bei der Hand und erhob sich. Sie gingen beide zu einem schlafenden Mann. Ihn rief er mit den (oben angegebenen) Bezeichnungen wie: ‚Großer, in ein lichtes Gewand gekleideter König Soma.' Der stand nicht auf. Er weckte ihn, indem er ihn mit der Hand anstieß. Da stand er auf.

Ajatashatru sprach: ‚Als der hier eingeschlafen war, wo war da der aus Erkenntnis bestehende Geist? Woher kam er jetzt?' Gargya wußte das nicht.

Ajatashatru sprach : ‚Als der hier eingeschlafen war, da nahm der aus Erkenntnis bestehende Geist die Erkenntnis durch Erkenntnis der Hauche an sich und liegt in dem Raum, der im Herzen sich befindet.

Wenn er sie ergreift, dann heißt es, daß der Purusha schläft. Dann hat er den Hauch, die Stimme, das Auge, das Ohr, den Verstand ergriffen.

Wenn er dann im Traum umherwandelt, so sind sein die Welten, scheint er ein großer König, ein großer Brahmane zu sein, scheint er auf- und niederzusteigen.

Wie ein großer König mit seinen Leuten in seinem Lande nach Belieben umherzieht, zieht dieser mit den Hauchen in seinem Körper nach Belieben umher.

Aber wenn er im Tiefschlaf sich befindet, wenn er von nichts etwas weiß, dann ziehen die zweiundsiebzigtausend *Hita* genannten Adern aus dem Herzen zum Herzbeutel. Auf diesen schleicht er heran und ruht im Herzbeutel. Wie ein Prinz, wie ein großer Brahmane auf einem Gipfel der Wonne angelangt ruhen würde, ruht er dort.

Wie eine Spinne den Faden aus sich herausspinnt, wie von einem Feuer kleine Funken ausgehen, so gehen von diesem Selbst alle Hauche aus, alle Welten, alle Götter, alle die einzelnen Selbste. Die Upanishad (die heilige, geheime Lehre) davon ist die Wahrheit der Wahrheit. Die Hauche sind Wahrheit und von diesen ist das Selbst die Wahrheit.‘

(II, 1)

DIE BEIDEN FORMEN DES BRAHMAN

Das Brahman hat zwei Erscheinungsformen, eine körperhafte und eine körperlose, eine sterbliche und eine unsterbliche, eine stehende und eine gehende, eine seiende (sat) und eine jenseitige (tyam).

Auf die Welt angewendet:

Alles mit Ausschluß von Wind und Luftraum ist die körperhafte, die sterbliche, die stehende, die seiende Erscheinungsform. Von dieser körperhaften, dieser sterblichen, dieser stehenden, dieser seienden ist der, der dort glüht, (die Sonne), die Essenz; denn er ist die Essenz von dem Seienden.

Wind und Luftraum, das sind die körperlose, unsterbliche, gehende, jenseitige Erscheinungsformen. Von dieser körperlosen, dieser unsterblichen, dieser gehenden, dieser jenseitigen ist der Geist (der Purusha) in der Sonnenscheibe die Essenz; denn er ist die Essenz von dem jenseitigen. Soviel hinsichtlich der Gottheit.

Auf den Menschen angewendet:

In bezug auf die Person heißt es: Alles mit Ausschluß des Hauches und des Raumes im Herzen ist die körperhafte, sterbliche, stehende, seiende Erscheinungsform. Von dieser körperhaften, dieser sterblichen, dieser stehenden, dieser seienden ist das Auge die Essenz; denn es ist die Essenz des Seienden.

Hauch und Raum im Herzen, das ist die körperlose, unsterbliche, gehende, jenseitige Erscheinungsform. Von dieser körperlosen, dieser unsterblichen, dieser gehenden, dieser jenseitigen ist der Geist (der Purusha) im rechten Auge die Essenz; denn es ist die Essenz von dem Jenseitigen.

Die Gestalt dieses Geistes (Purusha) ist wie ein safrangefärbtes Gewand, wie ein weißes Schafsfell, wie ein Indragopakäfer, wie eine Feuerflamme, wie eine Lotusblüte, wie ein einmaliges Aufblitzen. Wer so weiß, dem wird wie ein einmaliges Aufblitzen Glück zuteil.

Der Hinweis darauf ist: *na, na*. Es gibt nichts anderes, das über diesem *iti na* stände. Aber sein Name ist ‚die Wahrheit der Wahrheit'. Die Hauche sind die Wahrheit (Realität); es ist deren Wahrheit.

(II, 3)

VOM TODE UND VOM KARMAN

Das Karman, die Tat, welche die Seele von Dasein zu Dasein führt und die Ursache der Wiedergeburt wird. Das Thema wird in den Upanishaden zwar öfter berührt, doch, abgesehen von zwei Stellen, nicht eingehender behandelt und stand noch nicht in demselben Maße wie später im Mittelpunkt des

Denkens, noch wird es als Quelle des Unglücks derart wie in buddhistischen Texten geschildert. Unsere Stelle betrachtet das Wissen davon noch als Geheimnis. Siehe aber unten IV, 4 und VI mit dem Zitat aus der Chandogya-Upanishad.

‚Yajnavalkya', sprach Jaratkarava Artabhaga, ‚wenn hier ein Mensch stirbt, was verläßt ihn nicht?' „Der Name. Der Name hat kein Ende; die Allgötter haben kein Ende; kein Ende hat die Welt, die er durch ihn ersiegt."

‚Yajnavalkya', sprach er, ‚wenn hier ein Mensch stirbt, ziehen die Hauche da aus ihm aus oder nicht?' „Nein", sprach Yajnavalkya, „sie fließen in ihm zusammen, er schwillt an, bläst sich auf. Aufgeblasen liegt der Tote da."

‚Yajnavalkya', sprach er, ‚wenn nun die Stimme des verstorbenen Menschen ins Feuer eingeht, sein Odem in den Wind, sein Auge in die Sonne, sein Geist in den Mond, sein Gehör in die Himmelsgegenden, sein Leib in die Erde, sein Selbst in den Raum, sein Körperhaar in die Pflanzen, sein Kopfhaar in die Bäume, sein Blut und Same ins Wasser, wo bleibt dann der Mensch?' „Reiche mir deine Hand, lieber Artabhaga", sprach er. „Wir beide wollen darum allein wissen. Nicht gehört unser Wissen vor die Leute." Sie gingen beide hinaus und unterredeten sich. Was sie besprachen, davon sprachen sie als von dem Karman; was sie verkündeten, das verkündeten sie als Karman. Gut wird einer durch gute, schlecht durch böse Tat. Darauf schwieg Jaratkarava Artabhaga.

(III, 2, 11ff.)

KAHODA UND YAJNAVALKYA

Da fragte ihn Kahoda, der Sproß des Kaushitaka: ‚Yajnavalkya', sprach er, ‚das Brahman, das vor Augen liegt, das sich unseren Augen nicht mehr entzieht, das Selbst, das allem innewohnt, erkläre mir.' „Es ist dein Selbst, das allem innewohnt." ‚Was für eins ist das, Yajnavalkya, das allem innewohnt?' „Das, was jenseits von Hunger und Durst, von Kummer, Irrtum, Alter und Tod steht, darin sehen die Brahmanen das Selbst, lassen ab von dem Wunsch nach Kindern, von dem Wunsch nach Besitz, von dem Wunsch nach der Welt und ziehen als Bettler hinaus. Denn der Wunsch nach Söhnen ist ein

Wunsch nach Besitz, der Wunsch nach Besitz ist ein Wunsch nach der Welt. Wunsch ist beides. Darum soll ein Gelehrter, der Gelehrsamkeit überdrüssig geworden, in Einfalt verharren. Der Einfalt wie der Gelehrsamkeit überdrüssig geworden, wird er ein schweigender Asket. Des Nichtschweigens wie des Schweigens überdrüssig geworden, wird er ein echter Brahman. Auf welche Weise ist er ein Brahman? So wie er ist, dadurch ist er ein solcher. Alles andere ist leidvoll." Darauf schwieg Kahoda, der Sproß des Kaushitaka.

(III, 4)

USHASTA SHAKRAYANA UND YAJNAVALKYA

Da fragte ihn Ushasta Shakrayana: ‚Yajnavalkya', sprach er, ‚das Brahman, das vor Augen liegt, das unseren Augen sich nicht entzieht, das Selbst, das allem innewohnt, erkläre mir.' „Es ist dein Selbst, das allem innewohnt." ‚Was für eins ist das, das allem innewohnt?' „Das, was durch den Einhauch einatmet, das ist dein Selbst, das allem innewohnt; das, was durch den Aushauch ausatmet, das ist dein Selbst, das allem innewohnt; das, was durch den Zwischenhauch zwischenatmet, das ist dein Selbst, das allem innewohnt ..."

Da sprach Ushasta Shakrayana: ‚Damit ist soviel erklärt, wie wenn man sagen wollte: Das ist ein Rind, das ist ein Pferd. Das Brahman, das vor Augen liegt, das unsern Augen sich nicht entzieht, das Selbst, das allem innewohnt, erkläre mir.' „Es ist dein Selbst, das allem innewohnt." ‚Was für eins ist das, Yajnavalkya, das allem innewohnt?' „Nicht kannst du den Seher des Sehens sehen, nicht den Hörer des Hörens hören, nicht den Denker des Denkens denken, nicht den Erkenner des Erkennens erkennen. Das ist dein Selbst, das allem innewohnt. Alles andere ist leidvoll." Darauf schwieg Ushasta Shakrayana.

(III, 5)

„DER GEHEIME (INNERE) LENKER“

Da fragte ihn Uddalaka Aruni: „Yajnavalkya“, sprach er. „Wir hielten uns im Lande der Madrer, im Hause des Patancala Kapya auf zum Studium des Opfers. Dessen Gattin war vom Dämon gepackt. Wir fragten ihn: ‚Wer bist du?‘ Er sprach: ‚Kabandha Atharvana.‘

Der sagte zu Patancala Kapya und den Opferpriestern: ‚Kennst du den Faden, durch den diese und jene Welt und alle Wesen miteinander verknüpft sind?‘ Patancala Kapya sagte: ‚Den weiß ich nicht, Ehrwürdiger.‘

Der sprach zu Patancala Kapya und den Opferpriestern: ‚Kennst du, Kapya, den geheimen Lenker, der diese und jene Welt und alle Wesen innerlich lenkt?‘ Patancala Kapya antwortete: ‚Den weiß ich nicht, Ehrwürdiger.‘

Der sprach zu Patancala Kapya und den Opferpriestern: ‚Wer diesen Faden kennt und den geheimen Lenker, der ist kundig des Brahman, kundig der Welt, kundig der Götter, kundig des Veda, kundig des Opfers, kundig der Wesen, kundig des Atman, kundig des Alls.‘ Er erklärte es ihnen, und ich weiß es. Wenn du, Yajnavalkya, des Fadens und des geheimen Lenkers unkundig, die für den (gelehrtesten) Brahmanen ausgesetzten Kühe eintreibst, dann wird dein Haupt zerspringen.“

‚Ich weiß, Gautama, diesen Faden und den geheimen Lenker.‘ „Jeder kann sagen, ‚ich weiß, ich weiß‘. Sage uns nur, wie.“

‚Dieser Faden, Gautama, ist der Wind; durch den Wind als Faden, Gautama, ist diese und jene Welt, sind alle Wesen verknüpft. Von einem toten Menschen sagt man darum, daß seine Glieder sich lösen. Denn durch den Wind [=Hauch] als Faden sind sie zusammengeknüpft.‘ „So ist es, Yajnavalkya. Beschreibe den geheimen Lenker.“

‚Der, welcher in der *Erde* wohnend von der Erde verschieden ist, den die Erde nicht kennt, dessen Leib die Erde ist, der die Erde von innen lenkt, das ist dein Atman, der heimliche Lenker, der unsterbliche.

Der, welcher in den *Gewässern*, wohnend von den Gewässern verschieden ist, den die Gewässer nicht kennen, dessen Leib die Gewässer sind, der die Gewässer von innen lenkt, das ist dein Atman, der heimliche Lenker, der unsterbliche.

Der, welcher im *Feuer* befindlich vom Feuer verschieden ist, den das Feuer nicht kennt, dessen Leib das Feuer ist, der das Feuer von innen lenkt, das ist dein Atman, der heimliche Lenker, der unsterbliche.

Der, welcher im *Äther* wohnend vom Äther verschieden ist, den der Äther nicht kennt, dessen Leib der Äther ist, der den Äther von innen lenkt, das ist dein Atman, der heimliche Lenker, der unsterbliche.

Der, welcher im *Winde* wohnend vom Wind verschieden ist, den der Wind nicht kennt, dessen Leib der Wind ist, der den Wind von innen lenkt, das ist dein Atman, der heimliche Lenker, der unsterbliche.

Der, welcher in der *Sonne* wohnend von der Sonne verschieden ist, den die Sonne nicht kennt, dessen Leib die Sonne ist, der die Sonne von innen lenkt, das ist dein Atman, der heimliche Lenker, der unsterbliche.

Der, welcher im *Monde und den Sternen* wohnend von Mond und Sternen verschieden ist, den Mond und Sterne nicht kennen, dessen Leib Mond und Sterne sind, der Mond und Sterne von innen lenkt, das ist dein Atman, der heimliche Lenker, der unsterbliche.

Der, welcher in den *Himmelsgegenden* wohnend von den Himmelsgegenden verschieden ist, den die Himmelsgegenden nicht kennen, dessen Leib die Himmelsgegenden sind, der die Himmelsgegenden von innen lenkt, das ist dein Atman, der heimliche Lenker, der unsterbliche.

Der, welcher im *Blitz* wohnend vom Blitz verschieden ist, den der Blitz nicht kennt, dessen Leib der Blitz ist, der den Blitz von innen lenkt, das ist dein Atman, der heimliche Lenker, der unsterbliche.

Der, welcher im *Donner* wohnend vom Donner verschieden ist, den der Donner nicht kennt, dessen Leib der Donner ist, der den Donner von innen lenkt, das ist dein Atman, der heimliche Lenker, der unsterbliche. Das in bezug auf die *Götter*. In bezug auf die *Welten* aber gilt:

Der, welcher in *allen Welten* wohnend von allen Welten verschieden ist, den die Welten alle nicht kennen, dessen Leib alle Welten sind, der alle Welten von innen lenkt, das ist dein Atman, der heimliche Lenker, der unsterbliche.

Soviel in bezug auf die *Welten*. In bezug auf die *Veden* aber gilt:

Der, welcher in allen *Veden* wohnend von allen Veden verschieden ist, den die Veden alle nicht kennen, dessen Leib alle Veden sind, der alle Veden von innen lenkt, das ist dein Atman, der heimliche Lenker, der unsterbliche.

Soviel in bezug auf die *Veden*. In bezug auf die *Opfer* aber gilt:

Der, welcher in allen *Opfern* wohnend von allen Opfern verschieden ist, den die Opfer alle nicht kennen, dessen Leib alle Opfer sind, der alle Opfer von innen lenkt, das ist dein Atman, der heimliche Lenker, der unsterbliche.

Soviel in bezug auf die *Opfer*. In bezug auf die *Wesen* aber gilt:

Der, welcher in allen *Wesen* wohnend von allen Wesen verschieden ist, den die Wesen alle nicht kennen, dessen Leib alle Wesen sind, der alle Wesen von innen lenkt, das ist dein Atman, der heimliche Lenker, der unsterbliche.

Soviel in bezug auf die *Wesen*. In bezug auf die *Person* (atman) aber gilt:

Der, welcher im *Hauch* wohnend vom Hauch verschieden ist, den der Hauch nicht kennt, dessen Leib der Hauch ist, der den Hauch von innen lenkt, das ist dein Atman, der heimliche Lenker, der unsterbliche.

Der, welcher in der *Stimme* wohnend von der Stimme verschieden ist, den die Stimme nicht kennt, dessen Leib die Stimme ist, der die Stimme von innen lenkt, das ist dein Atman, der heimliche Lenker, der unsterbliche.

Der, welcher im *Auge* wohnend vom Auge verschieden ist, den das Auge nicht kennt, dessen Leib das Auge ist, der das Auge von innen lenkt, das ist dein Atman, der heimliche Lenker, der unsterbliche.

Der, welcher im *Ohr* wohnend von dem Ohr verschieden ist, den das Ohr nicht kennt, dessen Leib das Ohr ist, der das Ohr von innen lenkt, das ist dein Atman, der heimliche Lenker, der unsterbliche.

Der, welcher im *Verstande* wohnend vom Verstande verschieden ist, den der Verstand nicht kennt, dessen Leib der Verstand ist, der den Verstand von innen lenkt, das ist dein Atman, der heimliche Lenker, der unsterbliche.

Der, welcher im *Gefühl* (in der Haut) wohnend vom Gefühl verschieden ist, den das Gefühl nicht kennt, dessen Leib das Gefühl ist, der das Gefühl von innen lenkt, das ist dein Atman, der heimliche Lenker, der unsterbliche.

Der, welcher in der *Wärme* (Glut) wohnend von der Wärme verschieden ist, den die Wärme nicht kennt, dessen Leib die Wärme ist, der die Wärme von innen lenkt, das ist dein Atman, der heimliche Lenker, der unsterbliche.

Der, welcher im *Dunkel* wohnend von dem Dunkel verschieden ist, den das Dunkel nicht kennt, dessen Leib das Dunkel ist, der das Dunkel von innen lenkt, das ist dein Atman, der heimliche Lenker, der unsterbliche.

Der, welcher im *Samen* wohnend vom Samen verschieden ist, den der Same nicht kennt, dessen Leib der Same ist, der den Samen von innen lenkt, das ist dein Atman, der heimliche Lenker, der unsterbliche.

Der im (individuellen) *Selbst* wohnend vom Selbst verschieden ist, den das Selbst nicht kennt, dessen Leib das Selbst ist, der das Selbst von innen lenkt, das ist dein Atman, der heimliche Lenker, der unsterbliche.

Er ist der Seher, den man nicht sieht, der Hörer, den man nicht hört, der Denker, den man nicht denkt, der Erkenner, den man nicht erkennt; es gibt keinen anderen Seher, es gibt keinen anderen Hörer, es gibt keinen anderen Denker, es gibt keinen anderen Erkenner, das ist dein Atman, der heimliche Lenker, der unsterbliche. Leidvoll ist alles andere.‘ Darauf schwieg Uddalaka Aruni.

(III, 7)

ZWEI FRAGEN AN YAJNAVALKYA

Da sprach Vacaknavi Gargi: ‚Ehrwürdige Brahmanen! Wohlan, ich will Yajnavalkya zwei Fragen vorlegen. Wenn er sie mir beantwortet, wird keiner von euch ihn jemals im Wettstreit besiegen; wenn er sie mir nicht beantwortet, wird sein Haupt zerspringen.‘ „Frage, Gargi!“

Sie sprach: ‚Wie ein Herr aus dem Lande der Kashi oder Videha, der seinen sehnenlosen Bogen wieder mit der Sehne bezieht, zwei Pfeile zur Durchbohrung des Gegners nimmt und sich gegen ihn aufmacht, so habe ich mich mit zwei Fragen gegen dich aufgemacht, Yajnavalkya, beantworte mir diese.‘ „Frage, Gargi!“

Sie sprach: ‚Was, Yajnavalkya, jenseits des Himmels und unterhalb der Erde, was zwischen Himmel und Erde ist, was Vergangenheit, Gegenwart und Zukunft heißt, wohinein ist das fest verwoben?‘

Er sprach: „Was, o Gargi, jenseits des Himmels und unterhalb der Erde, was zwischen Himmel und Erde ist, was Vergangenheit, Gegenwart und Zukunft heißt, in den Raum ist das fest verwoben.“

Sie sprach: ‚Verehrung dir, Yajnavalkya, der du mir diese Frage beantwortet hast. Mach dich auf die andere gefaßt.‘ „Frage, Gargi!“

Sie sprach: ‚Was, o Yajnavalkya, jenseits des Himmels und unterhalb der Erde, was zwischen Himmel und Erde ist, was man Vergangenheit, Gegenwart und Zukunft nennt, sage, wohinein ist es fest verwoben?‘

Er sprach: „Was, o Gargi, jenseits des Himmels und unterhalb der Erde, was zwischen Himmel und Erde ist, was man Vergangenheit, Gegenwart und Zukunft nennt, in den Raum, sage ich, ist es fest verwoben.“

‚Wohinein ist denn der Raum fest verwoben?‘

Er sprach: „Es ist das, was die Brahmanen das Unversiegliche nennen, Gargi. Es ist nicht dick, nicht dünn, nicht kurz, nicht lang, ohne Blut, Fett, Schatten, Dunkel, ohne Wind, Raum, ohne Adhäsion, Gefühl, Geruch, Geschmack, Auge, Ohr, Stimme, Verstand, Wärme, ohne Hauch, ohne Mund, ohne Name und Geschlecht, frei von Alter, Tod, Gefahr, es ist das Unsterbliche; es ist ohne Staub, ohne Laut, nicht offen, nicht verdeckt, es hat nichts vor, nichts hinter sich, nichts innen, nichts außen. Es verzehrt niemanden und keiner verzehrt es.

Auf das Geheiß dieses Unversieglichen bleiben, Gargi, Erde und Himmel geschieden, auf das Geheiß dieses Unversieglichen, Gargi, bleiben Sonne und Mond geschieden, auf das Geheiß dieses Unversieglichen, Gargi, bleiben Tag und Nacht, Halbmonat, Monat, Jahreszeit und Jahr geschieden; auf das Geheiß dieses Unversieglichen, Gargi, fließen einige Ströme von den weißen Bergen nach Osten, andere nach Westen in dieser oder jener Richtung; auf das Geheiß dieses Unversieglichen, Gargi, preisen die Menschen den Freigebigen, hängen die Götter an dem Opferer, die Manen an der Löffelspende.

Der, welcher, ohne dieses Unversiegliche zu kennen, Gargi, in dieser Welt opfert, schenkt, Kasteiung übt, wäre es auch durch Jahrtausende, dem wird nur die endliche Welt zuteil.

Der, welcher, ohne dieses Unversiegliche zu kennen, aus dieser Welt scheidet, wohnt im Elend. Aber der, der das Unversiegliche kennend aus dieser Welt scheidet, ist ein Brahmane.

Dieses Unversiegliche, o Gargi, ist das Sehende, das man nicht sieht, das Hörende, das man nicht hört, das Denkende, das man nicht denkt, das Erkennende, das man nicht erkennt. Es gibt nichts anderes, was sieht, nichts anderes, was hört, nichts anderes, was denkt, nichts anderes, was erkennt. Das ist das Unversiegliche, o Gargi, in das der Raum fest eingewoben ist."

Sie sprach: ‚Schätzt es hoch, ehrwürdige Brahmanen, wenn ihr euch von diesem mit einer Verneigung löset; niemals wird ihn einer von euch im Wortkampf besiegen.'

Darauf schwieg Vacaknavi.

(III, 8)

UNTERREDUNGEN YAJNAVALKYAS MIT KÖNIG JANAKA

Yajnavalkya kommt an den Hof des Königs der Videha, um zu disputieren, und erfährt von ihm die verschiedenen Ansichten anderer Lehrer über das Wesen des Brahman, die einen sagen, es sei der Lebenshauch, andere, es sei die Stimme usw. Yajnavalkya kritisiert diese und stellt sie als äußerliche Auffassungen dar. Er will in den einzelnen Dingen, in Lebenshauch, Stimme usw., nur eine Lebensäußerung des Brahman sehen, eine Teilerscheinung, die an ihm das Liebe resp. das Erkennen, das Wahre, das Unendliche, die Freude, das Beharrliche und andere Seiten zum Ausdruck bringt. All diese einzelnen Erscheinungen sind aber nicht das Brahman, sondern dienen nur als Mittel, als Anhalt, sein Wesen zu offenbaren. So verstanden, deckt teilweise jede von ihnen sich mit dem höchsten Brahman. Man kann an I, 4 desselben Textes erinnern, oben S. 83 und an Chand.-Up. 8, 12, 4. 5: ‚Wenn das Auge sich in den Raum richtet, so ist es der Geist im Auge usw.'.

Janaka, der Fürst der Videha, veranstaltete eine Sitzung. Da kam Yajnavalkya, und Janaka, der Fürst der Videha, sprach: ‚Yajnavalkya, warum wandertest du? Wünschest du Vieh oder eine kluge Unterredung?' „Beides wünsche ich, Großkönig. Laß hören, was dir irgendein anderer schon gesagt hat."

‚Mir sagte Udanka Shaulbayana: Brahman ist der *Hauch*.' „Wie einer, der Mutter, Vater und Lehrer hat, reden möchte, so hat Shaulbayana gesagt, ‚Brahman ist der Hauch'; denn, was wäre mit einem, der nicht atmet? Hat er dir auch von dessen Stütze und Unterlage gesprochen?" ‚Nein, davon sprach er nicht.' „Dann ist die Erklärung nur halb (‚einfüßig')."

‚So sag du es uns, Yajnavalkya.' „Der *Hauch* ist die Stütze, der Äther seine Unterlage. Als etwas *Liebes* soll man es verehren." ‚Worin besteht an ihm das Liebe, Yajnavalkya?' „Eben in dem Hauch, Großkönig", sprach er. „Dem Hauch [= Leben] zuliebe opfert man für einen, der nicht opferwürdig ist, empfängt man Gaben von einem, der nicht des Annehmens würdig ist; auch Todesfurcht tritt, wohin man auch gehe, o Großkönig, aus Liebe zum Hauch ein. Der *Hauch*, Großkönig, ist das höchste Brahman. Nicht verläßt den der Hauch, dem strömen alle Wesen zu; ein Gott wird er und gelangt unter die Götter, wer mit solcher Kenntnis es verehrt."

‚Tausend Elefanten und Stiere gebe ich dir', sagte Janaka, der Fürst der Videha.

Yajnavalkya sprach: „Mein Vater meinte, nicht solle einer, ohne eine Belehrung erteilt zu haben, etwas annehmen. Wer sagte dir noch etwas?"

‚Mir sagte Jitvan Shailina: Das Brahman ist die *Stimme*.' „Wie einer, der Mutter, Vater und Lehrer hat, reden möchte, so sagte Shailina: ‚Brahman ist die Stimme'; denn was wäre mit einem, der nicht spricht? Hat er dir auch von dessen Stütze und Unterlage gesprochen?" ‚Nein, davon sprach er nicht.' „Dann ist seine Erklärung nur halb, Großkönig."

‚So sage du es uns, Yajnavalkya.' „Die *Stimme* ist die Stütze, der Äther ist die Grundlage. Als Erkenntnis soll man es verehren." ‚Worin besteht an ihm das Erkennen?' „In der Stimme, Großkönig", sprach er. „An der Stimme erkennt man den Verwandten, an der Stimme erkennt man Rik, Yajurveda, Samaveda, Atharvaveda, Itihasa, Purana, die Wissenschaften, Upanishaden, Shloken, Sutren, Anuvyakhyas und Vyakhyas, Großkönig. Die Stimme, Großkönig, ist das höchste Brahman. Nicht verläßt den die Stimme, dem strömen alle Wesen zu; ein Gott wird er und gelangt unter die Götter, wer mit solcher Kenntnis es verehrt."

‚Tausend Elefanten und Stiere gebe ich dir', sagte Janaka, der Fürst der Videha.

Yajnavalkya sprach: „Mein Vater meinte, nicht solle man, ohne eine Belehrung erteilt zu haben, etwas annehmen. Wer sagte dir noch etwas?"

‚Mir sagte Varku Varshna: Das Brahman ist das *Auge*.' „Wie einer, der Mutter, Vater und Lehrer hat, reden möchte, so sagte Varshna: ‚Brahman ist das Auge'; denn was wäre mit einem, der nicht sieht? Hat er dir aber auch von dessen Stütze und Unterlage gesprochen?" ‚Nein, davon sprach er nicht.' „Dann ist seine Erklärung nur halb, Großkönig."

‚So sage du es uns, Yajnavalkya.' „Das *Auge* ist die Stütze, der Äther ist die Grundlage. Als das *Wahre* soll man es verehren." ‚Worin besteht bei ihm das Wahre, Yajnavalkya?' „Im Auge, Großkönig", sprach er. „Denn von dem, der mit dem Auge schaut, sagt man: ‚Du sahst', und er sagt: ‚Ich sah.' Das ist das Wahre. Das Auge, Großkönig, ist das höchste Brahman. Nicht verläßt den das *Auge*, dem strömen alle Wesen zu; ein Gott wird er und gelangt unter die Götter, wer mit solcher Kenntnis es verehrt."

‚Tausend Elefanten und Stiere gebe ich dir', sagte Janaka, der Fürst der Videha.

Yajnavalkya sprach: „Mein Vater meinte, nicht solle man, ohne eine Belehrung erteilt zu haben, etwas annehmen. Wer sagte dir noch etwas?"

‚Mir sagte Gardabhivipita Bharadvaja: Das Brahman ist das *Ohr*.'

„Wie einer, der Mutter, Vater und Lehrer hat, reden möchte, so sagte Bharadvaja: ‚Brahman ist das Ohr‘; denn was wäre mit einem, der nicht hört? Hat er dir auch von dessen Stütze und Grundlage gesprochen?“ ‚Nein, davon sprach er nicht.‘ „Dann ist seine Erklärung nur halb, Großkönig.“

‚So sage du es uns, Yajnavalkya.‘ „Das *Ohr* ist die Stütze, der Äther ist die Grundlage. Als das *Unendliche* soll man es verehren.“ ‚Worin besteht seine Unendlichkeit, Yajnavalkya?‘ „In den Weltgegenden, Großkönig“, sprach er. „Darum, o Großkönig, nach welcher Richtung einer geht, er kommt da nicht ans Ende. Unendlich sind die Weltgegenden. Das Ohr sind die Weltgegenden. Das Ohr, Großkönig, ist das höchste Brahman. Nicht verläßt den das *Ohr*, dem strömen alle Wesen zu; ein Gott wird er und gelangt unter die Götter, wer mit solcher Kenntnis es verehrt.“

‚Tausend Elefanten und Stiere gebe ich dir‘, sagte Janaka, der Fürst der Videha.

Yajnavalkya sprach: „Mein Vater meinte, nicht solle man, ohne eine Belehrung erteilt zu haben, etwas annehmen. Wer sagte dir noch etwas?“

‚Mir sagte Satyakama Jabala: Das Brahman ist das *Manas* (Verstand).‘ „Wie einer, der Mutter, Vater und Lehrer hat, reden möchte, so sagte Satyakama: ‚Das Brahman ist das Manas‘; denn was wäre mit einem, der ohne Manas ist? Hat er dir auch von dessen Stütze und Grundlage gesprochen?“ ‚Nein, davon sprach er nicht.‘ „Dann ist seine Erklärung nur halb, Großkönig.“

‚So sage du es uns, Yajnavalkya.‘ „Das *Manas* ist die Stütze, der Äther ist die Grundlage. Als *Freude* soll er es verehren.“ ‚Worin besteht seine Freude, Yajnavalkya?‘ „Im Manas, o Großkönig“, sprach er. „Durch das Manas erfreut er sich der Frau. Von ihr wird ein ihm ähnlicher Sohn geboren. Darin besteht die Freude. Manas, Großkönig, ist das höchste Brahman. Nicht verläßt den das *Manas*, dem strömen alle Wesen zu; ein Gott wird er und gelangt unter die Götter, wer mit solcher Kenntnis es verehrt.“

‚Tausend Elefanten und Stiere gebe ich dir‘, sagte Janaka, der Fürst der Videha.

Yajnavalkya sprach: „Mein Vater meinte, nicht solle man, ohne eine Belehrung erteilt zu haben, etwas annehmen. Wer sagte dir noch etwas?"

‚Mir sagte Vidagdha Shakalya: Das *Herz* ist das Brahman.' „Wie einer, der Mutter, Vater und Lehrer hat, reden möchte, so sagte Shakalya: ‚Das Herz ist das Brahman'; denn was wäre mit einem, der kein Herz hat? Hat er dir auch von dessen Stütze und Unterlage gesprochen?" ‚Nein, davon sprach er nicht.' „Dann ist seine Erklärung nur halb, Großkönig."

‚So sage du es uns, Yajnavalkya.' „Das *Herz* ist die Grundlage, der Äther ist die Stütze. Als *Beharrlichkeit* soll man es verehren." ‚Worin besteht seine Beharrlichkeit, Yajnavalkya?' „Im Herzen, o Großkönig", sprach er. „Das Herz, o Großkönig, ist Unterlage aller Wesen, durch das Herz finden alle Wesen ihren Halt. Das Herz, o Großkönig, ist das höchste Brahman. Nicht verläßt den das *Herz*, dem strömen alle Wesen zu; ein Gott wird er und gelangt unter die Götter, wer mit solcher Kenntnis es verehrt."

‚Tausend Elefanten und Stiere gebe ich dir', sagte Janaka, der Fürst der Videha.

Yajnavalkya sprach: „Mein Vater meinte, nicht solle man, ohne eine Belehrung erteilt zu haben, etwas annehmen."

(IV, 1)

Da kam Janaka, der Videhafürst, von seinem Kissen ehrerbietig herbei und sprach: ‚Verehrung dir, Yajnavalkya, lehre mich.'

Der sprach: „Wie jemand, o Großkönig, der auf eine Reise ausziehen will, einen Wagen oder ein Schiff nimmt, so hast du dich mit diesen Upanishaden versehen. So über alle hervorragend, reich, wie du bist, vedenkundig und in den Upanishaden belehrt: Wohin wirst du gehen, wenn du von hier abscheidest?"

‚Ich weiß es nicht, Ehrwürdiger, wo ich hingehen werde.' „Dann will ich es dir sagen, wo du hingehen wirst." ‚Sage es, Ehrwürdiger.'

Der sprach: „Indha mit Namen heißt der Purusha [Mann] im rechten Auge. Ihn nennt man, obwohl er Indha [ein Entflammer] ist, heimlich Indra. Denn die Götter lieben das Heimliche und scheuen das Offene.

Die menschliche Gestalt im linken Auge ist seine Gattin Viraj. Der Ort ihrer Unterhaltung ist der Raum im Inneren des Herzens; ihre Speise der Blutklumpen im Herzen, ihre Hülle das Netzähnliche im Herzen; der Weg, der ihnen zum Wandeln dient, die Ader, die aus dem Herzen emporsteigt.

Die Adern des Herzens, Hita benannt, sind wie ein tausendfach gespaltenes Kopfhaar. Auf ihnen fließt ihm das Flüssige zu. Darum hat er feinere Nahrung als der Atman im Körper.

Der von diesem Purusha nach Osten gehende Hauch ist der Osten, der nach Süden gehende der Süden, der nach Westen gehende der Westen, der nach Norden gehende der Norden, der nach oben gehende die obere Region, der nach unten gehende die untere Region, alle Hauche sind alle Weltgegenden.

Dieser Atman heißt: ‚*na, na*'. Unfaßbar, wird er nicht gefaßt; unzerstörbar, wird er nicht zerstört; nicht haftend, nicht gebunden, haftet er nicht, schwankt er nicht. Freiheit von Gefahr hast du, Janaka, erreicht", so sagte Yajnavalkya. Da sprach Janaka, der Fürst der Videha: ‚Verehrung sei dir, Yajnavalkya. Freiheit von Gefahr möge dir, Ehrwürdiger, zuteil werden, der du uns die Freiheit von Gefahr kennen lehrst. Hier sind die Videher; hier bin ich.'

(IV, 2)

DAS WAHRE LICHT DES MENSCHEN IST DER PURUSHA

Yajnavalkya kam zu Janaka, dem Fürsten der Videha, in der Absicht, sich mit ihm zu unterreden. Als Janaka, der Fürst der Videha, und Yajnavalkya bei dem Agnihotra sich unterredeten, sagte Yajnavalkya diesem die Erfüllung eines Wunsches zu. Janaka wählte die Erlaubnis, nach Belieben Fragen zu stellen. Diese gewährte er ihm. Da befragte ihn zuerst der Großkönig:

‚Yajnavalkya, was dient dem Menschen als Licht?'

„Die Sonne, Großkönig, dient dem Menschen als Licht", sprach er; „denn beim Licht der Sonne sitzt er, geht er umher, arbeitet er, kehrt er zurück."

‚So ist es, Yajnavalkya.'

‚Wenn aber, Yajnavalkya, die Sonne untergegangen ist, was dient dem Menschen als Licht?'

„Der Mond, Großkönig, dient dem Menschen als Licht", sprach er; „denn beim Licht des Mondes sitzt er, geht er umher, arbeitet er, kehrt er zurück."

‚So ist es, Yajnavalkya.'

‚Wenn aber die Sonne untergegangen ist, Yajnavalkya, wenn der Mond untergegangen ist, was dient dem Menschen als Licht?'

„Das Feuer, Großkönig, dient dem Menschen als Licht", sprach er; „denn beim Licht des Feuers sitzt er, geht er umher, arbeitet er, kehrt er zurück."

‚So ist es, Yajnavalkya.'

‚Wenn aber die Sonne untergegangen ist, wenn der Mond untergegangen ist, wenn das Feuer erloschen ist, was dient dann dem Menschen als Licht?'

„Die Stimme, Großkönig, dient dem Menschen als Licht", sprach er; „denn beim Licht der Stimme sitzt er, geht er umher, arbeitet er, kehrt er zurück. Daher geht man, Großkönig, wenn man nicht einmal seine Hand erkennen kann, dorthin, wo eine Stimme ertönt."

‚So ist es, Yajnavalkya.'

‚Wenn aber die Sonne untergegangen ist, wenn der Mond untergegangen ist, das Feuer erloschen ist und die Stimmen schweigen, was dient dann dem Menschen als Licht?'

„Das Selbst, Großkönig, dient dem Menschen als Licht", sprach er; „denn beim Licht des Selbst sitzt er, geht er umher, arbeitet er, kehrt er zurück."

‚Was ist das für ein Selbst?'

„Es ist der aus Erkenntnis bestehende, inmitten der Hauche drinnen im Herzen leuchtende Purusha. Dieser durchwandert, immer sich gleichbleibend, beide Welten. Er scheint nachzusinnen, er scheint sich zu bewegen. Voller Gedanken, zum Traum geworden, überschreitet er diese Welt.

Wenn dieser Purusha bei seiner Geburt in einen Leib gelangt, verbindet er sich mit allerlei Übel. Wenn er auszieht und stirbt, verläßt er die Übel, des Todes Gestalten.

Dieser nämliche Purusha hat zwei Standorte; den in dieser und den in jener Welt; dazwischen einen dritten, den im Traum. Wenn er auf diesem Zwischenstandort steht, übersieht er beide, den in dieser und den in jener Welt."

Traum

„Da dies der Anstieg zu dem Standort in jener Welt ist, betritt er diesen Anstieg und überblickt die Übel wie die Freuden. Wenn er da in Schlaf versinkt, so sondert er ein Teilchen der alles enthaltenden Welt ab, zerspaltet es selbst, baut es selbst auf und versinkt beim eigenen Glanz, beim eigenen Licht in Schlaf. Hier ist dann der Purusha sein eigenes Licht. Nicht gibt es dort Wagen, Wagengespanne und Wege, sondern Wagen, Wagengespanne und Wege schafft er; nicht gibt es dort Freude, Lust und Scherz, sondern Freude, Lust und Scherz schafft er; nicht gibt es dort Teiche, Flüsse, Seen, sondern Teiche, Flüsse, Seen schafft er; er ist ein Schöpfer.

Das sagen auch die Verse:

‚Im Traum streift er alles Körperliche ab. Schlaflos überschaut er die Schläfer [die Sinne]. Mit dem Licht kehrt der goldene einzige Geistesschwan [Purusha] wieder heim.'

‚Das niedere Nest [den Leib] mittels des Hauches beschützend, schweift der Unsterbliche außerhalb des Nestes umher; es eilt nach seinem Wunsch der unsterbliche, goldene, einzige Geistesschwan [Purusha] dahin.'

‚Im Traum auf- und niedersteigend, nimmt der Gott vielerlei Gestalt an; bald vergnügt er sich mit Frauen, bald ißt er, bald sieht er Gefahr.'

Sein Ergötzen sieht man; ihn aber sieht keiner.

Darum sagt man, man solle einen (schlafend) Hingestreckten nicht wecken; denn der ist schwer zu heilen, zu dem (der Geist) nicht zurückkehrt.

Aber einige sagen: ‚Das ist für ihn die Stätte des Wachens. Denn was er beim Wachen erblickt, das erblickt er auch im Schlaf.‘ Hierin ist der Purusha sein eignes Licht.“

‚So ist das, Yajnavalkya. Ich schenke dem Ehrwürdigen Tausend. Sprich mir weiter von dem, was zur Erlösung dient.‘

„Er erfreut sich im Traum, wandert umher, sieht Gut und Böse, und wenn er es gesehen hat, kehrt er nach Ordnung und Herkunft zum Zustand des Wachens zurück. Was immer er sieht, davon bleibt der Purusha unberührt; denn er hängt an nichts.“

‚So ist das, Yajnavalkya. Ich gebe dem Ehrwürdigen hier Tausend. Sprich mir weiter von dem, was zur Befreiung dient.‘

„Wie ein großer Fisch an beiden Ufern entlangschwimmt, an dem diesseitigen und jenseitigen, so eilt der Purusha entlang an den beiden Zuständen, an dem des Traumes und dem des Wachens.“

Tiefschlaf

„Wie ein Falke oder Adler, der im Luftraum umhergeflogen ist und ermüdet die Flügel zusammengefaltet hat, sich zum Niedersetzen anschickt, so eilt der Purusha zu diesem Zustand, in dem er schlafend keinen Wunsch wünscht und kein Traumgesicht sieht.

Seine Hita genannten Adern sind von derselben Feinheit wie ein tausendfach gespaltenes Haupthaar und mit Weiß, Blau, Gelb, Grün, Rot gefüllt. Wo man ihn zu töten, zu quälen scheint, wo ein Elefant ihn zu verjagen scheint, wo er in eine Grube zu fallen scheint: Alle Schrecken, die er im wachen Zustande gesehen hat, bildet er sich in Unwissenheit auch hier zu sehen ein. Und wenn er, als wäre er ein König, als wäre er ein Gott, sich einbildet: ‚*ich* bin das alles‘, dann ist dieses seine höchste Stätte. Wenn er schlafend keinen Wunsch wünscht und kein Traumgesicht sieht, dann ist das ein Zustand, in dem das Selbst sein Wunsch ist, seine Wünsche alle sich erfüllen und kein Wunsch vorhanden ist.

Wie ein von einer lieben Frau umfangener Mann kein Bewußtsein von draußen oder drinnen hat, so hat dieser in dem Körper wohnende Atman, von dem erkennenden Atman umfangen, kein Bewußtsein von draußen oder drinnen.

Dieser Zustand liegt jenseits allen Verlangens, ist frei von Übel und Gefahr und kennt keine Sorge im Inneren. Darin ist der Vater nicht Vater, die Mutter nicht Mutter, die Welt nicht Welt, sind die Götter nicht Götter, die Opfer nicht Opfer; darin ist der Dieb nicht Dieb, der Vernichter der Leibesfrucht nicht Vernichter der Leibesfrucht, der Paulkasa nicht Paulkasa, der Candala nicht Candala, der Bettelmönch nicht Bettelmönch, der Asket nicht Asket; er ist nicht vom Guten berührt und nicht berührt vom Bösen; denn er hat alle Sorgen des Herzens überwunden.

Wenn einer dann nicht sieht, so nimmt er, obschon sehend, Sichtbares nicht wahr. Der Sehende kommt zwar nicht um sein Gesicht, weil dies nicht schwindet; aber es gibt kein Zweites, Anderes, Verschiedenes, das er sehen könnte.

Wenn einer dann nicht riecht, so nimmt er, obschon riechend, Riechbares nicht wahr. Der Riechende kommt zwar nicht um seinen Geruch, weil dieser nicht schwindet; aber es gibt kein Zweites, Anderes, Verschiedenes, was er riechen könnte.

Wenn einer dann nicht schmeckt, so nimmt er, obwohl schmekkend, den Geschmack nicht wahr. Der Schmeckende kommt zwar nicht um seinen Geschmack, weil dieser nicht schwindet; aber es gibt kein Zweites, Anderes, Verschiedenes, was er schmecken könnte.

Wenn einer dann nicht redet, so redet er, obschon redend, das zu Redende nicht. Zwar kommt der Redende nicht um die Rede, weil diese nicht schwindet; aber es gibt kein Zweites, Anderes, Verschiedenes, was er reden könnte.

Wenn einer dann nicht hört, so nimmt er, obschon hörend, das Hörbare nicht wahr. Der Hörende kommt zwar nicht um sein Gehör, weil dieses nicht schwindet; aber es gibt kein Zweites, Anderes, Verschiedenes, was er hören könnte.

Wenn einer dann nicht denkt, so denkt er, obschon denkend, das zu Denkende nicht. Zwar kommt der Denkende nicht um sein Denken, weil dieses nicht schwindet; aber es gibt kein Zweites, Anderes, Verschiedenes, was er denken könnte.

Wenn einer dann nicht fühlt, so fühlt er, obschon fühlend, das zu Fühlende nicht. Zwar kommt der Fühlende nicht um sein Gefühl, weil dieses nicht schwindet; aber es gibt kein Zweites, Anderes, Verschiedenes, was er fühlen könnte.

Wenn einer dann nicht erkennt, so erkennt er, obschon erkennend, das Erkennbare nicht. Zwar kommt der Erkenner nicht um sein Erkennen, weil dieses nicht schwindet; aber es gibt kein Zweites, Anderes, Verschiedenes, was er erkennen könnte.

Das fürwahr ist der einzige Seher, der neben sich nichts anderes hat. Das ist die Brahmawelt, Großkönig", sprach er zu ihm. „Das ist seine höchste Vollendung, seine höchste Welt, seine höchste Freude. Von dieser Freude genießen die anderen Wesen ein Teilchen.

Wenn einer unter den Menschen erfolgreich ist und glücklich, ein Oberherr über andere, überhäuft mit allen Gegenständen menschlicher Wünsche, das ist die höchste Freude der Menschen.

Hundert Freuden der Menschen sind nur gleich einer Freude der Väter, die ihre Stätte errungen haben.

Hundert Freuden der Väter, die ihre Stätte errungen haben, sind nur gleich einer Freude derer, die durch Werke die Stellung von Göttern errungen haben.

Hundert Freuden derer, die durch Werke die Stellung von Göttern errungen haben, sind nur gleich einer Freude der Götter von Geburt [und eines Schriftgelehrten, der ohne Falsch und von Wünschen nicht bezwungen ist].

Hundert Freuden der Götter von Geburt sind nur gleich einer Freude in der Welt der Götter [und eines Schriftgelehrten, der ohne Falsch und von Wünschen nicht bezwungen ist].

Hundert Freuden in der Welt der Götter sind nur gleich einer Freude in der Welt der Gandharven [und eines Schriftgelehrten, der ohne Falsch und von Wünschen nicht bezwungen ist].

Hundert Freuden in der Welt der Gandharven sind nur gleich einer Freude in der Welt Prajapatis [und eines Schriftgelehrten, der ohne Falsch und von Wünschen nicht bezwungen ist].

Hundert Freuden in der Welt Prajapatis sind nur gleich einer Freude in der Welt Brahmans [und eines Schriftgelehrten, der ohne Falsch und von Wünschen nicht bezwungen ist]. Das ist, Großkönig, die Brahmawelt", so unterwies er ihn, „das ist das Unsterbliche."

‚Ich gebe dem Ehrwürdigen Tausend. Sprich mir weiter von dem, was zur Befreiung dient.‘

„Er erfreut sich in diesem tiefen Frieden, wandert umher, sieht Gut und Böse und wenn er es gesehen hat, kehrt er nach Ordnung und Ursprung zum Zustand des Wachens zurück. Was immer er sieht, davon bleibt der Purusha unberührt; denn er hängt an nichts.“

‚So ist das, Yajnavalkya. Ich gebe dem Ehrwürdigen hier Tausend. Sprich mir weiter von dem, was zur Befreiung dient.‘

Der Tod

Da geriet Yajnavalkya in Furcht: „Der König ist klug, von jeglichem Schluß hat er mich abgedrängt.“

„Wenn einer abmagert (so fuhr er dennoch fort), so magert er durch Alter oder Krankheit ab. Wie eine Mangofrucht, eine Feige oder Beere sich vom Stiel löst, so löst der im Körper eingeschlossene Atman sich von den Gliedern und kehrt nach Ordnung und Ursprung wieder zum Atem (Prana) zurück.

Wie ein Lastwagen, schwer beladen, knarrend dahinzieht, so zieht dieser im Körper eingeschlossene Atman mit dem erkennenden Selbst beladen unter Knarren dahin.

Wie einem heranziehenden König die Vornehmen, die Agnaten, die Hofbeamten und Ortsvorsteher mit Speise, Trank und Wohnung aufwarten und sagen: ‚Da kommt er, da kommt er‘, ebenso warten dem, der so weiß, alle Wesen auf und sagen: ‚Da kommt das Brahman, da kommt das Brahman.‘

Wie bei einem abreisenden König die Vornehmen, Agnaten, Hofbeamten und Ortsvorsteher sich einfinden, so sammeln sich um den, der so weiß, alle Hauche da, wo er den letzten Atemzug tut.“

(IV, 3)

„Wenn der an den Körper gebannte Atman schwach wird und in Verwirrung zu fallen scheint, da finden sich bei ihm die Hauche ein. Er nimmt die Glutteilchen an sich und begibt sich hinab in das Herz.

Wenn der Purusha, der im Auge wohnt, sich abwendet, dann hört der (Atman) auf, die Erscheinungen zu erkennen. Er vereinigt sich, und man sagt: ‚Er sieht nicht‘; er vereinigt sich (mit dem Brahman), und man sagt: ‚Er riecht nicht‘; er vereinigt sich, und man sagt: ‚Er schmeckt nicht‘; er vereinigt sich, und man sagt: ‚Er spricht nicht‘; er vereinigt sich, und man sagt: ‚Er hört nicht‘; er vereinigt sich, und man sagt: ‚Er denkt nicht‘; er vereinigt sich, und man sagt: ‚Er fühlt nicht‘; er vereinigt sich, und man sagt: ‚Er erkennt nicht‘.

Die Spitze des Herzens erglänzt. Bei diesem Glanz zieht der Atman hinaus, sei es aus dem Auge oder dem Kopfe oder den anderen Körperteilen. Dem Hinausziehenden folgt der Hauch. Dem hinterher hinausziehenden Hauch folgen alle (anderen) Hauche, folgt das Bewußtsein. Er, der Kenner, ist mit Erkenntnis ausgestattet. An ihn halten sich Wissen und Werk und die Kenntnis des Vergangenen.

Wie eine Raupe an die Spitze eines Halmes gelangt, sich zusammenzieht, so zieht dieser Purusha nach Vernichtung des Körpers und Auslöschen seines Wissens sich zusammen.“

Leben nach dem Tode

„Wie ein Künstler den kleinen Teil eines Gebildes nimmt und eine andere, neuere, schönere Form schafft, so schafft dieser Purusha nach Vernichtung des Körpers und Auslöschen seines Wissens eine andere, neuere Form, sei es eine der Väter, der Gandharven, Brahmans, Prajapatis, der Götter, Menschen oder anderer Wesen.“

Der Atman

„Der Brahman ist dieser Atman; er ist Erkenntnis, Manas, Stimme, Hauch, Auge, Ohr, Äther, Wind, Glut, Wasser, Erde, Zorn, Nichtzorn, Freude, Nichtfreude, Recht, Nichtrecht, er ist alles. Wenn man sagt: ‚Er ist das oder jenes‘, so bedeutet das, wie er handelt, wie er wandelt, so ist er. Handelt er gut, so wird er gut; handelt er schlecht, so wird er schlecht. Rein wird er durch gutes, schlecht durch schlechtes Werk.“

Die Seele des Wunscherfüllten

„Nun sagt man: ‚Der Purusha ist Verlangen.‘ ‚Wie er wünscht, so will er. Wie er will, so tut er. Wie er tut, so wird er.‘

Das besagt der Vers: ‚Das, woran sein Geist sich hängt, ist das Wesentliche und geht als bezeichnendes Merkmal gemeinsam mit seinem Werk.' Wenn einer für das Werk, das er hier tut, den Lohn empfangen hat, kehrt er aus jener Welt zu dieser Welt und (neuem) Werk zurück."

Die Seele des Wunschlosen

„Das gilt für den von Verlangen Erfüllten. Aber hinsichtlich dessen, der kein Verlangen hegt, heißt es: Der, welcher keine Wünsche hegt, welcher frei von Wünschen ist, dessen Wunsch das Selbst ist, dessen Wunsch erfüllt ist, aus dem ziehen die Hauche nicht fort. In ihm vereinigen sie sich. Er ist schon Brahman und geht in Brahman ein.
Das sagt der Vers: ‚Wenn alle Wünsche schwinden, die in seinem Herzen wohnen, dann wird der Mensch unsterblich. Schon hier erlangt er Brahman.'
Wie eine alte, abgeworfene Schlangenhaut auf einem Ameisenhaufen liegt, ebenso liegt der Körper hier da. Der knochenlose, körperlose, erkenntnisreiche Atman ist Brahman, ist die Welt, o Großkönig."

So sprach Yajnavalkya.

‚Ich gebe dem Ehrwürdigen Tausend', sprach Janaka, der Fürst der Videha.

Davon handeln auch die Verse:

Es gibt einen schmalen, sicheren, hinüberführenden, alten Weg ..., den ich gefunden habe. Auf ihm ziehen die Weisen, die Brahmakenner zum Himmel empor, die von dieser Welt erlöst sind.

Auf ihm, sagt man, ist Weißes, Blaues, Gelbes, Grünes, Rotes. Das ist der Weg, der durch das Brahman gefunden ist; auf ihm geht der Kenner des Brahman gluterfüllt und fromme Werke tuend.

In blinde Finsternis gehen die, die dem Vergehen anhängen; in noch tiefere, scheint es, die, die an dem Werden sich erfreuen.

Asurisch heißen diese Welten, die von blinder Finsternis bedeckt sind. Zu diesen gehen nach dem Tode die Menschen, die ohne Wissen und Weisheit sind.

Das, was wir sind, wir werden dazu. Ist das nicht erkannt, so ist das Verderben groß. Die es erkennen, die werden unsterblich. Aber die anderen verfallen der Pein.

Wenn ein Mensch vom Selbst weiß: ‚Das bin ich', in welcher Absicht, in welchem Verlangen möchte er da noch an dem Körper hängen?

Wer sein Selbst gefunden und in diesem dichten Behälter (des Leibes) befindlich wahrgenommen hat, der ist allschaffend; der ist der Schöpfer von allem. Dem gehört die Welt, und er ist die Welt.

Wenn er auf diesen Atman unmittelbar als Gott hinblickt, als Herrn über Vergangenheit und Zukunft, dann hegt er keinen Zweifel mehr. Auf ihm beruhen die fünf Stämme, auf ihm der Äther. Dieses Selbst sehe ich als das Brahman an, selbst unsterblich als das Unsterbliche.

Diesseits von ihm rollt das Jahr mit seinen Tagen sich ab; die Götter verehren es als das Gestirn der Gestirne, als das ewige Leben.

Die, welche in ihm des Hauches Hauch, des Auges Auge, des Ohres Ohr, der Speise Speise, des Manas Manas sehen, sie haben das alte, über allem stehende Brahman erkannt.

Mit dem Manas muß man es erfassen: Nicht gibt es hier Verschiedenerlei. Der fällt von Tod zu Tod, der hier Verschiedenerlei sehen will.

Mit dem Manas muß man nach ihm ausschauen, nach dem Unvergänglichen, Festen. Jenseits des Äthers wohnt staublos der ewige, große, feste Atman.

Der Weise, der Brahmane, der ihn erkannt hat, soll Klugheit annehmen; er soll nicht auf viele Worte sinnen; denn das würde die Rede nur ermüden.

Macht des Atman

Machthaber über alles, Herrscher über alles, Oberherr über alles ist der Atman. Er gebietet über alles, was immer hier ist. Er wird nicht größer durch gute Werke und nicht geringer durch schlechte. Er ist Oberherr der Wesen, Herrscher der Welt. Er ist der Damm, der diese Welten trennt, damit sie nicht zusammenstürzen.

Man sucht ihn durch Vedastudium, durch den heiligen Schülerstand, durch Kasteiung, Glaube, Opfer, Fasten zu erkennen. Wer ihn erkannt hat, wird ein Muni (Büßer, Schweiger). Zu ihm wandern die heiligen Wanderer, die seine Welt zu gewinnen trachten.

Darum haben die Brahmanen der Vorzeit, die studiert hatten und kundig waren, nicht Nachkommenschaft begehrt. ‚Was sollen wir', dachten sie, ‚mit Nachkommenschaft tun, wir, deren Welt der Atman ist?' Sie gaben den Wunsch nach Söhnen, nach Besitz, nach der Welt auf und zogen als Bettler hinaus. Denn der Wunsch nach Söhnen ist ein Wunsch nach Besitz, der Wunsch nach Besitz ist ein Wunsch nach der Welt. Wunsch ist beides.

Von dem Atman heißt es, ‚*na, na*'. Unfaßbar, wird er nicht gefaßt; unzerstörbar, wird er nicht zerstört; nicht haftend, nicht gebunden, haftet er nicht, schwankt er nicht. Die Gedanken: ‚Ich tat Übles' oder ‚Ich tat Gutes' überwindet der Unsterbliche beide. Gut und schlecht, getan und nicht getan schmerzt ihn nicht. Für ihn wird durch keinerlei Werk eine Welt mehr auferbaut.

Das sagt der Vers:

‚Das ist die ewige Größe des Brahmakenners: Nicht wächst er durch Werke, nicht wird er kleiner. Diese soll er erkunden. Wer sie erkannt hat, wird von bösen Handlungen nicht befleckt.'

Der Kundige weiß sich mit dem Atman eins

„Darum soll ein dessen Kundiger, müde, sanft, entsagend, geduldig, gläubig geworden, im eigenen Selbst den Atman erblicken. Er sieht einen jeden als das Selbst an, ein jeder wird für ihn zum Selbst, er wird für jeden zum Selbst. Er überwindet alles Übel, nicht überwindet ihn das Übel. Er verbrennt alles Übel, nicht verbrennt ihn das Übel; frei von Übel, Alter, Hunger, Durst wird der Brahmane, der so weiß.

Das ist das große, ungeborene Selbst, das Speise ißt (ein Herr ist) und Güter spendet. Der, welcher dieses große, ungeborene Selbst, das Speise ißt und Güter spendet, kennt, erlangt Güter.

Dieses große, ungeborene Selbst, das frei ist von Alter und Tod, frei von Furcht und unsterblich, ist Brahman. Freiheit von Furcht hast du, Janaka, erreicht." So sprach Yajnavalkya. ‚Ich übergebe dir Ehrwürdigem die Videhas und mich als Sklaven.'

Dieses große, ungeborene Selbst, das frei ist von Alter und Tod, frei von Furcht und unsterblich, ist Brahman. Furchtlos ist Brahman. Das furchtlose Brahman wird, wer so weiß.

(IV, 4)

DER ZUSTAND DER VEREINIGUNG MIT DEM ATMAN

Yajnavalkya hatte zwei Frauen, Maitreyi und Katyayani. Von diesen beiden wußte Maitreyi über das Brahman zu reden; Katyayani hatte rein weiblichen Verstand. Yajnavalkya war im Begriff, in einen anderen Abschnitt seines Lebens (Ashrama) einzutreten, und sprach: ‚Maitreyi, ich bin im Begriff, von diesem Ort in die Heimatlosigkeit zu ziehen, meine Liebe, und will von dir und der Katyayani Abschied nehmen.'

Da sprach Maitreyi: ‚Wenn mir nun, o Ehrwürdiger, die ganze Erde voller Schätze wäre, würde ich dadurch unsterblich sein oder nicht?'

„Nein", sagte Yajnavalkya. „Wie das Leben reicher Leute, so würde dein Leben sein; aber Hoffnung auf Unsterblichkeit geben Schätze nicht."

Da sagte Maitreyi: ‚Was soll ich mit etwas anfangen, wodurch ich nicht unsterblich werde. Sage mir, Erhabener, was du weißt.'

„Du bist mir lieb und hast mir Liebes erwiesen. Wohlan, höre, ich will es dir sagen, ich will es dir erklären. Du aber denke über das Wort nach, was ich dir sage."

‚Rede, Ehrwürdiger.'

Da sprach Yajnavalkya: „Nicht ist um des Gatten willen der *Gatte* lieb, sondern um des Selbst willen ist der Gatte lieb; nicht ist um der Gattin willen die *Gattin* lieb, sondern um des Selbst willen ist die Gattin lieb; nicht sind um der Söhne willen die *Söhne* lieb, sondern um des Selbst willen sind die Söhne lieb; nicht ist um des Reichtums willen der *Reichtum* lieb, sondern um des Selbst willen ist der Reichtum lieb; nicht ist um des Brahmanenstandes willen der *Brahmanenstand* lieb, sondern um des Selbst willen ist der Brahmanenstand lieb; nicht ist um des Kshatriyastandes willen der *Kshatriyastand* lieb, sondern um des Selbst willen ist der Kshatriyastand lieb; nicht sind um der Welten willen die *Welten* lieb, sondern um des Atman willen sind die Welten lieb; nicht um der Götter willen sind die *Götter* lieb, sondern um des Atman willen sind die Götter lieb; nicht um der Veden willen sind die *Veden* lieb, sondern um des Atman willen sind die Veden lieb; nicht um der Opfer willen sind die *Opfer* lieb, sondern um des Atman willen sind die Opfer lieb; nicht um der Wesen willen sind die *Wesen* lieb, sondern um des Atman willen sind die Wesen lieb; nicht um des Alls willen ist das *All* lieb, sondern um des Atman willen ist das All lieb; den Atman, fürwahr, muß man sehen, hören, bedenken, zu erkennen suchen, Maitreyi. Hat man den Atman gesehen, gehört, bedacht, erkannt, so ist alles erkannt.

Der Brahmanenstand gab den preis, der den Brahmanenstand woanders als im Atman sieht; der Kriegerstand gab den preis, der den Kriegerstand woanders als im Atman sieht; die Welten gaben den preis, der die Welten woanders als im Atman sieht; die Götter gaben den preis, der die Götter woanders als im Atman sieht; die Veden gaben den preis, der die Veden woanders als im Atman sieht; die Opfer gaben den preis, der die Opfer woanders als im Atman sieht; die Wesen gaben den preis, der die Wesen woanders als im Atman sieht; das All gab den preis, der das All woanders als im Atman sieht. Dies Brahman, dies Kshatra, diese Welten, diese Götter, diese Veden, diese Opfer, diese Wesen, dies All – das ist der Atman.

Es ist so, wie man von einer angeschlagenen Trommel die nach außen dringenden Töne nicht packen kann, man aber durch das Packen der Trommel oder des Trommelschlägers den Ton packt;

wie man von einer angeschlagenen Laute die nach außen dringenden Töne nicht packen kann, man aber durch das Packen der Laute oder des Lautenschlägers den Ton packt;

wie man von einer angeblasenen Muschel die nach außen dringenden Töne nicht packen kann, man aber durch das Packen der Muschel oder des Muschelbläsers den Ton packt;

wie von einem aus feuchtem Holz angelegten Feuer verschiedene Rauchwolken ausgehen, so ist es mit dem Aushauch dieses großen Wesens. Rigveda, Yajurveda, Samaveda, Atharvangiras, Itihasa, Purana, die Wissenschaften, die Upanishaden, Shloken, Sutras, Anuvyakhyas, Vyakhyas, was geschenkt, zum Essen und Trinken gereicht ist, diese und jene Welt und alle Wesen – das alles ist sein Aushauch.

Wie das Meer der Mittelpunkt aller Gewässer, so ist die Haut der Mittelpunkt aller Gefühle, so ist die Nase der Mittelpunkt aller Gerüche, die Zunge der Mittelpunkt allen Geschmackes, das Auge der Mittelpunkt aller Erscheinungen, das Ohr der Mittelpunkt aller Geräusche, das Manas der Mittelpunkt aller Gedanken, das Herz der Mittelpunkt aller Veden, die Hände der Mittelpunkt alles Handelns, die Füße der Mittelpunkt allen Gehens, der Schoß der Mittelpunkt aller Freuden, der After der Mittelpunkt aller Entleerungen, die Stimme der Mittelpunkt aller Wissenschaften.

So wie ein Klumpen Steinsalz weder Kern noch Schale hat, sondern ganz Geschmack ist, so ist fürwahr dieses große, unendliche, unbegrenzte Wesen ganz Erkenntnis. Es geht aus den Elementen hervor, es geht in die Elemente unter. Nach dem Tode gibt es kein Bewußtsein. So sage ich." Also sprach Yajnavalkya.

Da sprach Maitreyi: ‚Du hast, Ehrwürdiger, damit mich in tiefe Verwirrung versetzt; ich verstehe nicht: Nach dem Tode gibt es kein Bewußtsein.'

Da sprach Yajnavalkya: „Ich rede nicht verwirrend; der Atman, der fürwahr unvergänglich ist, unterliegt nicht dem Gesetz der Vernichtung [aber ihm ist eine Vermischung mit der Materie eigen].

Wenn einer dann nicht sieht, so nimmt er, obschon sehend, Sichtbares nicht wahr. Der Sehende kommt zwar nicht um sein Gesicht, weil das nicht schwindet; aber es gibt kein Zweites, Anderes, Verschiedenes, was er sehen könnte.

Wenn einer dann nicht riecht, so nimmt er, obschon riechend, Riechbares nicht wahr. Der Riechende kommt zwar nicht um seinen Geruch, weil dieser nicht schwindet; aber es gibt kein Zweites, Anderes, Verschiedenes, was er riechen könnte.

Wenn einer dann nicht schmeckt, so nimmt er, obschon schmekkend, den Geschmack nicht wahr. Der Schmeckende kommt zwar nicht um seinen Geschmack, weil dieser nicht schwindet; aber es gibt kein Zweites, Anderes, Verschiedenes, was er schmecken könnte.

Wenn einer dann nicht redet, so redet er, obschon redend, das zu Redende nicht. Zwar kommt der Redende nicht um seine Rede, weil diese nicht schwindet; aber es gibt kein Zweites, Anderes, Verschiedenes, was er reden könnte.

Wenn einer dann nicht hört, so nimmt er, obschon hörend, das Hörbare nicht wahr. Der Hörende kommt zwar nicht um sein Gehör, weil dieses nicht schwindet; aber es gibt kein Zweites, Anderes, Verschiedenes, was er hören könnte.

Wenn einer dann nicht denkt, so denkt er, obschon denkend, das zu Denkende nicht. Zwar kommt der Denkende nicht um sein Denken, weil dieses nicht schwindet; aber es gibt kein Zweites, Anderes, Verschiedenes, was er denken könnte.

Wenn einer dann nicht fühlt, so fühlt er, obschon fühlend, das zu Fühlende nicht. Zwar kommt der Fühlende nicht um sein Gefühl, weil dieses nicht schwindet; aber es gibt kein Zweites, Anderes, Verschiedenes, was er fühlen könnte.

Wenn einer dann nicht erkennt, so erkennt er, obschon erkennend, das Erkennbare nicht. Zwar kommt der Erkenner nicht um sein Erkennen, weil dieses nicht schwindet; aber es gibt kein Zweites, Anderes, Verschiedenes, was er erkennen könnte.

Wenn noch etwas anderes bestünde, so würde eins das andere sehen, eins das andere riechen, eins das andere schmecken, eins das andere begrüßen, eins das andere hören, eins das andere denken, eins das andere fühlen, eins das andere erkennen.

Wenn aber alles zum Atman geworden ist, womit und wen sollte er da sehen, womit und wen sollte er da riechen, womit und wen sollte er da begrüßen, womit und wen sollte er da hören, womit und an wen sollte er da denken, womit und wen sollte er da fühlen, womit und wen sollte er da erkennen? Womit sollte er den erkennen, durch den er dieses alles erkennt? Womit, fürwahr, sollte er den Erkenner erkennen? So ist dir Unterweisung zuteil geworden, Maitreyi. Dergestalt ist die Unsterblichkeit."

So sprach Yajnavalkya und zog hinaus in die Heimatlosigkeit.

(IV, 5)

DER PFAD DER GÖTTER UND DER MANEN

Der Weg, den die Toten bei ihrem Abscheiden von der Welt nehmen, wird hier erörtert; es ist eine Auffassung unter vielen, die im Umlauf gewesen sein mögen, und charakteristisch dadurch, daß sie auch den für Brahmans Welt Bestimmten nicht unmittelbar, sondern auf dem Umwege über Götterwelt, Sonne und Blitzfeuer dahin gelangen läßt. Eine besondere Stelle nehmen die Würmer, Vögel, Insekten ein. In deren Leib gehen die ein, die keinen der beiden Wege kennen.

Shvetaketu, der Sohn des Aruni, begab sich zu einer Versammlung der Pancalas. Er begab sich zu Jaivali Pravahana, der von seinem Hofe umgeben war. Dieser erblickte ihn und sprach zu ihm: ‚Mein Jüngling!' „Hier, Herr!" antwortete der. ‚Hat dich dein Vater unterwiesen?' „Ja, Herr", sprach er.

‚Weißt du, wie die Geschöpfe, wenn sie abscheiden, nach verschiedenen Richtungen auseinandergehen?' „Nein", sprach er. ‚Weißt du, wie sie wieder in diese Welt gelangen?' „Nein", sprach er. ‚Weißt du, wie es kommt, daß jene Welt von den vielen Geschöpfen, die so immer wieder abscheiden, nicht voll wird?' „Nein", sprach er. ‚Weißt du, nach der wievielten Darbringung die Wasser menschliche Stimmen annehmen, sich erheben und reden?' „Nein", sprach er. ‚Weißt du den Zugang zu dem Götter- oder dem Väterweg und was man getan haben muß, um zu dem Götter- oder Väterweg zu gelangen? Hast du das Wort des Rishi nicht vernommen: Ich hörte von zwei Wegen, dem Wege der Manen und dem Wege der Götter und Menschen? Auf diesen bewegt sich alles, was zwischen Vater und Mutter (Himmel und Erde) sich regt.' „Nicht kenne ich einen davon", sprach er.

Da lud er ihn ein, bei ihm zu wohnen. Aber der Jüngling achtete der Wohnung nicht und lief davon. Er begab sich zum Vater. Zu dem sprach er: „In solcher Weise hast du mich also als unterrichtet erklärt!" ‚Wieso, du Weiser?' „Fünf Fragen hat der Prinz an mich gerichtet; davon habe ich nicht eine gewußt", sagte er. ‚Was für welche sind das?' Er zählte ihm die Anfänge auf.

Der sprach: ‚So solltest du mich kennen, Kind, daß ich alles, was ich nur weiß, dir auch sagte. Aber komm, wir wollen dorthin gehen und in den heiligen Schülerstand treten.' „Gehe du."

Gautama begab sich dorthin, wo die Versammlung des Pravahana Jaivali stattfand. Dieser ließ ihm einen Sitz und Wasser bringen. Darauf machte er ihm ein Gastgeschenk.

Er sprach: ‚Ich gestatte dem verehrten Gautama, einen Wunsch zu tun.' Der sprach: „Du hast mir die Gewährung des Wunsches zugesagt. Das Wort, das du in Gegenwart des Jünglings aussprachest, das sage mir."

Der sprach: ‚Das gehört unter die Wünsche der Götter. Sprich von menschlichen.'

„Dir ist bekannt, ich habe meinen Anteil an Gold, Rindern, Rossen, Sklavinnen, Ober- und Untergewändern; sei nicht karg gegen mich in bezug auf das Viele, Unendliche, Unbegrenzte." ‚Das mußt du, Gautama, durch eine ehrwürdige Person dir zu verschaffen suchen.' „Ich trete bei dir in die Lehre." Mit diesem Wort pflegte man früher sich in die Lehre zu begeben.

Dieser sprach bei der Erwähnung des In-die-Lehre-Gehens: ‚Du, Gautama, und deine Vorfahren werden doch nicht so sich gegen uns (die Kriegerkaste) vergangen haben, daß diese Wissenschaft nicht schon früher in irgendeinem Brahmanen Wohnung nahm. Ich will sie dir aber verkündigen; denn wer vermöchte einen, der so spricht, zurückzuweisen?

Jene Welt ist ein Opferfeuer, Gautama. Sein Brennholz ist die Sonne; die Strahlen sein Rauch, der Tag seine Flamme, der Mond seine Kohlen, die Sterne seine Funken. In diesem Feuer opfern die Götter (als Spende) den Glauben; aus dieser Spende entsteht *König Soma.*

Parjanya, der Gewittergott, ist ein Opferfeuer, Gautama. Sein Brennholz ist das Jahr, die Wolken sein Rauch, der Blitz seine Flamme, der Donnerkeil seine Kohlen, der Hagel seine Funken. In diesem Feuer opfern die Götter den Soma; aus dieser Spende entsteht *der Regen.*

Diese Welt ist ein Opferfeuer, Gautama. Sein Brennholz ist die Erde, der Wind sein Rauch, die Nacht seine Flamme, die Himmelsgegenden seine Kohlen, die Zwischengegenden seine Funken. In diesem Feuer opfern die Götter den Regen; aus dieser Spende entsteht *die Speise.*

Der Mann ist ein Opferfeuer, Gautama. Sein Brennholz ist der geöffnete Mund; der Hauch sein Rauch, die Stimme seine Flamme, das Auge seine Kohlen, das Ohr seine Funken. In diesem Feuer opfern die Götter die Speise; aus dieser Spende entsteht *der Same.*

Die Frau ist ein Opferfeuer, Gautama. Sein Brennholz ist ihr Schoß, die Haare sein Rauch; ihre Scham seine Flamme, die Zeugung seine Kohle, die Lust seine Funken. In diesem Feuer opfern die Götter den Samen; aus dieser Spende entsteht *der Mensch.* Er wird geboren, lebt, solange er lebt, und wenn er stirbt, trägt man ihn zum Feuer (des Scheiterhaufens).

Dessen Feuer ist ein Opferfeuer. Das Brennholz sein Brennholz, der Rauch sein Rauch, die Flamme seine Flamme; die Kohlen seine Kohlen; die Funken seine Funken. In diesem Feuer opfern die Götter den Menschen; aus dieser Spende entsteht der *lichtfarbige Purusha.*‘

Der zweifache Weg

‚Die, welche diese Kenntnis haben, und jene, die im Walde Glauben und Wahrheit üben, diese gehen in die Flamme ein, aus der Flamme in den Tag, aus dem Tage in die lichte Hälfte des Monats, aus der lichten Hälfte des Monats in die sechs Monate, während denen die Sonne nordwärts geht, aus den Monaten in die Götterwelt, aus der Götterwelt in die Sonne, aus der Sonne in das Blitzfeuer. Daraus naht diesen ein geistiger Mann und bringt sie in die Brahmawelt. Sie wohnen in den Brahmawelten bis in die weitesten Fernen. Von dort kehren sie hierher nicht mehr zurück.

Aber die, welche durch Opfer, Freigebigkeit und Askese die Welt gewinnen, diese gehen in den Rauch ein, aus dem Rauch in die Nacht, aus der Nacht in die dunkle Hälfte des Monats, aus der dunklen Hälfte des Monats in die sechs Monate, während denen die Sonne südwärts geht, aus den Monaten in die Manenwelt, aus der Manenwelt in den Mond, sie gelangen in den Mond und werden Speise. Wie den König Soma mit den Worten „Schwill an“, „Nimm ab“, so genießen die Götter diese dort. Wenn das für sie zu Ende ist, so gehen sie in den Äther ein, aus dem Äther in den Wind, aus dem Wind in den Regen, aus dem Regen in die Erde; wenn sie zur Erde gelangt sind, so werden sie Speise. In dieser Weise bleiben sie im Kreislauf. Aber die, welche diese beiden Wege nicht kennen, diese werden zu Würmern, Vögeln und Insekten aller Art.'

(VI, 1)

In der *Chandogya-Upanishad* V, 10 lautet der parallele Abschnitt, der den Götter- und Manenweg beschreibt, folgendermaßen:

Die Leibesfrucht liegt zehn Monate oder wie lange es grade dauert in ihrer Hülle verborgen und wird dann geboren.

Ist einer geboren, so lebt er, solange er eben lebt. Wenn er gestorben ist, tragen sie ihn von hier zum Feuer, aus dem er gekommen ist, aus dem er entstanden ist.

Die, welche so wissen und im Walde Glauben und Kasteiung üben, die gehen in die Flamme (des Scheiterhaufens) ein, aus der Flamme in den Tag, aus dem Tage in die lichte Hälfte des Monats, aus der lichten Hälfte des Monats in die sechs Monate, während denen die Sonne nordwärts geht.

Aus den Monaten in das Jahr, aus dem Jahr in die Sonne, aus der Sonne in den Mond, aus dem Monde in den Blitz. Da bringt sie ein geistiger Mann zum Brahman. Das ist der Pfad, auf dem die Götter gehen.

Die, welche im Dorf Opfer, fromme Werke, Spenden üben, diese gehen in den Rauch ein, aus dem Rauch in die Nacht, aus der Nacht in die dunkle Hälfte des Monats, aus der dunklen Hälfte des Monats in die sechs Monate, während denen die Sonne südwärts geht; diese erlangen nicht das Jahr.

Aus den Monaten in die Welt der Manen, aus der Welt der Manen in den Äther; aus dem Äther in den Mond. Das ist König Soma. Das ist die Speise der Götter. Ihn essen die Götter.

Wenn sie in ihm bis zum letzten Rest (ihrer früheren Werke) gewohnt haben, kehren sie auf demselben Wege, wie sie gekommen sind, wieder in den Äther zurück, aus dem Äther in den Wind; zu Wind geworden, werden sie zu Rauch; zu Rauch geworden, werden sie zu Nebel. Zu Nebel geworden, werden sie zur Wolke; zur Wolke geworden, regnen sie herab und werden als Reis oder Gerste, Pflanzen oder Bäume, Sesam oder Bohnen geboren. Daraus ist schwer zu entkommen. Wenn einer Speise ißt und Samen ergießt, dann entstehen sie aufs neue.

Die, welche hier lieblichen Wandels sind, haben die Aussicht, daß sie in einen lieblichen Schoß gelangen; in den Schoß eines Brahmanen, Kshatriya oder Vaishya. Die aber, die einen anrüchigen Wandel führen, haben Aussicht, daß sie in einen anrüchigen Schoß gelangen, den eines Hundes, Schweines oder Candala.

Aber auf keinen dieser beiden Pfade gehen diese kleinen, oftmals wiederkehrenden Wesen. ‚Werde und stirb': das ist der dritte Ort. Darum wird jene Welt nicht voll. Darum soll man sich hüten. Hier sagt ein Shloka:

‚Einer, der Geld stiehlt, der Sura trinkt, das Lager seines Lehrers besteigt, einen Brahmanen tötet, diese vier gehen ihrer Kaste verlustig. Zu fünft der, der mit ihnen verkehrt.'

CHANDOGYA-UPANISHAD

DIE ENTSTEHUNG UND BEENDIGUNG DES LEBENS

Der Abschnitt lehrt die Unzulänglichkeit alles vedischen Wissens; das Studium der Veden führe nicht zur Erkenntnis. Er lehrt, unter Ablehnung des Gedankens, daß aus dem Nichtseienden die Welt entsprungen sein könnte, das Seiende als Anfang aller Dinge. Das Seiende schuf die Glut, die Glut die Wasser, das Wasser die Speise. Die höchste Gottheit durchdrang diese drei Elemente mit der Seele, schuf ‚Name und Gestalt' und machte jede von ihnen dreifach. Alles ist ein Produkt dieser drei Elemente.

Der Autor erläutert das an Beispielen aus der Natur. Aus der Glut stamme die rote Erscheinungsform des Feuers, aus dem Wasser die weiße, aus der Speise die schwarze: Es gibt eigentlich kein Feuer, man nenne es nur so, obwohl es nur eine Mischung aus den drei Elementen ist. So Sonne, Mond, Blitz usw.

Auf den Menschen findet dasselbe Anwendung; er besteht aus Speise, Wasser, Glut. Aber die Speise verteilt sich bei ihm dreifach. Ihre substantiellsten Bestandteile werden zu Faeces, ihre mittleren zu Fleisch, ihre feinsten gehen nach oben und werden zum Denkorgan, zum Manas. Ebenso wandelt das Wasser sich zu Haut, Blut und Hauch, die Glut zu Knochen, Wort und Stimme.

Das Wichtigste ist der Prana. Der Mensch braucht durch 15 Tage nicht zu essen; wenn er nur Wasser trinkt, geht der Prana, der Lebenshauch, ihm nicht verloren; die erworbenen Kenntnisse im Veda schwinden, weil mit der fehlenden Speise das Denkorgan schwindet, aber der Prana bleibt. Mit dem verbleibenden Sechzehntel vermag man die Vedenkenntnis wiederzugewinnen, sobald man wieder Speise zu sich nimmt, so wie eine kleine Kohle hinreicht, um ein ganzes Feuer anzufachen.

Schlaf, Hunger und Durst, Tod sind die wichtigsten äußeren Erscheinungen des menschlichen Lebens. Der Verfasser erörtert das Wesen des *Schlafes*, und zwar stellt er, ohne es besonders auszusprechen, die Erklärung des Tiefschlafes, in dem der Mensch mit dem Seienden, dem *Sat*, sich vereint, und die des Traumschlafes, in dem die Seele wie ein Vogel hin und her schweift, um schließlich zu ihrer festen Stelle wiederzukehren, nebeneinander. Hunger und Durst sind Zustände, in denen das Wasser die Speise, die Glut das Wasser fortführt. Die unmöglichen Etymologien, die diese Ansicht begleiten, gehen in der Übersetzung verloren. Der Leib wurzelt in der Nahrung, diese im Wasser, dies in der Glut, diese im Sat. Im Sat wurzeln, ruhen alle Geschöpfe.

Wenn der Mensch stirbt, so geht – in einer der vorhergehenden Erörterung nicht parallelen Folge – seine Stimme in das Manas, das Manas in den Prana, der Prana in die Glut, die Glut in die höchste Gottheit. Wir würden die Reihe Manas, Prana, Vac, höchste Gottheit erwarten, da Manas oben der Speise, Prana dem Wasser, die Vac der Glut entspricht.

Wie man den Zustand *nach der Vereinigung der Seele mit dem Sat* sich denken soll, erklärt er an dem Beispiel des Honigs, den die Bienen von verschiedenen Bäumen sammeln. So wie die Teile des Honigs nichts mehr von ihrer Herkunft von dem einzelnen Baume wissen, so wissen die einzelnen Wesen, wenn sie mit dem Sat sich vereinigen, nicht, daß sie in das Sat eingehen.

Das Beispiel der Ströme schildert das Entstehen der Wesen aus dem Sat; es setzt die Anschauung voraus, daß die

Flüsse nicht nur in das Meer strömen, sondern auch aus dem Meer (durch Wolken, Regen) stammen. Wie sie im Meer nicht wissen, welcher Strom sie waren, so wissen sie auch nicht, daß sie daraus kommen. Ebenso die Wesen. Sie gehen ins Sat und kommen, ohne es zu wissen, daher.

Wie ein Zweig, ein Baum verdorrt, wenn ihn die ‚Seele' verläßt, die Seele aber selbst nicht stirbt, so stirbt zwar der Körper, wenn ihn die Seele verläßt, nicht aber diese selbst.

So wenig man in einer Nyagrodhafrucht oder in ihren Körnern, selbst wenn man sie spaltet, das feine Fluidum findet, durch das der große Nyagrodhabaum besteht, so wenig nimmt man in den Geschöpfen das feine Fluidum wahr, das alles Sein durchdringt und mit dem Atman wesenseinheitlich ist; so wie man das Salz nicht wahrnehmen kann, das, ins Wasser gelegt, dieses durchdringt und doch in allen dessen Teilen geschmeckt werden kann. Um die Wahrheit zu erkennen, braucht man einen Lehrer, wie ein Mann, der mit verbundenen Augen fortgeführt und nach Lösung der Binde freigelassen ohne einen klugen Führer den rechten Weg nicht finden kann. Ein Mann, der beim Ordal heißes Eisen angreift und dabei die Unwahrheit sagt, verbrennt sich und wird getötet; wenn er aber die Wahrheit gesagt hat, verbrennt er sich nicht und wird frei. So verharrt ein Mensch, der der Unwahrheit anhängt, in Leid und Tod des Samsara; aber der, der der Wahrheit anhängt, wird befreit.

Shvetaketu war der Sohn des Aruni. Zu ihm sprach der Vater: ‚Shvetaketu, tritt in den heiligen Schülerstand. Denn es gibt aus unserem Geschlecht, mein Lieber, keinen, der nicht studiert hätte und nur eine Art Brahmanenvetter wäre.'

Zwölf Jahre alt begab dieser sich da in die Lehre, mit vierundzwanzig Jahren hatte er alle Veden studiert und kehrte hochfahrend, wissensstolz und eingebildet heim.

Zu ihm sprach der Vater: ‚Shvetaketu, wenn du, mein Lieber, so hochfahrend, wissensstolz und eingebildet bist, hättest du noch nach der Unterweisung gefragt, durch die das Ungehörte gehört, das Ungedachte gedacht, das Unerkannte erkannt ist?'

„Wie ist diese Unterweisung, Ehrwürdiger?"

‚Mein Lieber, wie man an einem Lehmklumpen alles erkennt, was aus Lehm ist, die Umwandlung nur ein Behelf im Ausdruck, eine Bezeichnung, die Wirklichkeit aber ‚Lehm' ist; wie, mein Lieber, man an einer kleinen Kupferkugel alles, was aus Kupfer ist, erkennt, die Umwandlung nur ein Behelf im Ausdruck, eine Bezeichnung, die Wirklichkeit aber ‚Kupfer' ist; wie, mein Lieber, man an einer Nagelschere alles, was aus Eisen ist, erkennt, die Umwandlung nur ein Behelf im Ausdruck, eine Bezeichnung, die Wirklichkeit aber ‚Eisen' ist, derart, mein Lieber, ist die Unterweisung.'

„Das haben die Ehrwürdigen sicherlich nicht gewußt. Wenn sie es gewußt hätten, wie sollten sie es mir nicht gesagt haben. Aber der Ehrwürdige wolle mir das erklären." ‚Ja, mein Lieber', sprach er.

‚Nur das Seiende, mein Lieber, war hier zu Anbeginn, das Seiende, ganz allein, ohne ein zweites. Da sagen nun einige „Nur das Nichtseiende war hier zu Anbeginn, das Nichtseiende allein, ohne ein zweites. Aus diesem Nichtseienden entstand das Seiende." Wie könnte das wohl sein, mein Lieber', sprach er. ‚Wie könnte aus dem Nichtseienden das Seiende entstehen? Das Seiende also nur war hier zu Anbeginn, das Seiende allein, ohne ein zweites.

Dieses dachte bei sich: „Ich möchte mich vermehren, ich möchte mich fortpflanzen." Es schuf die Glut. Die Glut dachte bei sich: „Ich möchte mich vermehren, ich möchte mich fortpflanzen." Sie schuf das Wasser. Wo immer es heiß ist oder ein Mensch schwitzt, entsteht darum Wasser aus der Glut. Das Wasser dachte bei sich: „Ich möchte mich vermehren, ich möchte mich fortpflanzen." Es schuf die Speise. Wo immer es regnet, da gibt es darum Speise in reicher Fülle; aus dem Wasser entsteht da die Nahrung.

Diese Wesen haben hier dreierlei Ursprung: aus dem Ei, aus einem Lebenden, aus einem Keim.

Die Gottheit (das Seiende) dachte bei sich: „Wohlan, ich will diese drei Gottheiten mit meiner lebendigen Seele durchdringen und ‚Name und Gestalt' sondern. Eine jede von ihnen will ich dreifach machen." Die Gottheit durchdrang die drei Gottheiten mit dieser seiner lebendigen Seele und sonderte ‚Name und Gestalt'. Sie machte eine jede von ihnen dreifach. Wie nun jede einzelne von den drei Gottheiten dreifach erscheint, das lerne von mir.

Die rote Erscheinungsform des *Feuers* ist die der Glut, seine weiße Erscheinungsform die des Wassers, seine schwarze die der Speise.

Damit ist das „Feuersein“ vom Feuer geschwunden; die Umwandlung ist nur ein Behelf im Ausdruck, eine Bezeichnung; Wirklichkeit sind nur die drei Erscheinungsformen. Die rote Erscheinungsform der *Sonne* ist die der Glut, ihre weiße Erscheinungsform die des Wassers, ihre schwarze die der Speise. Damit ist das Sonnesein von der Sonne geschwunden; die Umwandlung ist nur ein Behelf im Ausdruck, eine Bezeichnung; Wirklichkeit sind nur die drei Erscheinungsformen. Die rote Erscheinungsform des *Mondes* ist die der Glut, seine weiße die des Wassers, seine schwarze die der Speise. Damit ist das Mondsein vom Monde geschwunden, die Umwandlung ist nur ein Behelf im Ausdruck, eine Bezeichnung; Wirklichkeit sind nur die drei Erscheinungsformen. Die rote Erscheinungsform des *Blitzes* ist die der Glut, seine weiße die des Wassers, seine schwarze die der Speise. Damit ist das Blitzsein vom Blitz geschwunden, die Umwandlung ist nur ein Behelf im Ausdruck, eine Bezeichnung; Wirklichkeit sind nur die drei Erscheinungsformen. Das haben die des kundigen großen Patriarchen und Gelehrten der Vorzeit ausgesprochen. Denn aus ihnen wußten sie ja: nicht wird uns heut irgendeiner etwas vorbringen, was ungehört, was ungedacht, was unerkannt ist. Sie wußten: was rot zu sein schien, ist die Form des Feuers; sie wußten: was weiß zu sein schien, ist die Form des Wassers; sie wußten: was schwarz zu sein schien, ist die Form der Speise; sie wußten: was unbekannt zu sein schien, ist eine Zusammensetzung aus diesen Gottheiten. Wie nun, mein Lieber, von diesen Gottheiten eine jede im Menschen sich dreifach teilt, das lerne von mir.

Die genossene Speise teilt sich dreifach. Ihr gröbster Bestandteil wird zu Kot, ihr mittlerer zu Fleisch, ihr feinster zum Denkorgan. Das genossene Wasser teilt sich dreifach. Sein gröbster Bestandteil wird zu Harn, sein mittlerer zu Blut, sein feinster zum Lebenshauch. Die genossene Glut teilt sich dreifach. Ihr gröbster Bestandteil wird zu Knochen, ihr mittlerer zu Mark, ihr feinster zur Stimme. Denn aus Speise, mein Lieber, besteht das Denkorgan, aus Wasser der Lebenshauch, aus Glut die Stimme.‘ „Belehre mich weiter, Ehrwürdiger.“ ‚Ja, mein Lieber‘, sprach er.

‚Wenn saure Milch gequirlt wird, so strebt der feinste Bestandteil davon nach oben und wird Butter. Ganz ebenso strebt von genossener Speise der feinste Bestandteil nach oben und wird zum Denkorgan. Wenn Wasser genossen wird, mein Lieber, so strebt der feinste Bestandteil davon nach oben und wird zum Lebenshauch. Wenn Glut genossen wird, mein Lieber, so strebt der feinste Bestandteil nach oben und wird zur Stimme. Denn aus Speise, mein Lieber, besteht das Denkorgan, aus Wasser der Lebenshauch, aus Glut die Stimme.' „Belehre mich weiter, Ehrwürdiger." ‚Ja, mein Lieber', sagte er.

‚Aus sechzehn Teilen, mein Lieber, besteht der Mensch. Nimm fünfzehn Tage hindurch keine Nahrung zu dir, aber trinke Wasser nach Belieben. Der Lebenshauch besteht aus Wasser und wird dem, der trinkt, nicht abgeschnitten werden. ' Er nahm fünfzehn Tage hindurch keine Speise zu sich. Alsdann nahte er ihm und fragte: „Was soll ich sagen, Herr?" ‚Den Rik-, den Yajur- und den Samaveda.' Er sprach: „Sie fallen mir nicht ein, Herr." Der sprach zu ihm: ‚Wie ein großes Feuer, von dem eine einzige Kohle in der Größe eines Leuchtkäfers übriggeblieben ist, damit auch nicht heller als diese brennen möchte, ebenso, mein Lieber, dürfte von deinen sechzehn Teilen nur einer übrig sein und vermöge dessen hast du jetzt die Veden nicht mehr inne. Iß. Dann wirst du mehr von mir lernen.'

Dieser aß. Alsdann nahte er ihm und was immer der fragte, alles beantwortete er. Der sprach zu ihm: ‚Wie ein großes Feuer, von dem eine einzige Kohle in Größe eines Leuchtkäfers übrig ist, wenn man diese unter Anlegung von Stroh zum Aufflammen bringt, auch heller als diese brennen möchte, so war, meine Lieber, von deinen sechzehn Teilen nur einer übriggeblieben; dieser, mit Speise genährt, flammte auf, und vermöge dessen hast du die Veden jetzt inne. Denn aus Speise, mein Lieber, besteht das Denkorgan, aus Wasser der Prana, aus Glut die Stimme.' So wurde er von ihm belehrt; von ihm belehrt.

Uddalaka, der Sohn des Aruna, sprach zu seinem Sohne Shvetaketu: ‚Erfahre von mir das Wesen des Schlafes. Wenn hier nämlich ein Mensch schläft, so hat er mit dem Seienden sich vereinigt. Er ist in sich eingegangen. Darum sagt man von ihm *sva piti*, „er schläft"; denn er ist in sich eingegangen (*svam-apita*). (Tiefschlaf.)

Wie ein Vogel, der an eine Schnur gebunden ist, nach dieser und jener Richtung fliegt und, ohne anderwärts einen Stützpunkt gefunden zu haben, wieder zu seinem Gefängnis zurückkehrt, so fliegt das Denkvermögen nach dieser und jener Richtung und kehrt, ohne anderwärts einen Stützpunkt gefunden zu haben, zum Prana zurück. Denn das Denkorgan ist an den Prana gebunden. (Traum.)

Erfahre von mir das Wesen von Hunger und Durst. Wenn hier ein Mensch zu essen wünscht, so führt das Wasser die Speise weg. Wie man von einem Kuh-, Rosse-, Menschenführer spricht, so nennt man das Wasser „Speiseführer". Eine sich dergestalt äußernde Wirkung, wisse, wird nicht ohne Ursache sein. Wo anders könnte die Wurzel liegen als in der Speise? Ebenso, mein Lieber, suche bei der Speise als Wirkung die Ursache in dem Wasser, bei dem Wasser, mein Lieber, als Wirkung suche die Ursache in der Glut; bei der Glut, mein Lieber, als Wirkung suche die Ursache in dem *Sat*. In dem Sat, mein Lieber, haben all die Geschöpfe ihre Ursache, in dem Sat ihre Stütze, in dem Sat ihren Grund.

Wenn nämlich hier ein Mensch zu trinken wünscht, da führt die Glut das Getrunkene hinweg. Wie man von einem Kuh-, Rosse-, Menschenführer spricht, so nennt man die Glut „Wasserführer". Eine sich dergestalt äußernde Wirkung, wisse, wird nicht ohne Ursache sein. Wo anders könnte die Ursache liegen als im Wasser? Bei dem Wasser als Wirkung, mein Lieber, suche in der Glut die Ursache; bei der Glut als Wirkung, mein Lieber, suche in dem Sat die Ursache. In dem Sat, mein Lieber, haben all die Geschöpfe ihre Ursache, in dem Sat ihre Stütze, in dem Sat ihren Grund.

Wie von diesen Gottheiten, mein Lieber, eine jede im Menschen sich dreifach teilt, das ist oben gesagt. Wenn der Mensch nun stirbt, mein Lieber, so geht die Stimme in das Denkorgan über, das Denkorgan in den Hauch, der Hauch in die Glut, die Glut in die höchste Gottheit.' „Lehre mich noch weiter, Ehrwürdiger." ‚Ja, mein Lieber', sprach er.

‚Wie die Bienen, mein Lieber, Honig bereiten und die Säfte verschiedener Bäume sammelnd den Saft zu einer Einheit werden lassen, wie diese einzelnen Säfte dort den Unterschied „ich bin der Saft von dem oder jenem Baum" nicht mehr gewahren, so, wahrlich, mein Lieber, gehen all diese Wesen in das Seiende ein und wissen nicht, daß sie in das Seiende eingehen. Was diese immer hier sind, sei es Tiger, Löwe, Wolf, Eber, Wurm, Motte, Fliege oder Bremse, sie werden zum Sat.' „Lehre mich noch weiter, Ehrwürdiger." ‚Ja, mein Lieber', sprach er.

‚Die Flüsse hier im Osten fließen nach Osten, die im Westen fließen nach Westen, *aus* dem Meer fließen sie ins Meer, sie werden zum Meer. Wie diese dort nicht wissen, „ich bin dieser oder jener Strom", so kommen alle diese Geschöpfe aus dem Sat, ohne zu wissen, daß sie aus dem Sat kommen. Was diese immer hier sind, sei es Tiger, Löwe, Wolf, Eber, Wurm, Motte, Fliege, Bremse, sie werden dazu.' „Lehre mich noch weiter, Ehrwürdiger." ‚Ja, mein Lieber', sprach er.

‚Wenn einer, mein Lieber, diesen großen Baum an der Wurzel anschlägt, so wird dieser, weiterlebend, seinen Saft ausströmen lassen; wenn er ihn in der Mitte anschlägt, so wird dieser, weiterlebend, seinen Saft ausströmen lassen; wenn er ihn am Gipfel anschlägt, so wird dieser, weiterlebend, seinen Saft ausströmen lassen. Von der lebendigen Seele durchdrungen, strotzt er fröhlich weiter. Wenn aber die Seele einen Zweig von ihm verläßt, dann verdorrt er; verläßt sie einen zweiten, so verdorrt er; verläßt sie einen dritten, so verdorrt er; verläßt sie den ganzen (Baum), so verdorrt er ganz. Ganz in derselben Weise, wisse, mein Lieber', sprach er, ‚stirbt das, was von der lebenden Seele verlassen ist; nicht stirbt die lebende Seele. Diese feinste Substanz durchzieht das All, das ist das Wahre, das ist das Selbst, das bist du, Shvetaketu.' „Lehre mich noch weiter." ‚Ja, mein Lieber', sprach er.

‚Bringe mir von da eine Nyagrodhafrucht.' „Hier ist sie, Ehrwürdiger." ‚Spalte sie.' „Sie ist gespalten, Ehrwürdiger." ‚Was siehst du da?' „Ganz feine Körner, Ehrwürdiger." ‚Spalte eines von diesen.' „Es ist gespalten, Ehrwürdiger." ‚Was siehst du da?' „Nichts, Ehrwürdiger." Der sprach zu ihm: ‚Der feinste Stoff, den du nicht wahrnimmst, aus dem besteht so der große Nyagrodhabaum. Glaube, mein Lieber, dieser feinste Stoff durchzieht dies All, das ist das Wahre, das ist das Selbst, das bist du, Shvetaketu.' „Belehre mich weiter, Ehrwürdiger." ‚Ja, mein Lieber', sprach er.

‚Tue hier Salz in das Wasser und stelle dich früh bei mir ein.' Er tat so. Der sprach zu ihm: ‚Bringe mir das Salz, das du abends in das Wasser getan hast.' Er tastete danach und fand es nicht, da es zergangen war. ‚Koste von dieser Seite. Wie schmeckt es?' „Salzig." ‚Koste von der Mitte. Wie schmeckt es?' „Salzig." ‚Koste von unten. Wie schmeckt es?' „Salzig." ‚Wirf etwas hinzu und stelle dich bei mir ein.' Er tat so. „Das (Salz) bleibt immer." Der sprach zu ihm: ‚Das Seiende wirst du hier nicht gewahr, (dennoch:) hier ist es. Dieser feinste Stoff durchzieht dies All, das ist das Wahre, das bist du, Shvetaketu.' „Lehre mich weiter, Ehrwürdiger." ‚Ja, mein Lieber', sprach er.

‚Wenn man einen Mann aus dem Gandharalande mit verbundenen Augen herbrächte, ihn dann in der Fremde freiließe und er dort nach Osten, Norden, Süden oder Westen laut riefe: „Man hat (mich) mit verbundenen Augen hierhergeführt, mit verbundenen Augen freigelassen", wenn dann einer ihm die Binde löste und zu ihm spräche: „In dieser Richtung liegt Gandharaland, gehe in dieser Richtung", so würde er, von Dorf zu Dorf sich befragend, unterrichtet, kundig nach dem Gandharalande gelangen. Genauso weiß ein Mensch, der einen Lehrer hat: dieser Welt gehöre ich nur so lange an, als ich nicht befreit werde. Alsdann werde ich hier (zu dem Seienden) gelangen.' „Belehre mich weiter, Ehrwürdiger." ‚Ja, mein Lieber', sprach er.

‚Um einen Schwerkranken sitzen die Angehörigen und fragen ihn: „Kennst du mich, kennst du mich?" Solange seine Stimme in das Denkorgan, das Denkorgan in den Hauch, der Hauch in die Glut, die Glut in die höchste Gottheit nicht eingeht, solange erkennt er sie. Aber wenn seine Stimme in das Denkorgan, das Denkorgan in den Hauch, der Hauch in die Glut, die Glut in die höchste Gottheit eingeht, dann erkennt er sie nicht.' „Belehre mich weiter, Ehrwürdiger." ‚Ja, mein Lieber', sprach er.

‚Man führt einen Menschen herbei, der an den Händen gefesselt ist. „Er hat gestohlen", ruft man, „machet für ihn die Axt heiß." Wenn er der Täter ist, so macht er sich zum Lügner. Er macht eine unwahre Aussage, hüllt sein Selbst in Unwahrheit und ergreift die heißgemachte Axt. Er verbrennt sich und wird getötet. Wenn er aber der Täter nicht ist, so macht er sich wahrhaftig. Er macht eine wahre Aussage, hüllt sein Selbst in Wahrheit und ergreift die heißgemachte Axt. Er verbrennt sich nicht und wird nicht getötet. Wie er sich dabei nicht verbrennt (infolge der ihm innewohnenden feinsten Substanz), so durchzieht dieser feinste Stoff alles, das ist das Wahre, das ist der Atman, das bist du, Shvetaketu.‘ Das lernte er von ihm; das lernte er von ihm.

(VI)

DIE EINHEIT DES ICH MIT DEM ATMAN UND DER AUSGANG ALLER DINGE VON DIESER ERKENNTNIS

In den ersten Abschnitten des VII. Kapitels tritt Narada, der Brahmane, als Schüler Sanatkumaras, des Kriegsgottes und Vertreters der Kriegerkaste, auf. Sanatkumara fordert jenen auf, ihm zu sagen, was er wisse, er würde ihn weiter belehren. Narada erwähnt sein Studium der Veden und der anderen Gebiete der damaligen Literatur. So sei er mantrakundig, nicht atmakundig, er habe von anderen aber gehört, daß der Atmakundige die Sorge überwinde. Sanatkumara belehrt ihn, daß alles, was er von Narada gehört habe, nichts als ein Name sei. Von Stufe zu Stufe ihn emporführend zeigt er, daß höher als der Name die Stimme, höher als die Stimme Verstand (*manas*), Wille, Gedanke, Sichversenken, Erkenntnis usw. stünde bis hin zu Gedächtnis, Hoffnung, Hauch. Die Auffassung des Hauches als Brahman bildet einen vorläufigen Schluß der Reihe. In dem Hauch ist alles Leben beschlossen. Wer das erkenne, sei ein siegreicher Redner. Im Wortkampf siege man aber nur mit Hilfe der Wahrheit. Man spräche mit Wahrheit, wenn man etwas erkenne; man erkenne, wenn man denke, man denke, wenn man glaube, man glaube, wenn man etwas vollende man vollende etwas, wenn man tätig sei, man sei tätig, wenn man Wonne empfinde; diese empfinde man nur bei ‚Fülle‘, nicht bei Mangel. Die Wahl dieses Wortes, Fülle, *bhuman*, ist nicht ohne etymologische Spitzfindigkeit erfolgt; denn in den Steigerungen der ersten Reihe ist stets das Wort bhuyas gewählt (Stimme sei *mehr* als *Name* usw.). Es dürfte das Substantiv ‚Fülle‘, *bhuman*, mit Anlehnung an jenes, wie ein Superlativum gewählt sein: als summum bonum. Dieses ist der Ausschluß aller Objekte des Sehens, Hörens, Erkennens unter Verschmelzung des Erkennenden mit dem Objekt der Erkenntnis, also der Brahmabegriff. So stammt aus dieser durch das Bewußtsein vom Einssein mit dem Brahman die Wonne (hier *sukha* genannt), daraus schöpferisches Tun, Vollenden und so in umgekehrter Reihenfolge fort.

Ich gebe aus dieser Darlegung nur den sehr charakteristischen Schluß von der Schilderung des Prana an.

‚Der Hauch ist mehr als die Hoffnung. Wie die Speichen in die Nabe, so ist alles in den Hauch eingefügt. Hauch (Leben) geht mit dem Hauch, Hauch gibt den Hauch (Leben), gibt dem Hauch. Hauch ist Vater, Hauch ist Mutter, Hauch ist Bruder, Hauch ist Schwester, Hauch ist Lehrer, Hauch ist Hauspriester.

Wenn einer gegen Vater, Mutter, Bruder, Schwester, Lehrer oder Hauspriester etwas hart Scheinendes sagt, so entgegnet man ihm: „Pfui über dich, du tötest ja deinen Vater, du tötest ja deine Mutter, du tötest ja deinen Bruder, du tötest ja deine Schwester, du tötest ja deinen Lehrer, du tötest ja deinen Hauspriester."

Aber wenn er sie, nachdem ihr Leben entflohen, mit einem Speer zusammenstieße und verbrennte, so würde man zu ihm: „Du tötest deinen Vater, du tötest deine Mutter, du tötest deinen Bruder, du tötest deine Schwester, du tötest deinen Lehrer, du tötest deinen Hauspriester" nicht sagen.

Denn der Hauch ist all das. Wer also sieht, also denkt, also erkennt, ist ein überlegener Redner und, wenn man zu ihm sagen sollte: „Du bist ein überlegener Redner", so soll er zugeben: „Ich bin ein überlegener Redner" und es nicht leugnen.

Der aber ist ein überlegener Redner, der kraft der Wahrheit durch seine Rede den anderen überlegen ist.'

„Ich wünsche, Ehrwürdiger, kraft der Wahrheit durch meine Rede überlegen zu sein."

‚Die Wahrheit muß man zu erkennen suchen.'

„Ich wünsche, Ehrwürdiger, die Wahrheit zu erkennen."

‚Wenn einer *erkennt*, dann redet er die Wahrheit. Ohne zu erkennen, redet man die Wahrheit nicht. Nur der Erkennende redet die Wahrheit. Die Erkenntnis muß man zu erkennen suchen.'

„Die Erkenntnis, Ehrwürdiger, wünsche ich zu erkennen."

‚Wenn einer *denkt*, dann erkennt er. Ohne gedacht zu haben, erkennt man nicht. Nur wer gedacht hat, erkennt. Das Denken muß man zu erkennen suchen.‘

„Ich wünsche, Ehrwürdiger, das Denken zu erkennen.“

‚Wenn einer *glaubt*, dann denkt er. Ohne zu glauben, denkt man nicht. Nur der Glaubende denkt; den Glauben muß man zu erkennen suchen.‘

„Den Glauben, Ehrwürdiger, wünsche ich zu erkennen.“

‚Wenn einer etwas *vollendet*, dann glaubt er. Ohne zu vollenden, glaubt man nicht. Nur der Vollendende glaubt. Die Vollendung muß man zu erkennen suchen.‘

„Die Vollendung, Ehrwürdiger, wünsche ich zu erkennen.“

‚Wenn einer *wirkt*, dann vollendet er. Ohne gewirkt zu haben, vollendet man nicht. Nur wenn man gewirkt hat, vollendet man. Das Wirken muß man zu erkennen suchen.‘

„Das Wirken, Ehrwürdiger, wünsche ich zu erkennen.“

‚Wenn einer der *Wonne* teilhaftig wird, dann wirkt er. Ohne der Wonne teilhaft geworden zu sein, wirkt man nicht. Wenn einer der Wonne teilhaft geworden ist, wirkt man. Die Wonne muß man zu erkennen suchen.‘

„Die Wonne, Ehrwürdiger, wünsche ich zu erkennen.“

‚*Fülle* ist Wonne. Nicht wohnt Wonne im Wenigen. Nur Fülle ist Wonne. Die Fülle muß man zu erkennen suchen.‘

„Die Fülle, Ehrwürdiger, wünsche ich zu erkennen.“

‚Wenn einer nichts anderes sieht, nichts anderes hört, nichts anderes erkennt, das ist „Fülle“.

Aber wenn einer etwas anderes sieht, etwas anderes hört, etwas anderes erkennt, das ist „Wenigkeit“. „Fülle“ ist Unsterbliches, „Wenigkeit“ ist Sterbliches.‘

„Worauf, Ehrwürdiger, ist diese (Fülle) gegründet? Auf ihre eigene Macht oder nicht auf Macht?“

‚Als Macht sieht man in der Welt Rinder und Rosse, Gold und Elefanten, Sklaven und Frauen, Felder und Wohnstätten an. Ich sage nicht so‘, sprach er; ‚denn das Eine beruht ja auf dem Anderen‘, (sage ich).

‚Diese Fülle ist unten, oben, im Westen, Osten, Süden, Norden. Sie ist diese ganze Welt.

Nun lautet die Lehre in bezug auf das „Ich“: das Ich ist unten, oben, im Westen, Osten, Süden, Norden: das Ich ist die ganze Welt.

Nun lautet die Lehre in bezug auf das „Selbst“: das Selbst ist unten, ist oben, im Westen, Osten, Süden, Norden. Das Selbst ist die ganze Welt.

Wer so sieht, so denkt, so erkennt, der vergnügt sich mit dem Selbst, spielt mit dem Selbst, begattet sich mit dem Selbst, erfreut sich an dem Selbst, ist ein Selbstherrscher und genießt Freiheit in diesen Welten. Die aber, welche anders denken, haben einen anderen als König über sich; ihre Welten sind vergänglich, und Freiheit wird ihnen in diesen Welten nicht zuteil.

Aus dem Selbst dessen, der so sieht, denkt, erkennt, geht der Hauch hervor, aus dem Selbst die Hoffnung, aus dem Selbst das Gedächtnis, aus dem Selbst der Raum, aus dem Selbst das Feuer, aus dem Selbst das Wasser, aus dem Selbst Sichtbarwerden und Vergehen, aus dem Selbst Speise, aus dem Selbst Kraft, aus dem Selbst Erkennen, aus dem Selbst Sichversenken, aus dem Selbst der Gedanke, aus dem Selbst der Wille, aus dem Selbst der Verstand, aus dem Selbst die Stimme, aus dem Selbst der Name, aus dem Selbst die Mantras, aus dem Selbst die Werke, aus dem Selbst diese ganze Welt. So heißt es in einem Verse:

„Nicht sieht der Sehende Tod, Krankheit oder Leid. Der Sehende sieht das All. Das All erlangt er ganz.‘“

(VII, 15 ff)

DER LOTUS DES HERZENS

In der Brahmaburg des Leibes ist eine kleine Lotusblüte, das Herz. In ihm ist ein kleiner Raum, aber er ist so groß wie der Weltenraum und enthält alles, was zwischen Himmel und Erde liegt. Das ist die wahre Brahmaburg, die mit dem Alter nicht altert und durch Tötung nicht verfällt und das von allem Übel freie Selbst beherbergt. Werktätigkeit oder religiöses Verdienst vermögen nichts Dauerndes zu schaffen; sie hinterlassen nur Unfreiheit. Aber die, welche den Atman erkennen und wahre, nicht aufs Zeitliche gerichtete Wünsche hegen, gewinnen Freiheit in allen Welten.

Die wahren Wünsche werden von unechten überwuchert, die nach der Welt der Väter, der Freunde, nach Gesang, Musik, Weibern gehen. Man wandelt über das wahre Ziel hinweg wie über einen Goldschatz, der in der Erde verborgen liegt. Tag für Tag gehen die Wesen in die Brahmawelt im Schlafe ein und wissen es nicht, weil die Unwahrheit sie bannt.

In der Brahmawelt gibt es kein Übel, keine Krankheit, keine Nacht. Der Text stellt sie als ein Paradies dar, in dem ewiges Licht wohnt und Sorge, Übel, Krankheit ferne bleiben; er enthält Gedanken, die der strengen Brahmaidee nicht ganz entsprechen, die sich nur allmählich und wohl auch nur in bestimmten Schulen Bahn gebrochen haben. Der Gedanke einer Brücke, unter der man sich in nicht ganz einwandfreier Weise den Atman vorstellt, ist einer Auffassung entnommen, welche wie die Iranier sich eine Brücke vom Diesseits in das Jenseits denkt.

Der Abschnitt schließt mit einer halb mystischen, halb physiologischen Betrachtung über Adern des Herzens, ihre Beziehung zu Sonnenstrahlen und den Tod des Wissenden, der auf den Sonnenstrahlen zur Sonne, dem Tor jener Welt, emporsteigt.

In der Brahmaburg (des Leibes) ist eine kleine Lotusblüte als Behausung. Darin ist ein kleiner Innenraum.
Was in diesem sich befindet, muß man erforschen, das muß man zu erkennen suchen.

Wenn sie zu ihm sagen sollten: ‚In der Brahmaburg ist eine kleine Lotusblüte als Behausung. Darin ist ein kleiner Innenraum. Was befindet sich darin, das man erforschen, das man zu erkennen suchen muß?‘, so möge er sagen: ‚So groß wie hier dieser Raum, so groß ist der Raum im Innern des Herzens. Himmel und Erde sind beide darin enthalten, Agni und Vayu beide, Sonne und Mond beide, Blitz und Gestirne; was hier (des Menschen) ist und was nicht, das alles ist darin enthalten.‘

Wenn sie zu ihm sagen sollten: ‚Wenn hier in der Brahmaburg alles enthalten ist, alle Wesen sowohl als alle Wünsche, was bleibt davon übrig, wenn das Alter sie befällt oder sie zugrunde geht?‘, so möge er sagen: ‚Nicht wird sie durch sein (des Menschen) Alter morsch, noch durch seine Tötung vernichtet. Dies ist die wahre Brahmastadt (welche bestehen bleibt und nicht mit dem Körper gleichbedeutend ist). In ihr sind alle Wünsche enthalten. Dies ist das Selbst.

Es hat alle Übel abgeworfen, ist frei von Alter, Tod, Kummer, Hunger, Durst; wahrhaft in seinem Verlangen, wahrhaft in seinem Entschließen.

Wie die Menschen hier je nach Bestimmung sich einstellen und je nach dem Ziel, das sie erstreben, sei es ein Land, sei es ein Fleck Feldes, von diesem oder jenem leben, wie die Welt hier, die durch Arbeit erworben ist, zerrinnt, so zerrinnt auch die Welt dort, die durch religiöses Verdienst erworben ist. Die, welche, ohne den Atman und die wahren Wünsche erkannt zu haben, von hinnen scheiden, genießen in allen Welten keine Freiheit. Aber die, welche nach Erkenntnis des Atman und der wahren Wünsche von hinnen scheiden, genießen Freiheit in allen Welten.

Wenn einer nach der Welt der Väter verlangt, so erheben sich auf seinen Willen die Väter. Er gewinnt die Welt der Väter und wird groß.

Wenn er nach der Welt der Mütter verlangt, so erheben sich auf seinen Willen die Mütter. Er gewinnt die Welt der Mütter und wird groß.

Wenn er nach der Welt der Brüder verlangt, so erheben sich auf seinen Willen die Brüder. Er gewinnt die Welt der Brüder und wird groß.

Wenn er nach der Welt der Schwestern verlangt, so erheben sich auf seinen Willen die Schwestern. Er gewinnt die Welt der Schwestern und wird groß.

Wenn er nach der Welt der Freunde verlangt, so erheben sich auf seinen Willen die Freunde. Er gewinnt die Welt der Freunde und wird groß.

Wenn er nach der Welt der Wohlgerüche und Kränze verlangt, so erheben sich auf seinen Willen die Wohlgerüche und Kränze. Er gewinnt die Welt der Wohlgerüche und Kränze und wird groß.

Wenn er nach der Welt der Speise und des Trankes verlangt, so erheben sich auf seinen Willen Speise und Trank. Er gewinnt die Welt der Speise und des Trankes und wird groß.

Wenn er nach der Welt des Gesanges und der Musik verlangt, so erheben sich auf seinen Willen Gesang und Musik. Er gewinnt die Welt des Gesanges und der Musik und wird groß.

Wenn er nach der Welt der Weiber verlangt, so erheben sich auf seinen Willen die Weiber. Er gewinnt die Welt der Weiber und wird groß.

Welches Ziel er immer begehrt, nach welchem Wunsche er verlangt, all das erhebt sich auf seinen Willen. Er gewinnt es und wird groß.

All die wahrhaften Wünsche sind mit Unwahrheit überdeckt. [Sie sind wahrhaft, aber ihre Decke ist Unwahrheit.] Wer immer von den Seinen von hier abscheidet, den bekommt man nicht mehr zu sehen.

Die Lebenden und Toten und was man sonst wünschend nicht erlangt, all das findet er, wenn er hierhin gegangen ist. Hier (im Innenraum) sind seine wahrhaften Wünsche, die Unwahrheit bedeckt. Wie man über einen verborgenen Goldschatz, dessen Stelle man nicht kennt, immer wieder hinwegläuft, ohne ihn zu finden, so finden alle diese Geschöpfe die Brahmawelt, obwohl sie Tag um Tag (schlafend) in sie eingehen, nicht. Denn sie sind durch Unwahrheit gebannt.

Dies Selbst ist im Herzen. Man erklärt das so: *hridayam*, d.i. *hridy ayam*, es ist im Herzen. Wer so weiß, geht Tag um Tag in die Himmelswelt ein.‘

‚Die selige Ruhe, die aus diesem Körper aufsteigt, in den höchsten Glanz eingeht und in ihrer eigenen Gestalt zur Vollendung kommt, die ist der Atman‘, so sprach er. ‚Das ist das aller Gefahr entrückte Unsterbliche, das ist das Brahman. Dieses Brahman führt den Namen *satya*.‘

Sattiya: das sind drei Silben: *sat*, das ist das Unsterbliche; *ti* ist das Sterbliche; mit *yam* hält er beides fest. Weil er damit beides festhält, darum heißt es *yam*. Wer so weiß, geht Tag für Tag in die Himmelswelt ein.

Das Selbst ist die Brücke, die die Welten trennt, damit sie nicht zusammenstürzen. Tag und Nacht, Alter, Tod, Kummer, gute und schlechte Tat überschreiten diese Brücke nicht.

Alles Übel bleibt davon zurück. Die Brahmawelt hat das Übel besiegt. Darum, wer diese Brücke überschreitet, wird sehend, wenn er blind war, wird heil, wenn er verwundet war, wird gesund, wenn er krank war. Hat sie diese Brücke überschritten, wird auch die Nacht zum Tag. Ein für allemal ist hell die Brahmawelt.

Denen, die die Brahmawelt durch den heiligen Schülerstand finden, wird die Brahmawelt, wird Freiheit in allen Welten zuteil.

Die Adern des Herzens und der Weg ins Jenseits

Alle Adern des Herzens bestehen, so heißt es, aus einem braunen, weißen, blauen, gelben, roten, feinen Stoff. Die Sonne dort oben ist braun, weiß, blau, gelb, rot.

Wie eine lange Hauptstraße beide Dörfer, dieses und jenes, verbindet, so verbinden die Strahlen der Sonne beide Welten, diese und jene. Von der Sonne dort breiten sie sich aus, wenn sie in diese Adern geschlüpft sind; von diesen Adern her breiten sie sich aus, wenn sie dort in die Sonne geschlüpft sind.

Wenn einer im Schlaf befindlich, in sich geschlossen, friedlich, kein Traumgesicht sieht, dann ist er in die Adern geschlüpft, und kein Übel berührt ihn. Er hat dann mit der Glut sich vereint.

Wenn einer hier in Schwächezustand verfallen ist, dann fragen sie, um ihn sitzend: ‚Kennst du mich, kennst du mich?' und er erkennt sie, solange er den Körper nicht verlassen hat.

Wenn er den Körper verläßt, dann steigt er auf diesen Strahlen empor. [Die Silbe Om ist der Wagen; er eilt empor]. Während das Manas schwindet, geht er zur Sonne. Dieses Tor der Welt ist der Zugang für die Wissenden, die Abwehr gegen die Unwissenden.

So sagt der Vers: ‚Hundert und eine Ader hat das Herz. Von ihnen steigt eine über den Kopf hinaus; auf dieser aufwärts gehend, gelangt er zur Unsterblichkeit. Nach allen Seiten gehen die anderen beim Austritt auseinander; gehen die anderen beim Austritt (auseinander).'

(VIII, 1ff.)

WAS IST DAS WAHRE SELBST?

‚Das Selbst, das alle Übel überwunden hat, das frei ist von Alter, Tod, Kummer, Hunger, Durst, wahrhaft in seinem Verlangen, wahrhaft in seinem Entschließen, das soll man suchen, das soll man zu erkennen trachten. Alle Welten und alle Wünsche erlangt der, der das Selbst findet und erkennt.' So sprach Prajapati.

Die Devas und Asuras beide erfuhren das. Sie sprachen: ‚Wohlan! wir wollen das Selbst suchen. Wer das Selbst sucht, erlangt alle Welten und alle Wünsche.' Da machten sich von den Göttern Indra und Virocana von den Asuras auf. Ohne sich miteinander verständigt zu haben, kamen sie mit Brennholz in der Hand zu Prajapati.

Durch zweiunddreißig Jahre lebten sie in dem heiligen Schülerstand. Da sprach Prajapati zu ihnen: ‚In welcher Absicht tatet ihr das?'

Sie sprachen: „Das Selbst, das alle Übel überwunden hat, das frei ist von Alter, Tod, Kummer, Hunger und Durst, das wahrhaft ist in seinem Verlangen, wahrhaft in seinem Entschließen, das soll man suchen, das soll man zu erkennen trachten. Alle Welten und alle Wünsche erlangt der, der das Selbst findet und erkennt. Das verkünden sie als das Wort des Heiligen. In dieser Absicht taten wir das."

Prajapati sprach zu beiden: ‚Der Mann (das Männchen), den ihr im Auge sehet, der ist das Selbst', so sprach er. ‚Das ist das Unsterbliche, das von Gefahr freie. Das ist das Brahman.' „Aber der, Heiliger, den man im Wasser gewahrt, der, den man im Spiegel gewahrt, was für einer ist das?"

‚Man gewahrt ein und denselben allerorten. – Betrachtet euch in einem Gefäß voll Wasser. Was ihr von euch darin nicht wahrnehmet, das sagt mir.' Sie betrachteten sich in einem Gefäß voll Wasser. Prajapati sprach zu ihnen: ‚Was seht ihr?' Sie sprachen: „Heiliger, wir sehen uns hier ganz, bis zu den Haaren und Nägeln, im Bilde."

Da sprach Prajapati zu ihnen: ‚Schmückt euch schön, leget schöne Kleider an, putzt euch und blicket dann in das Gefäß mit Wasser.' Sie schmückten sich schön, legten schöne Kleider an, putzten sich und blickten in das Gefäß mit Wasser. Prajapati sprach darauf zu ihnen: ‚Was sehet ihr?'

Sie sprachen: „Ganz so, wie wir, o Herr, schön geschmückt, mit schönen Kleidern angetan und geputzt sind, so sind diese beiden (im Spiegelbilde) schön geschmückt, mit schönen Kleidern angetan und geputzt." ‚Das ist das Selbst', so sprach er darauf, ‚das ist das Unsterbliche, das von Gefahr Freie, das ist das Brahman.' Beruhigten Herzens zogen sie da von dannen.

Prajapati blickte ihnen nach und sprach: ‚Ohne das Selbst wahrgenommen zu haben, ohne das Selbst gefunden zu haben, ziehen sie dahin. Wer von ihnen diese geheime Lehre befolgt, seien es die Götter, seien es die Asuras, der wird zugrunde gehen.' Beruhigten Herzens also ging Virocana zu den Asuras. Er teilte ihnen diese geheime Lehre mit: sein Selbst muß man hegen, sein Selbst muß man pflegen. Wer sein Selbst hegt, sein Selbst pflegt, erreicht beide Welten, diese und jene.

Darum sagt man auch jetzt noch von einem, der hier nicht schenkt, nicht glaubt, nicht opfert: ‚Fürwahr, das ist einer von den Asuras!'

Denn das ist die Lehre der Asuras. Sie rüsten den Körper eines Verstorbenen mit erbettelter Gabe [mit einem Gewande, mit Schmuck], und bilden sich ein, sie werden damit jene Welt gewinnen.

Aber noch ehe Indra zu den Göttern gekommen war, kam ihm das Bedenken: Ganz so wie dieses Selbst in dem Körper, der schön geschmückt ist, schön geschmückt erscheint, schön bekleidet in einem, der schön bekleidet ist, geputzt in einem, der geputzt ist, ebenso erscheint es blind in einem blinden, lahm in einem lahmen, verstümmelt in einem verstümmelten Leibe. Es folgt dem Leibe in der Vernichtung nach. Ich sehe hier nichts, dessen man sich erfreuen kann.

Er nahm Brennholz in die Hand und kehrte wieder zurück. Da sprach Prajapati zu ihm: ‚Herr, beruhigten Herzens zogst du doch zusammen mit Virocana von dannen. In welcher Absicht kehrtest du wieder zurück?' Der sprach: „Ganz so, wie dieses Selbst, Heiliger, in dem Körper, der schön geschmückt ist, schön geschmückt erscheint, schön bekleidet in einem, der schön bekleidet ist, geputzt in einem, der geputzt ist, ebenso erscheint es blind in einem blinden, lahm in einem lahmen, verstümmelt in einem verstümmelten Leibe. Es folgt in der Vernichtung dem Leibe nach. Ich sehe hier nichts, dessen man sich erfreuen kann."

‚Ganz so steht's damit, Herr', sprach da Prajapati, ‚ich will es dir aber noch weiter erklären. Verbleibe abermals zweiunddreißig Jahre in dem heiligen Schülerstand.' Er verblieb abermals zweiunddreißig Jahre darin. Da sagte zu ihm Prajapati:

‚Der, der wohlgemut im Traum umherzieht, das ist das Selbst.' So sprach er. ‚Das ist das Unsterbliche, das von Gefahr Freie; das ist das Brahman.' Beruhigten Herzens zog Indra da von dannen. Aber noch ehe er zu den Göttern gekommen war, kam ihm das Bedenken: Auch wenn der Körper blind ist, ist zwar das Selbst nicht blind; wenn er lahm ist, nicht lahm; nicht wird es durch seine Fehler fehlerhaft; nicht wird es durch seine Vernichtung getötet. Aber dennoch scheint man es zu töten, scheint man es zu verjagen, scheint es Unangenehmes zu empfinden, scheint es auch zu weinen. Ich sehe hier nichts, dessen man sich erfreuen kann.

Er nahm Brennholz in die Hand und kehrte wieder zurück. Da sprach Prajapati zu ihm: ‚Herr, beruhigten Herzens zogst du doch von dannen. In welcher Absicht kehrtest du wieder zurück?' Der sprach: „Heiliger! Auch wenn der Körper blind ist, ist zwar das Selbst nicht blind, wenn er lahm ist, nicht lahm; nicht wird es durch seine Fehler fehlerhaft, nicht durch seine Vernichtung getötet. Aber dennoch scheint man es zu töten, scheint man es zu verjagen, scheint es Unangenehmes zu empfinden, scheint es auch zu weinen. Ich sehe hier nichts, dessen man sich erfreuen kann." ‚Ganz so steht's damit, Herr', sprach Prajapati. ‚Ich will es dir aber noch weiter erklären. Verbleibe abermals zweiunddreißig Jahre in dem heiligen Schülerstand.' Er verblieb abermals zweiunddreißig Jahre darin. Da sagte Prajapati zu ihm:

‚Wenn einer in (tiefem) Schlaf befindlich, glücklich und ruhig keine Traumerscheinung hat, das ist der Atman.' So sprach er. ‚Das ist das Unsterbliche, das von Gefahr Freie. Das ist das Brahman.' Beruhigten Herzens zog Indra da von dannen. Aber noch ehe er zu den Göttern gekommen war, kam ihm das Bedenken: Nicht weiß ja dieser in solcher Lage in bezug auf sein Selbst: ‚Das bin ich', auch nicht,

‚(das sind) die anderen Wesen‘. Er ist der Vernichtung anheimgefallen. Ich sehe hier nichts, dessen man sich erfreuen kann.

Er nahm Brennholz in die Hand und kehrte wieder zurück. Da sprach Prajapati zu ihm: ‚Herr, beruhigten Herzens zogst du doch von dannen. In welcher Absicht kehrtest du wieder zurück?‘

Der sprach: „Heiliger, dieser in solcher Lage weiß ja nicht in bezug auf sein Selbst ‚das bin ich‘, auch nicht, ‚(das sind) die anderen Wesen‘. Er ist der Vernichtung anheimgefallen. Ich sehe hier nichts, dessen man sich erfreuen kann.“

‚Ganz so steht's damit, Herr‘, sprach Prajapati. ‚Ich will es dir aber noch weiter erklären; aber nicht anders als unter der Bedingung: verbleibe abermals fünf Jahre im heiligen Schülerstand.‘

Er verblieb abermals fünf Jahre darin. Das ergab zusammen hundert und ein Jahr. Darum sagt man: „Hundert und ein Jahr verweilte der Herr bei Prajapati im heiligen Schülerstand.“ Er sprach zu ihm:

‚Herr, sterblich ist dieser Leib und vom Tode umfangen. Er ist der Sitz des unsterblichen, körperlosen Selbst (Atman). Umfangen von Freud und Leid ist es, solange es in einem Körper wohnt. Nicht lassen sich Freud und Leid, solange es in einem Körper wohnt, abwehren. Wenn es aber körperlos ist, berühren es Freude und Leid nicht.

Körperlos ist der Wind; Wolke, Blitz, Donner sind körperlos: So wie diese aus jenem Raume sich erheben, in das höchste Licht eingehen und jedes in seiner besonderen Gestalt hervortreten, so erhebt diese selige Ruhe (die Seele im Tode) sich aus diesem Körper, geht ein zum höchsten Licht und tritt in ihrer eigenen Gestalt hervor. Sie ist der höchste Geist. Sie wandert in ihm (dem Leibe) essend, spielend, bald mit Frauen, bald mit Wagen, bald mit Verwandten sich unterhaltend, umher, ohne sich zu erinnern, daß der Leib nur ein Anhängsel ist. Sie ist (an ihn) wie ein Zugtier an einen Karren gespannt. Ganz ebenso ist der Hauch, der Prana, an diesen Leib gespannt.

Wenn das Auge sich in den Raum richtet, so ist es der Purusha im Auge; das Auge dient ihm nur zum Sehen. Wenn man weiß, „das will ich riechen“, so ist das das Selbst; die Nase dient ihm nur zum

Riechen. Wenn man weiß, „das will ich sagen“, so ist das das Selbst; die Stimme dient ihm nur zum Reden. Wenn man weiß, „das will ich hören“, so ist das das Selbst; das Ohr dient ihm nur zum Hören. Wenn man weiß, „das will ich denken“, so ist das das Selbst; der Verstand ist nur sein göttliches Auge. Mit diesem seinem göttlichen Auge, dem Verstande, erfreut er sich am Anblick der Wünsche, die in der Brahmawelt sind.

Die Götter verehren dieses Selbst: Darum sind alle Welten und alle Wünsche für sie gewonnen. Aller Welten und aller Wünsche wird der teilhaftig, der dieses Selbst findet und erkennt.‘ So sprach Prajapati. So sprach Prajapati.

(VIII, 7)

KATHAKA-UPANISHAD

DIE ERZÄHLUNG VON NASHIKETAS

Vajashravasa, der Vater des Nashiketas, brachte einst ein Opfer, bei dem als Honorar den Priestern alle Habe hingegeben wird. Nur sein Sohn, ein kleiner Knabe, bleibt übrig. Der fragt voll Glaubenseifer den Vater: ‚Wem wirst du *mich* geben?‘ Der Vater zögert mit der Antwort und erst bei der dritten Wiederholung der Frage erwidert er: ‚Ich übergebe dich dem Tode.‘ Der Gedanke eines mit einem solchen Allopfer verbundenen Menschenopfers ist hier ganz verblaßt. Wie Shunahshepa sich vom Tode durch Anrufung der Götter loskauft, so weiß Nashiketas in anderer Weise die Gunst des Todesgottes zu gewinnen. Als Nashiketas in dessen Behausung eintrifft, ist Yama abwesend und läßt darum Nashiketas drei Tage ohne den einem Brahmanen schuldigen Empfang. Yama begeht damit eine Sünde und gewährt darum Nashiketas die Erfüllung dreier Wünsche. Er verspricht, daß er ihn entlassen und sein Vater (trotz der scheinbaren Abweisung dieses Sohnes) ihn freudig empfangen werde, er lehrt ihn zweitens das nach ihm benannte Nashiketasfeuer. Als dritte Gabe erhält Nashiketas von dem sich sträubenden Todesgott eine Belehrung über die höchsten Fragen der Erkenntnis.

Die Einführung des Todesgottes ist eine sinnige Form der Erörterung; über Sein oder Nichtsein nach dem Tode kann er zuerst Auskunft geben. Die Einführung des Todesgottes scheint überdies alte Bräuche vorauszusetzen. In Indien zogen und ziehen noch heute Yamaverehrer umher, zeigen Bilder aus der anderen Welt und begleiten das mit Gesang. Zwei Liedchen sind aus dem Drama Mudrarakshasa bekannt, in dem ein Spion als Yamadiener erscheint: „Verehret die Füße Yamas! Was wollt ihr mit anderen Göttern tun? Er nimmt das zitternde Leben denen, die anderen Göttern zugetan sind"; „Der Mensch empfängt sein Leben auch von einem Unfreundlichen, wenn man ihn mit Liebe umfaßt. Durch Yama, der alle Welt sterben läßt, leben wir": damit betritt er das Haus, um seine Rolle zu zeigen und zu singen. König Harsha begegnet auf dem Bazar einem Mann mit Yamabildern, der, umringt von vielen neugierigen Kindern, die Begebnisse des Jenseits auf einer auf Stäben ausgespannten und mit Bildern bedeckten Leinwand erklärt, und hört von ihm den Vers: ‚Mütter und Väter sterben zu Tausend, Söhne und Gattinnen zu Hundert zu allen Zeiten. Wem gehören sie, wem gehörst du?' (Harshasharita)

ERSTE ‚RANKE'

Freiwillig gab der Nachkomme des Vajashravasas all seine Habe hin. Er hatte einen Sohn mit Namen Nashiketas.

Als die Opferlöhnungen in Empfang genommen wurden, erfüllte diesen, der noch ein Knabe war, heiliger Glaube:

Er dachte: ‚Freudlos sind diese Welten, zu denen der geht, der diese schenkt.'

Er sprach zum Vater: ‚Lieber Vater, wem wirst du mich geben?' So zum zweiten- und drittenmal. Zu ihm sprach da dieser: ‚Ich gebe dich dem Tode.'

(*Nashiketas* auf dem Wege zu Yama:) ‚Ich schreite an der Spitze von vielen; ich schreite in der Mitte von vielen. Was ist das Werk, das Yama mit mir vollziehen wird?'

(*Eine Person zu Nashiketas:*) Siehe vor dich, wie frühere, siehe hinter dich, wie ebenso die späteren (dieselbe Straße ziehen). Der Mensch reift wie die Saat; wie die Saat ersteht er wieder.

Nashiketas kommt in das Haus Yamas und verweilt dort drei Tage ohne Nahrung, weil Yama abwesend ist und den Brahmanen nach der Vorschrift zu empfangen versäumt. Eine Stimme ermahnt Yama, seine Pflicht zu tun.

(*Stimme:*) (Wie), der Gott des Feuers ist ein Brahmane, der als Gast ein Haus betritt. Man besänftigt ihn. Bringe, Sohn des Vivasvat (Yama), Wasser für ihn (seine Füße zu waschen).

Dem unbedachten Mann, in dessen Hause ein Brahmane ohne Nahrung weilt, nimmt dieser sein Hoffen und Erwarten, seinen Umgang und sein Gunsterfahren, seine Opfer und guten Werke, all sein Kind und Vieh.

(*Yama:*) Weil du, Brahmane, als verehrungswürdiger Gast drei Nächte ohne Nahrung in meinem Hause weiltest – Verehrung, Brahmane, sei dir, Heil sei mir – so bitte dir darum drei Wünsche aus.

Erster Wunsch:

(*Nashiketas:*) Daß Gautama milde, gütig gegen mich sei, o Tod, und ohne Groll, daß er erfreut den von dir Entlassenen begrüße: das bitte ich mir als ersten der drei Wünsche aus.

(*Yama:*) Erfreut wird er wie vordem sein. Aruni, Sohn des Uddalaka, ist [hiermit] von mir entlassen. Glücklich und ohne Groll wird [Gautama] nachts schlafen, nachdem er dich aus des Todes Rachen befreit gesehen hat.

Zweiter Wunsch:

Nashiketas wünscht den Weg zum Himmel kennenzulernen und die Unterweisung hinsichtlich des dorthin führenden Feuers zu empfangen.

(*Nashiketas:*) Im Himmel gibt es keine Furcht: nicht bist du dort. Man fürchtet sich nicht wegen hohen Alters. Man hat Hunger und Durst überwunden, und frei von Sorgen erfreut man sich in der Himmelswelt. Du kennst das Feuer, das zum Himmel führt, o Tod. Lehre es mich Gläubigen. Die Bewohner des Himmels genießen die Unsterblichkeit. Das erbitte ich mir als zweiten Wunsch.

(*Yama:*) Ich lehre dich – gib acht –, Nashiketas, kundig das Feuer, das zum Himmel führt, die Gewinnung der ewigen Welt und die Stütze darin. In einer Höhle, wisse, ist es verborgen.

Erzählung:

Da lehrte er ihn das Feuer, mit dem die Welt beginnt, die Backsteine, ihre Zahl und Art. Und Nashiketas wiederholte alles, wie es ihm gelehrt war. Der Todesgott sprach befriedigt zu ihm:

Zu ihm sprach erfreut der Hohe: ‚Eine weitere Gnade gewähre ich dir heut: Unter deinem Namen wird das Feuer gehen. Und empfange hier den mannigfachen Lohn.

Wer dreimal das Nashiketasfeuer schichtet, mit den dreien sich verbindet, die drei Werke tut, überwindet Alter und Tod. Wer die Texte *brahma jajnanam* und *devam idyam* kennt und verehrt, der erlangt auf immer den inneren Frieden.

Wer das Nashiketasfeuer dreimal schichtet, jene Dreiheit kennt und das Nashiketasfeuer mit solcher Kenntnis schichtet, der stößt die Schlingen des Todes weg von sich, und von Sorgen frei erfreut er sich in der Himmelswelt.

(*Yama:*) Das, Nashiketas, ist das Feuer, das zum Himmel führt, das du als zweiten Wunsch wähltest. Dies Feuer werden die Menschen als das Deine verkünden. Nenne jetzt, Nashiketas, den dritten Wunsch.‘

Dritter Wunsch:

(*Nashiketas:*) Es besteht ein Zweifel hinsichtlich des verstorbenen Menschen. Die einen sagen: ‚Er ist‘; die anderen sagen: ‚Er ist nicht‘. Von dir belehrt, möchte ich darüber Aufschluß haben, das ist der dritte meiner Wünsche.

(*Yama:*) Auch die Götter hatten einst hierüber Zweifel; denn man kann das nicht leicht ergründen; das ist ein sehr feines Gesetz. Bitte dir einen anderen Wunsch aus; bedränge mich nicht, erlaß mir diesen.

(*Nashiketas:*) Auch die Götter hätten einst hierüber Zweifel gehegt? Sagst du, Todesgott, es sei nicht leicht zu ergründen und solch ein Lehrer wie du ist sonst nicht zu finden, dann kommt kein anderer Wunsch diesem gleich.

(*Yama:*) Erwähle dir Söhne und Enkel, die ein volles Jahrhundert leben, reichlich Vieh, Elefanten, Gold und Rosse. Erwähle dir eine große Fläche Landes und lebe selbst so viel Herbste, als du wünschest.

Wenn du das für einen angemessenen Wunsch hältst, wähle dir Besitz und langes Leben. Sei Herr über ein großes Land, und aller Genüsse mache ich dich teilhaftig.

Fordere nach Belieben alle Genüsse, die in der Welt der Sterblichen schwer zu erlangen sind; liebliche Mädchen hier und mit ihnen Wagen und Musik, wie die Menschen sie nicht erlangen. Ich gewähre sie; laß dich von ihnen bedienen. Nashiketas, nach dem Sterben frag mich nicht.

(*Nashiketas:*) Das sind, o Todesgott, für den Menschen Genüsse, die morgen nicht mehr sind. Sie nehmen all seinen Sinnen die Schärfe. Kurz ist unser ganzes Leben. Behalte dir Wagen, Tanz und Gesang.

Der Mensch läßt am Besitz sich nicht genügen. Wenn wir dich gesehen haben, werden wir besitzlos sein. Wir werden leben, solange du es gebieten wirst. Der Wunsch, den ich mir ausbitte, bleibt der gleiche.

Wie möchte ein alternder Mensch in übler Lage, der zur Kenntnis der nie alternden Götter gekommen ist, noch an die Freuden des Trivarga (Erwerb, Liebe, Dharma) denken und an einem überlangen Leben Gefallen finden?

Das künde uns, worüber die Menschen in dieser Welt Zweifel hegen, wie es um die große Frage des Jenseits steht. Diesen Wunsch, der ins Verborgene dringt, keinen anderen wählt Nashiketas.

ZWEITE ‚RANKE'

Auf den zielbewußten Aufbau des ersten Abschnitts folgt keine gleich sichere Darlegung der dort angeregten Fragen. Alt und original kann nur das sein, was sich auf Tod und Unsterblichkeit einschließlich der Erkenntnis des Brahman bezieht. Wer das erkennt, sagen die letzten Verse von 3, wird aus dem Rachen des Todes befreit. Der Abschnitt hinterläßt den Eindruck, als sei er eine Sammlung verschiedener Aussprüche über das Brahman, die von Späteren weiter vermehrt und selbst um eine Schilderung des ‚Om', des heiligen, die ganze Welt bedeutenden Wortes bereichert wurden, obwohl unsere Upanishad damit sonst gar nichts zu tun hat.

Ferner schwanken die Ansichten. Das Nashiketasfeuer wird als Übergang zur höchsten Stätte und Erkenntnis geschildert, Vers 9 spricht von der Erkenntnis durch den Mund eines Lehrers, Vers 23 von einer Gnadenwahl durch das Selbst selbst, während das Selbst durch Verkündigung von seiten eines Lehrers nicht zu erreichen sei. Trotz dieser Unsicherheit hinsichtlich der Bestandteile der alten Kathaka-Upanishad behält auch dieser Abschnitt sein Interesse, weil er die wichtigsten Fragen, welche man erörterte: ‚Was ist das Selbst? Wie gelangt man dazu? Wie verhält sich der Einzelne dazu?' usw. hier aufwirft und wir von den alten Denkern schließlich auch nicht die Konsequenz der späteren Systeme erwarten dürfen.

Der Verfasser beginnt mit der Auseinandersetzung, daß es zwei Wege gebe, den des Guten einer- und den des Angenehmen andererseits, zwischen denen der Mensch sich zu entscheiden habe; der Kluge wähle den ersten, der Tor den zweiten Weg. Oder in anderer Auffassung, es gibt zwei Arten des Wissens, das ‚Wissen' an sich vom höchsten Brahman und das Nichtwissen von dieser höchsten Welt. Nashiketas habe jenen ersten Weg gewählt; er habe nach dem Wissen Verlangen gezeigt. Im Nichtwissen verweilen die selbstgefälligen Toren, die an kein Jenseits, sondern nur an das Diesseits denken.

Zur Erlangung des Wissens, von dem nur wenige hören und noch weniger Verständnis gewinnen, sei ein geschickter Lehrer und ein geschickter Schüler notwendig. Ein gewöhnlicher Mann könne es nicht lehren; auch sei es auf logischem Wege nicht zu fassen. Es folgen einige Verse, die ich für eingeschoben halte, die schon Gesagtes nochmals variieren; ferner eine Schilderung, wie erwähnt, von der Bedeutung der Silbe Om, und ein Vers, den ich als aus der Bhagavadgita 2, 19 entlehnt ansehe, weil er dort an die Lehre vom Kampf anschließt, während er hierher nicht paßt. Wieweit sonst Verse nachträglich in unseren Text geraten sind, ist nicht festzustellen.

Der Weg zum Heil

Yama: Ein andres ist das Gute, ein andres das Angenehme. Beide führen zu verschiedenen Zielen und fesseln den Menschen. Heil wird dem zuteil, der das Gute wählt; der, welcher das Angenehme wählt, verfehlt sein Ziel.

Das Gute und das Angenehme: beide nahen dem Menschen. Der Kluge prüft und unterscheidet beide. Der Kluge zieht dem Angenehmen das Gute vor; der Tor wählt um der Wohlfahrt willen das Angenehme. Du, Nashiketas, hast mit Bedacht die angenehmen und angenehm gestalteten Genüsse an dir vorübergehen lassen. Nicht hast du in Gestalt von Besitz den Lohn erlangt, bei dem viele Menschen untergehen.

Die zwei Arten des Wissens

Diese beiden sind verschieden und gehen weit auseinander: das Nichtwissen und das, was man als ‚das Wissen' kennt.

Du, Nashiketas, dünkt mich, verlangst nach dem Wissen. Nicht hat dich reichliches Wünschen darum gebracht.

Die Selbstklugen wandeln tief im Nichtwissen und dünken dabei sich gelehrt. Sie laufen in ihrer Verblendung wild umher wie Blinde, die ein Blinder führt.

Der Gedanke an das Jenseits kommt dem Einfältigen nicht, der ist unbesonnen und durch des Besitzes Verblendung verblendet. ‚Nur ein Diesseits gibt es, kein Jenseits', so prahlt er und verfällt immer wieder meiner Gewalt.

Die Erkenntnis des Selbst ist schwierig

Vielen gelingt es nicht, von dem (Selbst) auch nur zu hören; viele, obschon sie von ihm hören, erkennen es doch nicht. Wie ein Wunder ist ein geschickter Erklärer, der es erfaßt; wie ein Wunder ein verständnisvoller Schüler, der von einem geschickten Erklärer unterrichtet ist.

Denn von einem niederen Manne verkündet ist das Selbst nicht leicht zu verstehen, wie oft man es überdenke. Es gibt keinen Zugang zu ihm, wenn nicht ein andrer (höherer) es verkündet. Er ist feiner als ein Atom und kein Gegenstand logischen Beweises.

Die Einsicht ist auf dem Wege logischen Beweises nicht zu gewinnen. Von einem anderen verkündet, ist sie leicht zu erreichen. Du hast sie erlangt. Du bist von festem Entschluß. Solch ein Schüler wie du wäre mir erwünscht.

(*Nashiketas:*) Ich weiß, ein sogenannter Schatz ist nicht von Dauer. Mit Schwankendem erreicht man nichts Festes. Daher habe ich das Nashiketasfeuer geschichtet; mit vergänglichen Dingen habe ich Unvergängliches erreicht.

(*Yama:*) Auf die Erfüllung der Wünsche, die Stütze der Welt, die Endlosigkeit des Wollens (das Ufer der Rettung, das durch Stomas mächtige Urugayalied als Stütze erschauend) hast du, Nashiketas, standhaft und klug verzichtet.

Belehrung über das Selbst

Wer unter Versenkung in das Selbst seine Gedanken auf den schwer zu schauenden, in die Verborgenheit eingedrungenen, in einer Höhle wohnenden, in der Tiefe befindlichen alten Gott gerichtet hat, der Weise läßt Freude und Leid hinter sich.

Der Mensch, der das gehört und erfaßt hat, der das dem Reich des Dharma Unterliegende von sich geworfen und dieses wie ein Atom feine Selbst erreicht hat, der freut sich; denn Erfreuliches hat er erreicht. Geöffnet ist, Nashiketas, dünkt mich (für dich), das Haus.

(*Nashiketas:*) Was jenseits von Recht und Unrecht liegt, jenseits von Tat und Unterlassung, jenseits von Vergangenheit und Zukunft, das schauest du, das sage mir.

Belehrung über die Silbe Om

Das Wort, das alle Veden überliefern und alle Bußen verkünden, das den Wunsch derer ausmacht, die in den heiligen Schülerstand treten, das sage ich dir kurz: es lautet ‚Om‘.

Denn diese Silbe ist das Brahman, denn diese Silbe ist das Höchste. Wer sie begriffen hat, erreicht jeglichen Wunsch.

Sie ist die beste Stütze, die höchste Stütze. Wer sie begriffen hat, wird erhöht in Brahmans Welt.

Schilderung des Selbst in Gestalt des ‚Weisen‘

Der Weise wird nicht geboren, noch stirbt er. Nicht hat er einen Ursprung, noch ist er wandelbar. Ungeboren, beständig, ewig und von alters her wird er mit dem Leib nicht getötet.

Wenn ein Töter zu töten meint oder ein Toter tot zu sein glaubt, so urteilen diese beide nicht richtig. Der eine tötet nicht und der andere wird nicht getötet.

Feiner als ein Atom, größer als groß wohnt der Atman in der (Herzens-)höhlung des Geschöpfes. Der aller Wünsche Ledige erblickt, von allem Leid befreit, durch die Gnade des Schöpfers die Größe des Atman.

Auch wenn er sitzt, wandert er in die Ferne; auch wenn er liegt, wandert er überall. Wer anders als ich kann diesen Gott, der Wonne und Nichtwonne in sich schließt, begreifen.

Der Kluge denkt bei den Körpern an den Körperlosen, an den Stetigen bei den Ruhelosen, an den großen, alldurchdringenden Atman und fühlt kein Leid.

Dieser Atman ist nicht durch Belehrung, nicht durch Opfer, nicht durch viel Gelehrsamkeit zu begreifen. Wen er selbst sich aussieht, von dem ist er zu begreifen. Dem offenbart sich der Atman.

Wer vom schlechten Wandel nicht abläßt, nicht zum inneren Frieden gelangt und nicht zur Sammlung, wer nicht beruhigten Herzens ist, vermag ihn mittels der Erkenntnis nicht zu erreichen.

Brahmanen und Kriegerstand, beide sind für ihn (nur wie) ein Reisgericht, der Tod ist ein Überguß: Wer fürwahr weiß, wo der ist?

DRITTE ‚RANKE‘

Dieser dritte Abschnitt enthält eine Schilderung des Selbst im Bilde eines Wagenfahrers, dessen Wagenlenker die Erkenntnis, dessen Zügel der Verstand sind. Der Schilderung gehen zwei Verse voraus, die in nur lockerem Zusammenhange damit von den zweien im fernsten Jenseits sprechen und sodann ein Gebet um das richtige Zustandekommen des Nashiketasfeuers enthalten. Ihr folgen einige Verse, die die Stufenleiter von den Sinnen ab bis hinauf zum höchsten Selbst beschreiben und in dem *mahan atma* einen Weltschöpfer, einen Ishvara statuieren, der von der Einzelseele, wie Vers 13 zeigt, verschieden ist wie von dem über allen stehenden Purusha, der Weltseele. Dieser *mahan atma* ist nicht mit der *buddhi* der späteren Zeit identisch, sondern mit dem Ishvara, den wir in Isha-Upanishad Vers 5, 8, 9 ohne ausdrückliche Bezeichnung finden; ebenso Kath. Up. 6, Vers 7.

Die zwei, die in der Welt der guten Werke die Wahrheit trinken und im fernsten Jenseits in eine Höhle getreten sind, heißen bei den

Brahmakundigen, den Unterhaltern von fünf Feuern und denen, die das Nashiketasfeuer dreimal schichteten, ‚Schatten und Licht'.

Möchten wir das Nashiketasfeuer zustandebringen, die Brücke derer, die geopfert haben, das unvergängliche höchste Brahman, das sichere Ufer derer, die (über den Strom) setzen wollen.

Das Selbst, wisse, ist der Wageninsasse, der Körper der Wagen, die Vernunft, wisse, ist der Wagenlenker, der Verstand der Zügel.

Die Sinne nennt man die Rosse, die Sinnesgegenstände das Ziel, das Selbst, an Sinne und Verstand gebunden, nennen die Weisen ‚den Genießer'.

Wer die rechte Erkenntnis nicht besitzt, den Verstand nicht als Zügel anwendet, der hat, wie ein Wagenlenker schlechte Rosse, seine Sinne nicht in der Gewalt.

Wer aber die rechte Erkenntnis besitzt, den Verstand als Zügel anwendet, der hat wie ein Wagenlenker gute Rosse, seine Sinne in der Gewalt.

Wer aber die rechte Erkenntnis nicht besitzt, wer den Verstand nicht hat und keine Lauterkeit, erreicht jenen Ort nicht und gerät in den Kreislauf hinein.

Wer aber die rechte Erkenntnis besitzt, den Verstand hat und immerdar Lauterkeit, der erreicht den Ort und wird nicht mehr wiedergeboren.

Wer die Erkenntnis zum Wagenlenker, den Verstand zum Zügel wählt, der erreicht das Ziel des Weges, den höchsten Ort Vishnus.

Höher als die Sinne stehen ihre Gegenstände, höher als die Sinnesgegenstände steht der Verstand, höher als der Verstand die Vernunft, höher als die Vernunft ‚das große Selbst'.

Höher als das große (Selbst) steht das Unentfaltete (Urmaterie), höher als das Unentfaltete die Seele (der *purusha*). Etwas Höheres als diese gibt es nicht. Sie ist das höchste Ziel, die höchste Zuflucht.

Das Selbst wohnt verborgen in allen Wesen und offenbart sich nicht. Aber es zeigt sich der eindringenden feinen Erkenntnis feiner Denker.

Wer klug ist, der zügle Rede und Verstand; er zügle sie in der Erkenntnis in seinem Selbst (*atmani*); die Erkenntnis in dem großen

Selbst; dieses zügle er in dem leidenschaftslosen Selbst (dem Purusha).

Stehet auf und wachet. Nachdem ihr eure Wünsche erreicht habt, gebet acht. Die scharfe Schneide eines Messers ist schwer zu überschreiten. Die Weisen sprechen davon als dem Hindernis des Weges.

Wer das verehrt, was ohne Laut ist, ohne Gefühl, ohne Farbe, ohne Veränderung, ohne Geschmack, ewig, ohne Geruch, ohne Anfang und ohne Ende, was höher ist als das große (Selbst) und unverrückbar, der wird aus dem Rachen des Todes befreit.

Wenn ein Kluger die Erzählung von Nashiketas, die von dem Todesgott verkündet ist und immer währt, verkündet und hört, der wird in Brahmans Welt erhöht.

Wer diese höchste Geheimlehre in einer Versammlung von Brahmanen oder würdig vorbereitet beim Totenmahl zum Vortrag bringt, dem gereicht das zum ewigen Leben.

(1-3)

ISHA-UPANISHAD

> Die kleine bedeutsame Upanishad enthält eine Reihe wertvoller und neuer Gedanken. Sie betont die Wertlosigkeit der Werke und die Wichtigkeit der Erkenntnis des Selbst, der Einheit des Selbst mit allen Wesen. Die Entstehung der Welt vollzieht sich durch das Heraustreten eines Ishvara aus dem Reich des Leuchtenden, Ewigen. Wissen allein und Nichtwissen allein verhelfen nicht zur Erkenntnis; der Glaube an ein ewiges Vergehen ist ein Irrglaube, wie der an ein ewiges Werden, und führt ins Verderben.

Was immer in der Welt sich regt, das übergib dem Herren. Freue dich dieser Entsagung und begehre nicht jemandes Besitz.

Mancher vollzieht in dieser Welt Werke und mag wünschen, hundert Jahre zu leben. So steht es bei dir, nicht anders. Aber das Werk hängt nicht an dem Manne.

Ungöttlich, in tiefe Finsternis gehüllt sind diese Welten. In sie gehen die, die ihr Selbst vernichten, nach dem Tode ein.

Das Eine ist regungslos und doch schneller als der Geist. Die Götter selbst holten es, wenn es vorauseilte, nicht ein. Obwohl es steht, überholt es alle Laufenden. Gott Matarishvan legt darein das Werk.

Es regt sich und regt sich nicht; es ist fern und ist nah. Es ist innerhalb wie außerhalb aller Dinge.

Wer im Selbst alle Wesen wahrnimmt und sein Selbst in allen Wesen, hegt keinen Zweifel mehr.

Wer erkennt, in wem das Selbst zu allen Wesen sich entfaltete, was bedeutet für den, der die Einheit erkennt, noch Verwirrung und Kummer?

Er verließ das Lichte, Körperlose, Unverwundbare, Sehnenlose, Reine, vom Übel nicht Erfüllte und hat als ein weiser Seher umfassend, durch sich bestehend je nach ihrer Art für ewige Zeiten die Dinge geschaffen.

Die gehen in tiefe Finsternis ein, die dem Nichtwissen anhängen; in noch tiefere, scheint es, die, welche am Wissen sich freuen.

Sie sagen, es ist anders als das Wissen, anders als das Nichtwissen. So hörten wir von den Weisen, die uns das erklärten.

Wer beides, Wissen und Nichtwissen, zugleich erkennt, überwindet durch Nichtwissen den Tod und gelangt durch Wissen zur Unsterblichkeit.

Die gehen in tiefe Finsternis ein, die dem Vergehen anhängen; in noch tiefere, scheint es, die, welche an dem Werden sich erfreuen.

Sie sagen, es ist anders als das Werden; sie sagen, es ist anders als das Vergehen. So hörten wir von den Weisen, die uns das erklärten.

Wer beides, Werden und Vergehen, zugleich kennt, überwindet durch Vergehen den Tod und gelangt durch Werden zur Unsterblichkeit.

Mit goldener Scheibe ist das Antlitz der Wahrheit bedeckt. Enthülle, Pushan, uns das, daß wir Recht und Wahrheit schauen.

Pushan, alleiniger Rishi, Yama, Surya, Sohn des Prajapati, zerteile deine Strahlen. Vereine dein Licht. Ja, ich sehe deine allerschönste

Gestalt. Dort jener Mann (in der Sonne) bin ich. Der Hauch werde zum Winde, dem Unsterblichen; in Asche ende dieser Leib.

[Folgt eine Reihe von Gebeten]

SHVETASHVATARA-UPANISHAD

Die Shvetashvatara gehört zu den schönsten und interessantesten Kapiteln der Upanishadliteratur; die schlechte Überlieferung dieses Textes zwingt hier, nur eine Auswahl zu geben. Nach meiner Ansicht beruht unsere Upanishad sowohl auf dem Vedanta, den einer ihrer Verse anführt, wie auf dem Sankhya, mit dem sie viele Grundbegriffe und Termini gemeinsam hat, und dem Yoga, dessen Praxis notwendig ist, um Geist und Sinn zu zwingen. Sie ist auch als Eklektizismus bezeichnet worden, der die Lehren des Vedanta mit dem Sankhya zu verschmelzen sucht. Ihr Ziel, mehr auf poetischem wie logischem Wege erstrebt, ist die Erkenntnis, daß Brahman von der Welt verschieden ist und neben dem Brahman, an den Genießer und die Sinnesobjekte gebunden, die Materie steht. Die Upanishad postuliert die Dreiheit von Brahman, Einzelseele und Welt: das dreifache Brahman. Bemerkenswert ist das Auftreten eines höchsten Gottes, dessen Macht das Brahmarad bewegt. Der Gedankengang ist weder übersichtlich noch streng aufgebaut. Bei der Fülle von Entlehnungen ist nicht festzustellen, was dem ersten Verfasser gehört oder Zusatz späterer Leser und Bearbeiter ist. Ebenso sind alle Vermutungen über ihr Alter unsicher. Die Eigenart mancher Auffassungen in dem Stück läßt die Wiedergabe wenigstens einiger Abschnitte als wünschenswert erscheinen. Das Ganze ist nicht übersetzungsreif.

Die Brahmaforscher sprechen: ‚Woher stammt das Brahman? Woher kommen wir? Wodurch leben wir? Und worauf gestützt? Von wem beherrscht, befinden wir in Glück und Unglück uns in unsrer besonderen Lage, ihr Brahmakenner?‘

Soll man denken, ‚es ist die Zeit, die eigene Natur, Notwendigkeit, Zufall, Elemente, Geburt oder Seele?‘ (Nein!) Wohl aber ist die Weltseele, weil die Weltseele in der Vereinigung all dieser wohnt, Herr über die Ursache von Freud und Leid. Sie sahen, vermöge der Anwendung der Versenkung, die eigene Kraft Gottes in ihre Gunas gehüllt, der allein über alle Ursachen, einschließlich Zeit und Einzelseele, herrscht.

> Es folgen zwei Verse, wegen ihrer Zahlensymbolik nur teilweise verständlich, in denen dieser Eine mit einem Radkranz (dreifach, sechzehnendig, fünfzigspeichig usw.) und einem Strom verglichen wird. Dieser Strom hat sein Wasser aus fünf Bächen (fünf Sinnen, Komm.), fünf Quellen (fünf Elementen) usw.

In diesem großen Brahmarade, in dem alles lebt und alles zur Ruhe kommt, schweift der Schwan (die Einzelseele) umher und weiß sich von dem Treiber des Rades verschieden. Damit zufrieden, geht er dann zur Unsterblichkeit ein.

Von ihm singt man als dem höchsten Brahman. Auf ihm beruht die Dreiheit, wohlgestützt und nicht vergänglich. Die Brahmakenner, die sein Inneres erkundet haben, gehen im Brahman auf, sind einzig ihm ergeben und werden von der Geburt frei.

Der Herr trägt alles vereint, das Vergängliche wie das Unvergängliche, das Entfaltete wie das Unentfaltete. Die Einzelseele, welche Nicht-Herr ist, ist gefesselt durch ihren Zustand als Genießer. Hat sie Gott erkannt, wird sie von allen Fesseln frei.

Kundig ist der eine, nichtkundig der andere, beide von Ewigkeit, Herr der eine, Nicht-Herr der andere. Von Ewigkeit ist die eine, die mit den Genußobjekten für den Genießer verbunden ist. Ohne Ende ist das absolute Selbst, das alle Gestalten in sich trägt und auf Handeln verzichtet. Wenn er diese drei erlangt, das ist Brahman.

Das Vergängliche ist der Urstoff (pradhana), das Unsterbliche und Unwandelbare ist Hara; über Wandelbares und über die Einzelseele herrscht der eine Gott. Wenn man über ihn nachsinnt, an ihn sich heftet … hört am Ende alle Täuschung auf.

Hat man den Gott erkannt, so schwinden alle Fesseln, die Schmerzen erlöschen, und mit ihnen schwinden Geburt und Tod. Wenn man über ihn nachsinnt, so erreicht man bei Vernichtung des Leibes das dritte, das Allherrschende. Im Absoluten ist der Wunsch erfüllt.

Das ist als ewig zu erkennen, was in der absoluten Seele ruht. Es gibt kein höheres Wissen als das. Mit dem Gedanken an Genießer,

Objekt des Genusses und Ursacher ist alles gesagt; das ist das dreifache Brahman.

Wie man die Gestalt des Feuers nicht wahrnimmt, das im Schoße des Reibholzes sich befindet und dennoch seine Wesenheit nicht verloren hat, wie man es vielmehr aus dem Schoße des Reibholzes gewinnt, so gewinnt man beides mittels des Omlautes im Körper (das individuelle und absolute Selbst).

Er mache seinen Körper zum Unterholz, den Omlaut zum Oberholz, und durch eifrige Anwendung der als Reibholz dienenden Meditation wird er den Gott, wie das verborgene Feuer gewahren.

Wie Öl in Sesamkörnern, wie Butter in der Milch, wie Wasser im Stromlauf, wie Agni im Reibholz, so erfaßt man in dem individuellen das absolute Selbst, wenn man mittels Wahrhaftigkeit und Askese seinen Blick darauf richtet; auf das alles erfüllende, bedingungslose Selbst, das wie Butter in der Milch (in der Einzelseele) enthalten ist. Das Brahman, das die Wurzel der Wissenschaft vom Atman und der Askese ist, ist das höchste Ziel der geheimen Lehre.

(I)

ÜBER DEN YOGA

Er bringe seinen Körper in eine ebene Lage, an drei Stellen (Brust, Hals und Kopf) ihn herausstraffend, konzentriere die Sinne in seinem Inneren mit dem Verstande und wird mittels des Brahmanachens kundig über alle Furcht einflößenden Ströme hinwegsetzen.

Er hemme seine Atemzüge, reguliere seine Bewegungen und, wenn der Atem geschwunden ist, hauche er durch die Nase aus. Wie einen Wagen, der von schlechten Rossen gezogen wird, lenke er kundig und aufmerksam sein Manas.

Auf einem ebenen, sauberen, von Kiesel, Feuer, Sand freien Platze, der durch (liebliche) Laute und Teiche den Geist einlädt, das Auge aber nicht belästigt, an einer höhlenreichen, dem Winde nicht ausgesetzten Stelle soll er sich dem Yoga hingeben.

Nebel, Rauch, Sonne, Feuer, Wind, Leuchtkäfer, Blitze, Bergkristall und Mond sind Erscheinungen, die vorangehen und bei dem Yoga die Offenbarung in bezug auf das Brahman bewirken.

Wenn in dem Körper, der aus Erde, Wasser, Feuer, Wind und Äther besteht, in fünffacher Weise die Anzeichen des Yoga eingetreten sind, dann quält den, der einen Leib aus Yogafeuer erlangt hat, weder Krankheit noch Alter noch Tod.

Leichtigkeit, Freiheit von Krankheit und Begehrlichkeit, Lichtheit der Farbe und Wohlklang der Sprache, schöner Geruch und Geringfügigkeit der Exkremente, das deutet die erste Stufe des Yoga an.

Wie ein Stück (Gold oder Silber), das mit Erde bedeckt war, hell strahlt, wenn es gut gereinigt ist, so wird eine in einem Körper befindliche Seele, wenn sie ihre wahre Natur erkannt hat, isoliert, ihres Zieles teilhaftig und von Kummer frei.

Wenn einer, dem Yoga hingegeben, mit der wahren Natur seiner Seele wie mit einem Licht das wahre Wesen des Brahman schaut, dann erkennt er den, der von Ewigkeit besteht, fest und frei von allen Eigenschaften ist, und wird von allen Fesseln befreit.

(II, 8 ff.)

DIE BEDINGUNGSLOSE (ABSOLUTE) SEELE

Nach einer Verherrlichung Rudras als Ursprung und Herr aller Dinge heißt es:

Wer ihn erkannt hat, der höher ist als dieser (Rudra), das höchste Brahman, den hohen, den je nach dem Leib in allen Wesen verborgenen, der allein alles umhüllt, den Herren, der wird unsterblich.

Ich kenne diesen großen Purusha, den wie die Sonne helleuchtenden, jenseits des Dunkels. Wer ihn erkannt hat, entgeht dem Tode. Einen anderen Weg kann man nicht beschreiten.

Es gibt nichts Höheres als diesen, nichts Feineres als ihn, nichts Besseres als ihn. Wie ein Baum steht er an den Himmel gepflanzt. Von dem Purusha ist alles erfüllt.

Frei von Gestalt und frei von Gebrechen ist das, was über dieser (Welt) steht. Unsterblich sind die, welche es wissen; andere erfahren nur Leid.

(III, 7ff.)

Die eine rot-weiß-schwarze Ziege, die viele Junge wirft von gleicher Farbe, bespringt voll Lust der eine Bock; der andere verläßt sie, nachdem er sie genoß.

(IV, 5)

DIE WELT ALS SCHEIN (MAYA)

Metra, kleine Opfer und große, Gelübde, Vergangenheit und Zukunft und der Wortlaut der Veden: daraus schafft der Zauberer dieses alles, und dahinein ist der andere (die Einzelseele) durch das Zauberstück gebannt.

Die Natur, wisse, ist dies Zauberstück; der Zauberer der große Gott, aber von den Elementen als seinen Teilen ist die ganze Welt durchdrungen.

(9. 10)

Zwei liegen in der unversieglichen, ewigen Brahmastadt verborgen: Wissen und Nichtwissen. Vergänglichkeit ist das Nichtwissen; Unsterblichkeit aber das Wissen. Ein anderer ist es jedoch, der über Wissen und Nichtwissen herrscht, der allein über jedem Schoße steht, über allen Gestalten und Schoßen, der den rishientstammten Kapila zuerst mit allem Wissen erfüllt und bei seiner Geburt ihn schaut.

(V)

DIE INDIVIDUELLE SEELE

Sie, die von den guten Eigenschaften erfüllt fruchttragende Werke tut, genießt das, was sie getan hat, sie kleidet sich in allerlei Gestalt, besteht aus den drei Bestandteilen (Gunas) und wandert, je nach ihren Werken, als Herr des Lebens auf dreifachem Pfad.

Wie ein Daumen groß, wie die Sonne gestaltet, mit Willen und Ichbewußtsein ausgestattet, mit der Eigenschaft der Vernunft und der des Selbst erscheint der andere (das individuelle Selbst) wie die Spitze einer Ahle groß.

Wenn man die Spitze eines Haares hundertfach spaltet und ein Hundertstel in hundert Teile teilt, solch ein Teilchen, wisse, ist die individuelle Seele. Und dieselbige ist zu unendlicher Größe fähig.

Nicht ist sie Frau, noch Mann, noch Sache. Welchen Körper auch immer sie annimmt, mit dem vereint sie sich [dazu wird sie].

Infolge der Verblendung durch Willen, Gefühl, Sehen erlangt die Seele auf dem Wege über Speise, Trank, Regen Entfaltung und Geburt und geht, entsprechend ihren Werken, in den Stätten der Reihe nach in die Körper ein.

Die Seele wählt nach ihren Eigenschaften viele feine und grobe Körper. Aus den Eigenschaften ihrer Handlungen und ihres Inneren ergibt sich ein neuer Grund der Verkörperung.

Erlösung

Der wird von allen Banden befreit, der inmitten des Wirrsals den end- und anfanglosen Schöpfer aller Dinge erkannt hat, den allgestaltigen Gott, der allein alles umhüllt.

Die ihn kennen, der vom Herzen zu erfassen ist, der ‚der Nestlose' heißt, Werden und Vergehen schafft, den Shiva, der die (sechzehn) Bestandteile (des Menschen) schafft, die verlassen den Leib.

(7-14)

DER URSPRUNG DER WELT UND DER HÖCHSTE GOTT

Einige Weise sprechen von der Natur, andere irrig von der Zeit. Es ist aber die Macht Gottes in der Welt, durch die das Brahmarad bewegt wird.

Der Kundige (jna), von dem stets dieses All umhüllt ist, schafft die Zeiten, enthält die guten Eigenschaften und besitzt alles Wissen. Von ihm beherrscht, breitet das Werk sich aus, als Erde, Wasser, Feuer, Wind, Äther zu denken. Hat er sein Werk getan, so zieht er es wieder ein und geht in die Einheit mit der Wahrheit der Wahrheit ein, mit einem, zwei, drei oder acht Bestandteilen der Prakriti (?), mit der Zeit und den feinen Eigenschaften seiner selbst ...

Den Höchsten der Herrscher, den großen Herrscher, die höchste Gottheit unter den Göttern, den höchsten Herrn der Herren jenseits, den wollen wir finden, den über die Welten gebietenden, verehrungswürdigen Gott.

Nicht findet man an ihm Wirkung oder Organe, nicht sieht man einen seinesgleichen, noch einen ihm Überlegenen. Vielfach, hört man, ist seine höchste Kraft und das seiner Natur innewohnende Handeln durch die Kraft des Wissens.

Nicht hat er einen Herrn und Gebieter in der Welt, nicht hat er ein besonderes Zeichen. Er ist die Ursache, er ist der oberste Herr der Sinnesorgane. Nicht hat er einen Vater noch Meister.

Der als einziger Gott wie eine Spinne mit den aus dem Urstoff stammenden Fäden nach seiner Natur sich einhüllt, der gebe uns das ewige Brahman.

Der einzige Gott ist in allen Wesen verborgen, durchdringt alles und wohnt als Seele in allen Wesen; er wacht über die Werke, wohnt über allen Wesen, ist Zeuge, Wächter, ganz für sich allein und frei von den Grundbestandteilen (den drei Gunas).

Er ist der einzige Herr über die vielen Seelen, der den einen Samen vielfach macht. Die Weisen, die den in ihnen Wohnenden erschauen, genießen, haben ewiges Glück, nicht die anderen.

Wer den Gott, der als unvergänglich unter den Unvergänglichen, als Geistiger unter den Geistigen (cetana) allein die Wünsche vieler erfüllt, die Ursache, die man durch Sankhya und Yoga erreicht, erkannt hat, der wird von allen Fesseln frei.

Dort scheint nicht Sonne, Mond, noch Stern, noch Blitz, geschweige denn Feuer. Von ihm, der allein glänzt, borgt alles seinen Glanz. Durch seinen Glanz erglänzt dies alles.

Als einziger Flamingo wohnt er inmitten der Welt, als Feuer inmitten der Flut. Wer ihn erkannt hat, schreitet über den Tod hinweg. Nicht kann man einen anderen Weg gehen. Er schafft alles, kennt alles, stammt aus seinem eigenen Schoß, ist Intellekt, Zeitenschöpfer, besitzt die Gunas und alles Wissen, ist Herr über die Materie und die Einzelseele, gebietet über die Bestandteile (drei Gunas), ist Ursache der Befreiung vom Kreislauf und der Fessel des Beharrens darin.

[Er enthält die feinsten Stoffe, ist unsterblich, beharrt in Gott, ist der Kundige, durchwandelt alles und ist Hüter der Welt. Er herrscht über diese Welt. Kein anderer Grund ist für die Herrschaft gefunden.]

Ich nehme Erlösung suchend meine Zuflucht zu dem Gott, der zuerst Gott Brahman schafft und für ihn die Veden entsendet, dessen Licht seine eigene Vernunft ist; zu ihm, der ohne Teile, ohne Handeln, voll innerer Ruhe, ohne Tadel, ohne Flecken ist, der die höchste Brücke bildet zur Unsterblichkeit und dem Feuer gleicht, dessen Brennholz verzehrt ist. Erst wenn die Menschen die Luft wie ein Fell zusammenwickeln werden, wird, ohne daß man Gott erkennt, der Schmerz zu Ende sein.

Durch die Kraft der Buße und Gottes Gnade hat Shvetashvatara, der Kundige, das Brahman, das höchste Mittel der Läuterung, dem Kreise der Propheten willkommen, für die, die die Ashramas überwunden haben, in richtiger Weise verkündet.

Im Vedanta ward vor Zeiten das höchste Geheimnis verkündet. Nicht soll man es einem innerlich Friedlosen, einem Kinder-, einem Schülerlosen überliefern.

Wer die innigste Liebe zu Gott und wie zu Gott zu seinem Lehrer hegt, dem Hochgesinnten leuchten hell die Lehren, die hier verkündet sind, leuchten sie hell.

(VI)

MUNDAKA-UPANISHAD

Die Upanishad der ‚Kahlgeschorenen', die denen verkündet werden soll, die das ‚Gelübde des Kopfes' erfüllen, war ein beliebter und darum mancherlei Zusätzen und Erweiterungen ausgesetzter Text. Wenn sich, wie in der Bhagavadgita, widerspruchsvolle Ansichten finden, so werden wir das nicht einer Übergangsphilosophie oder wie man es sonst nennen mag, sondern dem stets zu Überarbeitungen geneigten indischen Geist zuzuschreiben haben. Auch unsere Upanishad harrt noch der textkritischen Behandlung, haben wir doch noch nicht einmal eine gute Materialienausgabe.

Man wird es darum als zweifelhaft betrachten müssen, welcher Vers als eine Reminiszenz aus anderen Upanishaden nachträglich hinzugefügt ist; der Zweifel wird aber nicht hindern, die Schönheit einzelner Teile zu erkennen.

Der *erste* Abschnitt spricht von den alten Lehrern, die die Wissenschaft überlieferten, sowie von der Unterscheidung des Wissens in ein niederes, das aus den Veden usw. besteht, und in ein höheres, das von dem Unwandelbaren handelt. Das niedere Wissen ist gegenüber dem höheren wertlos; um dieses, um die wahre Welt zu erkennen, soll man einen Lehrer befragen.

Der *zweite* Abschnitt schildert die Entstehung der Welt aus diesem Unwandelbaren; der Darstellung der Schöpfung folgt mit manchen, wohl nicht ursprünglichen Anklängen an andere Upanishaden die Beschreibung des Brahman als Mittelpunkt der Welt wie des Individuums.

Der *dritte* Abschnitt fährt in dieser Schilderung fort und beschreibt danach die Wirkung der Erkenntnis in der Einzelseele sowie deren Verhältnis zum Purusha, der Weltseele, die mit dem Brahman aber nicht ohne weiteres identisch ist; denn in dem Text wird der höchste Atman, die Weltseele, von dem Brahman und der Stätte des Brahman mehrfach unterschieden, manchmal so, daß es nicht über, sondern unter ihm steht. So am Ende des ersten Abschnitts, der das Brahman als ein Ergebnis des von dem Allwissenden, Allkundigen geübten Tapas ansieht, am Anfange des zweiten Abschnittes, wo *Purusha*, der himmlische, gestaltenlose Geist, von dem *Akshara*, dem Höchsten, Unwandelbaren, unterschieden wird; am Anfange von II, 2, wo von dem Brahman als der großen Stätte gesprochen wird, in die alles Leben eingefügt ist. Am Ende von I, 1; III, 1, 3 ist der Purusha der Ursprung des Brahman: Man denke auch an die Brahmastadt II, 2, 7, in der der Atman wohnt. Es scheint daher, daß das Brahmahaus, in das die Seele des Wissenden nach III, 2, 4 einzieht, die Brahmawelt III, 2, 6, die Brahmastadt II, 2, 7 das Reich, der spirituelle Himmel ist, in dem der Purusha ebenso wie in dem einzelnen Herzen wohnt. Ganz durchgeführt ist die Scheidung nicht; dies Schwanken wird aber weniger dem Autor als der Einfügung von Zusätzen zuzuschreiben sein, die einzelne Mundakalehrer an dem Text vornahmen.

Gott Brahman, der Schöpfer des Alls, der Hüter der Welt, entstand von den Göttern zuerst. Er verkündigte seinem ältesten Sohne Atharva die Wissenschaft vom Brahman, die die Grundlage aller Wissenschaften ist.

Die Wissenschaft vom Brahman, die Brahman dereinst dem Atharvan mitgeteilt hatte, verkündete dieser dem Angir; der verkündete sie, die höhere wie die niedere, dem Bharadvajasproß Satyavaha, und dieser verkündete sie dem Angiras.

Da begab es sich, daß ein reicher Mann namens Shaunaka in geziemender Weise dem Angiras nahte und die Frage stellte: ‚Was muß man erkannt haben, um diese ganze Welt zu erkennen?‘ Der sprach zu ihm: „Es gibt zwei Wissenschaften, die man kennen muß, wie die Brahmakundigen sagen, die höhere und die niedere. Die niedere besteht aus Rigveda, Yajurveda, Samaveda, Atharvaveda, Phonetik, Ritual, Grammatik, Auslegung, Verskunde, Zeitrechnung, Sage und Geschichte, Logik, Ritualphilosophie, Recht; die höhere ist die, durch die das Unvergängliche erfaßt wird. Was unsichtbar, unfaßbar, ohne Familie und ohne Kaste ist, was nicht Auge noch Ohr, nicht Hand noch Fuß hat, ewig, alldurchdringend, allgegenwärtig, ganz fein ist, das ist das Unvergängliche, was die Weisen als den Ursprung aller Wesen ansehen. Wie eine Spinne ein Gewebe aus sich herausspinnt und zurücknimmt, wie auf der Erde Kräuter entstehen, Haare auf Kopf und Körper des Menschen bei Lebzeiten, so entsteht hier das All aus dem Unvergänglichen.

Das Brahman wird durch Buße aufgebaut. Daraus entsteht die Speise, aus der Speise Hauch, Verstand, Wahrheit, Welten, und in den Werken Unsterblichkeit. [Er ist ganz Intellekt, ganz Wissen; seine Buße besteht aus Erkenntnis. Aus ihm entsteht das Brahman, Name und Gestalt (Individualität) und Speise.]

(I, 1)

Das ist hier die Wahrheit. Die Werke, welche die Weisen in den Mantras erschauten, sind in der Dreiheit der Feuer vielfach ausgebreitet. Die übt ihr ständig aus Verlangen nach der Wahrheit; das ist euer Pfad in der Welt der guten Werke.

Wenn die Flamme im lodernden Feuer leckt, soll er zwischen die beiden Butteranteile die Spenden opfern. Wer sein Agnihotra opfert ohne ein Neu- und Vollmondsopfer, ohne Viermonatsopfer, ohne

Opfer der Erstlingsfrüchte und ohne Gastopfer; wer es ungeopfert sein läßt; wer es ohne Opfer an die Allgötter darbringt, wer es ohne Glauben, ohne Regel opfert, dem zerstört es alle Welten bis hin zur siebenten.

Dunkel, furchtbar, geistesschnell, hochrot, hochbraun, funkenreich und allschimmernd-göttlich: so heißen die sieben leckenden Zungen.

Wer beim Leuchten der Feuer vorgeht und die Spenden richtig opfert, den führen sie dorthin, wo die Strahlen der Sonne sind, wo der Herr der Götter, die einzige Stätte ist. ‚Komm, komm', so sagen die leuchtenden Spenden zu ihm und führen den Opferer auf den Strahlen der Sonne; sie sprechen lieblich zu ihm und singen: ‚Das ist eure heilige, wohlbereitete Brahmawelt.'

Dies sind achtzehn undichte Schiffe in Form von Opfern, in denen das niedere Werk befördert ist. Die Toren, die das als besseren Teil begrüßen, die unterliegen abermals Alter und Tod. Im Nichtwissen wohnen die Selbstklugen, sich selbst für gelehrt haltend. Immer wieder geschlagen, wandeln diese Toren umher; wie Blinde, die vom Blinden geführt werden.

Die Schwächlinge, die im Nichtwissen mannigfacher Art sich bewegen, glauben: ‚Wir haben unser Ziel erreicht.' Was die Werkbeflissenen aus Voreingenommenheit nicht kennen, das bedrückt sie. Ihre Welt geht zu Ende, und sie sinken hinab.

Opfer und gute Werke für das beste haltend, kennen sie kein anderes Heil in ihrer Torheit. Wenn sie auf dem Rücken des Himmels ihre guten Werke genossen haben, gelangen sie in diese oder eine niedere Welt. [Die aber, welche Buße und Glauben im Walde anhängen, friedevollen Herzens, (der Wahrheit) kundig auf ihren Almosengang ausziehen, die gehen durch das Tor der Sonne, frei von Fehl, dorthin, wo der unsterbliche, unvergängliche Purusha (Weltgeist) wohnt.] Ein Brahmane, der die durch Werktätigkeit aufgebauten Welten beobachtet hat, dürfte in Verzweiflung geraten. Nicht besteht der ungeschaffene (ewige, Purusha) kraft der Werke. Um der Erkenntnis von ihm willen soll er mit Brennholz in der Hand zu einem Lehrer gehen, der gelehrt und in dem Brahman fest ist. Und dem, der geziemend naht, friedvollen Herzens und voller Ruhe ist, teilt er sachentsprechend diese Wissenschaft vom Brahman mit, daß er den unwandelbaren, wahren Purusha erkenne.

(I, 2)

Das ist die Wahrheit. Wie aus einem hellen Feuer zu Tausenden ihm gleiche Funken hervorgehen, so entstehen aus dem Unwandelbaren allerlei Wesen und kehren in ihn zurück. [Im Himmel wohnt der gestaltlose Geist (purusha), der alles Äußere und Innere enthält, der ungeborene; hauchlos, manaslos, rein, höher als das Höchste, unwandelbar.] Aus ihm werden Hauch, Manas und alle Sinne geboren, Luftraum, Wind, Licht, Wasser und die Erde, die Trägerin aller Dinge.

Agni ist sein Haupt, Sonne und Mond seine Augen, die Weltgegenden seine Ohren, seine Stimme der offenbarte Veda, der Wind sein Hauch, das All sein Herz, die Erde seine Füße; er ist die allen Wesen innewohnende Seele.

(II, 1)

Aus ihm stammt das Feuer, dessen Brennholz die Sonne ist; aus Soma der Regengott Parjanya, die Pflanzen auf der Erde; der Mann gießt seinen Samen in die Frau. Viele Geschöpfe sind dem Purusha entstammt, ihm Rik, Saman, Yajus, die Weihe zum Somaopfer, die kleinen und großen Opfer und die Opfergeschenke, das Jahr, der Opferer, die Welten, in denen der Mond strahlt und die Sonne. Aus ihm sind vielfach die Götter entstanden, Halbgötter, Menschen, Tiere, Vögel, Ein- und Aushauch, Reis und Gerste, Kasteiung, Glaube, Wahrheit, heiliges Studium und Gesetz. Aus ihm entstehen die sieben Hauche, die sieben Holzscheite samt den sieben Flammen, die sieben Zungen, die sieben Welten, in denen die Hauche sich bewegen, zu je sieben in der Höhle versteckt; aus ihm die Meere und alle Berge, ihm entströmen die Flüsse aller Art, aus ihm Pflanzen und Säfte ... Purusha ist das All, ist Werk, Kasteiung, das Brahman jenseits des Todes. Wer das kennt, was in der Höhle (des Herzens) verborgen ist, der löst den Knoten der Unwissenheit, mein Lieber.

(II, 1)

Ans Licht gebracht ist die große Stätte, die den Namen ‚Geheimweg' führt. Dort ist alles, was sich regt, atmet und das Auge schließt, eingefügt. Ihr kennt sie als vorzüglicher denn Sein und Nichtsein. Sie steht höher als die Erkenntnis, ist für die Geschöpfe das Beste, ist glanzvoll, feiner als das Feine. Darauf sind die Welten und die Weltbewohner gegründet. Sie ist das unwandelbare Brahman, sie ist Atem, Stimme, Manas; sie ist das Wahre, Unsterbliche. Das erkenne du, mein Lieber, als Ziel.

Die große Waffe, die Geheimlehre, nehme er als Bogen, lege darauf den durch Meditation geschärften Pfeil, spanne ihn mit dem Herren ergebenen Geiste; in diesem Unwandelbaren erkenne, mein Lieber, dein Ziel. Der Omlaut ist der Bogen, der Pfeil das Selbst, das Brahman das Ziel. Aufmerksam muß man es durchbohren. Wie der Pfeil, so muß man sein.

Ihr kennt diesen, in den Himmel, Erde und Luftraum, das Manas zusammen mit allen Hauchen verwebt sind, als den einen Atman. Alle anderen Worte gebt preis; er ist die Brücke zur Unsterblichkeit.

Wie Speichen in der Nabe des Rades, so sind in ihm die Adern befestigt. Er wandelt im Innern umher, mannigfach entstehend. Mit dem Wort Om sinnt ihr dem Atman nach. Heil euch, auf daß ihr das Ufer jenseits der Finsternis erreichet.

Er ist allkundig und allwissend. Der Atman, dessen Größe in der Welt sich entfaltet, wohnt in der himmlischen Brahmastadt, im Äther. Er besteht aus Manas, lenkt Hauch und Leib, wurzelt in der Speise. Ihr Herz darauf richtend (?) sehen durch dessen Kenntnis die Weisen das Unsterbliche, was in Gestalt der Wonne leuchtet.

Der Knoten des Herzens wird gespalten, aller Zweifel gelöst, all sein Karman schwindet, wenn einer ihn gesehen hat, der zugleich das Hohe und Niedere ist.

In einer goldenen Burg, in einem Gefäß wohnt fleckenlos und unteilbar das Brahman. Hell, ein Gestirn unter den Gestirnen ist das, was die Kenner des Atman kennen.

Die Sonne leuchtet dort nicht, nicht Mond noch Sterne. Nicht leuchten die Blitze, noch weniger das Feuer. Alles glänzt dort allein als sein Abglanz; durch seinen Glanz erglänzt dies alles.

Das Brahman ist das Unsterbliche im Osten und Westen, Brahman das Unsterbliche im Süden und Norden; nach unten und oben hat das Brahman sich verbreitet; Brahman ist alles, ist das Beste.

(II, 2)

Zwei Vögel, eng befreundet, umkreisten denselben Baum. Der eine von ihnen ißt die süße Pippalafrucht; ohne zu essen schaut der andere herab. Auf demselben Baum hat der Purusha (Einzelseele) sich niedergelassen und klagt in seiner Verwirrung ob seiner Ohnmacht. Aber wenn er den anderen (die Weltseele) als ihm erwünschten Herrscher sieht und dessen Hoheit, dann weicht sein Kummer.

Wenn er sehenden Auges den goldfarbenen Ursacher, den Herrscher, den Purusha sieht, den Ursprung des Brahman, dann schüttelt er kundig Verdienst und Sünde ab, und frei von Fehl geht er zur höchsten Gemeinschaft ein ...

Denn durch Wahrheit, durch Askese ist dieser Atman zu erreichen, durch rechte Erkenntnis und heiliges Studium in Beständigkeit. Ganz Licht, schimmert er im Innern des Leibes; ihn schauen die Asketen, deren Schuld getilgt ist. Die Wahrheit allein siegt, nicht das Unrecht; durch die Wahrheit ist der Götterweg gebreitet, auf dem die Rishis nach Erlangung ihrer Wünsche nahen, wo die höchste Stätte der Wahrheit liegt.

Groß ist er und himmlisch und von unfaßbarer Gestalt und erglänzt doch feiner als das Feine. Er liegt in weiter Ferne und ist hier in der Nähe. Er ruht in einer Höhlung in denen verborgen, die es hier sehen.

Nicht erfaßt man ihn mit dem Auge, nicht mit der Rede, nicht mittels der Götter, mit Askese oder Werk. Der aber, dessen Inneres durch die Klarheit der Erkenntnis gereinigt ist, erschaut den Unteilbaren im Denken. Der Atman ist unendlich fein, nur mit dem Geiste zu erkennen. In ihn ist der Lebenshauch in fünffacher Form eingegangen. Mit dem Lebenshauch ist der Geist der Wesen ganz verwoben; ist der geläutert, dann entfaltet sich der Atman.

Welche Welt auch immer ein Mensch von geläutertem Wesen mit seinem Manas beleuchtet, welche Wünsche er immer hegt, diese

Welt, diese Wünsche erlangt er. Darum soll der, der gedeihen will, einen Kenner des Atman verehren.

(III, 1)

Er kennt die höchste Brahmastätte, in der alles ruht und hell leuchtet. Die Weisen, welche ohne Wünsche den Purusha verehren, gelangen über alles Unreine hinaus.

Wer Wünsche im Sinne hat und hegt, der wird hier oder dort infolge dieser Wünsche wiedergeboren. Wer aber mit Wünschen abgeschlossen und sein Inneres bereitet hat, in dem schwinden schon hier alle Wünsche.

Der Atman ist nicht durch Belehrung, nicht durch Opfer, nicht durch viel Gelehrsamkeit zu begreifen. Wen er sich selbst ausersieht, von dem ist er zu begreifen. Ihm offenbart sich der Atman. Der Atman ist nicht von dem Schwächling zu gewinnen, nicht durch Unachtsamkeit noch durch ungeeignete Buße. Wer aber kundig mit diesen Mitteln sich bestrebt, dessen Atman geht in die Brahmastätte ein. (Kathaka-Up. S. 143)

Die Rishis, die zu ihm gelangten, erfüllt mit Erkenntnis, wohlbereiteten Herzens, frei von Leidenschaft, abgeklärt weise und voll Hingabe ihres Ichs gehen diese, die überall den Alldurchdringenden gefunden haben, in das All ein.

All die Asketen, die durch die Kenntnis des Vedanta sich über ihr Ziel vergewissert und ihr Wesen infolge der Weltentsagung geläutert haben, werden zur Zeit ihres Endes in der Brahmawelt vom Tode frei und erlöst. Die fünfzehn Teile sind geschwunden; alle Götter zu ihrem Ausgang in den entsprechenden Gottheiten zurückgekehrt, alle Werke und der aus Erkenntnis bestehende Atman werden alle zur Einheit in dem Höchsten, Unvergänglichen.

Wie die dahinfließenden Ströme im Meere untergehen und ihre Individualität verlieren, so wird der Kundige von seiner Individualität erlöst und geht in den himmlischen Purusha ein, der höher als das Höchste ist.

Der, welcher das höchste Brahman kennt, wird selbst zu Brahman; nicht ist in seinem Geschlecht einer, der nicht das Brahman kennt. Er überwindet den Kummer, er überwindet das Übel. Von den Knoten in seinem Herzen befreit, wird er unsterblich. Und so heißt es in einem Verse:

Die an Werken reichen Vedakenner, die im Brahman gefestigt sind, opfern sich selbst im Glauben dem einzigen Rishi. Er soll denen diese Wissenschaft vom Brahman verkünden, die das ‚Kopfgelübde' nach der Vorschrift vollzogen haben.

Das ist die Wahrheit, die der Rishi Angiras verkündet hat. Keiner studiert sie, der nicht das Gelübde vollzogen hat. Verehrung den höchsten Rishis, Verehrung den höchsten Rishis."

(III, 2)

KAIVALYA-UPANISHAD

Die Upanishad schildert den Zustand des Sannyasin, des Weltflüchtigen, der der Welt gänzlich entsagt hat und sich nur noch als eins mit dem Ursprung aller Wesen fühlt. Sie endet in der Verherrlichung dieses Sicheinswissens durch einen Bekenner.

DER WEG ZUR ERLÖSUNG UND SEIN ZIEL

Ashvalayana nahte dem erhabenen Herrn aller Herren und sprach: ‚Verkünde, Erhabener, die beste, geheimnisvolle Wissenschaft vom Brahman, die die Guten stets verehren, damit nach Tilgung allen Übels der Kundige zuletzt in den Purusha eingeht, den alles Überragenden.'

Der Urvater sprach zu ihm: ‚Vernimm infolge deines Glaubens, deiner Liebe und deiner Vertiefung: Nicht durch fromme Werke, nicht durch Nachkommenschaft, nicht durch Reichtum, sondern durch Entsagung haben manche Unsterblichkeit erlangt.'

Jenseits des Himmelsgewölbes, in einer Höhlung verborgen, erglänzt das, wohin die Asketen gehen, die Asketen, die durch Kenntnis des Vedanta über ihr Ziel gewiß und infolge der Aufgabe der Welt reinen Wesens sind.

An einem einsamen Orte, in gutem Sitz, rein, Hals, Kopf, Körper in gleicher Lage, im letzten Ashrama, halte er alle seine Sinne nieder, verehre er in Liebe seinen Lehrer, sinne er über den staublosen, reinen, in seiner Mitte hellen, von Kummer freien Lotos in seinem Herzen nach, den unausdenkbaren, nicht geoffenbarten, unendlich gestalteten, milden, friedevollen, unsterblichen Schoß des Brahman.

Wer in diesen, der ohne Anfang, Mitte und Ende ist, sich versenkt hat, in den alleinigen Herren, der aus Denken und Wonne besteht, den gestaltlosen, wunderbaren, den Gefährten der Uma, den höchsten Herren, [den mächtigen, dreiäugigen, blauhalsigen, friedevollen,] der Muni geht in den, der der Ursprung aller Wesen, der Zeuge aller Dinge ist, jenseits des Dunkels ein.

Er ist Gott Brahman, er ist Shiva, Indra, der unvergängliche, höchste Herrscher. Er ist Vishnu, er ist der Lebenshauch, er ist das Feuer der Zeit, der Mond.

Er ist alles, was entstanden ist und was sein wird in alle Ewigkeit. Wer ihn erkannt hat, überwindet den Tod; nicht gibt es einen anderen Weg zur Erlösung.

Wer in allen Wesen sich und in sich alle Wesen sieht, der geht, nicht aus einem anderen Grunde, in das höchste Brahman ein.

Sein Selbst mache der Weise zu dem unteren, den Omlaut zum oberen Reibholz, und durch eifriges Quirlen mit dem Rührstock der Erkenntnis vernichtet der Weise das Übel.

Wessen Selbst durch die Maya (Täuschung) verwirrt worden ist, der nimmt einen Körper an und betreibt allerlei Werk. Durch mannigfache Genüsse, wie Weiber, Speise, Trank, gelangt er im Wachen zur Befriedigung.

Im Traum aber empfindet seine Seele Freude und Leid in einer durch ihre Illusion bereiteten Welt. Zur Zeit des Tiefschlafes geht sie, wenn alles versunken ist, vom Tamas überwältigt, in den Zustand der Freude ein.

Das höchste Brahman, die Seele von allem, die große Stütze der Welt, feiner als das Feine, das immer Seiende, das bist du, das bist du. Was sich im Wachen, Traum, Tiefschlaf usw. ausgebreitet zeigt, das Brahman bin ich: Wer das weiß, wird von allen Banden frei. Was in den drei Wohnstätten genießbar, Genießer und Genuß sein mag, davon abgewandt bin ich, ein rein geistiger Zeuge, immer im Frieden.

In mir ist alles entstanden, in mir ist alles gegründet, in mir geht alles zur Vernichtung ein. Dieses zweitlose Brahman bin ich.

Ich bin feiner als das Feine; ebenso bin ich groß; ich bin das mannigfache All. Ich bin der Purusha der Vorzeit, der Herrscher; ich bin der Goldene, ich bin von friedvoller Gestalt.

Ohne Hände bin ich und ohne Füße, von unausdenkbarer Kraft; ich sehe, ohne zu sehen, und höre, ohne zu hören; ich bin ein Wissender in Einsamkeit, nicht ist einer, der mich kennt. Ich bin immer Gedanke.

Durch die vielen Veden bin ich erkennbar; ich bin der Vedavollender, ich bin der Vedakenner. Nicht Verdienst oder Sünde haftet an mir, nicht Verderben, nicht Geburt, Körper, Sinne, Wahrnehmung.

Für mich gibt es nicht Erde, nicht Wasser, nicht Feuer, nicht Wind, nicht Luft. Wer so den Unteilbaren, Zweitlosen erkannt hat, der die Gestalt des höchsten Atman trägt und in der Höhlung wohnt, der geht ein zu dem, der Zeuge aller Dinge ist, der von Sein und Nichtsein befreit ist, zu dem Reinen, der die Gestalt des höchsten Atman trägt.

Wer das Shatarudriya studiert, der wird durch Feuer gereinigt, der wird durch Wind gereinigt, der wird durch den Atman gereinigt, der wird vom Branntweintrinken gereinigt, der wird vom Brahmanenmord gereinigt, der wird vom Golddiebstahl gereinigt, der wird vom Tun und Nichttun gereinigt. Darum stütze er sich auf den Unerlösten (jenseits von Erlösung und Nichterlösung wohnenden). Wer in einem Ashrama steht, soll es immer oder einmal flüstern. Dadurch erlangt er die Erkenntnis, die den Samsaraozean vernichtet. Darum erlangt der, welcher also ihn erkannt hat, die Stätte absoluter Befreiung.

So schließt im Atharvaveda die Kaivalya-Upanishad.

BRAHMABINDU-UPANISHAD

Die Abkehr von der Sinneswelt ist die Vorstufe zur Erlösung, das Mittel zur Abkehr der Yoga und damit verbunden das Nachdenken über die Silbe Om. Losgelöst von ihrem Vokal oder ihren Vokalen und zum bloßen *m*, den man als Punkt (*bindu*) schreibt, verflüchtigt, vermag sie die Erkenntnis des höchsten Brahman vorzubereiten. Dieses höchste

Brahman steht über Entstehen und Vergehen. Alle Seelen sind ein Reflex von ihm, wie der Mond sich in unzähligen Gewässern spiegelt. Es wohnt in dem einzelnen Körper wie die Luft im einzelnen Gefäß. So wenig diese zugrunde geht, wenn das Gefäß zerbricht, weil sie eben nur ein Teil der alles durchfließenden Luft ist, so wenig geht die Einzelseele mit dem Aufhören des einzelnen Leibes zugrunde. Die wahre Erkenntnis bleibt die eine unveränderliche, so verschieden die sein mögen, die sie erwerben. Sie ruht in jedem Wesen verborgen wie die Butter in der Milch. Mittels des Verstandes, der als Quirl dient, und der Erkenntnis, die als Strick dient, ist die wahre Erkenntnis hervorzubringen.

Der Geist, sagt man, ist zwiefach, geläutert oder nicht. Nicht geläutert ist er in Verbindung mit Wünschen, geläutert, wenn er von Wünschen befreit ist. Der Geist ist für die Menschen die Ursache von Knechtschaft und Erlösung; von Knechtschaft, sobald er an der Sinneswelt hängt, von Erlösung, wenn er frei von ihr ist.

Darum, weil man die Befreiung des von der Sinneswelt freien Geistes wünscht, muß der Erlösungsuchende beständig seinen Geist von der Sinneswelt frei zu machen trachten.

Wenn man den Geist unter Aufgabe aller Hinneigung zur Sinneswelt im Innern zügelt und zur Freiheit von ihm gelangt, so ist das die höchste Stätte.

Er ist so lange zu zügeln, bis er im Inneren zunichte ist. Das ist Erkenntnis und Erlösung. Alles andere Bücherweisheit. Es ist nicht denkbar und doch nicht undenkbar. Es ist undenkbar und doch denkbar: Frei von Zu- und Abneigung vollendet sich dann das Brahman.

Mit dem Vokallaut (Om) soll er den Yoga verbinden; ohne seine Vokale das Höchste (das Brahman) zustande bringen; durch den vokallosen Bestand wird Sein, nicht Nichtsein erstrebt.

Dieses selbige Brahman ist ungeteilt, allem Zweifel entrückt, frei von allem Fehl. Wenn er erkannt hat, ‚das Brahman bin ich', vollendet sich das Brahman mit Sicherheit.

Als allem Zweifel entrückt, unendlich, frei von Argument und Beispiel, unbeweisbar, anfangslos hat er das Höchste in seiner Güte erkannt.

Bei ihm gibt es weder Vergehen, noch Entstehen, weder Knechtschaft, noch Herrentum, weder Streben nach Erlösung, noch Erlösung: Also lautet die höchste Wahrheit.

Als eine Einheit ist der Atman im Wachen, Traum und Tiefschlaf zu denken. Wenn er diese drei Zustände überwunden hat, wird er von der Wiedergeburt frei.

Die Seele der Geschöpfe ist eine Einheit, nur von Geschöpf zu Geschöpf verteilt; eine Einheit und Vielheit zugleich, wie der Mond sich in vielerlei Gewässern spiegelt.

Die mannigfachen Formen sind wie ein Gefäß. Das Gefäß kann immer wieder zerbrochen werden; es weiß nichts davon, wenn es zerbrochen ist. Aber Er weiß davon beständiglich.

Solange die Seele von der Maya (Täuschung) der Worte umhüllt ist, weilt sie im Lotus des Herzens. Wenn aber die Dunkelheit weicht, nimmt sie die eine Einheit wahr.

Zwei Wissenschaften, das im Wort sich offenbarende und das höchste Brahman, muß man kennen. Wer in das im Wort sich offenbarende Brahman tief eindringt, erlangt das höchste Brahman.

Ein kluger Mann, der um der Kenntnis, Erkenntnis und Wahrheit willen ein Buch studiert hat, mag es insgesamt aufgeben, wie einer, der Korn wünscht, das Stroh.

Die Milch von Kühen ganz verschiedener Farbe hat ein und dieselbe Farbe. Wie mit der Milch steht es mit der Kenntnis, und den Kühen vergleichen sich die Asketen.

Wie die Butter in der Milch verborgen ist, wohnt in jedem Wesen die Erkenntnis. Immer muß man mit dem Verstand als Quirlstock quirlen.

Mit der Kenntnis als dem Seil reibe man von da ab das Feuer, das ungeteilte, fleckenlose, stille (Brahman), von dem es heißt: ‚Dies Brahman bin ich.'

Es dient allen Wesen zur Wohnung und wohnt in allen Wesen. Vermöge seiner Gnade gegen alle bin ich Vasudeva dieses, bin ich Vasudeva dieses.

EINFÜHRUNG IN DIE NACH-VEDISCHE LITERATUR

Fragen wir nach den *Quellen*, aus denen wir unsere Kenntnisse der Kultur des indischen Mittelalters schöpfen, so sind es in erster Linie die literarischen Denkmäler Indiens selbst, und zwar lassen sich insbesondere die großen Epen *Mahabharata* und *Ramayana* sowie das sogenannte *Gesetzbuch des Manu* als diejenigen Werke bezeichnen, die uns am ausgeprägtesten, am vollständigsten und treuesten das Bild der mittelalterlich-brahmanischen Kultur vor Augen führen. Mißlich sind uns diese, sonst so ungemein wertvollen, Bücher vor allem nur wegen der Chronologie; denn schwer, und nur unter Zurateziehung anderer Quellen, läßt sich die Entstehungszeit der uns dort vorgeführten brahmanischen Kultur feststellen, schwer lassen sich die verschiedenen Phasen ihrer Entwicklung scheiden. Was uns im Mahabharata, im Ramayana und im Gesetzbuch des Manu fertig entgegentritt, muß Jahrhunderte hindurch gewachsen sein.

Der Brahmanismus des indischen Mittelalters unterscheidet sich sehr wesentlich von der brahmanischen Religion der früheren Jahrhunderte. Es läßt sich diese neue Zeit charakterisieren als *die Periode der drei großen Götter*: Brahma, Vishnu und Shiva. Sie sind jetzt die höchstverehrten, wenn auch keineswegs die einzigen. Neben ihnen finden wir noch immer den streitbaren Götterkönig Indra, dessen Himmel als verheißungsvoller Wonnesitz Kriegern und Helden entgegenwinkt. Neben ihnen findet sich ferner eine ganze Reihe von Göttern zweiten und dritten Ranges, teils aus alter Zeit ererbt und umgestaltet, teils auch neu entstanden: so die *Lokapala* oder die Hüter der acht Weltgegenden, *Agni* der Feuergott, *Varuna* der Wassergott, *Kubera* der Gott des Reichtums, *Yama* der Todesgott, *Ganesha* der Gott der Wissenschaften, *Karttikeya* der Kriegsgott, *Shri* oder *Lakshmi* die Göttin der Schönheit und des Glückes, *Durga* oder *Parvati* die furchtbare Gemahlin des *Shiva*; daneben auch, sehr verblaßt, *Soma*, *Vayu* und *Surya*; dann die göttlichen Genien und Geister, die musikliebenden *Gandharven* und die üppigen *Apsarasen*, die Bewohner des Indra-Himmels, die *Kinnaras* und *Yakshas*, die *Siddhas*, *Caranas* und *Vidyadharas*; die *Schlangengötter*, die bösen Geister, Gespenster und Riesen, die *Rakshasas* und ihre Genossen. Allen voran stehen aber doch immer an Macht und Bedeutung jene drei großen Götter.

Die Erhöhung Vishnus zum großen, hoch über andere emporragenden Gott ging wahrscheinlich schon in den ersten Jahrhunderten nach Buddhas Tode, d.h. im fünften und vierten Jahrhundert vor sich, denn um das Jahr 300 v. Chr. war diese Bewegung wohl bereits zum Abschluß gekommen oder doch weit vorgerückt, das lehren uns die Mitteilungen des Megasthenes.

Die Brahmanen, welche den Kultus des Vishnu und der mit ihm identifizierten Volksgötter beförderten, taten inzwischen noch einen weiteren, eminent wichtigen Schritt auf diesem Wege. Sie nahmen in das Dogma von dem großen Gotte Vishnu die Lehre von den Inkarnationen oder Verkörperungen, den sogenannten Avataras, d.h. „Herabsteigungen", auf. Wichtig war vor allem die Identifikation Vishnus mit den beiden gepriesensten Helden, deren Andenken die Völker des Gangeslandes feierten, deren Taten sie in ihren epischen Gedichten verherrlichten – dem *Krishna* des *Mahabharata* und dem Rama des Ramayana, resp. die Lehre, daß Krishna sowie Rama als Verkörperungen, als Menschwerdungen des großen Gottes Vishnu aufzufassen seien.

Hatten die Brahmanen früher in ihren Spekulationen den höchsten Gott aller persönlichen, menschlichen Eigenschaften entkleidet und in ein neutrales Absolutum aufgelöst, so gingen sie jetzt nach der anderen Seite ins Extrem, ließen die Reaktion des religiösen Anthropomorphismus gegen jene Richtung auf äußerste Abstraktion um so gründlicher sein. Denn nicht genug, daß sie den höchsten Gott wieder mit Entschiedenheit anthropomorphisierten, ihn persönlich und menschlich gestalteten, sie lehrten auch, daß dieser höchste Gott selbst als Mensch auf Erden gewandelt und daß er die Völker des Gangeslandes begnadet habe, als ihr nationaler Heros wiederholt leibhaftig zu erscheinen und ihnen seine Güte und Größe wie ein Freund und Verwandter zu beweisen.

Krishna war ursprünglich der nationale Held des Volkes der Yadava, welches, in mehrere Stämme zerfallend, im Süden von der Yamuna ansässig war. Diese Yadava, hauptsächlich ein Hirtenvolk, spielen neben den ihnen benachbarten und verwandten Völkern der Matsya, Shurasena und Pancala eine nicht unbeträchtliche Rolle in dem gewaltigsten Epos der Inder, dem Mahabharata. Sie treten hier als Helfer und Verbündete der Panduiden auf, denen ihr Held Krishna sehr wesentlich mit zu dem Siege über die Kuruiden verhilft. Diesen epischen Sagen liegt ohne Zweifel ein historischer Kern zugrunde. Wir werden schließen dürfen, daß die Yadava in der Tat als mächtige und einflußreiche Bundesgenossen demjenigen Stamme oder Geschlecht zur Seite gestanden, welches sich die Herrschaft im Gangeslande in feindlichem Gegensatz gegen das altberühmte Geschlecht der Kuruiden erstritt, und wir werden es billig und natürlich finden, daß diese neuen Herrscher von Madhyadesha die Verehrung des nationalen Heros ihrer Verbündeten gern zu fördern und zu verbreiten bereit waren, gern den Nimbus des Helden, welcher nun auch ihr Held geworden war, noch zu erhöhen sich bestrebten.

Will man die ursprüngliche Gestalt des Helden Krishna, wie er bei den Yadava gefeiert wurde, sich vor Augen führen, so muß man sich bemühen, die älteren Züge der Sage von den späteren, zum Teil tendenziösen Zusätzen zu scheiden, was in vielen Fällen sich mit Evidenz tun läßt. Krishna erscheint in der alten Sage als der Sohn eines Kuhhirten Nanda und erhält als solcher den Namen Govinda oder Besitzer der Kühe. Er erscheint als Anführer von Gopas oder Hirtenscharen, mit denen er Königen zu Hülfe zieht. Eine spätere Zeit liebte es, insbesondere dieses Hirtenleben des Krishna oder Govinda mit üppigen erotischen Tändeleien auszufüllen, im Tanz und Scherz mit den Scharen der reizenden Hirtinnen. So sehen wir ihn später namentlich in dem schönen lyrisch-dramatischen Idyll Gitagovinda vorgeführt. Die ältere Sage weiß von diesen pikanten Abenteuern wenig, sie berichtet dagegen von Heldentaten, sie erzählt, wie der Hirtensohn Könige und Helden besiegt und vernichtet. Besonders viel gefeiert war seine Bezwingung und Tötung des Yadava-Königs *Kansa* von Mathura. Aber auch sonst wird ihm manche Heldentat nachgerühmt. Er hatte den bösen Stier, der die Rinder tötete, bezwungen, hatte den großen Asura Pitha erschlagen, hatte Jarasamdha, den mächtigen König von Magadha und noch so manche andere gefährliche Gegner besiegt.

Bei den Taten und Ratschlägen, die das Mahabharata von Krishna berichtet, zeigt er sich in der Wahl seiner Mittel keineswegs skrupulös, wendet ohne Scheu List und Trug an, um die Gegner zu fällen, kämpft mit Verschlagenheit und Treulosigkeit nicht minder als mit der Kraft der Arme und offenbart also sehr menschliche Schwächen und sehr wenig von der Natur eines höchsten und heiligsten Gottes, welche später in ihn hineingedichtet wurde. Neben jenen Zügen der älteren Sage bietet uns aber das Mahabharata andere Abschnitte, in welchen Krishna bereits vergöttert und als eine Inkarnation des Vishnu dargestellt wird. Schroff und unvermittelt stehen sich diese seltsamen Gegensätze gegenüber, und es erleidet kaum einen Zweifel, daß das große Epos, welches zu einem bedeutenden Teil zweifelsohne alte Sagen vorführt, später eine Überarbeitung im Sinne der speziellen Vishnu-Verehrung erfahren hat, wobei man sich bemühte den Helden Krishna als Inkarnation des großen Gottes darzustellen. Die Pandava, die Helden des Mahabharata, erscheinen als Beförderer des Krishna-Dienstes.

Es scheint nach alledem, daß die Brahmanen, welche den Kultus des Vishnu zu verbreiten strebten, die Verehrung des Helden Krishna, die beim Volke, bei Königen und Kriegern wichtiger Stämme des Gangeslandes feste Wurzeln hatte und beliebt war, in dem Sinne akzeptierten und benutzten, daß sie auch jenen Helden wieder mit ihrem Gotte identifizierten.

Ähnliches gilt nun auch von dem Helden des zweiten großen Epos der Inder, dem Rama des Ramayana. Auch er, ursprünglich ein durchaus menschlicher Held, wird als Verkörperung des Vishnu dargestellt; aber in Stücken, welche offenbar jüngeren Datums sind; und auch hier liegt ohne Zweifel die Tendenz vor, die Liebe und Verehrung, welche der Held Rama im Volke genoß, auf einem Umwege wieder Gott Vishnu zuzuwenden.

In den epischen Gedichten, sagt Lassen, „erscheinen Rama und Krishna zwar als Verkörperungen des Vishnu, aber zugleich als menschliche Heroen, und diese zwei Vorstellungen sind so wenig mit einander verschmolzen, daß beide gewöhnlich nur wie andere höher begabte Menschen auftreten, nach menschlichen Motiven handeln und ihre göttliche Überlegenheit gar nicht geltend machen; nur in einzelnen, eigens zur Einschärfung der Göttlichkeit hinzugefügten Abschnitten treten sie als Vishnu hervor. Man kann beide Gedichte nicht mit Aufmerksamkeit lesen, ohne an die spätere Hinzufügung dieser vergötternden Abschnitte, an ihre oft ungeschickte Einführung, ihre lose Verbindung und ihre Entbehrlichkeit für den Fortgang der Erzählung erinnert zu werden. Krishna ist, auch wie das Mahabharata jetzt uns vorliegt, nicht der Hauptheld des Gedichts; dieses sind die Pandava. Er gehörte gewiß schon zur ursprünglichen Pandavasage, aber als Held seines Stammes und nicht höher stehend als die Pandava; seine Erhebung über die Nebenhelden gehört späteren Bemühungen, durchdringt aber nicht das ganze Werk, und nur in sehr seltenen Stellen haben die späteren Bearbeiter gewagt, das Bharata das heilige Buch von Krishna zu nennen."

Das Mahabharata erzählt, daß die Götter den Vishnu baten, sich auf Erden gebären zu lassen. Da zieht er sich zwei Haare aus, ein weißes und ein schwarzes. Diese Haare gehen in zwei Yadava-Frauen, die Weiber des Vasudeva, ein. Aus dem weißen wird Balarama, der Bruder des Krishna, geboren, aus dem schwarzen Krishna. Auf diese Teilung wird aber weiterhin keine Rücksicht genommen, vielmehr erscheint Krishna als der ganze Gott Vishnu in eigener Person. Er ist der höchste Gott, obschon die von ihm berichteten Taten sehr oft keineswegs den Stempel sittlicher Reinheit tragen. Es heißt von Krishna, daß zu Anbeginn der Welt Brahma, welcher das All ist, aus dem Lotus seines Nabels entsprungen sei, daß alle Götter aus ihm hervorgegangen seien und ihm gehorchen. Brahma selbst sagt zu den Göttern: „Ihr müßt diesen Vasudeva, dessen Sohn ich, Brahma, der Herr der Welten bin, verehren. Nimmer, o ihr großen Götter, darf der mächtige Träger der Muschel, des Diskus und der Keule für einen einfachen Menschen geachtet werden. Dies Wesen ist das höchste Mysterium, die höchste Existenz, der höchste Brahma, die höchste Macht, die höchste Freude, die höchste Wahrheit. Dies Wesen ist der Unvergängliche, der Ununterscheidbare, der Ewige. Vasudeva (Krishna), von unbegrenzter Macht, darf deshalb nicht von den Göttern, auch von Indra nicht oder von den Asura als nur ein Mensch mißachtet werden. Wer sagt, daß er nur ein Mann sei, dessen Verständnis ist verkehrt; wer den Krishna verachtet, den wird man den niedrigsten der Menschen nennen. Wer Vasudeva verachtet, der ist voll Finsternis. Wer den glorreichen Gott nicht kennt, dessen Selbst die Welt ist, der ist voll Finsternis. Der Mann, welcher dieses große Wesen verachtet, das Krone und Juwel trägt, das seine Verehrer von Furcht befreit, der ist in tiefe Finsternis gestürzt."

Diese Aussprüche machen den Eindruck einer leidenschaftlichen Verteidigung oder Propaganda; sie entstammen darum wohl einer Zeit, in welcher noch eifrig für weitere Verbreitung der Krishna-Verehrung gekämpft wurde. Wir sehen in denselben den Krishna-Vishnu sogar über Brahma erhoben, der sich willig vor ihm beugt. Und das war auch eigentlich nur die natürliche Folge jener Strömung, die den Vishnu zum höchsten Gott erhob. Auch Brahma, mußte zuletzt in ihm aufgehen. Vishnu ist über alle anderen Götter hinausgewachsen, hat den Thron des Brahma eingenommen. Diese Auffassung tritt nun auch deutlich aus manchen anderen Stellen des Mahabharata hervor. Dort heißt es: „In ihm, dem Herrn aller Wesen, sind alle Wesen als seine Eigenschaften enthalten, wie Edelsteine auf die Schnur gereiht; auf ihm ruht das seiende und nicht seiende All. Hari (Vishnu) mit tausend Häuptern, tausend Füßen, tausend Augen glänzt mit tausend Gesichtern; er, der Gott, der über alles hinausragt, der Kleinste der Kleinen, der Weiteste der Weiten, der Größte der Großen, der Hervorragendste der Hervorragenden, ist die Seele von allen; er, der alles Wissende, der alles Kennende, ist der Hervorbringer von allem; in ihm schwimmen die Welten, wie Vögel im Wasser. Vishnu ist ohne Anfang und ohne Ende, die Quelle der Existenz aller Wesen. Von dem tausendarmigen Vishnu, dem Haupt und dem Herrn der Welt, entsprangen alle Wesen im Anfang der Zeiten, in ihn kehren sie zurück am Ende der Zeiten. Hari ist der ewige Geist, glänzend wie Gold, wie die Sonne am wolkenlosen Himmel. Brahma, ist aus seinem Leibe entsprungen und wohnt mit den übrigen Göttern in seinem Körper; die Lichter des Himmels sind die Haare seines

Hauptes. Ihn, den lotusäugigen Gott, preiset der ewige Brahma, ihn beten die Götter an.“

So ist Vishnu denn auch der große Gott der pantheistischen Weltauffassung geworden. Alle Herrlichkeit, die einst dem Atman-Brahman nachgerühmt wurde, wird jetzt auf Vishnu übertragen. In der Bhagavadgita, jener berühmten Episode des Mahabharata, offenbart sich Vishnu-Krishna dem Arjuna auf dessen Bitte in seiner wahren Gestalt. Da erscheint er hoch zum Himmel emporragend, mit einer Menge von Köpfen, Armen und Augen, ohne Anfang, Mitte und Ende, eine unzählige Menge von Leibern und Gestalten in sich bergend. Alle Götter, und die Scharen der verschiedenen Geschöpfe, alle Weisen der Vorzeit, alle Helden, die himmlischen Schlangen, ja Brahma selbst auf seinem Lotussitze erscheinen im Leibe des Allgewaltigen, sind nichts als Teile seines unermeßlichen, staunen- und schreckenerregenden Leibes.

Den Brahmanen aber hatte doch früher schon ein anderer Gott als der höchste gegolten und sie ließen ihn nicht fallen, wenn sie auch aus verschiedenen früher entwickelten Gründen die Vishnu- und Shiva-Verehrung eifrig pflegten: Das war *Brahma*, der große Gott, der schon in seinem Namen seinen innigen Zusammenhang mit den Brahmanen bekundet und als ihr Ahnherr gilt. Die Verehrung des Brahma als höchsten Gott war gleichsam als letztes Resultat aus der gesamten religiös-philosophischen Entwicklung der vedischen Periode hervorgegangen; und wenn auch dieser Gott im Volke keinen Boden hatte, wenn auch sein Kultus nie eigentlich populär werden konnte, so ließen die Brahmanen dennoch nicht ab von ihm, den sie einmal als höchsten Herrn erkannt und verkündigt hatten. Er blieb bestehen in seiner Würde auch neben Vishnu und Shiva.

Die Verehrung des *Brahma, Vishnu und Shiva*, die nebeneinander alle drei als höchste Götter gelten, nennen wir *das System der drei großen Götter*.

In ihrem Ursprung, wie wir gesehen haben, sehr von einander verschieden, behauptet doch jeder von ihnen unabhängig seine Würde.

Brahma ist in seiner Eigenschaft als großer Gott der älteste unter den dreien. Er gehört bereits durchaus der alten epischen Poesie an, spielt in den älteren Partien des großen Epos seine Rolle, während die Verherrlichung Vishnus und Shivas als höchste Götter vielmehr in jüngeren Teilen desselben hervortritt.

Im Mahabharata erscheint Brahma als das personifizierte Schicksal und Orakel der Götter. In erhabener Ruhe thront er auf seinem Herrschersitz und steht den Göttern mit seinem Rate bei, die sich in jeder Bedrängnis zu ihm als ihren Schutz und Hort flüchten. Er kennt nicht nur das Vergangene, sondern auch die Zukunft und weiß den Göttern stets das geeignete Mittel an die Hand zu geben, um sich aus der Verlegenheit zu helfen; doch greift er selbst nicht handelnd ein.

In allen alten Stücken dieser Art, sagt Holtzmann, „ist nicht nur der allgemeine Verlauf derselbe, sondern auch der Ausdruck im Einzelnen: Die Götter kommen durch einen Asura oder durch einen büßenden Heiligen in Bedrängnis, sie wenden sich an Brahma, welcher sitzend und lächelnd, wie etwa ein Großvater die kleinen Leiden seiner Enkel anhört, ihre Klagen entgegennimmt und, nachdem er einen Augenblick nachgedacht, ihnen die Mittel anweist, wie sie dem Übelstande abhelfen können; wobei er regelmäßig erklärt, er habe diesen Unfall schon lange vorhergesehen und auch die Abhülfe schon gefunden. Aber die Ausführung überläßt er den Göttern." Er tritt aus seiner beschaulichen Ruhe nicht heraus.

Brahma erscheint im großen Epos als Lehrer und als der Herr der Götter, die nur unter seiner Autorität ihre Herrschaft ausüben.

Er ist der *Schöpfer der Welt* und viele Namen feiern ihn als solchen. Eine entschieden jüngere, speziell vishnuitische Darstellung ist die, daß Brahma die Welt im Auftrage des Vishnu erschaffen habe. Sie erscheint an mehreren Stellen des großen Epos und ist dort jedenfalls erst später eingedrungen. Die vishnuitische Bearbeitung des Mahabharata konnte Brahma, seinen alten Ruhm als Weltenschöpfer doch nicht nehmen und suchte die Superiorität Vishnus nun in der Weise zu wahren, daß sie Brahma , als in Vishnus Auftrag handelnd darstellt.

Von Brahma stammt die *Ordnung* der Welt; er erhält und regiert sie. Von ihm stammt *Recht* und *Sitte*, und er hält sie aufrecht. Er hat die *Ehe* gestiftet, das *Königtum* eingesetzt und die *Kastenordnung* geschaffen.

Am nächsten stehen ihm natürlich die Brahmanen. „Nichts geht über einen Brahmanen" – soll der große Gott selbst gesagt haben. Er hat der Sage nach die Erde einem Brahmanen geschenkt, und trotz ihres Widerspruchs muß sie sich zuletzt darin finden.

Von Brahma stammt auch das Opfer, der ganze Kultus her; von ihm die Buße, deren gewaltige Macht das indische Mittelalter so über alles Maß verherrlicht. Brahma ist es auch, der die heiligen Veden geschaffen. Er ist ewig, allwissend und heilig.

Wenn der große Gott als *Weltenseele* gefeiert wird, aus der alles hervorgegangen und in die alles wieder zurückflutet, dann erscheint er auch im Mahabharata als ein Neutrum, als das *Brahman*. Und dies ist zweifellos die alte und ursprüngliche Auffassung. Aus jenem, in alter Zeit gefeierten neutralen Brahman, dem Absolutum, der Weltseele, hat sich ja, wie wir gesehen, erst der männliche Gott Brahma entwickelt, ist aus ihm geworden.

Brahma erscheint in der bildlichen Darstellung mit vier Köpfen, vier Gesichtern, welche den vier Veden entsprechen. Er hat vier Arme; in einem derselben hält er die heiligen Schriften, im zweiten einen Rosenkranz, im dritten ein Opfergefäß oder einen Almosentopf, im vierten einen Opferlöffel. So ist in ihm der fromme Asket symbolisiert. Er thront in seinem Himmel auf einem *Lotussitze*. Ihm ist der Lotus heilig und der Schwan. Seine Gattin ist Sarasvati, die Göttin der Rede, des Lernens und Lehrens.

Von einem eigentlichen Kultus des Brahma ist kaum die Rede. Das liegt in seinem abstrakt philosophischen Ursprung und seinem ganzen Charakter begründet. Nur wenige, vereinzelte Tempel sind in dem ganzen großen Indien ihm geweiht gewesen, und so ist es bis auf den heutigen Tag geblieben, während die Tempel des Vishnu und Shiva nach Tausenden und Abertausenden zählten und heute noch zählen.

Im Mahabharata sehen wir an Stellen, welche auf höheres Alter und reinere Überlieferung Anspruch machen dürfen, Vishnu und Shiva noch dem Brahma untergeordnet auftreten. Sie verehren ihn, wenden sich ebenso wie die anderen Götter an ihn um Rat und führen aus, was er ihnen aufträgt.

Aber weit größer ist die Zahl der Stellen, wo eine umgekehrte Auffassung, die jedenfalls jüngeren Datums ist, in dem großen Epos Platz gegriffen hat, wo Brahma als dem Shiva, resp. dem Vishnu untergeordnet dargestellt wird.

An shivaitisch gefärbten Stellen des Mahabharata heißt es, daß Shiva der Schöpfer und Herr des Brahma, Vishnu und der anderen Götter sei; daß er, und nicht Brahma die Welt geschaffen habe. „Du, Shiva, bist es, den sie für Brahma halten, in dir sind alle Götter enthalten wie die Kühe im Kuhstalle", heißt es einmal. Shiva ist geradezu Brahma selbst, er ist auch das höchste Brahman, jenes neutrale Absolutum, aus dem alles stammt. Aber dennoch tritt auch an manchen derartigen Stellen, die den Shiva über alle anderen Götter heben, deutlich zutage, daß diese seine hohe Stellung jüngeren Ursprungs ist. Ganz naiv gibt uns der Dichter dies zu erkennen. Brahma kommt erst durch langes Nachdenken zur klaren Erkenntnis von Shivas Wesen, erklärt ihn dann für den höchsten Gott und betet ihn an. An einer Stelle des Mahabharata erscheint Shiva als kleines Kind, das die anderen Götter nicht erkennen. Indra will den Donnerkeil nach ihm schleudern, aber sein Arm erlahmt. Da belehrt Brahma sie, dies sei Shiva, der höchste Gott, den sie verehren und um Gnade bitten müßten.

An vishnuitisch gefärbten Stellen des Epos heißt es, daß Vishnu selbst den Brahma überrage. Brahma betet ihn an, opfert ihm und erkennt ihn ausdrücklich als höchsten Gott, als seinen und der Welt Schöpfer an. Über dem Himmel des Brahma erhebt sich der des Vishnu. Wiederholentlich wird Vishnu als der pantheistische Gott, als die Weltseele gefeiert, wie früher Brahma. Bei dieser Auffassung erscheint Brahma als ein Teil des Vishnu, wohnend im Nabel des Vishnu. – Aber auch hier finden wir Stellen, aus denen man deutlich sehen kann, daß Vishnus hohe Stellung jüngeren Ursprungs ist. Auch Vishnu erscheint mehrmals als den übrigen Göttern noch unbekannt und unverstanden, und Brahma ist es dann, der die anderen über das wahre Wesen des Vishnu als höchsten Gottes belehrt.

Gerade die Hinneigung zum Vishnuismus ist in den großen epischen Gedichten, so wie dieselben uns gegenwärtig vorliegen, besonders stark ausgeprägt und tritt auch namentlich in der Annahme zutage, daß die Hauptheiden dieser Gedichte, Rama und Krishna, selbst Verkörperungen des Vishnu seien. Aber Brahma bleibt dennoch in seiner Würde bestehen, Shiva gilt als dritter großer Gott, und diejenigen Abschnitte, welche den Vishnu ausschließlich verherrlichen, ihn zum höchsten und einzigen Gotte machen wollen, sind jüngeren Datums und stehen im Widerspruch mit älteren Teilen. Beachtet man diese letzteren wohl und überblickt die Epen im großen und ganzen, so kommt man zu dem Schluß, daß sie eben die *Religion der drei großen Götter*, Brahma, Vishnu und Shiva, verkünden, von denen ein jeder an seinem Ort als der höchste Gott gefeiert wird.

Dies *System der drei großen Götter* ist wohl zu unterscheiden von der Lehre einer wirklichen Dreieinigkeit oder Trimurti, wie sie erst bedeutend später auftaucht.

Wir haben gesehen, daß Shiva mit Brahma identifiziert wird, daß man Brahma in Vishnu sucht, daß auch eine Vereinigung von Shiva und Vishnu versucht wird, wenn auch erst in den jüngsten Stücken des großen Epos. Dies alles sind Gedanken, welche die Dreieinigkeitslehre anbahnen, aber diese selbst ist damit doch noch nicht gegeben:

Jene drei großen Götter standen ungefähr gleich hoch, gleichwertig nebeneinander. Der Versuch, sie alle drei irgendwie miteinander zu vermitteln oder zu vereinigen, lag am Ende nicht so ganz ferne, aber dieser Gedanke ist im Mahabharata doch noch so gut wie gar nicht vertreten. Eine einzige, offenbar ganz junge Stelle führt Holtzmann aus dem ganzen großen Mahabharata an, welche, wie es scheint, allerdings den Dreieinigkeitsgedanken deutlich ausspricht: „Es erschafft die Brahman-Gestalt, es erhält die Form als Purusha, mit der Natur des Rudra zerstört er, dies sind die drei Zustände des Herrn der Geschöpfe." Noch deutlicher zeigt sich diese Idee der Trimurti in einer Stelle des Harivamsha, eines epischen Werkes, welches als Nachtrag zum Mahabharata gilt und jedenfalls beträchtlich jünger ist als dieses. Dort heißt es (10662): „Er, der Vishnu ist, ist auch Shiva, und er, der Shiva ist, ist auch Brahma: ein Wesen, aber drei Götter, Shiva, Vishnu, Brahma."

Das ist die Idee der *Trimurti* oder Dreieinigkeit – es sind drei Götter und doch nur ein Gott: *Brahma* ist der Schöpfer, *Vishnu* der Erhalter, *Shiva* der Zerstörer.

EINFÜHRUNG IN DIE BHAGAVADGITA

Äußerlich betrachtet erscheint die Bhagavadgita als eine Episode des großen Epos Mahabharata, dem sechsten Buche desselben angehörend, eine Episode, die in der orginellsten, ja in wahrhaft indischer Weise der Erzählung eingefügt ist:

Krishna, eine Inkarnation des Gottes Vishnu, geleitet den Panduiden Arjuna als dessen Wagenlenker in den großen Kampf der Kuru und Pandu-Söhne. Als Arjuna seine Verwandten, Freunde und Lehrer vor sich in den Reihen der Feinde erblickt, zögert er vorzugehen, wird unschlüssig und kleinmütig. Wie soll er mordend vorgehen gegen diese ihm nahestehenden Menschen? Da ermahnt ihn Krishna, solche Bedenken fahrenzulassen und seine Pflicht als Kämpfer zu tun. Es entspinnt sich ein Gespräch und Krishna entwickelt nun angesichts beider Heere in achtzehn Gesängen dem Arjuna seine ganze Welt- und Lebensanschauung, aus welcher die Pflicht, handelnd vorzugehen, als praktische Konsequenz resultiert.

> Tu deine Pflicht!
> Nach dem Erfolg des Handelns frage nicht!

Das ist das Leitmotiv dieser Lehre. Den ewigen heiligen Geboten der Moral folgend sollen wir unentwegt tapfer handelnd unsere Pflicht erfüllen, unbekümmert darum, wie schwer es uns ankommt; nie danach fragend, welcher Erfolg uns dabei erblühen möchte. Dann winkt uns zuletzt als schönster Lohn „die höchste Bahn", d.h. der Eingang zu der ewigen heiligen Gottheit, die die Grundlage der gesamten Weltordnung bildet und auch uns allen unsere Pflichten gesetzt hat.

Die Ereignisse, welche den Hauptinhalt des *Mahabharata* bilden, reichen in ein hohes Altertum zurück. Der Kernpunkt des Epos besteht in dem Kampfe der Kuru und der Pancala, welche beiden Völker zuletzt friedlich miteinander zu einem Volke vereinigt werden. Da nun schon in den Yajurveden die Kuru-Pancala zu einem Volk verbunden auftreten und gerade diese Vereinigung das Resultat jener Kämpfe ist, da ferner in einem der ältesten Yajurveden, im Kathaka nämlich, eine der Hauptgestalten des Mahabharata, König Dhritarashtra Vaicitravirya als eine bekannte Person genannt wird, so müssen jene Kämpfe, die das Epos schildert, jedenfalls vor der Zeit des Yajurveda, d.h. also wohl vor d. J. 1000, spätestens im 10. Jahrhundert v. Chr. stattgefunden haben.

Wann die epische Dichtung sich dieses Stoffes bemächtigt, wann zuerst die Taten und Leiden jener Helden im Liede besungen wurden, das läßt sich natürlich nicht sicher feststellen. Es ist indessen nicht nur möglich, sondern sogar wahrscheinlich, daß schon bald nach jenen großen Ereignissen Berichte davon dem lauschenden Volke vorgetragen wurden, die dann immer reicher und voller von der dichtenden Sage umrankt und verschönt als ein werter, wenn auch nicht unveränderlicher Besitz von einer Generation auf die andere forterbten.

Bei feierlichen Gelegenheiten, festlichen Versammlungen des Volkes oder großen Opfern, die die Könige abhielten, pries dann der Sänger die Taten der Vorzeit und klagte um die gefallenen Helden. Es leidet wohl keinen Zweifel, daß in jener alten Zeit die Überlieferung der Sage nur eine mündliche war. Direkt ist uns darum von jener alten epischen Dichtung nichts erhalten und weniges mag wohl unverändert geblieben sein. Das Mahabharata aber hat eine solche, durch Jahrhunderte fortgepflanzte Sagendichtung zur notwendigen Voraussetzung, in ihm ist ein gewaltiger Reichtum epischer Tradition zusammengeströmt, und vieles Alte ist hier in seinem wesentlichen Charakter unversehrt und unverfälscht erhalten.

Der Name des *Mahabharata* bedeutet „das große, auf die Bharata sich beziehende, von ihnen handelnde Gedicht". Die Bharata aber waren ein altberühmter indischer Stamm, der schon in den Liedern des Rigveda bedeutsam hervortritt. Sie waren es, die das Land des oberen Ganges und der Yamuna, der Sarasvati und Drishadvati besetzten und von hier aus – nachdem sie sich vielleicht mit noch einigen anderen vedischen Stämmen verschmolzen hatten – eine für die indische Kultur maßgebende Bedeutung gewannen. Einen ihrer alten Herrscher nennen sie Kuru, und nach ihm wird das Herrschergeschlecht das der Kuru, Kaurava oder Kuruiden genannt; dieser Name überträgt sich mit der Zeit auf das ganze Volk und verdrängt zuletzt sogar den alten Namen Bharata. Ihr Land heißt Kurukshetra, das Kuru-Land, und ist uns ja bereits früher als Heimat des Yajurveda, als Ursprungsland der eigentlich brahmanischen Kultur, als das heiligste Gebiet nach Ansicht der Brahmanen, bedeutsam entgegengetreten.

Die Fabel des großen Epos besteht der Hauptsache nach in folgendem:

Im Lande der Bharata, in Hastinapura, der „Elefantenstadt", herrschte König Cantanu, aus dem Geschlechte des Kuru. Dieser hatte bereits einen Sohn, namens Bhishma, den er zum Yuvaraja oder jungen König, zum Mitregenten und Nachfolger weihen ließ. Da erblickte der schon alternde König am Ufer der Yamunt, die schöne Satyavati, Tochter des Königs Vasu von Magadha, und von ihrem Liebreiz gefesselt begehrte er dieselbe als sein Weib heimzuführen. Satyavati war aber schon früher von dem Rishi Parashara, der ihr auf einer Pilgerfahrt begegnete, geliebt worden und hatte ihm einen Sohn – Vyasa – geboren, denselben, welcher als Ordner der Veden und als Verfasser des Mahabharata gilt, zugleich aber in dem Gedichte selbst eine bedeutsame Rolle spielt. Satyavatis Vater wollte die Tochter nur dann dem Cantanu zum Weibe geben, wenn deren Sohn dereinst das Reich erben würde, und Cantanu kehrte, da er diese Bedingung um Bhishmas willen doch nicht erfüllen konnte, bekümmert heim. Als Bhishma nun den Grund der Trauer seines Vaters erfuhr, beschloß er edlen Sinnes, auf Krone und Reich zu verzichten, niemals zu heiraten und das Leben eines Brahmacarin zu führen. Er machte sich selbst auf, um für den Vater um Satyavati zu werben, und da er feierlich jenen Verzicht gelobte, stand der Werbung kein Hindernis im Wege.

Satyavati wurde nun mit Cantanu vermählt und gebar demselben zwei Söhne, Citrangada und Vishitravirya. Nachdem der Vater und der ältere der beiden Brüder gestorben, weihte Bhishma den Vishitravirya zum König und vermählte ihn mit zwei Töchtern des Königs von Kagi. Leider aber starb Vishitravirya schon in jungen Jahren, ohne Nachkommenschaft. Nun herrschte große Trauer, denn die Gefahr war nahe, daß der Stamm der Kuru erlösche, da sich Bhishma, der einzig Überlebende, durch ein Gelübde zur Ehelosigkeit verpflichtet hatte. In dieser Not griff Satyavati zu jenem Mittel, welches auch im Gesetzbuch des Manu gebilligt wird, – daß nämlich der Witwe eines kinderlos gestorbenen Mannes durch deren Schwager Kinder geschenkt werden dürfen. Sie berief den weisen Vyasa, ihren Sohn, den sie dem Parashara geboren und der also ein Halbbruder des verstorbenen Vishitravirya war. Mit Bhishmas Zustimmung gebot sie ihm, den beiden Witwen seines Bruders Kinder zu erwecken. Als nun Vyasa in der Büßertracht, mit den Haarflechten, blitzenden Augen und dichten Augenbrauen, beim Scheine der Lampe der ersten Witwe nahte, erschrak dieselbe und schloß die Augen. Darum wurde der von ihr geborene Sohn Dhritarashtra blind. Als sich der Heilige dann der zweiten Witwe nahte, erbleichte dieselbe, und der Sohn, den sie gebar, Pandu, wurde ein bleicher Mann.

So waren nun wiederum zwei Stammhalter des Geschlechtes da, Dhritarashtra und Pandu. Dhritarashtra vermählte sich mit der Gandhari, Tochter des Königs der Gandhara am Indus. Diese gebar ihm den Duryodhana, der auch Suyodhana genannt wird, und noch viele andere Söhne, zusammen 100 an der Zahl. Pandu wurde von der Pritha oder Kunti, Tochter des Fürsten der Bhoja, bei der Selbstwahl zum Gatten gewählt; sie gebar ihm an demselben Tage, wo Duryodhana das Licht der Welt erblickte, den Yudhishthira, ferner den Arjuna und den Bhima. Pandu gewann noch ein zweites Weib, Madri, die Schwester des Fürsten der Madra, und diese gebar ihm Zwillinge, den Nakula und den Sahadeva. Die Sage umgibt diese fünf Pandusöhne aber noch mit einem besonderen Nimbus, indem sie behauptet, daß dieselben eigentlich von Göttern gezeugt seien, und zwar soll Yudhishthira den Dharma, Gott der Gerechtigkeit, zum Vater gehabt haben, Arjuna den Indra, Bhima den Vayu, Gott des Windes, die beiden Zwillinge Nakula und Sahadeva sollen von den beiden Ashvinen stammen.

Da Dhritarashtra blind war, wurde der jüngere Bruder Pandu zum König von Hastinapura eingesetzt und regierte mit Kraft und Geschick. Er war ein gewaltiger Krieger, und das Reich wurde groß und mächtig unter ihm. Aber noch jung an Jahren zog er mit seinen Frauen in den Himalaya und starb daselbst.

Nun übernahm der blinde Dhritarashtra die Regierung über das Reich der Bharata. Auch Kunti kam mit den fünf Söhnen des Pandu nach Hastinapura, und Dhritarashtra nahm dieselben zu sich in den Palast, um sie erziehen und in allen ritterlichen Künsten unterrichten zu lassen. Bei einem großen Wettkampfe, den König Dhritarashtra veranstaltete, zeichneten sich die Pandusöhne vor allen anderen in der Führung der Waffen aus. Bald bewährten sie ihr Heldentum noch nachdrücklicher, indem sie dem Dhritarashtra zum Siege über das Volk der Pancala verhalfen, welche den Duryodhana zuvor geschlagen hatten. Dies bewog den Dhritarashtra, Yudhishthira den ältesten der Pandusöhne, zu seinem Nachfolger zu bestimmen, wodurch sein eigener Sohn Duryodhana, an Alter jenem vollkommen gleich, da sie an demselben Tage geboren waren, von der Thronfolge ausgeschlossen wurde. Dieser aber wollte sich das Reich nicht rauben lassen und bewirkte es endlich bei dem schwachen und bestimmbaren Dhritarashtra, daß die Pandusöhne nach Varanavata, einer acht Tagereisen von Hastinapura an der Ganga gelegenen Stadt, verwiesen wurden. Dort suchte er sich ihrer auf heimtückische Weise zu entledigen, indem er ihr Haus bei nachtschlafender Zeit anzünden ließ. Aber sie entkamen den Flammen und retteten sich in die Wildnis.

Ein Zufall brachte ihnen die Kunde, daß Drupada, der König des Pancala-Volkes, seine Tochter demjenigen Helden zum Weibe geben wolle, der imstande wäre, seinen großen Bogen zu spannen und ein bestimmtes Ziel zu treffen. Könige und Helden versuchen dort vergeblich das schwere Werk, da erscheinen die Pandusöhne, als Brahmanen verkleidet, und Arjuna gelingt es, den Bogen zu spannen und das Ziel zu treffen. Nun gehört die Draupadi ihnen. Aber alle fünf Brüder hatten sich in das schöne Mädchen verliebt, und damit nun kein Zwist unter ihnen entstehe, beschließen sie, daß Draupadi ihre gemeinschaftliche Frau sein und abwechselnd einem jeden der Brüder gehören solle. Dieser Beschluß wird durch den heiligen Vyasa gerechtfertigt, der ihnen mitteilt, daß es der Draupadi bei einer früheren Geburt durch Shiva bestimmt sei, dereinst fünf Männer zu erhalten.

Durch diese Heirat sind die Pandusöhne fortab auf das engste mit dem Könige der Pancala verbunden. Zugleich aber fand noch eine andere, für die Pandava folgenreiche Verbindung statt.

Bei der Selbstwahl der Draupadi lernten sie Krishna, den Helden der Yadava, kennen, der sich ihnen alsbald freundschaftlich geneigt erweist, sie beschützt und von dieser Zeit an ihr treuester Freund und Berater bleibt. Diese Verbindung mit Krishna und mit dem Könige der Pancala bildet den wichtigsten Wendepunkt in der Geschichte der Pandusöhne.

Als die Kuru von diesem Doppelbündnis Kunde erhielten, fürchteten sie sich vor der Macht der Pancala und Yadava und beschlossen, die Pandava wieder zu versöhnen. Auf Bhishmas Rat teilte Dhritarashtra das Reich und überließ die eine Hälfte desselben den Pandusöhnen. Diese gründeten in ihrem Anteile die Stadt Indraprastha an der Yamuna und residierten daselbst. Von hier aus besiegten sie viele andere Fürsten und Völker und regierten mit großer Gerechtigkeit und Weisheit; Yudhishthira aber brachte das große Königsopfer dar.

Das glänzende Geschick der Pandusöhne machte den Duryodhana neidisch und seine Erbitterung wuchs, als er bei einem Besuch in Indraprastha wegen seiner schwachen Einsicht ausgelacht worden war. Shakuni, der Bruder seiner Mutter Gindhari, der sich vorzüglich auf das Würfelspiel verstand, riet ihm, da die Pandava im Kampfe unbesiegbar seien, den Versuch zu machen, sie durch die Würfel zu Fall zu bringen. Der alte schwache Dhritarashtra wurde denn auch wirklich durch Duryodhana dazu bewogen, den Yudhishthira zum Würfelspiel nach Hastinapura zu laden. Die Pandusöhne erschienen, und Yudhishthira verlor im Spiele mit Shakuni sein Reich, seine Schätze, sein Heer, endlich sogar seine Brüder, sich selbst und die Draupadi. Triumphierend gebietet jetzt Duryodhana dieser, als Sklavin zu erscheinen und die Zimmer zu kehren. Als sie sich zu kommen weigert, wird sie von einem der Brüder des Duryodhana, dem schlimmen Duhshasana, an den Haaren in die Versammlung geschleift. Jetzt aber erscheint der alte Dhritarashtra, durch Zeichen übler Vorbedeutung erschreckt, tadelt das Betragen seiner Söhne, sucht die beleidigte Draupadi zu begütigen und gibt den Pandusöhnen, die in den Zustand von Sklaven geraten waren, ihre Freiheit und ihren Besitz wieder. So ziehen sie wieder heim nach Indraprastha.

Aber Duryodhana konnte es nicht verwinden, daß die Pandava so leichten Kaufes davon gekommen waren. Er erklärte dem Vater, er und seine Brüder würden zu den Waffen greifen, wenn die Pandusöhne nicht aufs neue zu einem Würfelspiel geladen würden. Die Bedingungen sollten jetzt etwas mäßigere sein. Wer unterliege, solle für zwölf Jahre in die Verbannung wandern; im dreizehnten sollten sie noch als Unbekannte leben, im vierzehnten aber zurückkehren dürfen und ihr eigenes Reich wiedererhalten. Yudhishthira wagte es nicht, die Aufforderung des Dhritarashtra zurückzuweisen. Er kam und wurde zum zweiten Male von Shakuni im Spiele besiegt.

Nun mußten die Pandusöhne als Verbannte in die Wildnis ziehen.

Von ihrem Purohita oder Hauspriester geführt, wanderten sie in Einsiedlertracht durch Kurukshetra über die Drishadvati zur Sarasvati in den Kamyaka-Wald, befreiten denselben von einem menschenfressenden Riesen und versammelten viele Brahmanen um sich. Sie lasen den Veda, übten sich im Bogenschießen und verschafften sich und den Brahmanen ihren Unterhalt durch die Jagd, teils im Kamyaka, teils im benachbarten Dvaitavana-Walde lebend. In diese Periode des einförmigen Waldlebens konnten nachher manche Episoden passend eingeschoben werden.

Im dreizehnten Jahre begaben sie sich verkleidet in die Stadt des Königs der Matsya, Virata; Yudhishthira als Brahmane und Gesellschafter im Würfelspiele für den König; Bhima als Koch und Ringer; Arjuna in Frauentracht, als Eunuch und Lehrer im Gesang, im Tanzen und in der Musik. Im Frauengemache angestellt, gab er der Tochter des Königs und ihren Gespielinnen Unterricht. Nakula gab sich als einen Stallmeister, Sahadeva als Aufseher der Herden aus. Die Draupadi endlich trat als Dienerin in die Dienste der Königin.

So lebten sie dort am Hofe des Königs der Matsya in untergeordneter Stellung.

Da geschah es, daß die Kurusöhne im Verein mit dem König der Trigarta das Land des Königs der Matsya mit Krieg überzogen, den König Virata fingen, seine Herden wegtrieben und große Not bereiteten. Da erhoben sich die Pandusöhne als Helfer, befreiten den König, schlugen das feindliche Heer in die Flucht und gewannen die geraubten Herden wieder. Jetzt legten sie die unwürdige Verkleidung ab und gaben sich zu erkennen. Der erfreute König der Matsya schloß einen Bund mit ihnen und vermählte seine Tochter mit Arjunas Sohne Abhimanyu. Zu der Hochzeit erschienen auch der Pancalakönig Drupada sowie die Helden der Yadava, vor allem Krishna, und noch manche andere Fürsten.

Am Tage nach der Hochzeit traten die Könige in der Halle des Virata zusammen, um die Sache der Pandava zu beraten. Es wurde ein Bote nach Hastinapura geschickt, um von den Kuru einen Anteil des Landes für die Pandusöhne zurückzufordern, da die Zeit der Verbannung vorüber sei. Er wurde ohne Antwort zurückgeschickt, und nachdem auch weitere Versuche einer friedlichen Ausgleichung gescheitert, war der Kampf unvermeidlich.

In Kurukshetra, jenem seit alters heiligen Gebiete zwischen der Yamuna, und Drishadvati, stießen die Heere zusammen.

Neun Tage lang wogt der Kampf. Die Kuru sind im Vorteil, vor allem weil der alte Bhishma so furchtbar streitet. Da gibt Krishna dem Arjuna den Rat, die Rüstung Shikhandins, des jungen Königssohnes der Pancala, anzulegen und dessen Wagen zu besteigen. Gegen den zarten Jüngling werde Bhishma nicht fechten wollen und dann habe er das Spiel gewonnen. Es geschieht, und wie nun Bhishma den Arjuna in Shikhandins Rüstung und auf dessen Wagen nahen sieht, da ruft er ihm zu: Du magst auf mich schießen, gegen dich kämpfe ich nicht! – Aber nun trifft ihn ein Regen von Arjunas furchtbaren Pfeilen, die ihn schmerzlich verwunden. Da ruft der gewaltige, streitbare Greis: Das sind Shikhandins Pfeile nicht! Sie durchdringen meinen Panzer, sie trinken meines Herzens Blut, es sind Yamas Boten, Arjunas Pfeile sind es! – Und in gewaltigem Falle stürzt er bluttriefend herab vom Wagen.

Da entsetzten sich die Kuru, denn ihr starker Hort im Kampfe war gefallen; das Heer der Pandusöhne aber jubelte laut.

Nun führte Drona das Heer der Kuru, derselbe, welcher einst die jungen Pandava im Gebrauche der Waffen unterwiesen hatte. Es gelingt ihnen nicht, den alten Lehrer zu Fall zu bringen. Da rufen ihm plötzlich Yudhishthira und Bhima auf Krishnas Rat zu, sein Sohn Ashvatthaman sei soeben gefallen, und als der Held erschreckt die Waffen sinken läßt, da schlägt ihm der Bruder der Draupadi den Kopf ab.

Danach führte Karna, der Fürst der Anga, ein gewaltiger Kämpfer, das Heer der Kuru an.

Dieser herrliche, unüberwindliche Held, der bisher sich gekränkt grollend vom Kampfe ferngehalten, ein Sohn des Sonnengottes, wird nach ruhmvollem Kampfe in schmählicher Weise zu Fall gebracht. Shalya, der Fürst der Madra der ihm Wagenlenkerdienste tun muß und über diese Erniedrigung erbittert ist, fährt ihn in einen Sumpf, und als er herabspringt, um den Wagen wieder freizumachen, schießt ihm Arjuna unritterlicher Weise seinen Pfeil in den Rücken.

Furchtbar wogte der Kampf nun weiter. Die Kuru verloren einen Helden nach dem anderen. Am achtzehnten Tage kam es endlich zum Kampfe zwischen Duryodhana und Bhima. Mit Streitkolben stürmen die beiden Helden aufeinander los. Zuerst gelingt es dem Duryodhana, einen Streich auf Bhimas Brust zu führen, aber auf Krishnas Rat trifft Bhima den Feind auf die Schenkel und zerschmettert ihm die Schenkelknochen, so daß er zusammenbricht. Sterbend aber klagt Duryodhana die Pandusöhne an, daß sie unehrlich, unritterlich gefochten und den Sieg mit Schande errungen, daß sie den Bhishma und Drona durch schnöde List gefällt, den Karna schimpflich von hinten erschossen und ihn selber auf unehrliche Weise getroffen, denn schmachvoll sei es, „im Kampf mit der Keule den Gegner unter den Nabel zu treffen.“ Bhima aber, zornrot, stößt ihm den Schädel mit dem Fuße ein und ruft: Wir haben kein Feuer angelegt, unsere Feinde zu verbrennen, wir haben sie nicht im Spiel betrogen, wir haben ihre Weiber nicht beschimpft; durch die Kraft unserer Arme allein vernichten wir unsere Feinde.

An diesem Tage – dem achtzehnten Tage des großen Kampfes – ward das ganze Heer der Kuru vernichtet, alle Fürsten, alle Krieger getötet. Im Heere der Pandusöhne blasen die Muscheln Sieg und Yudhishthira wird zum König ausgerufen.

Nur drei Streiter des Kuru-Heeres waren entkommen und in den nahen Wald geflohen, darunter Ashvatthaman, der Sohn des Drona. Er kann keinen Schlaf finden; da gewahrt er ein unzählbares Heer von Krähen auf den Ästen schlafend; ein Uhu mit feurigen Augen fliegt leise herzu und mordet eine nach der anderen. Da springt er auf – das ist ihm eine Weisung. Er weckt die Gefährten und während das Heer der Pandava in tiefem Schlafe liegt, schleichen sie leise heran und töten einen nach dem anderen, bis das ganze Heer vernichtet ist. Dann bringt Ashvatthaman die wichtige Kunde dem noch mit den Todesqualen ringenden Duryodhana, der nun gern und freudig stirbt.

Nur die Pandusöhne, Krishna und sein Wagenlenker waren dem großen Blutbade lebendig entronnen.

Nun wurden die Totenopfer für die Gefallenen verrichtet, und Vyasa, der alte Weise, erschien und vermittelte eine Versöhnung zwischen den Pandava und dem blinden, alten, seiner Söhne und Helden beraubten König Dhritarashtra. Mit Dhritarashtra an der Spitze zogen sie sodann alle in der Stadt Hastinapura ein. Yudhishthira verehrte im Palaste die Götter, wurde mit Glückwünschen von den Brahmanen begrüßt und empfing die Huldigungen der Untertanen. Sodann wurde er unter Leitung des Krishna gekrönt, erklärte aber den Dhritarashtra für sein Oberhaupt. Gandhari, die Frau des Dhritarashtra, konnte den Verlust ihrer Söhne nicht verschmerzen und fluchte dem Krishna, weil er dieselben zugrunde gerichtet habe.

Danach veranstaltete Yudhishthira auf Krishnas Rat ein großes Pferdeopfer, zu welchem viele Könige herbeiströmten. Die Pandava besiegten noch viele fremde Völker und unterwarfen sie ihrer Herrschaft. Der gebeugte alte König Dhritarashtra zog samt seinem Weibe Gandhari fort und kam nach einiger Zeit bei einem Brande in den Dschungeln des Ganges um.

Auch Krishna wurde zuletzt von dem Fluche der Gandhari ereilt. In seinem Volke, das wir bei der großen Schlacht geteilt in den beiden feindlichen Heerlagern vorfanden, entstand nach Verlauf mancher Jahre ein Zwist über jene Vorgänge, infolgedessen sie sich gegenseitig vernichteten. Traurig zog Krishna selbst in die Wildnis und wurde dort im Versehen durch den Pfeilschuß eines Jägers getötet.

Endlich zogen auch die Pandusöhne auf Vyasas Rat mit der Draupadi in den Wald und starben auf einer Pilgerfahrt zum Götterberge Meru.

In Hastinapura aber wurde Parikshit Herrscher, der Enkel des Arjuna, Sohn jenes Abhimanyu, der die Königstochter der Matsya heimführte. Dieser starb nach langjähriger Regierung an einem Schlangenbiß. Sein Sohn Janamejaya veranstaltete jenes große Schlangenopfer, bei welchem Vaishampayana auf Vyasas Aufforderung das große Lied vom Kampfe der Kuru und Pandusöhne vorgetragen haben soll. Und noch durch viele Geschlechter herrschte der Stamm des Pandu über das Volk der Bharata, oder, wie sie jetzt meist genannt werden, der Kuru-Pancala.

DIE BHAGAVADGITA

ERSTER GESANG

DHRITARASHTRA SPRACH

Im heilgen Land, im Kuru-Land, zusammentreffend kampfbereit,
Was taten dort, o Sanjaya, die Meinen und die Pandava?

SANJAYA SPRACH

Als nun Duryodhana das Heer der Pandus aufgestellet sah,
Da trat er zu dem Lehrer hin, der König, und sprach dieses Wort:
Sieh dort der Pandu-Söhne Heer, o Lehrer, das gewaltige,
Von deinem Schüler aufgestellt, dem klugen Sohn des Drupada.
Da stehen Helden, Pfeilschützen, dem Arjuna und Bhima gleich,
Yuyudhana und Virata und Drupada, der Wagenheld.
Dhrishtaketu, Cekitana und Kashis heldenhafter Fürst,
Purujit und Kuntibhoja und Shaivya auch, der Männerstier.
Yudhamanyu, der tapfre Held, und Uttamaujas, kraftbegabt,
Subhadras Sohn, der Draupadi Söhne, auf hohen Wagen all.
Die Besten aber auch bei uns nimm, bester der Brahmanen, wahr,
Die Führer dieses meines Heers, dich zu erinnern, nenn' ich sie:
Du selbst und Bhishma, Karna auch und Kripa, der im Kampfe siegt,
Ashvatthaman und Vikarna, wie auch des Somadatta Sohn;
Und viele andre Helden noch, ihr Leben opfernd meinethalb,
Schwingend der Waffen mancherlei, sie alle mit dem Kampf vertraut.
Nicht ist genügend unser Heer, ob Bhishma auch sein Führer ist,
Genügend aber ist ihr Heer, an dessen Spitze Bhima steht.
In all den Heeresreihen hier am rechten Platze aufgestellt,
Sollt denn ihr all, wieviel ihr seid, den Bhishma schützen, wie ihr könnt.
Drauf ihm erweckend Kampfesmut blies laut das Muschelhorn der Greis,
Der hehre Ahn des Kuru-Stamms, daß es wie Löwenbrüllen scholl.
Die Muscheln und die Pauken drauf, die Trommeln und Drommeten all,

Die wurden da mit Macht gerührt, daß zum Getöse wuchs ihr Schall.
Auch Krishna und des Pandu Sohn bliesen die Himmelsmuscheln laut,
Auf hohem Wagen stehend da, von lichten Rossen fortgeführt.
Krishna die Dämonsmuschel blies, die Gottgeschenkte Arjuna,
Die große Muschel Paundra blies, der Schreckensmann Wolfseingeweid.
Die Siegesmuschel blies der Fürst, der Kunti Sohn Yudhishthira,
Doch Nakula und Sahadev auf Tonreich und Juwelenblüt.
Der Kashi-Fürst, der beste Schütz, und Shikhandin, zu Wagen hoch,
Virata, Dhrishtadyumna und Satyakas unbesiegter Sohn;
Drupada samt der Enkel Schar und Abhimanyu, starken Arms,
Sie bliesen all, o Erdenherr, auf ihren Muscheln hier und dort.
Und dies Getön zerspaltete der Dhritarashtra-Söhne Herz,
Da es den Himmel und die Erd' von wirrem Lärm erdröhnen ließ.
Als Arjuna nun vor sich sah der Dhritarashtra-Söhne Schar,
Und der Geschosse Regen schon begann, hob er den Bogen hoch;
Sodann, zu Krishna hingewandt, sprach er dies Wort, o Erdenherr:
Inmitten beider Heere hier halt', Ewiger du, den Wagen an!
Bis ich mir diese angesehn, die kampfbegierig stehn in Reihn,
Mit wem ich denn da kämpfen soll im heißen Mühen dieser Schlacht.
Zum Kampf bereit seh' ich sie stehn, die hier am Ort versammelt sind,
Dem argen Dhritarashtra-Sohn im Streite ihren Arm zu leihn.
Also gemahnt von Arjuna hielt Krishna gleich, o Bharata,
Inmitten beider Heere dort den herrlichsten der Wagen an.
Vor Bhishma und vor Drona dann, und vor den Erdenherrschern all,
Sprach er: Sieh, Sohn der Pritha, dort herbeigeströmt der Kuru Schar!
Da sah der Sohn der Pritha stehn die Väter und Großväter dort,
Lehrer, Brüder und Oheime, Söhne, Enkel und Freunde auch;
Schwäher wie auch Gefreundete, in beiden Heeren gleicherweis;
Als alle die Verwandten dort der Kunti Sohn kampffertig sah,
Von höchstem Mitleid übermannt, sprach er kleinmütig dieses Wort:

ARJUNA SPRACH

Ich sehe der Verwandten Schar, o Krishna, kampfbereit genaht,
Da werden meine Glieder schwach und es verdorret mir der Mund,

Ein Zittern geht durch mein Gebein und meine Haare sträuben sich;
Gandiva sinkt mir aus der Hand, die Haut an meinem Körper brennt,
Nicht länger kann ich aufrecht stehn, wie unstet irrt mein Geist umher.
Und Zeichen schau ich, aber ach, gar böse Zeichen, Keshava!
Kein Heil mehr seh' ich, wenn im Kampf ich die Verwandten umgebracht.
Krishna, den Sieg begehr' ich nicht, noch Herrschaft, noch die Freuden all!
Was soll die Königsherrschaft uns, was der Genuß, das Leben selbst?
Um derentwillen wünschenswert Herrschaft, Besitz und Freude sind,
Die stehn in Reihen hier, im Kampf aufopfernd Leben, Hab und Gut.
Lehrer, Väter und Söhne sind's und ebenso Großväter auch;
Oheime, Schwäher, Enkel sind's, Schwäger wie auch Verwandte sonst.
Diese zu töten wünsch' ich nicht, und sollten sie mich töten auch,
Selbst um der Dreiwelt Herrschaft nicht – wie denn um Erdenherrschaft nur?
Wenn Dhritarashtras Söhne wir gefällt, wie würden je wir froh?
Die Sünde haftete uns an, wenn diese Gegner wir gefällt.
Darum nicht dürfen töten wir der blutsverwandten Kuru Schar;
Wenn wir den eignen Stamm gefällt, wie könnten je wir glücklich sein?
Und wenn auch diese es nicht sehn, durch Gier beraubet des Verstands
Daß Sünde im Verwandtenmord und Schuld in Freundeskränkung liegt;
Wie sollten wir's verstehen nicht, vom Bösen uns zu wenden ab,
Die wir doch den Verwandtenmord als Sünde deutlich vor uns sehn?
Bei Stammesmord zugrunde gehn die alten Stammespflichten auch;
Ist dies geschehn, bemächtigt sich das Unrecht bald des ganzen Stamms.
Dann, durch des Unrechts Übermacht, sind bald verderbt des Stammes Frau'n,
Und sind die Frauen erst verderbt, tritt auch die Kastenmischung ein.
Die Mischung führt zur Hölle hin die Stammesmörder wie den Stamm;
Verlust der Manenopfer stürzt die Väter aus der Sel'gen Reich.

So durch der Stammesmörder Schuld, die selbst zur Kastenmischung führt,
Auflösen sich die ewigen Standes- und Stammespflichten all.
Wo aber in der Menschenwelt die Stammespflichten aufgelöst,
Folgt unausweichlich Höllenpein als Strafe – also hörten wir.
O weh, wie schwere, sünd'ge Tat sind wir entschlossen hier zu tun,
Da aus Begier nach Thron und Glück wir morden wollen unsern Stamm!
Wenn wehrlos, ohne Widerstand, die Dhritarashtra-Söhne mich
Erschlagen wollten in dem Kampf – fürwahr, mir würde wohler sein!

SANJAYA SPRACH

So sprach im Kampfe Arjuna und ließ im Wagen nieder sich,
Ließ fahren Pfeil und Bogen da, durch Schmerz verwirrt in seinem Geist.

ZWEITER GESANG

SANJAYA SPRACH

Als so von Mitleid übermannt und tränenüberströmten Aug's
Arjuna in Betrübnis sank, sprach Krishna zu ihm dieses Wort:

DER ERHABENE SPRACH

Woher kommt dieser Kleinmut dir im Augenblicke der Gefahr?
Unrühmlich und unwürdig ganz des edlen Manns, o Arjuna!
Verbanne die Unmännlichkeit! Sie ziemt dir nicht, o Pritha-Sohn!
Die Schwäche, die erbärmlich ist, gib auf! Erhebe dich, du Held!

ARJUNA SPRACH

Wie soll ich hier in diesem Kampf den Bhishma und den Drona auch,
Die beide ich verehren muß, mit scharfen Pfeilen greifen an?
Weit besser, die hochwürd'gen Lehrer schonen

Und Bettlerbrot auf dieser Erde essen!
Denn töt' ich sie, ob sie auch schätzelüstern,
Mit Blut befleckt fortan wär' meine Speise!
Wir wissen's nicht, was mehr uns würde frommen,
Wenn wir die Sieger – wenn wir die Besiegten?
Was soll das Leben uns, wenn wir getötet
Die Kuru-Söhne, die dort vor uns stehen?
Die jammervolle Lage bricht mein Wesen,
Die Pflicht verwirrt sich mir – ich muß dich fragen:
Was wär' die bessere Entschließung? sag mir's!
Dein treuer Schüler bin ich – lehre du mich!
Nicht seh ich, was den Gram mir je verscheuchte,
Der meine Sinne ganz ausdörren müßte,
Erlangt' ich auch der Erde reichste Krone,
Ja, bei den Göttern selbst die Oberherrschaft;
So sprach der Ringellockige, der Held, zum ew'gen Gott gewandt;
Ich will nicht kämpfen! – also rief noch einmal er, dann war er still.
Doch lächelnd sprach zu ihm darauf, als er ihn so voll Kleinmut sah,
Inmitten beider Heeresreihn, der heilge Krishna dieses Wort:

DER ERHABENE SPRACH

Du redest gut, allein du klagst um die, die nicht beklagenswert,
Nicht Tote, noch auch Lebende beklagt jemals der Weisen Schar.
Nie war die Zeit, da ich nicht war, und du und diese Fürsten all,
Noch werden jemals wir nicht sein, wir alle, in zukünftger Zeit!
Denn wie der Mensch in diesem Leib Kindheit, Jugend und Alter hat,
So kommt er auch zu neuem Leib, – der Weise wird da nicht verwirrt.
Der Atome Berührung nur ist kalt und warm, bringt Lust und Leid,
Sie kommen, gehen, ohn' Bestand – ertrage sie, o Bharata!
Der weise Mann, den diese nicht erregen, o du starker Held,
Der Leid und Lust gleichmütig trägt, der reift für die Unsterblichkeit.
Es gibt kein Werden aus dem Nichts, noch wird zu Nichts das Seiende!
Die Grenze beider ist erschaut von denen, die die Wahrheit schaun.
Doch wisse, unvergänglich ist die Macht, durch die das All gewirkt!

Des Ewigen Vernichtung kann bewirken niemand, wer's auch sei.
Vergänglich sind die Leiber nur, – in ihnen weilt der ew'ge Geist,
Der unvergänglich, unbegrenzt – drum kämpfe nur, du Bharata!
Wer denkt, es töte je der Geist oder werde getötet je,
Der denkt nicht recht! Er tötet nicht, noch wird jemals getötet er.
Niemals wird er geboren, niemals stirbt er,
Nicht ist geworden er, noch wird er werden,
Der Ungeborne, Ewige, Alte – nimmer
Wird er getötet, wenn den Leib man tötet.
Wer ihn als unvernichtbar kennt, als ewig und unwandelbar,
Wie kann ein solcher töten je, wie töten lassen, Pritha-Sohn?
Gleichwie ein Mann die altgewordnen Kleider
Ablegt und andre, neue Kleider anlegt,
So auch ablegend seine alten Leiber
Geht ein der Geist in immer andre, neue.
Es schneiden ihn die Waffen nicht, es brennet ihn das Feuer nicht,
Es nässet ihn das Wasser nicht, es dörret ihn auch nicht der Wind.
Zu schneiden nicht, zu brennen nicht, zu nässen nicht, zu dörren nicht,
Er ist beständig, überall, fest, ewig, unerschütterlich.
Unsichtbar und unvorstellbar und unveränderlich heißt er,
Darum, sobald du ihn erkannt, darfst du nicht mehr beklagen ihn.
Und wenn für stets geboren auch, für stets gestorben du ihn hältst,
Doch darfst du, Held mit starkem Arm, um diesen trauern nimmermehr.
Denn dem Gebornen ist der Tod, dem Toten die Geburt bestimmt,
Da unvermeidlich dies Geschick, darfst nicht darüber trauern du.
Unsichtbar sind die Anfänge der Wesen und ihr Ende auch,
Die Mitte nur ist sichtbar uns – was gibt's für Grund zur Klage da?
Der eine schauet ihn als wie ein Wunder,
Der andre spricht von ihm als einem Wunder,
Der dritte hört von ihm als einem Wunder,
Doch hört er's auch, es kennet ihn doch keiner.
Die Seele unverletzbar ist, ewig, in eines jeden Leib,
Darum die Wesen allesamt darfst du betrauern nimmermehr.

Auch wenn du deine Pflicht bedenkst, geziemt sich's dir zu zittern nicht,
Denn für den Krieger gibt es ja nichts Bessres als gerechten Kampf.
Als hätte sich von ungefähr des Himmels Pforte aufgetan,
So grüßen freudig, Pritha-Sohn, die Krieger einen solchen Kampf.
Wenn diesen pflichtgemäßen Kampf du aber nicht bestehen wirst,
Im Stiche lassend Pflicht und Ruhm, wird Übles nur dein Anteil sein.
Es werden deine Schande dann die Wesen künden immerfort,
Dem aber, der in Ehren steht, ist Schande mehr als selbst der Tod.
Furcht vor dem Kampf hielt dich zurück, so denken dann die Helden all,
Und wo du hochgeachtet warst, da wirst du bald verachtet sein.
Und viele böse Reden wird dann führen deiner Feinde Schar,
Beschimpfend deine Tüchtigkeit – und was ist schmerzlicher als dies?
Im Tod gehst du zum Himmel ein! Siegst du, fällt dir die Erde zu!
Darum erheb' dich, Kunti-Sohn, entschlossen wieder zu dem Kampf!
Gleich achtend Glück und Ungemach, Gewinn, Verlust, Sieg oder Tod,
Bereite nun zum Kampfe dich! So wird kein Übel dir zuteil.
Dies ist Weisheit durch Reflexion, nun höre die der Andacht auch!
Mit solcher Weisheit wohl versehn, streifst du der Taten Fesseln ab.
Hier gibt es für dein Streben nie Vernichtung oder Minderung;
Ein wenig dieses frommen Brauchs bewahrt dich schon vor großer Furcht.
Entschlossenheit, o Kuru-Sproß, birgt diese Weisheit ganz allein!
Der Unentschloßnen Weisheit ist gar weitverzweigt und ohne End.
Gar blumenreiche Rede führt im Mund der Unverständ'gen Schar,
Am Vedenwort erfreun sie sich und sprechen: Andres gibt es nicht!
Ihr Höchstes ist das Himmelsglück! Ihr Wort verheißt als Lohn der Tat
Höh're Geburt – für Opferwerk sei Herrschaft und Genuß der Lohn.
An Genuß und Herrschaft hängend, durch solche Rede sinnberaubt,
Erlangen niemals sie, vertieft, die Weisheit der Entschlossenheit.
Der Qualitäten Reich gehört der Veda an – davon sei frei!
Frei von der Gegensätze Band, frei von Besitz, Herr deiner selbst!
So viel ein Brunnen nützt, in den das Wasser strömt von allerwärts,
So groß ist für die Priesterschaft der Nutzen, den der Veda bringt.

Bemühe nur dich um die Tat, doch niemals um Erfolg der Tat!
Nie sei Erfolg dir Grund des Tuns – doch meid' auch Tatenlosigkeit!
In Andacht fest, tu deine Tat! Doch häng' an nichts, du Siegreicher!
Laß den Erfolg ganz gleich dir sein – der Gleichmut ist's, der Andacht heißt.
Die Tat steht ja, du Siegreicher, unter des Geistes Andacht tief!
Im Geiste such die Zuflucht du! Kläglich, wen Tatenfrucht bewegt.
Beides, Guttat und Übeltat, gibt der Andächt'ge völlig auf;
Drum weihe ganz der Andacht dich! Andacht bringt Heil auch bei der Tat.
Die tatgeborne Frucht gibt auf, wer andächtig und weise ist!
Von der Geburten Fessel frei gelangt er an den Ort des Heils.
Wofern dein Geist den dichten Wald der Torheit überwinden wird,
Dann wird der Ekel fassen dich ob allem, was der Veda lehrt.
Wenn – abgewandt dem Vedenwort – dein Geist nur fest und unverrückt
In der Vertiefung weilen wird, dann wird die Andacht dir zuteil.

ARJUNA SPRACH

Den weisen und vertieften Mann, was zeichnet ihn, o Krishna, aus?
Was ists, das der Andächt'ge spricht? wie ruhet er? wie wandelt er?

DER ERHABENE SPRACH

Wenn des Herzens Begierden all er gänzlich aufgibt, Pritha-Sohn,
Am Selbst und durch das Selbst vergnügt – dann heißet er in Weisheit fest!
In Leiden unerschrocknen Sinns, in Freuden des Verlangens bar,
Frei von Leidenschaft, Furcht und Zorn, andächtig – der ist ein Asket!
Wer jeglichen Verlangens bar, ob's schön ihm oder unschön geht,
Nicht Freude fühlet, noch auch Haß – bei solchem steht die Weisheit fest.
Wenn von sinnlichen Dingen ab er ganz die Sinne in sich zieht,
Gleichwie die Schildkröt' in sich kriecht – dann steht bei ihm die Weisheit fest.

Die Sinnendinge weichen fort von dem, der streng enthaltsam ist;
Die Neigung bleibt, doch sie auch weicht, sobald er auf das Höchste schaut.
Auch dem vernünft'gen Manne, der sich redlich müht, o Kunti-Sohn,
Rauben die Sinne den Verstand, ihn aufregend mit Ungestüm.
Sie alle bänd'gend sitze er in Andacht ganz mir zugewandt!
Wer Herr der eignen Sinne ist, bei dem nur steht die Weisheit fest.
Wer an sinnliche Dinge denkt, wird bald zu ihnen neigen sich,
Aus solchem Hange wird Begier, aus der Begier entsteht der Zorn.
Aus dem Zorn die Betörung kommt, dann tritt Gedächtnisstörung ein,
Dann geht zugrund die Einsicht ihm, und endlich geht er selbst zugrund.
Wer aber lebt in dieser Welt mit Sinnen, die ihm untertan,
Die frei von Haß und Leidenschaft, der kommt zu ruh'ger Heiterkeit.
Und solche Heiterkeit läßt ihn verlieren all und jeden Schmerz,
Bei heit'rem Geiste wird sich ihm die Einsicht ja befest'gen bald.
Wer nicht andächtig ist, dem geht Erkenntnis und Vertiefung ab;
Es fehlt der Seelenfriede ihm – wie kann ein solcher glücklich sein?
Sobald der Geist sich richtet nach der losen Sinne Wanderschar,
Dann reißt ihm das die Einsicht fort, gleichwie der Wind das Schiff im Meer.
Darum, wer seine Sinne ganz, von allem in der Sinnenwelt
Zurückhält, o Großarmiger, bei solchen steht die Einsicht fest.
Wo's Nacht für alle Wesen ist, da wachet, wer sich zügeln will;
Wo alles wacht, da ist es Nacht, dem Weisen, der die Wahrheit schaut.
Wer wie das Meer, in das die Wasser strömen,
Das sich anfüllet und doch ruhig dasteht,
Wer so in sich die Wünsche läßt verschwinden,
Der findet Ruhe – nicht, wer ihnen nachgibt.
Der Mann, der jeden Wunsch aufgab und nichts verlangend lebt dahin,
Von Eigennutz und Selbstsucht frei, der geht zum Seelenfrieden ein.
Dies ist der Brahman-Standpunkt, Freund! Wer ihn erreicht, wird nicht betört!
Wer auch im Tod dabei verharrt, der wird in Brahman ganz verwehn.

DRITTER GESANG

ARJUNA SPRACH

Wenn du die Einsicht höher stellst als wie die Tat, Janardana,
Warum zur fürchterlichen Tat treibst du mich an, o Keshava?
Mit doppelsinn'ger Rede so verwirrest du mir nur den Geist,
Dies eine sag mir ganz bestimmt, wodurch das Heil ich mag empfahn!

DER ERHABENE SPRACH

Ein Doppelstandpunkt ist von mir vorhin verkündet, Reiner, dir:
Die Erkenntnis der Denkenden und der Andächt'gen frommes Tun.
Nicht durch Vermeidung jeder Tat wird wahrhaft man vom Tun befreit,
Noch durch Entsagung von der Welt gelanget zur Vollendung man.
Nie kann man frei von allem Tun auch einen Augenblick nur sein,
Die in uns wohnende Natur zwingt jeden, irgendwas zu tun.
Wer seine Tatorgane zwingt und dasitzt, doch betörten Sinns
Im Geist der Sinnendinge denkt, wird ein verkehrter Mensch genannt.
Doch wer die Sinne durch den Geist bezwingend sich ans Handeln macht
Mit seinen Tatorganen – doch nicht daran hängt –, der stehet hoch.
Vollbringe die notwend'ge Tat, denn Tun ist besser als Nichttun;
Des Körpers Unterhaltung schon verbietet es dir, nichts zu tun.
Außer dem Opfer steckt die Welt ganz in den Fesseln ihres Tuns,
Darum vollbring du solche Tat, doch ohne dran zu hängen je.
Einst sprach Prajapati, als er das Opfer und die Menschen schuf:
Durch dieses sollt ihr fruchtbar sein, dies soll die Wunschkuh sein für euch.
Fördert damit die Götter ihr! Die Götter sollen fördern euch!
Euch gegenseitig fördernd so, sollt finden ihr das höchste Heil.
Genüsse, die ihr wünscht, spenden die Götter dann euch, so verehrt,
Doch wer solch Glück genießt und nicht den Göttern opfert, ist ein Dieb.
Von allen Sünden wird befreit, wer nur von Opferresten lebt;
Wer für sich selber kocht, ist schlecht, und Sünde ist's, was er genießt.

Durch Speise lebt der Wesen Schar, durch Regen wächst die Speise auf,
Durch's Opfer kommt der Regenguß, das Opfer ist des Menschen Tat.
Dies Tun stammt von der Gottheit her, die Gottheit aus dem ew'gen Sein,
Drum ist die Gottheit allerwärts vorhanden in dem Opfer stets.
Wer dies in Gang gekommne Rad nicht immer weiterrollen läßt,
Sündig, fröhnend der Sinnenlust – der lebt vergeblich, Pritha-Sohn!
Doch wer sich an dem Selbst erfreut und durch das Selbst gesättigt ist,
Im Selbst allein vergnügt – der Mensch, der ist von allem Tun erlöst.
Er hat's nicht nötig, daß etwas geschehn ist oder nicht geschehn,
Noch sucht bei allen Wesen er Zuflucht aus irgendeinem Grund.
Drum, ohne dran zu hängen je, führ' aus die Tat, die deine Pflicht!
Wer handelt ohne Hang zur Welt, der Mensch erreicht das höchste Ziel.
Durch solche Tat kam Janaka nebst andern zur Vollkommenheit;
Auch im Hinblick auf die Ordnung der Menschenwelt mußt handeln du.
Was irgend nur der Beste tut, das tun die andern Menschen auch,
Was er als Richtschnur stellet hin, demselben folgt die Menschheit nach.
In den drei Welten hab' ich nichts, o Pritha-Sohn, zu führen aus,
Noch zu erlangen, was mir fehlt, und doch beweg' ich mich im Tun.
Denn wenn ich mich nicht unentwegt im Tun bewegte immerdar,
Was wär's? da alle Menschen doch nur meinen Spuren folgen nach?
Zugrunde ging' die ganze Welt, wenn ich die Tat nicht würde tun,
Ein Chaos brächt' ich dann hervor und mordete die Wesen all.
Die Toren hängen an der Tat, die sie vollführen, Bharata,
Der Weise tu sie ohne Hang, sich mühend um der Menschheit Wohl.
Nicht mache irr die Toren er, die an den Taten hängen fest,
Gern tu der Weise jede Tat, andächtig stets sie führend aus.
Die Taten kommen all zustand durch Eigenschaften der Natur;
Wen Selbstbewußtsein töricht macht, der denkt: Ich bin der Täter, ich!
Doch wer den Doppelunterschied von Kraft und Tat in Wahrheit kennt,
Der hängt nicht fest, der kennt das Reich, da Kräft' in Kräften walten fort.

Wen dieses Spiel der Kräfte täuscht, der hänget an der Kräfte Tun,
Schwach ist er und kennt nicht das All – wer's kennt, der lasse den in Ruh.
Drum wirf auf mich hin all dein Tun, nur denkend an den höchsten Geist,
Nichts hoffend und begehrend nichts, so kämpfe, frei von allem Schmerz.
Die Menschen, welche immerdar nachfolgen diesem meinem Wort,
Die gläubig sind und murren nicht, befrein durch ihre Taten sich.
Die aber, murrend wider mich, nicht folgen diesem meinem Wort,
In aller Einsicht ganz verwirrt, die Toren, wisse, gehn zugrund.
Der Weise auch tut immer das, was der Natur in ihm entspricht;
Die Wesen gehn nach der Natur – was will der Zwang bewirken da?
An jedem Sinnesgegenstand hängt Neigung und Abneigung fest –
Nicht fall' in deren Herrschaft er, sie sind ja seine Gegner beid'.
Die eigne Pflicht steht obenan, und brächte sie uns auch den Tod!
Tu noch so gut die fremde Pflicht, sie bringt dir doch nichts als Gefahr.

ARJUNA SPRACH

Allein, von wem denn angespornt, begeht der Mensch die sünd'ge Tat,
Auch wenn er selbst es gar nicht will, als trieb' ihn irgendeine Macht?

DER ERHABENE SPRACH

Das ist die Gier, das ist der Zorn, der aus der Leidenschaft entspringt!
Das ist der Böse, der verschlingt! Ja wisse, dieser ist der Feind.
Wie's Feuer wird vom Rauch verhüllt und wie der Spiegel durch den Schmutz,
Wie von der Haut der Embryo, so ist von dem umhüllt die Welt.
Die Einsicht ist von ihm umhüllt, der stets der Feind des Weisen ist,
Von ihm, dem proteusartigen, dem Feu'r, das unersättlich ist.
Die Sinne, Innensinn, Verstand – die werden sein Gebiet genannt,
Durch sie verwirrt den Menschen er, indem die Einsicht er umhüllt.
Drum zügle du von Anfang an die Sinne, edler Bharata,
Gib auf das Böse, es zerstört Erkenntnis und Erfahrung dir.

Die Sinne kennt als mächtig man, mächt'ger noch ist der Innensinn,
Mächt'ger als dieser der Verstand, weit mächt'ger noch das ew'ge Selbst.
Wenn seine Macht du hast erkannt, dann stärke durch das Selbst dein Selbst,
Töte den Feind, Großarmiger, den Proteus, den man schwer bezwingt.

VIERTER GESANG

DER ERHABENE SPRACH

So hab' die Andachtslehre ich verkündet dem Vivasvant einst,
Vivasvant hat dem Manu sie, Manu Ikshvaku mitgeteilt.
So ging von Mund zu Mund sie fort, die Königsweisen kannte sie,
Doch durch die lange Zeit ging dann verloren diese Lehre hier.
Die alte Andachtslehre ists, die hab ich jetzt verkündet dir,
Weil mein Verehrer du und Freund – ein hehr Geheimnis ist sie ja.

ARJUNA SPRACH

Du bist von späterer Geburt, Vivasvant lebte früher doch,
Wie soll ich's denn verstehn, daß du verkündet ihm die Lehre einst?

DER ERHABENE SPRACH

Gar viel Geburten hab' ich schon durchlebt – du auch, o Arjuna!
Ich weiß von ihnen allen noch, doch du weißt nichts davon, o Held!
Zwar ungeboren, ewig auch und aller Wesen Herr bin ich,
Und doch entsteh' ich oftmals neu durch meines Wesens Wunderkraft.
Denn immer, wenn die Frömmigkeit hinschwinden will, o Bharata,
Ruchlosigkeit ihr Haupt erhebt, dann schaffe ich mich selber neu.
Zum Schutz der guten Menschen hier und zu der Bösen Untergang,
Die Frömmigkeit zu fest'gen neu, entsteh' in jedem Alter ich.
Und wer mein Werden und mein Tun, das göttliche, in Wahrheit kennt,
Erleidet keine Neugeburt – er geht im Tode zu mir ein.

Von Neigung, Furcht und Zorn befreit, mir ähnlich und auf mich gestützt,
Durch der Erkenntnis Buße rein, gingen schon viele auf in mir.
Wie diese mir sich wenden zu, so liebe ich hinwiedrum sie,
Es wandeln meinen Bahnen nach durchaus die Menschen, Pritha-Sohn.
Erfolg bei seinen Taten wünscht der Mensch, wenn er die Götter ehrt,
Rasch kommt ja in der Menschenwelt Erfolg, der aus der Tat entspringt.
Ich bin's, der die vier Kasten schuf, nach Art und Tun sie unterschied,
Wisse, ich bin es, der da wirkt und nicht wirkt, ich, der Ewige.
Mich kann die Tat beflecken nicht – die Frucht der Tat begehr' ich nicht!
Wer so mich und mein Wesen kennt, wird nicht gefesselt durch die Tat.
In solcher Einsicht strebten schon die Alten der Erlösung zu,
Darum vollbringe du die Tat, wie schon die Alten sie vollbracht.
Was ist denn Tat? was ist Nichttun? – das ist's, was Weise selbst verwirrt;
Drum will die Tat ich künden dir, wodurch du kommst vom Übel frei.
Denn achten muß man auf die Tat, achten auf unerlaubtes Tun,
Muß achten auf das Nichttun auch – der Tat Wesen ist abgrundtief.
Wer in der Tat das Nichttun schaut und in dem Nichttun grad' die Tat,
Der ist ein einsichtsvoller Mensch, andächtig tut er jede Tat.
Wer Gier und Wunsch bei jeglichem Beginnen ganz und gar verbannt,
Wer in des Wissens Feu'r die Tat verbrannt hat, heißt ein weiser Mann.
Wer an der Taten Frucht nicht hängt, stets zufrieden, nicht Hülfe braucht,
Wenn er im Tun sich auch bewegt, so tut er doch in Wahrheit nichts.
Nichts wünschend, zügelnd seinen Geist, aufgebend jeglichen Besitz,
Nur mit dem Körper tu'nd die Tat – so bleibt er frei von Sündenschuld.
Vergnügt mit dem, was er bekommt, nicht neidisch, Gegensatz entrückt',
Gleich bei Erfolg wie Mißerfolg, wird er durch keine Tat verstrickt.
Wer frei von Hang ist und erlöst, wem in Erkenntnis ruht der Geist,

Indes er sich um's Opfer müht, dem löst das Tun sich völlig auf.
Die Gottheit ist das Opfer selbst, die Gottheit lebt im Opferfeu'r,
Drum geht zur Gottheit ein der Mensch, der an solch göttlich Tun gedenkt.
Die einen führen Opfer aus, die dem und jenem Gott geweiht,
Die andern bringen Opfer dar im Feuer der Theologie.
Gehör und andre Sinne bringt der eine im Entsagungsfeu'r,
Der andre bringt die Sinnenwelt im Feuer seiner Sinne dar.
Der Sinne und des Atems Tun bringt mancher andre ganz und gar
Im Feu'r der Selbstbezähmung dar, das durch Erkenntnis ist entflammt.
Noch andre bringen Hab und Gut, bringen Buße und Andacht dar,
Stilles Studium und Erkenntnis als Asketen der strengsten Art.
Im Aushauch bringen dar den Hauch, im Hauch den Aushauch andere,
Hemmend des Hauchs und Aushauchs Weg, der Atmungshemmung ganz geweiht.
Andre, sich der Speis' enthaltend, bringen Leben im Leben dar.
Das Opfer kennen diese all, das Opfer macht sie sündenfrei.
Wer Opferrestes Nektar speist, der geht in's ew'ge Brahman ein;
Doch wer nicht opfert, der erlangt nicht diese, wie denn jene Welt?
So mannigfalt'ge Opfer sind in Brahmans Munde dargebracht –
Sie alle stammen aus der Tat – dies wisse! dann wirst du erlöst.
Besser als Opfer allen Guts ist der Erkenntnis Opfer, Held!
Denn jede Tat, ganz lückenlos, in der Erkenntnis liegt sie drin.
Dies wisse, wenn du fromm dich beugst, die Lehrer fragst und sie verehrst,
Erkenntnis werden lehren dich die Weisen, die die Wahrheit schaun.
Hast du's erkannt, o Pandu-Sohn, wirst du nicht wiederum betört,
Dadurch wirst alle Wesen du in dir erschaun und dann in mir.
Auch wenn ein größrer Sünder du als alle andern Sünder bist,
Doch wirst mit der Erkenntnis Schiff, du fahren über's Meer der Schuld.
Gleichwie das Feuer, wenn es flammt, zu Asche all das Brennholz macht,

So brennt auch der Erkenntnis Feu'r zu Asche alle Taten dir.
Kein Läutrungsmittel gibts ja hier, das der Erkenntnis sich vergleicht;
Das findet selber in sich selbst, wer durch Andacht vollendet ist.
Dem Gläub'gen fällt Erkenntnis zu, der nach ihr sucht, die Sinne zähmt;
Wer die Erkenntnis fand, gelangt zum höchsten Seelenfrieden bald.
Wer unwissend und glaubenslos dem Zweifel nachgibt, geht zugrund;
Nicht diese, noch auch jene Welt, noch Glück ist je des Zweiflers Teil.
Doch wer der Andacht weiht sein Tun, den Zweifel durch Einsicht zerstört,
Sein selber mächtig ist, fürwahr, den binden auch die Taten nicht.
Zerschneide mit des Wissens Schwert den Zweifel, der aus Torheit stammt,
Im Herzen! Weih der Andacht dich! Erhebe dich, o Bharata!

FÜNFTER GESANG

ARJUNA SPRACH

Du lobst Entsagen jeder Tat und lobst doch ihre Übung auch –
Was ist das Bess're von den zwei'n? Das sage klar entschieden mir.

DER ERHABENE SPRACH

Entsagen sowie Übung auch der Tat, sie bringen beide Heil,
Doch höher als Entsagung noch wird die Übung der Tat geschätzt.
Das ist der stets Entsagende, der nichts hasset und nichts sich wünscht,
Denn von den Gegensätzen frei, kommt leicht er von der Fessel los.
Denken und Andacht scheiden nur die Toren, doch die Weisen nicht;
Wer ganz sich nur dem einen weiht, erlanget aller beider Frucht.
Durch Denken und durch Andacht wird derselbe Standpunkt doch erreicht;
Denken und Andacht sind nur eins, wer das erkennt, hat recht erkannt.

Doch Entsagung, Großarmiger, wird ohne Andacht schwer erreicht;
Der Weise, der in Andacht lebt, erreichet auch die Gottheit bald.
Der Andacht lebend, reingesinnt, bezähmend Geist und Sinne ganz,
Mit aller Wesen Seele eins – wird er, auch handelnd, nicht befleckt.
„Ich tu doch nichts!“ so denken darf der fromme, wahrheitskund'ge Mann,
Ob er auch sieht, hört, fühlt und riecht, ob er auch ißt, geht, atmet, schläft;
Ob er auch spricht, entleert, ergreift, die Augen öffnet oder schließt,
Er weiß: Die Sinne müssen sich bewegen in der Sinnenwelt.
Wer handelt ohne jeden Hang und all sein Tun der Gottheit weiht,
Wird durch das Böse nicht befleckt, wie's Lotusblatt durch's Wasser nicht.
Mit ihrem Leib, Sinn und Verstand, und mit den Sinnen ganz allein,
Tun die Andächt'gen jede Tat, ganz ohne Hang – um rein zu sein.
Wer fromm aufgibt die Frucht der Tat, erlangt die höchste Seelenruh,
Wer unfromm hängt an dem Erfolg, wird durch begehrlich Tun verstrickt.
Bewußt aufgebend alles Tun, sein selber Herr, sitzt glücklich da
In der neuntor'gen Stadt der Geist, nichts tuend, nichts veranlassend.
Nicht Täterschaft, noch Taten auch schafft Er, der Herrscher dieser Welt,
Noch den Kontakt von Tat und Frucht – da waltet vielmehr die Natur.
Nicht irgend jemands böse noch auch gute Tat nimmt an der Herr –
Das Wissen liegt in Finsternis, und dadurch wird der Mensch betört.
Doch wem Unwissenheit zerstört durch Erkenntnis des Atman ist,
Des Wissen läßt der Sonne gleich helleuchtend schaun das höchste Heil.
Dies kennend, mit ihm wesensgleich, ruhend auf ihm, ergeben ihm,
Geht man und kommt nicht wieder her, durch Wissen frei von aller Schuld.
Ein Priester, welcher weis' und fromm, ein Elefant und eine Kuh,
Ein Hund, ein Hundeesser selbst – dem Weisen sind sie alle gleich.

Die haben hier den Himmel schon, die ganz gleichmütig sind gestimmt;
Sündlos, gleichmütig Brahman ist, darum in Brahman ruhen sie.
Nicht freut er über Liebes sich, erschricket vor Unliebem nicht,
Wer starken Geistes, unbetört, das Brahman kennt und ruht in ihm.
Nicht hängend an der Außenwelt, findet er in sich selbst das Glück;
Wer andachtsvoll nach Brahman strebt, erlangt ein unvergänglich Glück.
Denn der Genuß der Außenwelt trägt schon in sich des Schmerzes Keim,
Wie er entsteht, vergeht er auch – der Weise freut daran sich nicht.
Wer, eh er sich vom Körper löst, den Gier- und Zorngebornen Drang
Zu bezwingen imstande ist, der Mann ist fromm und glücklich der.
Wer in sich selbst beglückt, selig, von innrem Licht erleuchtet ist,
Der Fromme wird zum Brahman selbst und wird im Brahman ganz verwehn.
Im Brahman ganz verwehen sie, die Weisen, die, von Sünde rein,
Sich zügelnd, frei von allem Streit, an aller Wesen Heil sich freun.
Asketen, die den Sinn bezähmt, von Gier und Zorn sich ganz befreit,
Des Atman Wesen kennen, die sind dem Verwehn in Brahman nah.
Sich lösend von der Außenwelt, starr auf die Nasenwurzel schau'nd,
Den Hauch und Aushauch regelnd gleich, die durch der Nase Innres gehn;
Zügelnd die Sinne, Herz und Geist, ganz der Erlösung zugewandt,
Befreit von Wünschen, Furcht und Zorn – so ist für immer er erlöst.
Mich kennend als den Herrn der Welt, dem Opfer und Askese gilt,
Der aller Wesen wahrer Freund, gelangt zum Seelenfrieden er.

SECHSTER GESANG

DER ERHABENE SPRACH

Wer, nicht auf Tatenfrucht bedacht, die pflichtgemäße Tat vollbringt,
Ist entsagungs- und andachtsreich, nicht wer feuer- und tatenlos.
Was man Entsagung nennt, das ist Andacht – wisse, o Pandu-Sohn!

Denn wer den Wünschen nicht entsagt, der kann auch nicht andächtig sein.
Der Weise, der nach Andacht strebt, dem ist die Tat sein Element,
Doch wer die Andacht hat erreicht, des Element ist Seelenruh.
Wer an sinnlichen Dingen nicht, noch an den Taten irgend hängt,
Und allen Wünschen hat entsagt, der hat die Andacht, heißt's, erreicht.
Man bring' sein Selbst durch's Selbst empor, nicht bring' herunter man das Selbst!
Das Selbst ist ja sein eigner Freund, das Selbst ist auch sein eigner Feind.
Dem ist das Selbst sein eigner Freund, der durch das Selbst das Selbst besiegt;
Doch kämpft es mit der Außenwelt, dann wird das Selbst sich selbst zum Feind.
Wer sich bezwang und ruhig ward, in dem wohnt still der höchste Geist,
In Kält' und Hitze, Lust und Leid, in Ehren und in Schanden auch.
In der Erkenntnis voll beglückt, gipfelhoch stehend, sinnbezähmt,
Andächtig heißt der Yogin dann, wenn Erdkloß, Stein und Gold ihm gleich.
Wer gegen Freund und Widerpart, Gleichgült'ge, Feind' und Sippen auch,
Gegen Gute wie Böse auch gleichgesinnt ist, der ragt empor.
Der Yogin soll beständig sich abmühen in der Einsamkeit,
Allein, bezähmend Sinn und Selbst, nichts hoffend, des Besitzes bar.
An reinem Ort sich hinstellend einen sicherstehenden Sitz,
Nicht allzu hoch, zu niedrig nicht darauf ein Kleid, Fell, Kushagras;
Den Geist auf EINEN Punkt richtend, zügelnd Denken, Sinne und Tun,
Sich setzend auf den Sitz, üb' er Andacht, zur Rein'gung seiner selbst.
Gleichmäßig Körper, Nacken, Haupt unbewegt haltend, bleib' er fest,
Schauend auf seine Nasenspitz' – nicht blick' er hier- und dorthin aus.
Ruhigen Selbstes, frei von Furcht, der Keuschheitsregel untertan,
Den Sinn zügelnd, an mich denkend, andächtig sitz' er, mir geweiht.
Sein Selbst beständig rüstend so, andächtig, mit bezähmtem Geist,

Geht er zu meinem Frieden ein, des höchstes Ziel Nirvana ist.
Wer zuviel ißt, kennt Andacht nicht, noch der, der ganz und gar nicht ißt;
Nicht wer zu sehr verschlafen ist, noch wer stets wacht, o Arjuna.
Wer mäßig ißt und sich erholt, mäßig wirket in Handlungen,
Mäßig im Schlaf und Wachen ist, hat Andacht, die den Schmerz zerstört.
Bei wem das Denken ganz bezähmt stille verharret in dem Selbst,
Wenn von Begierden er ganz frei, dann wird er andächtig genannt.
Wie die Lampe, vom Wind geschützt, nimmer flackert – dies Gleichnis gilt
Vom Yogin, der sein Denken zähmt und Andacht übet an dem Selbst.
Wo das Denken zur Ruhe kommt, durch Andachtsübung eingedämmt,
Und wo man, mit dem Selbst das Selbst schauend, sich an dem Selbst erfreut;
Wo man das grenzenlose Glück, dem Geist faßbar, den Sinnen nicht,
Kennend und fest darin stehend sich von der Wahrheit nicht bewegt;
Und hat man DEN Gewinn erlangt, ihn über jeden andern schätzte,
In dem verharrend man vom Schmerz, auch schwerem, nicht mehr wird bewegt;
Solche Lösung vom Schmerzverein, wisse, die wird ANDACHT genannt;
Die Andacht üb' entschlossen man, und werde ihrer nimmer satt.
Begierden, die der Wunsch erzeugt, aufgebend all ohn' Unterschied,
Die Schar der Sinne mit Vernunft im Zaume haltend allerwärts;
Werd' langsam, langsam ruhig man, und mit standhaft gewordnem Geist,
Versenke man sich in das Selbst und denke an nichts andres mehr.
Wo immer nur ausbrechen will der schwankende, unstete Sinn,
Da soll man bänd'gen ihn in sich und zum Gehorsam bringen ihn.
Denn den Andächt'gen, dessen Sinn beruhigt ist, wird höchstes Glück
Erfüllen – leidenschaftgestillt, Brahman-geworden, ist er rein.
Sein Selbst beständig übend so, wird der Andächt'ge, sündenfrei,
Erlangen unbegrenztes Glück, wo er mit Brahman sich berührt.

Sich selbst in allen Wesen sieht und alle Wesen auch in sich,
Wer so sein Selbst in Andacht übt und alles schaut gleichmütig an.
Wer mich allüberall erblickt und alles auch in mir erblickt,
Dem kann niemals entschwinden ich, und er entschwindet niemals mir.
Wer mich in allen Wesen ehrt, der Einheitslehre huldigend,
Der, wie er immer sich bewegt, bewegt sich andachtsvoll in mir.
Wer nach Analogie des Selbst allüberall das gleiche sieht,
Ob es nun Lust sei oder Leid, steht in der Andacht obenan.

ARJUNA SPRACH

Die Andacht, welche so von dir samt dem Gleichmut verkündet ist,
Sie hat – ich seh' es – nicht Bestand, denn schwankend ist einmal der Mensch.
Es schwankt der innre Sinn, Krishna, ist ungestüm, gewaltsam, hart;
Zu zügeln ihn acht' ich so schwer als wie des Windes Zügelung.

DER ERHABENE SPRACH

Gewiß, Großarmiger, der Sinn ist schwer zu zügeln, schwankend auch,
Doch, Kunti-Sohn, durch Anstrengung und Entsagung zwinget man ihn.
Wer sich nicht zähmt, der kann nur schwer Andacht erreichen – denk' ich mir –
Wer sich bezwang und wer sich müht, kann solcherart erreichen sie.

ARJUNA SPRACH

Wer sich nicht zähmt, doch gläubig ist – bei der Andacht, schwankenden Sinns,
Andachtsvollendung nicht erreicht, o Krishna, welchen Weg geht der?
Geht er nicht, scheiternd beiderseits, zerrißnen Wolken gleich zugrund,
Ohn' allen Halt, Großarmiger, verirret auf dem Weg zu Gott?
Den Zweifel mußt du, Krishna, mir auflösen, daß nichts übrig bleibt,
Es findet ja kein andrer sich, der diesen Zweifel löst, als du.

DER ERHABENE SPRACH

O Pritha-Sohn, nicht hier noch dort muß solch ein Mann zugrunde gehn,
Denn niemand, der redlich verfährt, soll in das Elend kommen, Freund!
Wenn in der Welt der Frommen er geweilet viele Jahre lang,
Ersteht in reinem, edlem Haus aufs neu, wer aus der Andacht fiel;
Oder er wird geboren gar in andächtiger Weisen Haus,
Und solcherlei Geburt ist doch schwer zu erlangen in der Welt.
Und hier erlangt denselben Geist er wieder, wie im alten Leib,
Und ringt von nun an eifriger um die Vollendung, Kuru-Sohn.
Sein ehemaliges Bemühn reißt ihn selbst wider Willen fort;
Wer der Andacht Erkenntnis sucht, hat mehr als Schriftgelehrsamkeit.
Wenn er nur eifrig sich bemüht, andachtsvoll und von Sünden rein,
Vollendet durch manche Geburt, wandelt er dann die höchste Bahn.
Höher steht der andächt'ge Mann als die Büßer und Weisen gar,
Höher auch als die Werkfrommen – drum sei andächtig, Arjuna!
Und unter den Andächt'gen all, wer mich verehret glaubensvoll,
Sein Innres ganz mir wendend zu – gilt mir als der Andächtigste.

SIEBENTER GESANG

DER ERHABENE SPRACH

An mir hängend mit Herz und Sinn, Andacht übend, auf mich gestützt,
Wie du mich ganz erkennen wirst, von Zweifel frei, das höre nun!
Dies Wissen und Erkennen dir verkünden will ich ohne Rest;
Wenn du's erkannt hast, bleibt dir hier nichts zu erkennen übrig mehr.
Unter Tausenden von Menschen strebt nach Vollendung einer kaum,
Von den erfolgreich Strebenden kennt wahrhaft mich kaum einer noch.
Erde, Wasser, Feuer, Äther, Luft, Sinn, Geist, Selbstbewußt sein auch –
Dies alles ist meine Natur, die sich achtfältig hat verteilt.
Die niedre ist das! außer ihr hab' ich noch eine höhere

Natur – sie ist das Leben selbst und sie ist's, die die Welt erhält.
Aus ihrem Schoße kommen all die Wesen her – dies fasse recht!
Ich bin für diese ganze Welt der Urquell und der Untergang.
Es gibt nichts Höheres als mich – kein andres Ding, was es auch sei! –
Auf mich ist dieses All gereiht wie Perlenreihen an der Schnur. Ich bin des Wassers Feuchtigkeit, ich bin das Licht in Sonn' und Mond,
Das heilge Om der Veden all, der Ton im Äther, Kraft im Mann!
Der reine Duft im Erdenkloß, der Glanz im Feuer, das bin ich!
Das Leben in den Wesen all, die Buße in den Büßern auch.
Der ew'ge Same bin ich auch von allen Wesen – wisse dies!
Die Einsicht der Einsichtigen, der Würd'gen Würde, das bin ich.
Ich bin der Kraftbegabten Kraft, die frei von Neigung und Begier;
Die Liebe, die erlaubt und recht, in allen Wesen – die bin ich!
Ja, alles Sein – der Güte Reich, der Leidenschaft und Finsternis –
Es stammt aus mir, es ist in mir – doch ich bin darum nicht in ihm!
Verwirret durch all dieses Sein in der drei Qualitäten Reich,
Erkennt die Welt es nicht, daß ich höher und unvergänglich bin.
Mein göttlich Scheinbild dieser Welt', darüber kommt man schwer hinweg!
Doch wer mir selbst sich wendet zu, der zwinget dieses Zauberbild.
Die Frevler, die Gemeinen und die Toren kommen nicht zu mir;
Beraubt des Wissens durch den Schein suchen sie bei Dämonen Heil.
Vier Arten guter Menschen gibt's, die mich verehren, Arjuna:
Wer Leid trägt, wer erkennen will, wer Gut erwirbt, wer wissend ist.
Der Beste ist der Wissende, der andächtig nur eins verehrt;
Ich bin der Freund des Wissenden vor allem, und er ist mein Freund.
Vortrefflich sind sie alle, doch der Wissende, das ist mein Selbst,
Denn mit andächt'ger Seele kommt zu mir er als zum höchsten Heil.
Wenn der Geburten Reih' zu End', gelangt zu mir der Wissende;
„Gott ist das All!" – schwer findet sich ein Edler, welcher das erkennt.
Die, denen Gier das Wissen raubt, die gehn zu andern Göttern hin,
Halten an manche Regel sich – sie lenkt die eigene Natur.
Und welche Gottheit einer auch im Glauben zu verehren strebt,
Ich sehe seinen Glauben an und weis' ihm zu den rechten Platz.
Wenn er in festem Glauben strebt nach seines Gottes Huld und Gnad',

Dann wird zuteil ihm, was er wünscht, denn gern wend' ich ihm Gutes zu.
Doch bleibt beschränkt nur der Erfolg bei denen, die beschränkten Sinns:
Die Götter findet, wer sie ehrt! wer mich verehrt, gelangt zu mir!
Unsichtbar bin ich! nur der Tor kann glauben, daß ich sichtbar ward!
Mein höhres Sein, das ewige, das höchste, blieb ihm unbekannt.
Nicht jedem bin ich offenbar, weil mich der Maya Schein verhüllt,
Betört erkennt die Welt mich nicht, den Ungebornen, Ewigen.
Ich kenne die vergangenen, die gegenwärt'gen Wesen all,
Und die noch ruhn im Zukunftsschoß! doch niemand gibt es, der mich kennt.
Der doppelten Verwirrung Raub, die aus Neigung und Haß entspringt,
Werden die Wesen allesamt in dieser Schöpfung ganz verwirrt.
Die frommen Menschen aber, die das Böse von sich abgetan,
Vom Doppel-Irrwahn auch befreit, verehren sie mich festen Sinns.
Die zu mir flüchten, strebend nach Erlösung von Alter und Tod,
Die kennen dieses Brahman ganz, das höchste Selbst, das ganze Werk!
Die mich kennen als Haupt und Herrn der Wesen, Götter, Opfer all,
Auch sterbend daran halten fest – die Frommen kennen wahrhaft mich.

ACHTER GESANG

ARJUNA SPRACH

Was ist das Brahman? und was ist das höchste Selbst? was ist das Werk?
Was ist's, das ob den Wesen all und über allen Göttern steht?
Wie und wer kann in diesem Leib schon über allen Opfern stehn?
Und in der Todesstunde, wie erkennen die Bezähmten dich?

DER ERHABENE SPRACH

Brahman ist ew'ges, höchstes Sein, sein Wesen ist das höchste Selbst,
Die Schöpfung, die den Ursprung all der Wesen wirkt, ist „Werk" genannt.
Werden über den Wesen steht, über den Göttern der Urgeist,
„Über den Opfern" – DAS BIN ICH, schon hier im Leib, du bester Mensch!
Wer in der Todesstunde mein gedenkend, scheidet aus dem Leib,
Der gehet in mein Wesen ein, darüber kann kein Zweifel sein.
An wessen Wesen immer er gedenkt, wenn er den Leib verläßt,
In dessen Wesen geht er ein und paßt sich dessen Wesen an.
Zu allen Zeiten denke drum an mich allein und kämpfe frisch!
In mich versenk' Sinn und Verstand, dann gehst du sicher ein in mich.
Wenn fleißig Andacht er geübt, nichts andres in Gedanken sucht,
Dann geht zum höchsten Urgeist ein, dem himmlischen, wer an ihn denkt.
Wer an den alten Weisen, den Regierer,
Der feiner ist als fein, sich stets erinnert,
Den Schöpfer dieses Alls, der unausdenkbar,
Der sonnenfarbig, jenseits allen Dunkels,
Wer festen Sinns im Tode sein gedenket,
Hingebungsvoll und mit der Kraft der Andacht,
Den Lebensgeist zwischen den Brauen sammelnd,
Der geht zum höchsten Urgeist ein im Himmel.
Was Vedenkenner „unvergänglich" nennen,
Wohin die neigungsfreien Büßer kommen,
Wonach begehrend man in Keuschheit lebet,
Die Stätte will ich dir in Kürze schildern.
Des Körpers Tore schließend all, den Sinn im Herzen festhaltend,
Den Lebensgeist im Kopf sammelnd, der strengen Andacht zugewandt;
Brahmans einsilb'gen Namen „Om"! aussprechend und gedenkend mein –
Wer so den Leib verlassend stirbt, der wandelt auf der höchsten Bahn.

Wer an nichts andres jemals denkt und immerdar an mich gedenkt,
Wer in beständ'ger Andacht lebt, der ist es, der mich leicht erlangt.
Die Edlen, die zu mir gelangt und die Vollendung so erreicht,
Erleiden keine Neugeburt, wo Schmerz wohnt und Vergänglichkeit.
Die Welten, bis zu Brahmans Welt, bewahren nicht vor Neugeburt,
Doch wer zu mir gekommen ist, für den gibt's keine Neugeburt.
Die, denen Brahmans Tag bekannt, der tausend Weltenalter währt –
Und Brahmans Nacht, die grad so lang –, die kennen wahrhaft Tag und Nacht.
Aus dem Unsichtbaren entspringt das Sichtbare, wann kommt der Tag –
Wann kommt die Nacht, dann löst sich's auf im Innern, das unsichtbar heißt.
Der Wesen Schar, die immer neu geworden ist, sie löst sich auf,
Wann kommt die Nacht – doch unbedingt ersteht sie neu, wann kommt der Tag.
Doch jenseits dieses Lebens gibt's ein andres, ewig, unsichtbar,
Das, ob auch alle Wesen hier vergehen, selber nicht vergeht.
Unsichtbar, unvergänglich heißt's, man nennt es auch die höchste Bahn;
Erreicht man's, kehrt man nicht zurück! sieh, das ist meine höchste Statt!
Der höchste Urgeist wird erlangt durch Liebe, die nichts andres sucht –
Er, in dem alle Wesen sind, durch den die ganze Welt gemacht.
Wann aber zur Nichtwiederkehr der Fromme kommt, sobald er stirbt,
Wann Wiederkehr sein Schicksal bleibt, das will ich nun verkünden dir:
Feuer, Licht, Tag, wachsender Mond, das Halbjahr, wo die Sonne hoch,
Wenn dann ein Brahmankenner stirbt, dann geht er auch zu Brahman ein.
Rauch und Nacht und schwindender Mond, das Halbjahr, wo die Sonne tief,
Da geht der Fromme zu dem Licht des Mondes und kehrt einst zurück.
Der helle und der dunkle Pfad, sie sind als ewige bekannt,

Einer führt zur Nichtwiederkehr, auf dem andern kehrt man zurück.
Wer diese beiden Pfade kennt, der Fromme wird niemals betört,
Zu allen Zeiten weihe dich der Andacht drum, o Arjuna!
Was für das Vedalesen, Opfern, Büßen
Und Spenden auch als Tugendlohn verheißen,
Weit über das hinaus gelangt der Fromme,
Der dies erkennt – er kommt zur höchsten Stätte!

NEUNTER GESANG

DER ERHABENE SPRACH

Nun will ich das Geheimste dir verkünden – hör mich willig an! –
Wenn dieses Wissen du erlangt, dann wirst vom Übel du erlöst.
Königs-Wissen und -Geheimnis, das höchste Läutrungsmittel ist's,
Deutlich faßbar, heilig, ewig, und doch zu üben kinderleicht.
Die Menschen, welche glaubenslos sich dieser Lehre nicht vertraun,
Verfehlen mich – sie kehren um auf des Todes, der Wandrung Bahn.
Durch mich ist ausgespannt dies All, die Welt – unsichtbar bin ich selbst –
Die Wesen alle sind in mir, ich aber bin in ihnen nicht.
Und wied'rum sind sie NICHT in mir – sieh mein, des Herrschers Wundermacht! –
Mein Ich weilt in den Wesen nicht, doch trägt es sie und bildet sie.
Wie der Wind in dem leeren Raum allüberall beständig geht,
So auch die Wesen allesamt weilen in mir – das fasse recht!
Die Wesen all beim Weltenend' gehn ein in meine Urnatur,
Bricht dann ein neu Weltalter an, dann schaffe ich sie wieder neu.
Fußend auf meiner Urnatur schaff' ich sie neu und wieder neu,
Die ganze Schar der Wesen hier, streng nach dem Willen der Natur.
Und all dies Tun und wieder Tun legt mir doch keine Fesseln an;
Ganz gleichmütig bin ich dabei und häng' an diesen Taten nicht.
Ich wache drüber – die Natur gebiert, was steht und was sich regt;
Aus diesem Grund, o Kunti-Sohn, bewegt sich weiter fort die Welt.
Die Toren nur mißachten mich in meiner menschlichen Gestalt,

Sie kennen nicht mein höh'res Sein, den großen Herrn der Wesen all.
Eitles hoffend, Eitles wirkend, Eitles wissend, verstandberaubt,
Halten sie an die trügende Natur böser Dämonen sich.
Die Edlen aber halten sich an meine göttliche Natur,
Mich ehren sie und mich allein als ew'gen Urquell allen Seins.
Sie rühmen mich ohn' Unterlaß, streben zu mir hin fest und treu,
Sie huld'gen in Verehrung mir und weihen sich der Andacht ganz.
Der Erkenntnis Opfer bringen andre dar und verehren mich,
Der ich All-eins und vielfach doch gesondert überall hin schau' –
Ich bin das Opfer, Gottesdienst, der Manen Trank, das heil'ge Kraut,
Das Opferlied, das Opferschmalz, das Feuer und die Spende ich!
Ich bin der Vater dieser Welt, bin Mutter, Schöpfer, Ahnherr auch,
Bin Lehre, Läutrung, heilges Om, bin Rik, Saman und Yajus auch.
Weg, Erhalter, Herrscher, Zeuge, Wohnort, Zuflucht und guter Freund,
Ursprung, Vergehen, fester Stand, der Schatz, der ew'ge Same auch.
Die Wärme schaff' ich, Regen, Flut halt' ich zurück, laß' strömen ich,
Ich bin Unsterblichkeit und Tod, bin Sein und Nichtsein, Arjuna!
Die vedenkund'gen frommen Somatrinker
Sie streben opfernd nach der Bahn zum Himmel;
Wenn sie erlangt die reine Welt des Indra,
Genießen sie im Himmel Götterfreuden.
Wenn dort den großen Himmel sie genossen,
Wenn ihr Verdienst erschöpft, gehn sie zur Erde;
So, die sich halten an der Veden Satzung,
Erlangen Gehn und Kommen, wunschbesessen.
Doch die nur mir Verehrung weihn und an nichts andres denken mehr,
Diesen ganz mir hingegebnen gewähr' die volle Wohlfahrt ich.
Auch die glaubensvoll ergeben andern Göttern Verehrung weihn,
Selbst diese ehren doch nur mich, wenn auch nicht grade regelrecht.
Denn der Genießer und der Herr von allen Opfern bin nur ich;
In Wahrheit kennen sie mich nicht, drum sinken wieder sie hinab.
Die sich Göttern und Vätern weihn, gehn zu Göttern und Vätern hin,
Geisterdiener zu den Geistern; wer mich verehrt, der kommt zu mir.
Wer in Verehrung Blüt' und Blatt, Frucht und Wasser mir bietet dar,

Solch Huld'gungsopfer frommen Sinns nehm' ich an und genieß' es auch.
Was du tust und was du ißest, was du opferst und was du gibst,
Wenn du büßest, Sohn der Kunti – dies alles bringe du mir dar!
So wirst frei du von den Fesseln, die gut und böses Tun dir bringt,
Ob du nun handelst oder nicht, erlöset gehst du ein zu mir.
Gleich bin zu allen Wesen ich, ich habe weder Feind noch Freund,
Doch die liebend mich verehren, die sind in mir, in ihnen ich.
Ein großer Sünder selbst, wenn er mich verehrt und nur mich allein,
Soll gelten als ein guter Mann, weil er sich recht entschieden hat.
Er wird gar bald ein frommer Mann und geht zu ew'gem Frieden ein!
Erkenne dies, o Kunti-Sohn – wer mich verehrt, geht nicht zugrund!
Wenn sie an mich nur halten sich – stammen sie auch aus schlechtem Schoß,
Weiber, Vaishyas und Shudras selbst – sie wandeln doch die höchste Bahn.
Wieviel mehr reine Brahmanen und fromme Königsweisen auch!
In diese nicht'ge, arge Welt hineingestellt, verehre mich!
An mich denkend, mich verehrend, mir opfernd, huld'ge mir allein!
Gibst du in Andacht mir dich hin, dann gehst du einstmals ein zu mir.

ZEHNTER GESANG

DER ERHABENE SPRACH

Nun höre noch ein Wort von mir, ein höchstes, du Großarmiger!
Ich sag' es dir, weil du mich liebst und weil ich auf dein Heil bedacht.
Es kennen meinen Ursprung nicht die Götter noch die Weisen auch,
Weil ich der Götter Urquell bin und auch der Weisen allesamt.
Wer mich kennt als den Herrn der Welt, der ungeboren, anfangslos –
Ein solcher Mensch ist nicht betört, der wird von allen Sünden frei.
Einsicht, Wissen, Nichtbetörung, Geduld, Wahrheit und Zucht und Ruh,
Glück, Leid, Entstehen und Vergehn, Gefahr, sowie auch Sicherheit;

Nichtverletzung, Gleichmut, Frieden, Buße, Spenden, Ehre und Schmach –
Die mannigfachen Zustände der Wesen stammen all von mir.
Die sieben Weisen alter Zeit und die vier Manus ebenso,
Sie sind im Geist von mir gezeugt, deren Kinder die Menschen sind.
Wer diese Macht und Wunderkraft an mir in voller Wahrheit kennt,
Dem wird zuteil nie wankende Andacht, da kann kein Zweifel sein.
Ich bin der Ursprung dieses Alls, aus mir geht dieses All hervor –
In solcher Ansicht huld'gen mir die Weisen, ganz von Lieb' erfüllt.
Mein denkend, in mir lebend ganz und sich erweckend wechselsweis,
Erzählend immerdar von mir, sind sie zufrieden und sind froh.
Diesen Immerandächtigen, die mich verehren liebevoll,
Verleih' des Geistes Andacht ich, durch welche sie zu mir eingehn.
Diesen auch aus Barmherzigkeit vernichte ich die Finsternis
Des Nichtwissens mit hellem Licht des Wissens, ruhend in mir selbst.

ARJUNA SPRACH

Höchstes Brahman, höchste Stätte und höchste Läuterung bist du!
Den ew'gen Geist, den himmlischen, den Urgott, mächtig, ungebor'n –
So nennen dich die Weisen all –, auch der Gottweise Narada,
Asita, Vyasa, Devala – und auch du selber sagst es mir.
Dies alles halte ich für wahr, was du mir sagst, o Keshava!
Denn deine Offenbarung ist Göttern und Geistern unbekannt,
Du selber aber kennst dich wohl durch dich selber, o höchster Geist,
Der Wesen Heiland du und Herr, Gott der Götter und Herr der Welt!
Du kannst es künden ohne Rest, denn himmlisch ist ja deine Macht,
Mit welcher Macht du diese Welt durchdrungen hast und stehst so da.
Wie erkenn' ich dich, Heiliger, wenn ich auch immer denk' an dich?
In welchem Zustand deines Seins soll ich dich fassen, Herrlicher?
Ausführlicher erzähl' mir noch von deiner Wunderkraft und Macht!
Hör' ich den Nektar deines Wort's, dann hör' ich mich wohl niemals satt.

DER ERHABENE SPRACH

Wohlan, so will ich's künden dir, denn himmlisch ist ja meine Macht –
Das Wichtigste nur nenn' ich dir, denn End' und Grenzen hab' ich nicht.
Ich bin die Seele dieser Welt, in aller Wesen Herz bin ich,
Ich bin der Anfang, Mitte ich und Ende auch der Wesen all.
Vishnu unter den Adityas, die Sonn' in der Gestirne Schar,
Marici in der Marut Schar, der Mond im Sternenheer bin ich!
Bin der Saman von den Veden, bin Indra in der Götter Heer,
Von den Sinnen der innre Sinn – der Wesen Einsicht, das bin ich.
Bin von den Rudras Shankara, Kuvera in der Yakshas Heer,
Bin von den Vasus all das Feu'r, von den Bergen der Meru ich.
Wisse, daß ich der erste bin von den Priestern, Brihaspati!
Von den Feldherrn bin ich Skandal, von den Seen bin ich das Meer.
Von den Rishis bin ich Bhrigu, von den Worten bin ich das Om,
Im Gottesdienst ein leis' Gebet, als Gebirg der Himalaya;
Der Ashvattha von den Bäumen, von den Gottweisen Narada,
Als Gandharve Citraratha, von den Seligen Kapila;
Wisse, ich bin Uccainshravas unter den Rossen, meerentstammt,
Als Elefant Airavata – unter Menschen bin ich der Fürst;
Von den Waffen der Donnerkeil, unter den Kühen Kamaduhl,
Als Erzeuger der Liebesgott, unter den Schlangen Vasuki.
Bin Ananta bei den Nagas, bin Varuna im Wasserreich,
Bin von den Vätern Argaman, bin Yama in der Zwingherrn Schar.
Bin Prahlada bei den Daityas, unter den Zählenden die Zeit,
Bin der Löwe unter den Tieren, unter den Vögeln Garuda;
Bin von den Reinigern der Wind, bin Rama in der Helden Schar,
Bin von den Fischen der Delphin, von den Flüssen der Ganga Strom.
Anfang und End' der Schöpfungen und Mitte bin ich, Arjuna,
Kunde höchsten Geists im Wissen, der Redner Rede, das bin ich!
Unter den Lauten bin ich A, bin Dvandva als Kompositum,
Ich bin die Zeit, die nie vergeht, bin der Schöpfer, der allhin schaut.
Ich bin der Tod, der alles raubt, der Ursprung dess, was werden soll;
Als Weib: die Ehre, Anmut, Red', Erinnrung, Einsicht, Kraft, Geduld.
Von den Samans bin ich Brihat, von den Metren die Gayatril,
Bin als Monat Magashirsha und der Frühling als Jahreszeit;

Der Würfel unter dem, was trügt, der Glanz der Glänzenden bin ich,
Der Sieg bin ich, Entschluß bin ich, der Guten Güte, das bin ich.
Vasudeval bei den Vrishnis, unter den Pandus Arjuna,
Vyasa unter den Asketen, unter den Dichtern Ushanas.
Der Stock bin ich der Strafenden, die Politik der Kämpfenden,
Als Geheimnis bin ich Schweigen, bin das Wissen der Wissenden.
Was nur von allen Wesen hier der Same ist, ja das bin ich!
Es gibt kein Ding, das ohne mich besteht; sei's ruhend, sei's bewegt.
Kein Ende gibt's, o edler Held, meiner himmlischen Wunderkraft,
Andeutungsweise hab' ich nur von ihrem Umfang dir erzählt.
Was es Herrliches irgend gibt, was schön ist und was kraftvoll ist,
Das, wisse, stammet alles her aus einem Teile meiner Kraft.
Indes, was soll dir, Arjuna, dies mannigfalt'ge Wissen all? –
Mit einem Teile meiner selbst hab' ich dies Weltall festgestellt!

ELFTER GESANG

ARJUNA SPRACH

Da mir zuliebe du das Wort, das höchst geheimnisvolle, sprachst,
Das höchsten Geistes Siegel trägt, bin ich von allem Irrtum frei.
Der Wesen Werden und Vergehn hab' ich ausführlich nun gehört,
Von dir, du Lotusäugiger – und deine ew'ge Herrlichkeit.
So wie du hier geschildert hast dich selbst, du höchster aller Herrn,
So möcht' ich schaun deine Gestalt, die göttliche, du höchster Geist!
Wenn du's für möglich hältst, daß ich dies schauen kann, du Mächtiger,
Dann, Herr der Andacht, zeige mir dich selber als den Ewigen!

DER ERHABENE SPRACH

So schau denn die Gestalten mein hundert- und tausendfältig hier,
Die mannigfalt'gen, himmlischen, in Farb' und Form verschiedenen.
Schau die Adityas, die Vasus, die Rudras, Ashvin, Marutas,
Viele, nie zuvor geschaute Wunder, schau sie, o Bharata!

In einem schau die ganze Welt, was sich bewegt und nicht bewegt,
In meinem Leibe sieh das hier, und was du sonst noch sehen magst.
Doch wirst du mich nicht können sehn mit diesem deinem eignen Aug' –
Ein himmlisch Auge geb' ich dir –, schau mein, des Herren, Wundermacht!

SANJAYA SPRACH

So sprach er und sodann, o Fürst – Hari, der große Wunderherr,
Offenbarte dem Pritha-Sohn seine Gestalt als höchster Gott.
Mit manchem Munde, manchem Aug', manch wunderbarem Angesicht,
Versehn mit manchem Götterschmuck und Götterwaffen schwingend viel.
Götterkränz' und -kleider tragend, an Himmelsduft und -salben reich,
Ganz Wunder, strahlend, grenzenlos, das Antlitz allerwärts gewandt.
Wenn das Licht von tausend Sonnen am Himmel plötzlich bräch' hervor,
Zu gleicher Zeit – das wäre gleich dem Glanze dieses Herrlichen.
In einem dort die ganze Welt vereint, doch mannigfach geteilt,
In des Gottes der Götter Leib erblickte sie der Pandu-Sohn.
Da, von Erstaunen ganz erfüllt, am Leibe schauernd, neigte sich
Arjuna mit dem Haupt und sprach die Hände faltend zu dem Gott:

ARJUNA SPRACH

Die Götter schau' ich all in deinem Leibe,
O Gott, so auch die Scharen aller Wesen,
Brahman, den Herrn, auf seinem Lotussitze,
Die Rishis alle und die Himmelsschlangen.
Mit vielen Armen, Bäuchen, Mündern, Augen,
Seh ich dich – allerwärts endlos gestaltet;
Nicht Ende, Mitte, noch auch Anfang seh' ich
An dir, du Herr des Alls, du allgestalt'ger!
Mit Diadem, mit Keule und mit Diskus,
Ein Berg von Glanz, nach allen Seiten strahlend,

So seh' ich dich, ringsum schwer anzuschauen,
Wie strahlend Feu'r und Sonnenglanz, unmeßbar.
Das Unvergängliche, höchst Wissenswürd'ge,
Der größte Schatz bist du des ganzen Weltalls,
Du bist des ew'gen Rechtes ew'ger Hüter,
Als ew'gen Urgeist hab' ich dich begriffen.
Ohn' Anfang, Mitte, End', unendlich kraftvoll,
Mit Armen ohne End', mond-sonnen-äugig,
Mit einem Mund wie strahlend Opferfeuer
Seh' ich mit eigner Glut dies All dich wärmen.
Was zwischen Erd' und Himmel ist, erfüllst du
Mit dir allein, und jede Himmelsgegend –
Die Dreiwelt bebt, wenn deine wundersame
Schreckensgestalt sich ihren Blicken zeiget.
Sieh dort der Götter Scharen zu dir treten,
Furchtsam, die Hände faltend, sie dich preisen;
Heil! ruft die Schar der Seher und der Sel'gen –
Sie preisen dich mit prächt'gen Lobgesängen.
Die Rudras, Aditgas, Vasus und Sadhyas,
Allgötter, Ashvin, Marutas und Manen,
Gandharven, Yakshas, Asuras und Sel'ge,
Sie alle schau'n empor zu dir voll Staunen.
Dein Riesenleib mit vielen Mündern, Augen,
Mit vielen Armen, vielen Schenkeln, Füßen,
Mit vielen Bäuchen, Rachen voller Zähnen –
Es bebt die Welt, ihn schauend – ich auch bebe.
Den Himmel rührend, strahlend, mannigfarbig,
Mit offnem Munde, großen Flammenaugen –
Schau' ich dich so, dann zittert meine Seele,
Nicht find' ich Festigkeit und Ruh', o Vishnu.
Schau deine Rachen ich mit dräunden Zähnen,
Dem Feuer ähnlich bei der Zeiten Ende,
Dann weiß ich nichts und finde nirgends Zuflucht –
Sei gnädig, Götterherr, du Weltenwohnstatt!
Und diese Söhne all des Dhritarashtra,

Zusamt den Scharen königlicher Helden,
Bhishma und Drona, samt des Lenkers Sohn,
Zusamt den Unsrigen, den besten Kämpfern;
Sie nahen eilend sich zu deinen Rachen,
Den schrecklichen, klaffend mit dräunden Zähnen;
Es stecken manche schon zwischen den Zähnen,
Man kann sie sehen mit zermalmten Köpfen!
Gleichwie der Ströme mächt'ge Wasserwogen
Zum Meere hin, ihm zugewendet, laufen,
So diese Helden aus der Welt der Menschen
Bewegen sich in deine Flammenradien.
Wie Schmetterlinge in ein flammend Feuer
In voller Hast zum Untergange eilen,
So eilen auch zum Untergang die Menschen
In voller Hast hinein in deine Radien.
Du leckst und züngelst rings umher, verschlingend
Die Menschen alle mit den Flammenrachen;
Die ganze Welt mit ihrem Glanz erfüllend
Glühn deine fürchterlichen Strahlen, Vishnu!
Sag mir, wer bist du, Fürchterlichgestalt'ger?
Verehrung dir, du höchster Gott, sei gnädig!
Dich Uranfänglichen möcht' ich erkennen,
Denn nicht begreifen kann ich die Erscheinung.

DER ERHABENE SPRACH

Ich bin die Zeit, die alle Welt vernichtet,
Erschienen, um die Menschen fortzuraffen;
Auch ohne dich sind sie dem Tod verfallen,
Die Kämpfer all, die dort in Reihen stehen.
Darum erheb' dich! Ruhm sollst du erwerben!
Den Feind besiegend, freu' dich reicher Herrschaft!
Durch mich sind diese früher schon getötet,
Du sei nur Werkzeug, Kämpfer mit der Linken.
Den Drona, den Jayadratha, den Bhishma,
Den Karna und die andern Kämpferhelden,

Die ich getötet, töte du! nicht zittre!
Kämpfe! du wirst im Streit die Gegner fällen.

SANJAYA SPRACH

Als dieses Wort des Krishna er vernommen,
Die Hände faltend, zitternd, ihn verehrend,
Sprach wieder also Arjuna zu Krishna,
Nur stammelnd, ganz in Furcht, vor ihm sich neigend:

ARJUNA SPRACH

Mit Recht erfreuet sich an deinem Ruhme
Die Welt und ist dir ehrfurchtsvoll ergeben;
Die Rakshas fliehn entsetzt nach allen Seiten,
Der Sel'gen Scharen all vor dir sich neigen.
Und warum sollten sie sich dir nicht beugen,
Dem ersten Schöpfer, würd'ger selbst als Brahman?
Du Götterherr, Endloser, Weltenwohnstatt,
Du bist der Ew'ge, Höchste, Sein und Nichtsein!
Du bist der erste Gott, der alte Urgeist,
Du bist der höchste Schatz des ganzen Weltalls,
Wisser und Wissenswürd'ges, höchste Stätte,
Du hast das All gespannt, Endlosgestalt'ger.
Wind, Feuer, Yama, Varuna, der Mond auch,
Prajapati bist du, und erster Ahnherr;
Verehrung dir, Verehrung tausend Male,
Und mehr noch, mehr, Verehrung dir, Verehrung!
Verehrung dir im Angesicht, im Rücken,
Von allen Seiten Ehre dir, du alles!
Unendlich mannhaft, unermeßlich kraftvoll,
Vollendest du das All und bist selbst alles.
Wenn ungestüm, für meinen Freund dich haltend,
Ich „Krishna", „Yadava" und „Freund" dich nannte,
Unkundig deiner wunderbaren Größe,
Zu unbedachtsam oder zu vertraulich;
Und wenn im Scherz ich dich nicht richtig ehrte,

Im Wandeln, Ruhen, Sitzen oder Essen,
Ob du allein warst, ob vor allen diesen –
Ich bitt' dich um Vergebung, Unermeßner!
Vater der Welt, die sich bewegt und fest ist,
Verehrungswürdig, mehr uns als ein Lehrer –
Dir gleich ist niemand, wer dir überlegen?
In dieser Dreiwelt, unvergleichlich mächt'ger!
Mich beugend drum, den Körper niederwerfend,
Such' deine Gnade ich, du Herr der Ehren!
Wie seines Sohns ein Vater, Freund des Freundes,
Geliebter der Geliebten – mußt du schonen.
Noch nie Geschautes freu' ich mich zu schauen,
Allein vor Furcht bebt mir das Herz und zittert,
Zeig' die Gestalt, o Gott mir, die ich kenne,
Sei gnädig, Götterherr, Wohnstatt der Welten!
Mit Diadem und Keule, mit dem Diskus
In deiner Hand, so wünsch' ich dich zu sehen;
Nimm wieder an die Form mit den vier Armen,
Du Tausendarmiger, du Allgestalt'ger!

DER ERHABENE SPRACH

Aus Gnaden hab' ich dir nun offenbaret
Mein höchstes Wesen hier, kraft meiner Allmacht –
Strahlend, unendlich, ganz und uranfänglich –,
Kein andrer hat vor dir sie je gesehen.
Nicht durch den Veda, Opfer, Studium, Spenden,
Zeremonien oder graus'ge Büßung
Kann mich in solcher Form ein andrer schauen
Im Menschenvolk, du großer Held der Kurus!
Nicht soll dich Angst befangen und Verwirrung
Beim Anblick meiner schrecklichen Gestaltung,
Von Furcht befreit, fröhlichen Sinnes wieder
Sollst du mich schaun, so wie ich dir bekannt bin.

SANJAYA SPRACH

Als Krishna so zum Arjuna gesprochen,
Da zeigt' er sich in alter Art ihm wieder,
Und so beruhigte er den Erschreckten,
In freundlicher Gestalt, der hochgesinnte.

ARJUNA SPRACH

Da wieder deine menschliche Gestalt ich schau', die freundliche,
Kehrt die Besinnung mir zurück und wieder werd' ich, der ich war.

DER ERHABENE SPRACH

Die schwer zu schauende Gestalt, die du von mir gesehen hast,
Nach deren Anblick sehnen sich sogar die Götter immerfort.
Durch Veden nicht, durch Buße nicht, durch Spenden und durch Opfer nicht
Bin ich in dieser Form zu schaun, wie du mich jetzt gesehen hast.
Nur wer mich ganz allein verehrt, der kann mich schaun in solcher Form,
Kann mich erkennen ganz und gar und endlich eingehn auch in mir.
Wer handelt so, wie's mir gefällt, mich ehrt, mich liebt, die Welt verschmäht,
Und allen Wesen freundlich ist, der kommt zu mir, o Pandu-Sohn!

ZWÖLFTER GESANG

ARJUNA SPRACH

Die so beständig andachtsvoll dich verehren und die dem Kult
Des Unvergänglichen sich weihn' – wer ist der Andacht besser kund?

DER ERHABENE SPRACH

Die ganz in mich versenkt nur mir andächtig stets Verehrung weihn,
Von höchstem Glauben ganz erfüllt, denen gebührt der Andacht Preis.
Doch die dem Unvergänglichen, Unsichtbaren Verehrung weihn,
Das üb'rall weilt, unvorstellbar, fest, unbeweglich, gipfelhoch;

Die, bänd'gend ihrer Sinne Schar, gleichgesinnt gegen jedermann,
An aller Wesen Heil sich freun – auch die erlangen mich gewiß.
Mehr Mühsal aber haben sie, die sich dem Unsichtbaren weihn;
Von Körperwesen wird nur schwer das unsichtbare Ziel erreicht.
Die aber all ihr Tun auf mich hinwerfen, mir ergeben ganz,
In Andacht, die nur mir geweiht, mich verehren, in mich versenkt,
Denen werd' ich ein Retter sein aus dem Meere der Todeswelt,
In Kürze schon, o Pritha-Sohn, wenn all ihr Denken mir gehört.
Drum richt' auf mich nur deinen Sinn und senk' in mich nur deinen Geist,
So wirst du wohnen auch in mir nach dieser Zeit unzweifelhaft.
Doch kannst dein Denken du in mich noch nicht versenken ganz und gar,
Dann suche zu erreichen mich durch Andacht, die du eifrig übst.
Bist du auch dazu noch zu schwach, dann weihe dich dem Tun für mich –
Wenn meinethalb du Werke tust, wird auch Vollendung dir zuteil.
Wenn du auch das nicht leisten kannst, auf die Andacht zu mir gestützt,
Verzicht' auf aller Taten Frucht, als einer, der sich selbst bezähmt.
Mehr ist Erkenntnis als Bemühn, Versenkung noch viel höher steht,
Noch höh'r Verzicht auf Tatenfrucht – dann ist der Seelenfrieden da.
Wer keinem Wesen feindlich ist, freundlich gesinnt und mitleidsvoll,
Von Selbstsucht und von Dünkel frei, geduldig, gleich in Leid und Lust,
Zufrieden, immer andachtsvoll, sich zügelnd, dem Entschlusse treu,
Mit Sinn und Geist in mich versenkt – wer so mich ehrt, der ist mir lieb.
Vor dem die Welt nicht zittern muß, der auch nicht zittert vor der Welt,
Wer frei von Freude, Unmut, Furcht und Aufregung, der ist mir lieb.
Unbekümmert, rein und tüchtig, unparteiisch und unverzagt,
Alle Pläne fahrenlassend – wer so mich ehrt, der ist mir lieb.

Wer nicht frohlocket und nicht haßt, um nichts trauert und nichts begehrt,
Wer Wohl und Übel fahren läßt und mich verehrt, der ist mir lieb.
Gleichmütig gegen Feind und Freund, gleichmütig gegen Ehr' und Schmach,
Kält' und Hitze, Glück und Unglück, befreit vom Hängen an der Welt;
Lob und Tadel gleich viel achtend, schweigsam, zufrieden immerdar,
Ohn' Haus und Heim, von festem Sinn – solch ein Verehrer ist mir lieb.
Und die dem Nektar meines Worts, dem heiligen, Verehrung weihn,
Glaubensvoll, mir ganz ergeben, mich liebend – ja, die sind mir lieb!

DREIZEHNTER GESANG

DER ERHABENE SPRACH

Dieser Leib, o Sohn der Kunti, er wird bezeichnet als das „Feld",
Wer diesen kennt, den nennet man den „Feldkenner" – es ist der Geist!
Wisse, daß ich Feldkenner bin auf allen Feldern, Bharata!
Vom „Feld" und von dem „Feldkenner" das Wissen ist des Namens wert.
Doch was das Feld und wie es ist, wie sich verändernd und woher,
Auch des Feldkenners Art und Macht vernimm in Kürze nun von mir.
In manchen Rhythmen sang es einst vielfältig manches Sängers Mund,
In klaren, wohlbegründeten Brahman-Büchern verkündet ist's.
Die Elemente und das Ich, der Verstand, das Unsichtbare,
Zehn Sinne und der inn're Sinn, auch die fünf Sinnesreiche noch;
Begehren, Hassen, Lust und Leid, Körper, Denken und Festigkeit –
Zusammen wird's das „Feld" genannt, in dem ein ew'ger Wechsel wohnt.
Bescheidenheit und Redlichkeit, das Nichtverletzen, die Geduld,
Reinheit, Ehrfurcht vor dem Lehrer, Beständigkeit, Selbstzügelung;
Entsagung von der Sinnenwelt, vor allem auch Selbstlosigkeit,

Ein recht Erwägen, wie Geburt, Tod, Alter, Krankheit Schmerz bewirkt;
Kein Hang zur Welt, noch Sichklammern an Söhne, Gattin, Haus und Hof,
Beständige Gleichmütigkeit bei jedem Schicksal, gut und bös;
Verehrung, die sich nicht verirrt, durch Andacht, die nur mir geweiht,
Das Wohnen in der Einsamkeit, an Gesellschaft sich nicht erfreun;
Stetes Erkennen höchsten Geist's, die Einsicht in des Wissens Zweck,
Das ist es, was man Wissen nennt – was anders ist, Nichtwissen heißt's.
Ich sag' dir, was man wissen muß, was die Unsterblichkeit verschafft,
Das anfangslose, höchste Brahm, nicht Sein noch Nichtsein wird's genannt.
Hände und Füße, Augen, Köpf' und Münder hat es überall,
Auch Ohren hat's in aller Welt, das All umfassend steht es da;
Strahlend durch aller Sinne Kraft, von allen Sinnen doch ganz frei,
Alltragend, qualitätenlos, und doch der Qualitäten froh;
In- und außerhalb der Wesen, sich bewegend und unbewegt,
Unerfaßbar ob der Feinheit, ganz fern und wiederum ganz nah,
Nicht zerteilet in den Wesen und wie zerteilt doch steht es da
Als der Wesen Träger kenn' es, der sie verschlingt und wieder zeugt.
Das Licht der Lichter wird's genannt, das über aller Finsternis,
Wissen, wißbar, wissenswürdig, in jedem Herzen steckt es drin.
So vom „Feld" und von dem Wissen und Wissenswürd'gen sagt' ich dir –
Wer mich verehrt und dies erkennt, wird teilhaft meines Wesens sein.
Natur und Geist – das wisse du –, ohne Anfang sie beide sind;
Doch Veränd'rung und Qualität entspringen beid' aus der Natur.
Bei allem, was das Tun betrifft, dafür ist die Natur Prinzip,
Beim Genießen von Lust und Leid wird der Geist das Prinzip genannt.
Der Geist, in die Natur gebannt, schmeckt, was sie schafft, die Qualität,
Sein Hängen an der Qualität ist Ursach steter Neugeburt.
Der Zeuge, der Gewährer auch, Träger, Genießer, großer Herr

Und höchstes Selbst auch wird genannt in diesem Leib der höchste Geist.
Wer so den Geist und die Natur zusamt den Qualitäten kennt,
Wo und wie er sich auch bewegt, erleidet keine Neugeburt.
Durch Versenkung schauen manche in sich und durch sich selbst das Selbst,
Andre schaun's durch Kraft des Denkens, durch Werkübung noch andere;
Andre ehren es unwissend, da sie von andern es gehört;
Auch sie besiegen so den Tod, der heil'gen Schrift ergeben ganz.
So oft ein Wesen auch entsteht, sei es beweglich oder fest,
Es wird durch die Vereinigung des Felds und des Feldkundigen.
Wer in den Lebewesen all denselben höchsten Herrn erblickt,
Der nicht vergeht, wenn sie vergehn – wer das erkennt, hat recht erkannt.
Denn wer denselben Herrn erkennt als den, der allen innewohnt
Verletzt das Selbst nicht durch das Selbst und wandelt so die höchste Bahn.
Und wer die Taten allerwärts durch die NATUR nur sieht geschehn,
Das SELBST dabei als nichthandelnd erkennet, der hat recht erkannt.
Wenn er die Sonderexistenz der Wesen all in einem schaut,
Und von diesem aus entwickelt, dann wandelt er zum Brahman hin.
Dies ewige und höchste Selbst, ohn' Anfang, ohne Qualität,
Wenn es auch in dem Körper wohnt, doch handelt's nicht, wird nicht befleckt.
Der Äther ist allüberall, wird nicht befleckt, weil er zu fein –
So wird das Selbst auch nicht befleckt, auch wenn's in allen Körpern weilt.
Wie die Sonne die ganze Welt allein mit ihrem Licht erhellt,
So erleuchtet das ganze Feld der Herr des Felds, o Bharata!
Die zwischen Feld und Feldkenner den Unterschied mit Wissensaug'
Erkennen, die Erlösung auch von der Natur – die gehn zu Gott.

VIERZEHNTER GESANG

DER ERHABENE SPRACH

Weiter will ich dir verkünden das höchste Wissen, das es gibt,
Welches kennend die Weisen all höchste Vollkommenheit erreicht.
Auf dieses Wissen fest gestützt sind eins geworden sie mit mir,
Auch Weltschöpfung, Weltvernichtung bringt ihnen nicht Geburt und Schmerz.
Das große Brahman ist mein Schoß, in den ich leg' den Lebenskeim,
Das Werden aller Wesen hat dort seinen Ursprung, Bharata.
In allen Mutterschößen, Freund, welche Gestalten auch entstehn,
Brahman ist deren Mutterschoß, den Samen geb' als Vater ich.
Güte, Leidenschaft, Finsternis, die Qualitäten der Natur,
Sie fesseln in dem Leibe hier den Geist, den unvergänglichen.
Güte ist strahlend, leidenlos, weil sie von allen Flecken frei,
Sie fesselt durch das Hängen an dem Glück und an dem Wissen dich.
Die Leidenschaft ist voll Begehr, erzeugt das Hängen an dem Durste,
Sie fesselt deine Seele hier durch Hängen an der Tatenlust.
Finsternis aus Nichtwissen stammt und alle Sterblichen betört,
Sie fesselt durch Nachlässigkeit, Faulheit und Schlaf, o Bharata.
Güte läßt hängen an dem Glück, Leidenschaft an der Tatenlust,
Finsternis an Nachlässigkeit, nachdem das Wissen sie umhüllt.
Zwingst Leidenschaft und Dunkel du, dann tritt die Güte siegreich vor,
Wenn Leidenschaft und Güte-Dunkel; wenn Güt' und Dunkel-Leidenschaft.
Wenn in des Leibes Pforten all des Wissens helles Licht erscheint,
Dann wisse wohl, dann wuchs in ihm die Qualität der Güte groß.
Habsucht, Streben, Unternehmen von Taten, Unruh und Begier,
Diese entstehn, o Bharata, wenn Leidenschaft erwachsen ist.
Ein finstres Wesen, Nichtstreben, Nachlässigkeit, Betörung auch,
Diese entstehn, o Kuru-Sohn, wenn Finsternis erwachsen ist.
Ward Güte in dem Menschen groß, dann nach dem Tod erreichet er
Jene fleckenlosen Welten der höchsten Wissens Kundigen.
Stirbt er in Leidenschaft, dann kommt er unter Tät'gen neu zur Welt,
Stirbt er im Dunkel, wird er neu geboren aus betörtem Schoß.

Die Frucht der recht getanen Tat ist guten Wesens, fleckenlos,
Die Frucht der Leidenschaft ist Leid – Nichtwissen ist des Dunkels Frucht.
Aus der Güte entsteht Wissen, aus der Leidenschaft die Begier,
Nachlässigkeit, betörter Sinn, Nichtwissen aus dem Dunkel stammt.
Hinauf gehn, die an Güte reich – Leidenschaft in der Mitte bleibt;
Hinunter geht der Finsterling von der niedersten Qualität.
Wenn keinen Täter du mehr kennst als nur der Qualitäten Schar,
Auch weißt, was über diesen steht – dann gehst du in mein Wesen ein.
Wenn der Mensch die leibzeugenden drei Qualitäten hat besiegt,
Frei von Geburt, Tod, Alter, Schmerz erlangt er die Unsterblichkeit.

ARJUNA SPRACH

An welchen Zeichen wird, o Herr, solch ein siegreicher Mensch erkannt?
Wie ist sein Wandel? wie gelangt er über alle drei hinaus?

DER ERHABENE SPRACH

Wenn er das Licht, das Streben auch und die Betörung, Pandu-Sohn,
Nicht haßt, wenn sie geworden sind, nicht wünscht, wenn sie geschwunden sind;
Wenn von den Qualitäten er, gleichmütig ganz, nicht wird bewegt,
„Die Qualitäten wirken!" denkt und stille steht, sich gar nicht rührt;
Gleich achtend Glück und Ungemach, gleich achtend Erdkloß, Stein und Gold,
Was lieb und unlieb – festen Sinns, gleich achtend Tadel wie auch Lob;
In Ehren wie in Schanden gleich, zu Freunden und zu Feinden gleich;
Aufgebend all und jeden Plan, der ward der Qualitäten Herr.
Und wer mich fest und unverrückt in liebevoller Andacht ehrt,
Besiegt der Qualitäten Reich und wird für Brahmans Wesen reif.
Ich bin des Brahman Fundament, des unsterblichen, ewigen,
Des ewigen Gesetzes auch, des Glückes, das alleinzig ist.

FÜNFZEHNTER GESANG

DER ERHABENE SPRACH

Wurzelaufwärts, zweigeabwärts, so steht der ew'ge Feigenbaum,
Dessen Blätter Veda-Lieder; den Veda kennt, wer diesen kennt.
Abwärts und aufwärts gehen dessen Zweige,
Qualitäterwachsen, Sinnendinge sprossend;
Nach unten auch die Wurzeln sich verbreiten,
Die durch der Taten Band die Menschen fesseln.
Seine Gestalt erfaßt man nicht auf Erden,
Nicht End' noch Anfang noch des Baumes Dauer;
Wenn dieser Baum mit seinen mächt'gen Wurzeln
Durch der Entsagung hartes Schwert gefällt ist,
Dann muß man suchen jene höchste Stätte,
Von der die Wandrer nimmer wiederkehren,
Denkend: Ich geh' zu jenem ersten Urgeist,
Von dem seit Alters alles Werden ausgeht.
Von Stolz und Torheit frei, Welthangbesieger,
Im höchsten Selbst nur lebend, ohn' Begehren,
Befreit von Lust und Leid der Gegensätze,
Geht unbeirrt man so zur ew'gen Stätte.
Den Ort erhellt die Sonne nicht, der Mond nicht und das Feuer nicht;
Von wo man nimmer wiederkehrt, ja, meine höchste Wohnstatt ist's.
Ein Teil von mir in dieser Welt als Einzelseele lang schon lebt,
Die Sinne samt dem innern Sinn zieht er an sich aus der Natur.
Wenn er als Herr den Leib erlangt und wenn er wieder tritt hinaus,
Die Sinne fassend geht er hin, gleichwie der Wind die Düfte faßt.
Gehör, Gesicht, Gefühl, Geschmack, Geruch, sowie den innern Sinn,
Als Herr bemeisternd steht er da und genießet die Sinnenwelt.
Ob er hinausgeht oder bleibt und genießt, qualitätbegabt,
Törichte Menschen sehn ihn nicht, des Wissens Aug' nur läßt ihn schaun.
Andächt'ge, die sich drum bemühn, die schaun ihn in dem eignen Selbst,
Doch Toren, Unbereitete, ob sie sich mühn auch, sehn ihn nicht.

Der Glanz, der in der Sonne ist und diese ganze Welt erhellt,
Der in dem Mond, im Feuer ist, das, wisse, ist mein eigner Glanz.
Eindringend in die Erde trag' die Wesen ich mit meiner Kraft,
Die Pflanzen all laß ich gedeihn als Soma, der im Saft besteht.
Zum Feuer werdend dring' ich ein in der belebten Wesen Leib,
Mit Hauch und Aushauch fest vereint koch' ich vierfache Speise dort.
In eines jeden Herz bin ich gedrungen,
Erinnrung, Wissen und Bestreiten wirk' ich,
Durch alle Veden bin ich zu erkennen,
Bin Vedenkenner, schaffe den Vedanta.
Zwei Arten Geist gibt's in der Welt – einer vergeht, der andre nicht;
Der erste sind die Wesen all, den andern nennt man „Gipfel hoch".
Der höchste Geist ein andrer ist, er wird das höchste Selbst genannt,
Er dringet in die Dreiwelt ein und trägt sie als der ew'ge Herr.
Weit mehr als der vergängliche, mehr als der unvergängliche
Bin ich – drum heiß' ich in der Welt und in der Schrift der höchste Geist.
Wer von Betörung frei mich so erkennet als den höchsten Geist,
Der weiß alles und ehret mich von ganzem Herzen, Bharata!
Geheimnisvollste Wissenschaft ist so von mir verkündet dir;
Wer sie erfaßt, ist weisheitsvoll und hat, fürwahr, das Ziel erreicht.

SECHZEHNTER GESANG

DER ERHABENE SPRACH

Furchtlosigkeit, Wesensreinheit, in Wissensandacht Festigkeit,
Spenden, Selbstbezähmung, Opfer, Studium, Buße und Redlichkeit;
Nichtschäd'gen, Wahrheit, Nichtzürnen, Nichtverleumden, Friede, Verzicht,
Milde, Mitleid mit den Wesen, Scham, Nichtbegier, Nicht-Unstetsein;
Kraft, Reinheit, Festigkeit, Geduld, Nichtkränken, nicht hochmüt'ger Sinn,
Die finden sich bei einem, der zum Götterlos geboren ist.

Heuchelei und Stolz und Hochmut, ein rauhes Wesen, Zornigkeit,
Nichtwissen auch – bei dem, der zu Dämonenlos geboren ist.
Götterlos führt zur Erlösung, Dämonenlos zur Fesselung!
Nicht traure, denn zum Götterlos bist du geboren, Pandu-Sohn!
Zwiefach ist hier der Wesen Art: teils göttlich, teils dämonisch auch;
Die göttliche ist schon erklärt, nun hör' von der dämonischen.
Weder Handeln noch Nichthandeln verstehn dämonische Menschen recht;
Guter Wandel, Reinheit, Wahrheit – die finden sich bei ihnen nicht.
Die Welt ist unwahr, ohne Halt und ohne Herrn – so sagen sie;
Nicht folgerecht entstand die Welt, Begierde nur rief sie hervor.
In diese Ansicht ganz verbohrt, törichten Sinnes und verderbt,
Richten durch Freveltaten sie die Welt zugrund – unsel'ges Volk!
Von unstillbarer Gier erfüllt, voll Trug und Stolz und Übermut,
Töricht, böse Dinge wählend, führen ein schmutz'ges Leben sie.
Ihr Denken schweift ganz unbeschränkt, meint: mit dem Tod ist alles aus!
Genießen ist ihr höchstes Gut! „Es gibt nichts weiter", denken sie.
In hundert Hoffnungen verstrickt, der Gier verfallen und dem Zorn,
Häufen sie, ihrer Lust zu lieb, sich unrechtmäßig Schätze auf.
Nun hab' ich dieses schon erlangt und jenen Wunsch erreich' ich noch,
Dies hab' ich schon, und jener Schatz, der wird in Zukunft mir zuteil;
Dieser Feind ist schon getötet, die andern werd' ich töten noch,
Ich bin Herr, ich bin Genießer, bin erfolgreich, glücklich und stark!
Ich bin reich, ich bin von Adel! welcher andre ist mir wohl gleich?
Opfern, schenken, froh sein will ich! so denken sie, verblendet ganz.
Wirr durch allerhand Gedanken, gefangen in des Irrtums Netz,
Ergeben völlig dem Genuß, in schmutz'ge Hölle stürzen sie.
Selbst sich ehrend, aufgeblasen, voll Stolz, voll Hochmut auf ihr Geld,
Bringen sie heuchelnd Opfer dar, die dieses Namens gar nicht wert.
Ichsucht, Gewalt, Begierde, Stolz und Zorn – dem sind ergeben sie;
Mich hassen sie im eignen Leib wie auch in andern, grimmerfüllt.
Diese Hasser, die greulichen, die schlechtsten Menschen in der Welt,
Die argen, schleudr' ich fort und fort in dämonischen Mutterschoß.
Durch dämonischen Mutterschoß betört in jeglicher Geburt,

Erreichen sie mich nimmermehr und wandeln so die tiefste Bahn.
Dreifältig ist das Höllentor, wodurch die Seele geht zugrunde:
Begierde, Zorn und Habsucht sind's – darum laß fahren diese drei!
Befreit von diesen, Kunti-Sohn, den drei Pforten der Finsternis,
Wirket der Mensch sein Seelenheil und wandelt so die höchste Bahn.
Doch wer nach seiner Willkür lebt, nicht achtend heiliges Gesetz,
Nicht erreicht die Vollendung der, nicht Glück und nicht die höchste Bahn.
Drum sei dir Richtschnur das Gesetz, bei der Feststellung deines Tuns.
Weißt du, was das Gesetz bestimmt, dann kannst du deine Taten tun.

SIEBZEHNTER GESANG

ARJUNA SPRACH

Doch die nicht achten das Gesetz, doch gläubig Opfer bringen dar,
Auf welchem Boden stehen die? – Güte, Leidenschaft, Finsternis?

DER ERHABENE SPRACH

Dreifach der Menschen Glaube ist – aus ihrem Wesen wächst er auf,
Drum kann er gut, voll Leidenschaft, oder auch ganz verfinstert sein.
Wie eines jeden Wesen ist, so ist sein Glaube, Bharata!
Aus Glauben ist der Mensch gemacht – wie er glaubet, so ist er selbst.
Die Götter ehrt der Guten Schar, die Elben Leidenschaftliche,
Gespenster und der Geister Heer ehret das Volk der Finsternis.
Die graus'ge Büßung üben aus, wie das Gesetz sie nicht befiehlt,
Voll Trug und Ichsucht, voll Begier, voll Leidenschaft und voller Trotz;
Ganz sinnlos peinigend die Schar der Elemente in dem Leib,
Und mich auch, der im Leibe weilt – die sind dämonengleich gesinnt.
Dreifach ist auch der Speise Art, wie einem jeden sie gefällt,
Dreifach Opfer, Buße, Spenden – vernimm nun deren Unterschied.
Was Leben, Sein, Gesundheit, Kraft, Glück und Freude vermehren kann,
Schmackhafte, milde, feste Speise, liebliche, ist den Guten lieb.

Scharf, sauer, salzig, allzu heiß, streng, unmilde, brennender Art –
Das liebt der Leidenschaftliche, das schafft ihm Krankheit, Weh und Schmerz.
Was abgestanden, unschmackhaft, stinkend und schon verdorben ist,
Überbleibsel und Unreines, das liebt das Volk der Finsternis.
Wo man nach Vorschrift Opfer bringt, nach dem Erfolge nicht begehrt,
Nur denkend: Also ist es Pflicht! – solch Opfer ist der Guten Art.
Doch wo man nach Erfolg begehrt und Heuchelei beim Opfer übt,
Ein solches Opfer ist die Art der Leidenschaftbefangenen.
Ohne Regel, ohne Speisung, ohne Lieder und Opferlohn,
Ohne Glauben – solch ein Opfer nennt man die Art der Finsternis.
Götter, Priester, Lehrer, Weise ehren, Reinheit und Redlichkeit,
Keusches Wesen, Nichtverletzen – dies die Buße des Körpers ist.
Rede, welche nicht erreget, die wahr ist und voll Freundlichkeit
Übung in dem Veda-Studium – das heißt die Buße mit dem Wort.
Herzensheiterkeit und Milde, Schweigen, Bezähmung seiner selbst,
Reinheit des Wesens – dieses ist des Herzens Buße, wie man sagt.
Solche Buße dreifacher Art, wenn sie im Glauben wird geübt,
Andächtig, ohne Fruchtbegier – die ist der guten Menschen Art.
Doch wenn's geschieht um Ehr' und Ruhm oder sogar aus Heuchelei,
Das ist schwankend und ohne Halt – das ist die Art der Leidenschaft.
Doch wird mit Pein'gung seiner selbst die Buße töricht ausgeübt,
Oder andern zum Verderben – das ist die Art der Finsternis.
Wenn man spendet nur, weil es Pflicht, und an Vergeltung gar nicht denkt,
Am rechten Ort, zur rechten Zeit – die Spende ist der Guten Art.
Doch tut man es um Gegendienst, oder im Hinblick auf Erfolg,
Oder ungern – das ist die Art der Leidenschaftbefangenen.
Wenn man unwürd'gen Menschen gibt, unpassend auch nach Ort und Zeit,
Unfreundlich, mit Geringschätzung – das ist die Art der Finsternis.
Dreifach ist des Brahman Name: das Om! – das Das! – das Seiende! –
Priester, Veden und Opfer sind von diesem vormals festgesetzt.

Die Theologen rufen drum zu Anfang immer erst ihr „Om“,
Bei Opfer, Spenden, Büßungen, wenn nach der Regel sie geschehn.
Die nach Erlösung Strebenden, die auf Erfolg nicht gehen aus,
Rufen „das Das!“ zu Anbeginn der Opfer, Buß’ und Schenkungen.
Von dem Sein und von der Güte braucht man das Wort „das Seiende“,
Auch bei rühmenswerten Taten wird dieser Ausdruck angewandt.
In Opfer, Buß’ und Spenden auch Beständigkeit heißt „Seiendes“,
Und was man tut zu solchem Zweck, erhält denselben Namen auch.
Was ohne Glauben ausgeführt, sei’s Opfer, Spende, Buße, Tat,
Das wird „Nichtseiendes“ genannt – ist nach dem Tode nichts, noch hier.

ACHTZEHNTER GESANG

ARJUNA SPRACH

Der Entsagung Wesen wünsch’ ich zu kennen, o Großarmiger,
Und des Verzichtes Wesen auch; erkläre sie gesondert mir!

DER ERHABENE SPRACH

Entsagt man wunscherzeugter Tat, so wird Entsagung das genannt;
Verzicht auf aller Taten Frucht, das nennt Verzicht der Weisen Schar.
Gib auf das Tun, als eine Schuld! so sagen ein’ge Denker uns;
Das Opfern, Spenden, Bußetun gib nicht auf! sagen andere.
Höre meine Entscheidung hier von dem Verzicht, du Trefflichster!
Der Verzicht, o du Manntiger, wird als dreifältiger gerühmt.
Das Opfern, Spenden, Bußetun gib nimmer auf, nein, führ es aus!
Denn das Opfer, Spend’ und Buße, sie läutern den Verständigen.
Doch muß man diese Taten tun, nachdem man auf das Hängen dran
Und auf Erfolg verzichtet hat – den höchsten Standpunkt nenn’ ich das.
Entsagung der notwend’gen Tat, die wäre übel angebracht;
Unterlassung bloß aus Torheit zählt man zur Art der Finsternis.
Wenn man aus Furcht vor Liebesmüh die Tat aufgibt, weil sie beschwert,

Das ist die Art der Leidenschaft – solch ein Verzicht bringt keine Frucht.
Doch tut man die notwend'ge Tat, nur denkend: „So ist's meine Pflicht!"
Aufgebend Neigung und Erfolg – solch ein Verzicht ist guter Art.
Nicht haßt ein unerfreulich Werk, noch hängt an dem erfreulichen
Der Verständ'ge, der verzichtet, erfüllt von Güte, zweifelfrei.
Nicht möglich ist's, im ird'schen Leib, aufzugeben jedwede Tat,
Doch wer die Frucht der Tat aufgibt, der heißet ein Verzichtender.
Erwünscht, gemischt und unerwünscht – dreifält'ge Frucht der Tat erlangt
Der Nichtentsagende, im Tod – doch niemals der Entsagende.
Vernimm nun, du Großarmiger, die fünf Prinzipien noch von mir,
Die die Sankhya-Lehre kündet, zur Vollendung jedweden Tuns:
Ein Standort und ein Handelnder und Organe verschiedner Art,
Mancherlei besondres Streben, das Schicksal als das fünfte noch.
Welches Werk mit Körper, Rede und Gedanken der Mensch beginnt,
Sei es nun richtig, sei's verkehrt, die fünf Prinzipien sind dabei.
Wer darum also sich allein für den Täter der Taten hält,
Infolge seiner Unbildung, der sieht nicht recht und ist ein Tor.
Wer kein selbstsücht'ges Wesen hat, wessen Geist nicht beflecket wird,
Ob alle Welt er tötet auch, tötet doch nicht, wird nicht verstrickt.
Wissen, Wissenswürd'ges, Wisser – dreifach der Antrieb ist zur Tat;
Werkzeug, Handelnder und Handlung – dreifach der Inbegriff der Tat.
Wissen, Tat sowie auch Täter sind dreifach nach der Qualität;
Die Qualitätenlehre zeigt's; nun höre, wie sich das verhält:
Wodurch in allen Wesen man das eine, ew'ge Sein erblickt,
Ungeteilt in den geteilten – solch Wissen ist von guter Art.
Doch wenn in allen Wesen man verschiedne Wesenheiten sieht,
Ganz für sich und streng gesondert – so sieht die Leidenschaft es an.
Doch hängt das Denken ohne Grund an einem Ding, als wär's das All,
Der Wahrheit nicht gemäß, beschränkt – das ist die Art der Finsternis.
Die pflichtgemäße Tat, die frei von Weltlust, Leidenschaft und Haß

Getan ist ohne Rücksicht auf Erfolg – die ist von guter Art.
Doch wenn, getrieben von Begier, von Ichbewußtsein ganz erfüllt,
Hart sich mühend die Tat man tut – das ist die Art der Leidenschaft.
Wenn, ohne Rücksicht auf die Kraft, auf Folgen, Schädigung, Verlust,
Blindlings die Tat begonnen wird – das ist die Art der Finsternis.
Frei von Weltlust, nicht sich prahlend, voll Festigkeit und Energie,
Gleich bei Erfolg und Mißerfolg – solch einen Täter nennt man gut.
Wer Erfolg begehrt, habsüchtig, andre verletzend, unrein ist,
Bald froh, bald traurig – der gehört dem Reich der Leidenschaften an.
Wer fahrlässig, gemein und frech, heimtückisch, hinterlistig, faul,
Feig, saumselig – solch ein Täter gehört zum Reich der Finsternis.
Auch den dreifachen Unterschied des Verstands und der Festigkeit,
Vernimm, je nach der Qualität, ganz klar gelegt, jedes für sich.
Der, was zu tun, zu lassen ist, Gefahr sowie auch Sicherheit,
Verstrickung wie Befreiung recht erkennet, *der* Verstand ist gut.
Der das Recht sowie das Unrecht, was zu tun und zu lassen ist,
Nicht recht erkennt, solcher Verstand gehört zum Reich der Leidenschaft.
Wenn er das Unrecht hält für Recht, die Dinge ganz verkehrt ansieht,
Ganz umnachtet, solcher Verstand gehört zum Reich der Finsternis.
Die Festigkeit, mit welcher man Herz und Sinne und Lebenskraft
In Andacht unverrückt festhält, das nenn' ich gute Festigkeit.
Die Festigkeit, mit welcher man, was recht, nützlich und angenehm,
Liebend, fruchtbegehrend, festhält, gehört zum Reich der Leidenschaft.
Die Festigkeit, mit der ein Tor Schlaf, Furcht, Trauer, Kleinmütigkeit
Und Übermut nicht fahren läßt, gehört zum Reich der Finsternis.
Nun höre vom dreifachen Glück durch mich, du bester Bharata!
Wo man ruht nach ernster Arbeit und an der Mühsal End' gelangt,
Glück, das am Anfang Gift erscheint, am End' dem Nektar ähnlich ist,
Ein solches Glück ist wahrhaft gut, durch Geistesheiterkeit erzeugt.
Ein Glück, das anfangs nektargleich, am Ende doch als Gift sich zeigt,
Die Sinne fesselnd an die Welt, gehört zum Reich der Leidenschaft.
Glück, das gleich und in der Folge die Seele mit Verblendung schlägt,

In Schlaf, Faulheit, Nachlässigkeit – solch Glück gehört zur Finsternis.
Nicht auf Erden, noch im Himmel, unter den Göttern etwa gibt's
Ein Sein, das von der Qualität, der natürlichen, völlig frei.
Was Priester, Adlige und Volk, auch was die Shudras tun, mein Freund,
Die Taten alle sind verteilt nach Qualitäten ihrer Art.
Ruhe, Selbstbeherrschung, Buße, Reinheit, Geduld und Redlichkeit,
Rechtes Wissen und Gläubigkeit ist Priesters Pflicht, nach SEINER Art.
Heldenmut, Kraft und Festigkeit, Geschick im Kampf, Furchtlosigkeit,
Spenden und rechtes Herrentum ist Adels Pflicht, nach seiner Art.
Viehzucht, Ackerbau und Handel ist Volkes Pflicht nach seinerArt,
Im Dienen bloß besteht die Pflicht für den Shudra, nach seiner Art.
Wer Freude hat an seiner Pflicht, der Mann erlangt Vollkommenheit;
Wie man, seines Tuns sich freuend, Vollendung findet, höre das!
DEN, von dem die Wesen stammen, von dem das All geschaffen ist,
DEN durch seine Taten ehrend, erlangt Vollendung hier der Mensch.
Wie sie auch sei, die eigne Pflicht ist besser stets als fremde Pflicht;
Bleibt man treu dem eignen Wesen, dann bleibt man frei von aller Schuld.
Tat, die mit dir geboren ist, wenn sie auch sündig, gib nicht auf!
Von Sünde ist doch alles Tun wie das Feuer vom Rauch umhüllt.
Wer mit dem Geist an nichts mehr hängt, sich selbst besiegt und nichts begehrt,
Zur Vollendung der Tatfreiheit kommt er durch der Entsagung Kraft.
Wie er nach der Vollendung auch das Brahman noch erreicht, hör an!
In Kürze will ich's künden dir, es ist des Wissens höchster Stand.
Mit gereinigtem Geist versehn, sich bezähmend mit Festigkeit,
Verzichtend auf die Sinnenwelt, Neigung und Haß abwerfend ganz;
Einsam lebend, wenig essend, bezähmend Worte, Leib und Geist,
Ganz Andacht und Kontemplation, der Entsagung ergeben ganz;
Selbstbewußtsein, Gewaltsamkeit, Stolz, Zorn, Begierde und Besitz
Aufgebend, selbstlos, friedevoll – so wird er reif zum Brahman-Sein.

Brahman-geworden, heitern Geists, trauert er nicht und wünschet nicht,
Gegen alle Geschöpfe gleich, faßt höchste Liebe er zu mir.
Durch die Liebe erkennt er mich in Wahrheit, wer und wie ich bin;
Hat er in Wahrheit mich erkannt, kommt er zu mir ohn' Aufenthalt.
Auch wenn er alle Taten stets ausführt – auf mich vertrauend ganz,
Erlangt durch meine Gnade er eine ewige feste Statt.
Im Geiste alles Tun auf mich hinwerfend, mir ergeben ganz,
Auf des Geistes Andacht bauend, denke beständig nur an mich.
Mein denkend, die Gefahren all durch meine Gnade du besiegst;
Doch wenn du, allzu selbstbewußt, mein Wort nicht hörst, gehst du zugrund.
Wenn du in deinem Eigensinn etwa „ich will nicht kämpfen!" denkst,
Vergeblich ist dann dein Entschluß – es wird dich treiben die Natur.
Gefesselt durch die eigne Pflicht, wie sie aus deiner Art entspringt,
Wirst, was tu töricht nicht gewollt, du wider Willen dennoch tun.
Im Herzen aller Wesen drin wohnet der Herr, o Arjuna!
Er bewegt wie im Puppenspiel die Wesen alle wunderbar.
Bei ihm such' deine Zuflucht du mit ganzer Seele, Bharata!
Durch seine Gnad' erlangst du dann höchsten Frieden und ew'gen Stand.
Ein Wissen hab' ich dir vertraut, das noch geheimer als geheim;
Nachdem du's ganz erwogen hast, verfahre weiter, wie du willst.
Doch das Allergeheimste noch vernimm von mir, das höchste Wort,
Du bist mir teuer, überaus, darum verkünd' ich dir das Heil.
Mein gedenkend, mich verehrend, mir opfernd, beuge dich vor mir!
Zu mir dann kommst du! Wahrheit ist's, was ich versprech' – du bist mir lieb.
Alle Satzungen aufgebend, such' mich allein als Zufluchtsort!
Von allen Sünden werd' ich dann dich erlösen – sei unbesorgt!
Doch künde niemals dieses Wort dem, welcher keine Buße tut,
Der mich nicht ehrt, auf mich nicht hört, wider mich murret fort und fort.
Wer dies geheimnisvolle Wort meinen Verehrern weitergibt,
Höchste Verehrung zollend mir, der kommt zu mir ganz zweifellos.

Ja, keiner von den Menschen all tut Liebres mir, als solch ein Mann!
Kein andrer wird auf Erden mir drum lieber sein als eben der.
Und wer dies heilige Gespräch zwischen uns beiden sich einprägt,
Mit des Wissens Opfer ehret mich ein solcher – so denke ich!
Der Mann auch, welcher glaubensvoll dies hört und nicht dawider murrt,
Auch der wird als Erlöster wohl die reine Welt der Frommen schaun.
Hast du's gehört, o Pritha-Sohn, mit ganz davon ergriffnem Sinn?
Und ist dir der Unwissenheit Betörung nun dadurch zerstört?

ARJUNA SPRACH

Die Torheit ist durch dich zerstört, Erinnrung ist mir aufgewacht,
Ich stehe fest, der Zweifel schwand – ich werde tun nach deinem Wort.

SANJAYA SPRACH

So hab' ich dies Gespräch gehört, das wunderbar entzückende,
Zwischen Krishna Vasudeva und dem hochherz'gen Pritha-Sohn.
Durch Vyasas Gnade hörte ich dieses geheime, höchste Wort,
Von Krishna, der leibhaftig dort von Andacht sprach, der Andachtsherr.
Immer wieder mich erinnernd an dies Gespräch, so wunderbar,
Das heil'ge, das ich dort gehört, freu' ich mich immer, fort und fort.
Immer wieder mich erinnernd, der wunderbaren Gottgestalt,
Erfaßt gewalt'ges Staunen mich, und ich freue mich fort und fort.
Wo Krishna weilt, der Andachtsherr, und der Schütze, der Pritha-Sohn,
Da ist Glück, Sieg und Gedeihen, so glaub' ich, unerschütterlich!

EINFÜHRUNG IN DAS RAMAYANA

Wir wenden uns nun dem zweiten großen Epos der Inder zu, dem *Ramayana*.

Stolz verkündet das Gedicht von sich selbst:

So lange die Gebirge stehn und Flüsse auf der Erde sind,
So lange wird im Menschenmund fortleben das Ramayana!

Den Anfang macht eine offenbar später zugesetzte Verherrlichung des Valmiki, des angeblichen Verfassers, sowie des Gedichtes selbst:

Heil dem Fürsten der Einsiedler,
jenem Büßer in selgem Glanz,
Aller Weisheit Besitzherren,
ihm, Valmiki dem Seher, Heil!
Sie, die stets Rama, Rama singt,
Süßes mit süßem Klange sagt,
Geschwungen auf des Dichters Zweig,
grüß' ich Valmikis Nachtigall!
Wer dieses Einsiedlerlöwen, der im Haine des Dichters wohnt,
Valmikis Lied von Rama hört,
wohl erreicht der das höchste Glück,
Valmikis Bergen entsprungen,
hin sich stürzend in Ramas Meer.
Verherrlicht herrlich das Weltall Ramayanas gewalt'ger Strom.
Welches von Flecken ganz rein ist,
auch an Bächen und Blumen reich.
Heil dem, der es hervorbrachte, Ramayanas erhabenes Lied!
Wer immer trinkt, so lang er lebt, des Ramayanas Göttertrank,
Nimmer satt, der sei mir gegrüßt, als frommer Weiser, rein von Schuld!

Die Einleitung berichtet, wie Valmiki durch die Anregung des göttlichen Sehers Narada dazu kam, die Geschichte des Rama zu besingen, und wie er durch wunderbare Eingebung die dazu geeignete Form, den epischen Shloka fand. Der Gang der Erzählung ist dann etwa folgender:

Im Lande der Koshala, nördlich vom Ganges, in der Stadt Ayodhya (Oude) herrschte der mächtige König Dasharatha. Dieser hatte drei Frauen, Kaushalya, Kaikeyi und Sumitra; die erste gebar ihm den Rama, die zweite den Bharata, die dritte den Lakshmana. Rama war vermählt mit Sita, der Tochter Janakas, des Königs von Videha.

Als die Zeit gekommen war, verkündete König Dasharatha eines Tages in großer Versammlung, daß er sein Alter herannahen fühle und darum seinen ältesten Sohn Rama zum Yuvaraja, d.i. zum jungen König und Thronfolger weihen wolle. Alles jubelt dem Fürsten lauten Beifall zu, denn Rama ist um seiner hohen Tugenden willen allgemein beliebt. Er wird in die Versammlung geführt, vernimmt des Vaters Beschluß und wird freudig vom Volke begrüßt.

Aber die bucklige intrigante Zofe der zweiten Königin Kaikeyi eilt zu dieser hin, berichtet ihr die Sache als ein schweres Unglück und rät ihr, ohne Verzug den König, der sie zärtlich liebe, durch List und Überredung dazu zu bringen, daß er das Reich dem Rama entziehe und ihrem, der Kaikeyi, Sohn Bharata übergebe. Die Königin sträubt sich zuerst, geht aber dann vollständig und leidenschaftlich auf die Pläne der Zofe ein. Kaikeyi hatte einst den schwerverwundeten König aus dem Kampfgewühl geführt, gepflegt und vom Tode errettet, und damals hatte Dasharatha ihr erlaubt, zwei Bitten zu tun, die er ihr nicht weigern dürfe. Sie hat dies noch nicht benutzt und es gibt ihr jetzt die Handhabe zur Ausführung ihres häßlichen, hinterlistigen Planes.

Als der König seine geliebte Gemahlin Kaikeyi aufsucht, findet er sie auf bloßer Erde liegend, ohne Schmuck, die Perlenschnüre rings zerstreut, mit allen Zeichen des Grames und der Verzweiflung. Erschreckt fragt er sie, was ihr widerfahren sei. Sie schweigt. Er beteuert, alles tun zu wollen, was sie begehre. Endlich läßt sie ihn ein Gelöbnis tun, daß er erfüllen werde, wonach ihr Verlangen stehe. Dann erinnert sie ihn an jene zwei noch nicht ausgesprochenen Bitten und fordert von ihm, er solle den Bharata zum jungen König und

Thronfolger weihen, den Rama dagegen auf vierzehn Jahre verbannen. Der König kann ihre Worte kaum fassen; er weiß, daß auch sie dem Rama stets freundlich war; er glaubt, sie scherze. Als es ihm aber endlich klar wird, daß sie im Ernst spreche, daß sie jene Forderungen wirklich stelle und daß er in eine Falle geraten sei, da bricht er in wilden Zorn aus gegen das tückische Weib. Er weigert sich, die Forderung zu erfüllen. Sie bleibt indessen ruhig und erinnert ihn nur immer wieder daran, daß er durch den Schwur gebunden sei und nun nicht anders könne. Des Königs Herz ist zerrissen. Seinen geliebten, guten Rama soll er enterben und verbannen! Verzweifelt, gebrochen stürzt er ihr zu Füßen, fleht sie um Erbarmen, fleht sie an, ihre Bitte zurückzunehmen. Sie bleibt kalt und ungerührt und verharrt auf ihrem Willen. Ihr gefühlloses Gebaren tilgt alle Liebe aus dem Herzen des unglücklichen Königs. Jetzt ist er nur noch der schwergekränkte Vater, von Gram und Schmerz gebeugt und völlig fassungslos. Schlaflos bringt er die Nacht zu.

Anderntags sollte feierlich die Weihe des Rama stattfinden. Alles ist schon versammelt, nur der König fehlt. Da wird Rama zum Vater entboten und erfährt, wie sein Geschick sich gewandt habe. Er bleibt indessen vollkommen ruhig und erklärt, ohne weiteres dem Gebote Folge leisten zu wollen, denn nicht nach irdischem Gewinn strebe er, sondern nur nach Tugend und Pflichterfüllung, keine Pflicht aber sei heiliger, keine Tugend größer, als des Vaters Worte zu vollziehen, den Eltern stets Gehorsam zu leisten. Als er aus dem Palast zu seinem Gefolge heraustritt, hat sich kein Zug in seinem Antlitz verändert. Er geht, der Mutter, der Gattin, dem Bruder Lakshmana das Unabwendbare zu verkünden. Alles gerät in Schmerz, Aufregung, Zorn – er allein bleibt ruhig. Seine treue Gattin Sita erklärt in der rührendsten Weise, nie von ihm zu lassen, alles mit ihm leiden zu wollen, denn für sie gebe es kein Glück ohne ihn. Auch der Bruder Lakshmana will ihn begleiten. Schwer und bitter ist der Abschied, der Schmerz des alten Königs grenzenlos. Er zieht sich ganz von Kaikeyi zurück und lebt mit Kaushalya, der Mutter des Rama. Ihr vertraut er in der Todesstunde an, daß er sein schweres Geschick, ohne den geliebten Sohn zu sterben, selbst verschuldet habe, da er einst unbedacht, im Versehen, einen frommen Jüngling, den einzigen Sohn blinder Eltern, getötet und des Greises Fluch auf sich geladen habe, in der Todesstunde gleiches Leid zu fühlen. Mit Klagen um Rama scheidet er vom Leben.

Rama aber lebt inzwischen mit seiner geliebten Sita und dem treuen Bruder Lakshmana still und glücklich im wilden Walde Dandaka.

Als der alte König gestorben, wird Bharata heimberufen, der inzwischen bei den Eltern seiner Mutter gelebt hat. Er vernimmt, daß er das Reich erben solle, aber in edlem Unwillen weigert er sich dessen und weiß der Mutter keinen Dank für ihre Tat. Rama gehöre das Reich, er solle herrschen. Und nun zieht Bharata selbst in die Wildnis, um Rama wieder nach Ayodhya zu führen. Dieser ist durch das Anerbieten innig gerührt, umarmt den Bruder, weigert sich aber, heimzukehren, da er das Gelübde treu erfüllen müsse. Er zieht seine goldgestickten Schuhe aus und übergibt sie Bharata als Zeichen dessen, daß er ihm seinen Besitz überlasse. Der edle Bharata kehrt heim, setzt die Schuhe des Rama auf den Thron, hält den gelben Sonnenschirm, das Zeichen der Königswürde, über ihnen und pflegt daneben Rat und Gericht.

Nun macht es sich Rama zur Aufgabe, die furchtbaren Riesen zu bekämpfen, welche den Dandaka-Wald unsicher machen und ein Schrecken der frommen Büßer sind, die sich dort angesiedelt haben. Manche Heilige besucht er in ihren Siedeleien, so den berühmten Agastya und dessen Bruder u.a.m. Andere wiederum kommen zu ihm. Sie beraten sich über die Bekämpfung der Riesen, und auf Agastyas Rat verschafft sich Rama zuerst die Waffen des Indra. Dann beginnt er einen erfolgreichen Kampf gegen das Riesenvolk und tötet viele Tausende von ihnen. Darüber entbrennt der Riesenkönig Ravana, der in Lanka oder Ceylon haust, in wildem Zorn und sinnt auf Rache. Er verwandelt einen der Seinigen in eine goldene Gazelle und macht, daß Sita dieselbe erblickt. Diese wird lüstern nach dem wunderbaren Tier und bittet Rama, ihr dasselbe zu verschaffen. Während nun Rama und Lakshmana der Goldgazelle nachjagen, erscheint Ravana in Büßertracht bei Ramas Wohnung, raubt mit Gewalt die Sita und tötet den wunderbaren Geier Jatayu, der Ramas Behausung bewacht. Als Rama heimkehrt, wird er von Schmerz und Verzweiflung ergriffen. Er verbrennt den Leichnam des Geiers, und aus dem Holzstoß hervor tönt eine Stimme, die ihm verkündigt, wie er seine Feinde bezwingen und die Gattin wiedergewinnen könne. Nun schließt er Freundschaft mit den Affenfürsten Hanuman und Sugriva, und sie geloben ihren Bund feierlich beim heiligen Feuer. Darauf tötet Rama mit Sugrivas Hülfe den furchtbaren Riesen Bali. Hanuman aber schwimmt nach Lanka hinüber und spürt die Sita auf. Er findet sie trauervoll in einem Haine wandelnd und verkündet ihr, daß das Rettungswerk im Gange sei. Nachdem er dann noch viele Riesen getötet, kehrt er zurück und berichtet Rama, daß die gefangene Sita aufgefunden sei. Nun wird der Schlachtplan entworfen. Die Affen bauen auf wunderbare Weise eine Brücke vom Festland nach Lanka, hinüber, wobei Samudra selbst, der Meeresgott, guten Rat gibt. Dann führt Rama sein Heer über die Brücke nach Lanka hinüber, erschlägt den Ravana und gewinnt seine geliebte Sita wieder. Diese reinigt sich von dem Verdachte der Untreue durch die Feuerprobe, und nun zieht Rama fröhlich mit ihr vereint in die Heimat zurück, wo er mit dem treuen Bruder Bharata zusammen in Glanz und Herrlichkeit regiert und sein Land mit einem neuen goldenen Zeitalter beglückt.

EPISODEN DES RAMAYANA

ERSTER GESANG

Auf seinem Throne saß der Fürst, Ayodhyas Herrscher, Dasharath.
Es traten dann die andern ein, die weltberühmten Könige,
und setzten sich nach ihrem Rang auf Stühlen mannigfacher Art
rings um ihn her und harrten, zu ihm gekehrt, erwartungsvoll.
Hierauf begrüßte erst die rings Versammelten der Erde Herr
und sprach sodann ein nützliches, erfreuendes, berühmtes Wort
mit seiner Stimme tiefem Ton, dem Paukenschalle ähnlichem,
nachhallendem und lautem, wie die Wolke, die den Donner rollt:
„Ihr Edeln alle wisset wohl, wie meine Ahnen dieses Reich,
des Landes alte Könige, mit väterlichem Sinn beschützt.
Auch ich, nachfolgend auf dem Weg, den jene Ahnherrn wandelten,
ich habe nach Vermögen stets und rastlos für das Reich gesorgt.
Nun aber ist im Schatten mir des gelben Sonnenschirms der Leib
in Sorge für der ganzen Welt Gedeihn gealtert und gewelkt,
und müde bin zu tragen ich die Bürde der Gerechtigkeit,
die auf der Königswürde ruht, ein Schrecken für den Bösewicht.
Nach Ruhe sehn' ich mich. Mein Sohn sei jetzt aufs Wohl der Welt bedacht!
Hierüber, Fürsten, euern Rat zu hören, sind wir hier vereint.
Rama, mein erstgeborner Sohn, der mich durch Tugenden erfreut,
an Heldenkraft dem Indra gleich, der erste an Gerechtigkeit,
als jungen König denk' ich ihn, der Männer besten, einzuweihn,
wenn er als Führer euch gefällt und Segen zu verheißen scheint,
er, der wohl den drei Welten selbst befähigt wäre vorzustehn.
So wird durch diese Wahl zugleich das Wohl des Reichs beachtet sein,
und ich befreit von Mühen, die dem Greisenalter lästig sind.
Was ich nun so nach meinem Sinn beschlossen hab' und ausgedacht,
das überleget jetzt auch ihr und saget, was euch besser scheint.
Wenngleich mein Wille jenes ist, ihr zieht vielleicht ein andres vor,
und überlegend finden wir ein drittes, das die Mitte hält."
So sprach der König, und erfreut rief ihm der Fürsten Menge zu,

so wie die Pfauenherde froh der Regenwolk' entgegenruft.
Sie riefen laut, daß von dem Schall des Schlosses Mauern zitterten:
„Dein Sohn sei unser Fürst und Herr, weih' Ram als jungen König
ein."

ZWEITER GESANG

Dann den Sumantra rief herbei der König Dasharath und sprach:
„Den frommen Rama führe du sogleich in unsern Rat herbei."
Und „es geschieht" erwiderend, Sumantra nach des Königs Wort
den Rama abzuholen ging auf seinem Zwiegespann, den Held.
Und um den König saßen dort versammelt rings um Dasharath
die Fürsten und die Könige aus Ost und West und Nord und Süd,
Barbaren, Arier und auch der Jägerhorden Häuptlinge,
ihm alle untertänig, wie die Götter um den Wasewer.
In ihrer Mitte sitzend, sah von des Palastes Zinne aus
der König auf dem Zwiegespann Rama, den Erstgebornen, nahn,
den herrlichen und freundlichen, durch Tapferkeit gepriesenen,
langarmigen, an stolzem Gang dem Elefanten ähnlichen,
den gleich dem Monde leuchtenden, durch Tugend, Adel und Gestalt
der Menschen Herzen raubenden, den Rama sah der König nahn.
Es konnte an dem Kommenden der König sich nicht müde sehn,
wie an der ersten Regenwolk' in Sommerhitze Lechzende.
Sumantra zog den Zügel an; vom Wagen stieg der Raghaver,
zum Vater eilend; Sumantra, die Hände faltend, folgte ihm.
Er stieg nun zu der Burg hinauf, der gleich Kailasa schimmernden,
und zu des Königs Füßen dann, die Hände faltend, tiefgeneigt,
verehrte er, der Raghaver, den Vater, sprechend: „hier bin ich".
Und ihn, den Händefaltenden, zum Boden Sichverneigenden,
nahm schnell der König bei der Hand und zog ihn zu sich an die Brust.
Es zeigte ihm der Erde Herr, dem Rama, den bestimmten Sitz,
den köstlich ganz mit Edelstein und Gold verzierten Rückenstuhl.
Wie Rama auf dem Stuhle saß, von seinem Scheine leuchtete
die ganze Hofburg, wie im Herbst der Mondesschein die Nacht erhellt.

Ihn so erblickend, freute sich der alte Fürst des jungen Sohns,
wie wenn er in dem Spiegel sich verjüngt und schöner schauete.
Zum Sohne lächelnden Gesichts sprach dann der Väter glücklichster:
„Geboren von der ersten und vornehmsten Königin, bist du
der erste auch an Tugenden, o Rama, mein geliebter Sohn.
Und weil dir auch die Fürsten hier ob deiner Tugend huldigen,
so sollst du, wann es morgen tagt, als junger Fürst geweihet sein.
Ich weiß, daß du von selber schon bescheiden bist und tugendhaft;
dennoch aus Vaterzärtlichkeit sag' ich dir, was dir heilsam ist.
Auch ferner, Sohn, bescheiden sei und zügle deine Sinne stets.
Des Zornes und der Leidenschaft Eingebungen befolge nie.
Sei's im Verborgenen und sei's im Öffentlichen, trachte stets,
wie aller Untertanen du Ergebenheit erwerben magst.
Wer in dem Geld- und Waffenhaus zahlreichen Vorrat aufbewahrt,
wer treue Untertanen schützt, zufriedene, ergebene;
des Königs Freunde freun sich, wie des Amrits, die Unsterblichen.
Darum, mein Sohn, dich selbst zumeist beherrschend, wandle immerdar.
Jetzt aber geh, bereite dich auf morgen zu dem Feste vor."
Entlassen so, den König dann verehrend, Ram zu Wagen stieg
und kam, begleitet von des Volks Begrüßung, zu der eignen Burg.

DRITTER GESANG

Zufällig zu der Zinne stieg, der silberhellen des Palasts,
die Zofe der Kekajerin, die fremde Sklavin Manthara.
Sie übersah vom Söller her die ganze Stadt Ayodhya.
Sie sah die Straßen frisch besprengt, mit Blumenhaufen überstreut,
und Fahnen flattern, köstliche, und Ehrenpforten aufgeführt,
und Menschen festlich angetan, mit Blumenkränzen in der Hand,
die Tempelpforten silberweiß; und überall erscholl Musik.
Mit Staunen sah sie alles dies, die buckelige Manthara.
Nicht ferne stand die Amme Rams mit freudeglänzendem Gesicht,
in festlich weißem Linnenkleid. Zu dieser eilend, fragte sie:

„Ist denn der Mutter Rams etwa so große Freude jetzt geschehn,
daß sie, die sonst so geizig ist, den Leuten Geld verteilen läßt?
Worüber freuet sich das Volk so übermäßig? sage mir,
läßt denn der Herr der Erde selbst ein Freudenfest verkündigen?“
Und freudig schnell erwiderte die Amme Rams der Buckligen:
„Mit Tagesanbruch morgen wird der König seinen ältsten Sohn,
Dasharatha den Raghaver, den Ram, als jungen König weihn.“
Da sie der Amme Wort gehört, die Bucklige, so stieg sie schnell
im Grimme von dem Dach herab, dem gleich Kailasa schimmernden;
von Zorn entbrennend, sprach sie dann zur schlafenden Kekajerin:
„Steh auf, Betörte; kannst du ruhn, da schrecklich dir Verderben droht?
Durch Ränk' und Schliche bist du schon verloren und du merkst es nicht.
Scheinbar begünstigt, doch verschmäht rühmst du der Gunst dich des Gemahls?
Verschwunden ist jetzt deine Gunst, wie Quellen in der heißen Zeit.“
So angeredet, Kaikeyi erwiderte in großer Angst:
„Was ist geschehen, Manthara? Du jagest mir Entsetzen ein.“
Und Manthara sprach wiederum, antwortend der Kekajerin,
von Zorn und Grimm die Augen rot, dies Wort, die redekundige,
(noch mehr zu schrecken suchte sie aus Bosheit die Kekajerin,
und sie zu scheiden ganz von Ram, dem sie Verderben zugedacht):
„Unendliches und schweres Leid wird, Königin, dir zugefügt.
Denn morgen weihet Dasharath den Ram als jungen König ein.
Ich bin in Kummer ganz versenkt, von Schmerz und Trauer aufgezehrt,
und wie von Feuersglut erfaßt, eil' ich zu deiner Rettung her.
Denn dein Unglück ist mein Unglück, und dein Glück ist das meine auch.
Von königlichem Stamm entsproßt, bist du die erste seiner Fraun
und fühlst nicht die Zurücksetzung, die dir der König angetan!
Mit Tugendworten treulos ist, im Schmeicheln grausam dein Gemahl.
Du, reinen Herzens, merkst es nicht, wie du von ihm betrogen wirst.
Dir ist er freundlich mit dem Wort, der König, niemals mit der Tat;
mit Taten der Kosalerin beweist er heute seine Huld.

Drum hat der Böse deinen Sohn zu deinen Eltern heimgeschickt,
damit er nicht gehindert sei, den Ram zum Könige zu weihn.
Den Feind, den du Gemahl nennst, hast mit mütterlicher Sorge du,
der Viper in dem Busen gleich, betört geheget und gepflegt.
Denn so wie eine Schlange tut, und wie ein unbemerkter Feind,
so hat der König Dasharath samt seinem Sohne dir getan.
Mit treulos falscher Schmeichelei bist du und wer dir angehört,
wenn Rama junger König wird, zu unverdienter Schmach verdammt.
Darum so lang' es Zeit noch ist, beeile dich, Kekajerin,
errette deinen Sohn und dich und mich vom sichern Untergang."
Doch sie, Kaikeyi, als das Wort der Manthara sie angehört,
stand auf vom Lager hocherfreut, wie in des Herbstes Glanz der Mond.
Sie gab der buckeligen Magd vor Freude einen goldnen Ring
und sprach mit lächelndem Gesicht: „Du kündest große Freude mir;
drum geb' ich dir als Botenlohn den goldnen Ring und andres mehr.
Denn zwischen Ram und Bharata macht mein Herz keinen Unterschied,
und mich erfreut's, daß Dasharath den Ram zum jungen König weiht."
Zu Boden warf die Magd den Ring und zornig scheltend sagte sie:
„Wie kannst du jetzo, Törichte, dich freuen wahrlich ohne Grund!
Merkst du denn nicht, daß mitten schon du in des Unglücks Meere liegst?
Ja, so betrübt ich bin, ich muß doch deiner lachen, Königin,
daß du statt jammern jubeln kannst, da dir so großes Leid geschieht.
Betrübt ist, daß du den Verstand verlierst; denn welche Kluge wird
beim Wachstum des verhaßten Sohns der Nebenfrau noch fröhlich sein?
Ram fürchtet sich vor Bharata, weil dieser gleiche Rechte hat.
Ich schaudre, dies bedenkend; denn den fürchte, der vor dir gebebt.
In jeder Kriegerkunst geschickt, gar klug und keck zu Tat bereit
ist Rama, darum zittre ich für deinen Sohn, Kekajerin.
Glückselig ist Kaushalya, die morgen ihren lieben Sohn
von der Brahminen Hand geweiht, als jungen König grüßen wird.
Wenn ohne Nebenbuhlerin sie ihren Wunsch erfüllet sieht,

dann faltest du die Hände und neigst dich als Dienerin vor ihr.
Dann mit uns allen bist auch du die Sklavin der Kosalerin,
und Bharata, dein Sohn, wird dann der Sklave ihres Sohnes sein."
Da sie so herbe Worte sprach, die buckelige Manthara,
so fing Kaikeyi also an zu preisen Ramas Tugenden:
„Ram ist den Eltern untertan, dankbar, wahrhaftig, ohne Fehl;
er ist des Königs ältster Sohn, deshalb gebühret ihm das Reich.
Die Brüder und die Diener wird er schützen, väterlich gesinnt.
Wie kann dich doch Rams Einweihung so sehr erschrecken, Manthara?
Auch Bharata wird König sein, wann Ram des Herrschens müde ist.
Da alles nun, o Manthara, so glücklich uns von statten geht,
gegangen ist und gehen wird, was grämst und härmst du dich umsonst?
Ich schätze Rama fast noch mehr, als meinen eignen Sohn Bharat;
noch aufmerksamer, höflicher, als seiner Mutter, ist er mir.
Das Reich, dess' König Rama ist, das ist auch Bharats Eigentum.
Denn ganz sich selber schätzet er die Brüder gleich, der Raghaver."
Da sie die Rede Kaikeyis vernommen hatte, Manthara,
da seufzte lange sie und heiß, und endlich sprach sie wiederum:
„Verblendete, du siehst nicht, was dir frommt, und du bemerkest nicht,
daß du versenket völlig bist im Meer des Unglücks und des Leids.
Der Raghaver wird König sein, und dann der Sohn des Raghavers,
und nie wird in der Königszahl dein Sohn, Kaikeyi, mitgezählt.
Nicht alle Königssöhne sind auch selbst zu herrschen eingesetzt;
denn, wären alle eingesetzt, Verwirrung würde draus entstehn.
Deswegen stets dem ältesten, ob tugendhaft er sei, ob nicht,
verleihn die Fürsten, Liebliche, des Herrschertumes Ehr' und Amt.
Doch dieser ist vom Glücke nun, dein Sohn, Kaikeyi, hilfelos
und von dem Königsstamme auch herausgebrochen und verjagt.
Ich aber eile schnell herbei, dir beizustehn, und du betört
willst ob des Glückes deines Feinds Geschenke geben hocherfreut!
Um ohne Furcht zu herrschen, schickt der König Rama deinen Sohn
in eine andre Gegend erst, und dann in eine andre Welt.
Darum aus dem Palaste soll der Raghaver zum Walde gehn.
Denn so gefällt es mir und so erheischt dein Heil es, Königin.

O rette doch den Elefant, der in des Waldes Dickicht schon
zerfleischt von einem Löwen wird, vor Rama rette Bharata.
Bedenke, daß du einst dein Glück die Mutter Rams empfinden ließt.
Sie ist im Glücke jetzt, und bald wirst du empfinden ihren Groll."
So angeredet, Kaikeyi, das Angesicht von Zorn entflammt,
nach langem, heißen Seufzen sprach zu ihrer Zofe dieses Wort:
„Ja also sei's, zum Walde hin soll heute Ram verbannet ziehn,
und Bharata sei eingeweiht als junger König alsobald!
Du aber sinne jetzo aus, durch welches Mittel, Manthara,
zum Reiche Bharata gelangt, und Ram zum Walde ziehen muß."
Befragt so von der Königin, gab diese Antwort Manthara:
„Wohlan, Kaikeyi, höre mich, ich zeige dir das Mittel an,
wie dein Sohn Bharata allein des ganzen Reiches König wird.
Hast du's vergessen, oder stellst du dich, als wüßtest du's nicht mehr?
und willst von mir du hören, was du selbst mir einst vertrauet hast?
Nun wenn dir, Schlaue, es beliebt, daß ich dir sage, was du denkst,
so höre denn, ich sprech' es aus; du aber nimm's zu Herzen wohl.
Im Kriege der Asuren zog dein Gatte mit dem Himmelsherrn
gen Süden, wo im Dandaka, in Vaijajanta, seiner Stadt,
der listenreiche Sambara mit seinem Walfischbanner stand.
Als dort nach einer großen Schlacht vom Kampfe und von Wunden matt
die Helden schliefen, nahten sich mit Mordbegier die Raksheser.
Da war bei Nacht ein schreckliches Getümmel; König Dasharath,
durchbohrt von vielen Pfeilen, sank bewußtlos. Aber du hast ihn
fort aus dem Mordgewühl geführt und ihn durch deine Pflege dann
vom Tod errettet. Dafür hat zwei Bitten dir der Fürst erlaubt
an ihn zu richten, wann du willst, die er dir nicht verweigern darf.
Jetzt ist, o Königin, die Zeit, daß du die beiden Bitten stellst.
Geweiht sei Bharata, und Ram sei vierzehn Jahre lang' verbannt."
Durch diesen schlimmen Rat erfreut, sprach wieder die Kekajerin:
„Verachten werd' ich nicht den Rat, den du mir gibst, o Manthara;
du bist von allen Buckligen die klügste auf der ganzen Welt.
Wärst du mir nicht ergeben ganz und für mein Bestes stets besorgt,
ich hätte wahrlich nicht gemerkt, was Dasharath im Schilde führt.

Die Buckligen sind häßlich sonst, die Krummen aller Bosheit voll,
doch du bist lieblich anzusehn, wie eine Lotosblume, die
sich vor des Windes Hauche neigt; wie dir mondähnlich das Gesicht
so freundlich in den Schultern sitzt! wie prächtig um die Hüfte dir
der Gürtel glänzet und wie schlank die langgestreckten Beine sind.
Im weißen Kleide, Manthara, bist du so niedlich als ein Storch.
Die tausendfachen Listen des Asurenkönigs Sambara
sind in dein Herz jetzt eingekehrt und viele andre noch dazu.
Wie hübsch steht dir dein Höckerchen, und gleicht dem Buckel eines Stiers;
darinnen wohnen Witz und List und schlaue Ränke ohne Zahl.
Mit einer goldnen Krone will bekränzen ich dein Bückelchen,
wann Bharata geweihet ist und Rama in der Wildnis wohnt.
Ja, wann zum Ziel ich bin gelangt, dann will ich deinen Höcker ganz
mit Gold verdecken, dein Gesicht bemale ich aufs schönste dir
und schmücke es mit köstlichen Zieraten, daß es selbst den Mond
an hellem Glanze übertrifft. Die schönsten Kleider schenk' ich dir
und mit des Sandels duftendsten und feinsten Salben reib' ich dich
bis zu der Fingerspitze ein; dann kannst du stolz einhergehn und
geputzt wie eine Königin verachten deiner Feinde Schar."
Gepriesen so, die Bucklige sprach wieder zur Kekajerin:
„Man schlägt nicht Brücken, wann die Flut vertrocknet ist; drum auf, und schnell
laß uns zu Werke gehn, daß nicht der rechte Zeitpunkt sei versäumt."
So aufgemuntert, Kaikeyi stand auf und ging mit Manthara
zur Zorneskammer, löste dort die tausendfache Perlenschnur,
warf von sich ihre köstlichen Kleinodien und, hingestreckt
am Boden, einer Nymphe gleich, rief sie der schlimmen Sklavin zu:
„Hier sterb' ich, oder Rama wird verbannt und Bharata geweiht."

VIERTER GESANG

Der große König, als nun so die Einweihung verkündet und
der Fürsten Rat entlassen war, begab sich in das Frauenhaus.

Zur Wohnung der Kekajerin ging er sogleich, um Freude ihr
zu melden; aber nirgends sah der König sein geliebtes Weib.
Sie hatte nie die Stunde noch versäumet, wann der König kam,
und noch der König ihr Gemach verlassen angetroffen nie.
Darum erschrocken fragte nun der Fürst nach der Kekajerin.
Und eine Zofe, furchtsam scheu die Hände faltend, sagte ihm:
„O Herr, die Herrin sehr erzürnt sitzt in der Zorneskammer dort."
Durch dieses Wort noch mehr erschreckt, der Erde Herrscher, tiefbetrübt,
sah die Kaikeyi, die er mehr als Leben liebte, an dem Grund,
er sah das zarte junge Weib im Zorneswinkel hingestreckt,
auf bloßer Erde, ohne Schmuck, die Perlenbänder rings zerstreut,
wie ausgerauft ein Blumenstock, verstoßen eine Kinnari.
So wie im Wald ein Elefant sein Weibchen, das von giftigem Pfeil
getroffen auf der Erde liegt, mit seinem Rüssel zärtlich reibt,
so mit den Händen streichelte der alte König liebevoll,
vom großen Schrecken fast betäubt, die Lotusäugige und sprach:
„Geliebte, ich verstehe nicht, was dich so sehr in Zorn versetzt.
Hat jemand Leids dir angetan, die schuldige Ehrfurcht nicht bezeigt?
daß du zu meinem Schrecken hier, o Liebliche, im Staube liegst,
als wäre von Dämonen dir, du Holde, der Verstand getrübt.
Geschickte Ärzte dienen mir, für jedes Weh ein anderer,
sie werden schnell dir helfen, wenn du krank dich fühlest, Reizende.
Wen soll ich glücklich machen, wen unglücklich? Wein', o Holde, nicht,
daß Gram dich nicht verzehre. Ist ein Armer reich, ein Reicher arm
zu machen? Ein Gefangner zu befrein, ein Ungestrafter zu
bestrafen? Ich und alles ist, was mein ist, deinem Dienst geweiht,
und keinen Wunsch versag' ich dir, bei meinem Leben schwöre ich!
Die weite Welt gehöret mir und aller Reichtum, den sie faßt;
Kaikeyi, wähle, was dein Herz begehrt, und sage, was dich härmt,
und deinen Gram vernichte ich, so wie den Schnee der Sonne Strahl."
So angeredet, Kaikeyi erwiderte ein falsches Wort:
„Geschmähet bin ich nicht, o Herr, und niemand hat mir Leids getan;
doch ein Verlangen hege ich, das du, o Fürst, gewähren sollst.
Drum ein Gelöbnis lege ab, wenn du den Wunsch erfüllen willst,

und melden werde ich sogleich, was sehnsuchtsvoll mein Herz begehrt."
Durch dieses Wort der edle Fürst von der Kekajerin besiegt,
in sein Verderben stürzt' er sich, wie in die Schlinge springt der Hirsch;
er legte auf ihr Haupt die Hand und sprach mit sanftem Lächeln so:
„Kein andrer Mensch, als Rama nur, der Männer bester, ist mir mehr
und inniger geliebt als du; das weißt du stolzen Sinnes wohl.
Bei ihm, dem Unbesieglichen, dem hochgesinnten Raghaver,
bei ihm, von dem nur einen Tag geschieden ich nicht lebte mehr,
bei Rama schwör' ich, Kaikeyi, was du begehrest, sei gewährt."
Und wieder ohne Zaudern sprach entschlossen die Kekajerin:
„Daß du mir zugeschworen und des Herzens Wunsch gewähret hast,
ihr Götter alle höret es, ihr dreiunddreißig himmlischen,
Mond, Sonne, Äther, Sterne ihr, o Nacht und Tag und Himmelsraum,
die Welt und diese Erde und Gandharwer ihr und Raksheser,
die Geister, die im Finstern ziehn, die Hausgottheiten im Palast,
ihr andern Wesen alle hört, was hier der König mir gelobt:
der treue, pflichtenkundige, besonnen, seines Worts bewußt,
hat meine Bitte mir gewährt: vernehmt es, Götter, allesamt!"
Die Königin, nachdem sie so verstrickt ihn hatte, weiter sprach:
„Erinnre dich, o König, wie im Kriege der Asuren einst,
den Göttern Hilfe bringend, du verwundet, fast entseelet warst.
Damals war meine Pflege und mein Wachen und Bemühn allein
dein Heil und deine Rettung, drum erlaubtest du zwei Bitten mir.
Noch hab' ich nichts begehrt, du bist die beiden Wünsche schuldig noch.
Jetzt, König, jetzt verlange ich, bezahle mir die alte Schuld;
und wenn du nicht, wie du versprachst, die beiden Wünsche mir gewährst,
noch heute will, von dir verschmäht, das Leben ich beendigen.
Die Feier, die bereitet wird zur Einweihung des Raghavers,
sie soll zur Weihe meines Sohns, des Bharata, von statten gehn;
dies ist mein erster Wunsch, und nun den zweiten, König, höre auch;
zum Walde ziehe Rama fort, zum wilden Walde Dandaka,
und lebe als Verbannter dort neun Jahre lang und wieder fünf."

Der große König, dieses Wort Kaikeyis hörend, sinnend stand:
„Ist das ein Traum, ein täuschender? Trügt mich der Sinne Gaukelspiel?
Hat mich ein Dämon des Verstands beraubt? Hat Wahnsinn mich erfaßt?"
Er war betäubt, wie wenn das Reh den Tiger plötzlich vor sich sieht.
Doch endlich, immer zweifelnd noch, sprach er zu der Kekajerin:
„Ist es dein Ernst, was du da sagst, du Schlimme? oder willst du nur
versuchen, ob auch Bharata mir teuer sei? Hast du nicht selbst
oft für den Raghaver gewünscht, was jetzt geschehen soll? War das
nur mir zu gefallen so gesagt aus Schmeichelei? Jetzt aber, da
du hörst, daß wirklich es geschieht, jetzt schmerzt es dich? jetzt willst du mich
betrüben? und ziehst dich zurück in diese Kammer? und begehrst,
was mit der Sitte unsers Stamms sich nicht verträgt und schimpflich ist?
O nein, du hast Unziemliches noch nie getan; drum glaub' ich's nicht.
Hast du nicht hundertmal gesagt, daß Rama dir nicht minder lieb
als Bharat sei? Und ist nicht Ram folgsamer deinen Winken noch
als Bharata? Wie könntest du ihm gram sein? Niemand ist ihm gram.
Durch Herzensreinheit macht er sich, durch Freundlichkeit die Menschen hold,
und wie die Feinde mit der Kraft des Bogens er besieget, so
besieget er durch Redlichkeit die Bürger, durch Freigebigkeit
die Armen, und die Eltern durch Gehorsam. Wärest du allein
von ihm beleidigt worden? Nein, es kann nicht sein, du scherzest nur.
Doch nun genug des Scherzes; wenn du mich noch liebst, so höre auf."
So Dasharath. Kaikeyi drauf erwiderte entschlossen so:
„Was ich dir sage, ist mein Ernst; und sei es unrecht, sei es recht,
was mir von dir versprochen ist, das muß auch in Erfüllung gehn.
Denn wenn den Ram du weihen läßt, so nehm' ich Gift und sterbe
hier vor deinen Augen. Lieber ist der Tod mir, als nur einen Tag
zu sehen, wie Kaushalya die Huldigung der Stadt empfängt.

Ich schwöre dir bei Bharata, bei meinem Leben schwöre ich,
daß ich mit nichts zufrieden bin, wenn Rama nicht zum Walde zieht."
So sprach Kaikeyi, aber drauf, von Zorn ergriffen, Dasharath
sah sie mit Feuerblicken an und rief mit lauter Stimme aus:
„Abscheuliche, Nichtswürdige, du deines edlen Hauses Schimpf,
schämst du dich nicht, zu reden wie besessen? Wer hat dich gelehrt,
das Schrecklichste so frech herauszusagen? Deine Tücke ist's
und deines Herzens Schlechtigkeit, die ich so lange Jahre nicht
erkannte. Jetzt ist alles wie verwandelt. Fluch euch Weibern, stets
seid ihr voll Trug und Eigennutz! – nicht alle mein' ich, aber dich.
Mir zum Verderben hab' ich dich in diese Hallen eingeführt;
statt einer Königstochter, dich, der Schlangen allergiftigste,
die ich am Busen lang' gewärmt und deren Zahn mich jetzt zerfleischt.
Mit falschen süßen Schmeichelein hast listig meine Liebe du
gewonnen, wie mit Pfeifenton der Jäger seine Beute lockt.
Vom Schicksal bist du mir gesandt, die grause Nacht des Todes, die,
gestaltet einem Weibe gleich, mein ganzes Haus veröden soll.
Denn erst wenn Rama ferne weilt, wenn Sita und Kaushalya
vor Gram vergehen, wenn du mich und Lakshmana verdorben hast,
wenn des Ikshvakus ewiges, ruhmreiches, herrliches Geschlecht
verwirrt ist und mit Schmach bedeckt, dann bist du deines Werkes froh.
Dann erst wirst du zufrieden sein, wenn du mit Bharata regierst.
Abscheuliche, wenn du so frech so frevelhafte Worte sprichst,
wie kommt's, daß dir die Zunge nicht geborsten aus dem Munde fällt?
Doch wüte oder schmachte jetzt, ermorde dich, nimm Gift, verdirb;
ich tue nicht, was du begehrst, und mich verdrießt's, dich anzusehn."
So rief der alte König; drauf sprach grimmig die Kekajerin:
„Was speist du, König, da wie Gift und Galle eitle Worte aus?
Wann du den Ram verbannet hast, wann Bharata geweihet ist,
dann hast du deine Pflicht getan, was du zu tun geschworen hast."
So sprach Kaikeyi, und der Fürst noch eine Weile stieren Augs
und nichts erwidernd blickte nur die Königin verwirret an.
Dann der Kaikeyi starren Sinn und seinen fürchterlichen Schwur
bedenkend, seufzend: „Ram, o Ram!" fiel er, wie ein gefällter Baum.

Bewußtlos wie ein Trunkener und kraftlos wie ein Sterbender,
wie eine Schlange regungslos, so lag er da, der Erde Herr.
Und lange seufzte er und heiß, der greise, unglückselge Fürst, und
endlich faßt' er sich und sprach mit schwacher Stimme flehend so:
„Mitleiden habe, Kaikeyi, denn ich bin schwach und hochbetagt.
Die Hände falte ich vor dir und rufe dir mit Flehen zu:
Sei du mein Schutz, sei du mein Schirm, daß mich die Sünde nicht befleckt.
Wie kann ich, Teure, den Beschluß, der feierlich verkündet ist,
nun widerrufen? wär' es nicht, als hätte mich ein Feind besiegt?
Da alles, was nur Leben hat, Rams Tugenden nur lobt und preist;
was stell' ich als Verbrechen dar, weshalb ich banne meinen Sohn?
Und werden nicht die Fürsten, die von allwärts hier versammelt sind,
mich schelten: „Kindisch wird er schon, zu lange hat er schon regiert."
Was sag' ich zu den würdigen gelehrten Greisen, wenn sie mich
befragen? „Rama wird verbannt, weil es Kaikeyi so verlangt."
Was wird Kaushalya sagen, was soll ich ihr sagen? Sitas Leid,
wenn sie, wie eine Kinnari am Himawat, um Rama weint,
wird mich verzehren, und sie selbst erträgt nicht lange solchen Gram.
So werd' ich, wenn den Rama ich verbanne in den wilden Wald,
verhöhnt, verflucht von aller Welt, bald in das Haus des Jama gehn.
Kaushalya oder Sumitra möcht' ich noch lassen und das Glück,
das eigne Leben auch, nur Ram, nur Rama nicht, den teuern Sohn.
Die größte Lust ist anzuschaun Ram, meinen erstgebornen Sohn.
Wenn ich ihn sehe, wird mir wohl, und ich bin wieder jung und stark.
Wohl ohne Sonne mag die Welt und ohne Wasser Reis gedeihn;
mein Leben aber schwindet hin, wenn Rama ferne von mir weilt.
Es ist genug! O wolle nicht auf deinem schlimmen Rat bestehn.
Sieh, deine Füße rühret jetzt mein greises Haupt, erbarme dich."
So sprach er flehend. Kaikeyi erwiderte ihm ungerührt:
„Wie ein Verbrecher liegst du da am Boden. König, stehe auf!
Wenn dir, was du versprochen hast, zu halten, König, Mühe macht,
wie willst du deiner Rechtlichkeit auf Erden dann dich rühmen noch?
Und wann der Erde Könige, um dich vereint, von Tugenden
sich unterreden, was wirst du von dir erzählen, Länderherr?

Durch deren Pfleg' ich lebe noch, die mich gerettet und geschützt,
das Wort hab' ich gebrochen ihr; so wirst du sprechen dann, o Fürst,
und allen Königen wirst du, o Männerfürst, zur Schande sein,
der heute du ein Wort gelobst und anders wieder morgen sprichst.
Die Treue ist die erste Pflicht; so spricht, wer wohl die Pflichten kennt.
Sein Fleisch versprach einst Saiwia, der König, einem Habichte
und gab's dem Vogel willig hin und ging zum Himmel sterbend ein.
So auch Alarka, weit berühmt, gab einem vedakundigen
Brahminen, der ihn darum bat, die Augen ohne Zaudern hin.
Der Ströme Herr, der Ozean, dem eine enge Grenze nur
gesetzt ist, tritt, weil er's versprach, doch über sein Gestade nie.
Der alten Treue eingedenk, brich treulos nicht, o Fürst, dein Wort.
Verbanne Rama, deinen Sohn; zum dritten Mal verlange ich's."
So sprach Kaikeyi ohne Scheu; und Dasharath, da sein Bemühn,
aus diesem Jammer einen Weg zu finden, stets vergeblich war,
sank wieder auf den bloßen Grund, erschöpft, erblaßten Angesichts.
Da lag er wie die Schlange, die im Kreise festgezaubert ist.

FÜNFTER GESANG

Versammelt waren frohen Muts zur Einweihung des Raghavers
des Königs Räte und des Heers, so wie der Bürger trefflichste.
Die Sonne ging hellstrahlend auf, der Pushitag brach herrlich an,
und die Brahminen waren schon gerüstet zu dem frohen Fest.
Der Ganga Wasser und des Meers in goldnen Krügen war bereit,
von Feigenholz ein Rückenstuhl, von allen Früchten Samen auch,
und Honig, Butter, Käs' und Milch, Reiskörner, Blumen, Kushagras,
acht schöne Jungfraun und sodann ein mutiger Kriegselefant,
sodann der gelbe Sonnenschirm und weißer Kühlungsfächer zwei,
mit goldnen Bändern angetan ein gelblichweißer Buckelstier,
und Instrumente aller Art und Sänger, Tänzer, Herolde.
Sie aber, die Versammelten, die auf den König warteten,
sie sprachen: „Wer wird melden, daß vereint wir sind, dem Könige?

Den König sehen wir noch nicht; die Sonne aber strahlet schon,
und alles ist gerüstet hier zur Weihe seines ältsten Sohns."
Zu ihnen sprach Sumantra dann, des Königs Wagenlenker, so:
„Euch alle ehrt der König hoch, und Rama ehret euch zumeist;
wie ihr begehrt, dem Könige, daß ihr vereint seid, melde ich."
Drauf ging Sumantra in die Burg, die niemals ihm verschlossen war,
und in des Königs Nähe hob er so mit Segenssprüchen an:
„So wie der Ozean sich freut, wann sich das Tagsgestirn erhebt,
so laß, o König, selbst erfreut, uns deines Anblicks frohe sein.
Zu dieser Morgenstunde einst sang Matali dem Indra Lob,
der die Asuren überwand; so wecke ich dich preisend auf.
Wie strahlend hell der Sonnengott die hehre Wesenträgerin,
die Erde, jetzt erwecket, so erwecke ich, o König, dich.
O großer König, wache auf, mit Segenswünschen aufgeweckt.
Der Mond, die Sonne, großer Fürst, und Shiva und Vaishravana
und Wasser, Feuer, Indra auch verleihen Sieg und Segen dir!
Vergangen ist die hehre Nacht, ein segensreicher Tag beginnt;
erhebe dich, o Herr der Welt, ein großes Werk erwartet dich.
Brahminen, Heeresführer und der Bürger beste sind vereint;
auf deinen Anblick harren sie; erwache, großer Raghaver."
Der König aber blickt' ihn an und sprach mit Seufzen kummervoll:
„Was preisest, Wagenlenker, du mich Armen, nicht zu preisenden.
Mit deinen Worten reißest du nur tiefer meine Wunden auf."
Sumantra aber, sehend, daß der König schwach und traurig war,
mit vorgehaltnen Händen trat ehrfürchtig weiter er zurück.
Und die Kekajerin sodann, die redekluge, also sprach:
„Von seines Sohnes Glück bewegt, Sumantra, diese ganze Nacht
hat wach der König zugebracht; jetzt überwältigt ihn der Schlaf.
Drum gehe eilend, Edler, hin, des Königs tugendreichen Sohn,
den Rama führe zu uns her. Heil dir! schnell ohne Zögerung."
Der Führer aber sprach: „Soll ich vernehmen nicht des Königs Wort?"
Der König, dieses hörend, rief: „Ja, Ram zu sehen wünsche ich."
Sumantra, da er dieses Wort vernommen, neigte tief das Haupt,
und froher Dinge, hoffnungsvoll, enteilt' er aus des Königs Haus.

SECHSTER GESANG

Und Rama auf den Wagen stieg und zog durch die geschmückte Stadt,
und wie er zog, so wurde er mit Segenssprüchen mannigfach
begrüßet von der Menge froh, und freundlich grüßt' er wiederum.
„Den Weg, den deine Ahnen stets", so sprachen sie, „gewandelt sind,
den wandle und beschütze uns, wenn heute du geweihet wirst.
Wie treu behütet lebten wir, von deines Vaters Hand beschützt;
in deiner Obhut werden wir noch glücklicher, o Rama, sein.
Das ist die höchste Freude uns, der lieben Dinge liebstes ist's,
wenn wir im Herrscherschmucke dich als König heute wiedersehn."
Und auf der Häuser Dächer und an Fenstern standen überall
geschmückte Frauen, warfen ihn mit Blumen und erhoben ihn:
„Wie freut sich deine Mutter jetzt, Kaushalya, stolz auf ihren Sohn,
da auf des Königs Wagen sie dich zu der Weihe fahren sieht.
Der Frauen allerglücklichste dünkt Sita uns zu sein, die du
von Herzen liebst. Sie hat vordem durch große Tugend das verdient,
daß sie mit dir verbunden ist, wie mit dem Monde Rohini."
Die Augen wandte keiner ab von Rama, der vorüberging;
wer ihn nicht sah, wen er nicht sah, der war betrübt und tief beschämt.
So kam er zu des Vaters Burg, der edle Sohn des Dasharath;
zu Wagen durch drei Höfe, wo die Wachen standen, eilte er;
zu Fuß dann durch die andern zwei Vorhöfe schritt der Raghaver,
entließ im letzten sein Gefolg und trat allein ins Frauenhaus.
Dort traf er blassen Angesichts den Vater mit Kaikeyi an;
zu seinen Füßen neigt' er sich und auch Kaikeyi grüßte er.
Der König aber rief: „O Ram!" und konnte tränenvollen Augs
den Rama weder sehen noch mit Worten grüßen, kummervoll.
Und Ram erschrak, wie wenn sein Fuß an eine Otter rührete:
„Warum erwidert meinen Gruß der König", dacht' er, „heute nicht?
Sonst wann der Vater zornig ist, mein Anblick schon besänftigt ihn.
Wie kommt es, daß mich anzusehn, dem König heute Mühe macht?"
Und zur Kekajerin gewandt, mit banger Sorge Rama sprach:
„Hab' ich vielleicht, mir unbewußt, etwas, darob der Vater zürnt,
begangen? Sage mir es an und hilf mir ihn besänftigen.

Warum ist er unfreundlich jetzt, der immer mir so zärtlich war?
Warum entstellten Angesichts erwidert meinen Gruß er nicht?
Hat ihn ein Unglücksfall betrübt, da niemand immer glücklich ist?
Nicht leben einen Augenblick möcht' ich, wenn mir der Vater zürnt."
So angeredet, Kaikeyi schamlos und frech erwiderte:
„Der König zürnt dir, Rama, nicht, kein Unglücksfall hat ihn betrübt.
Doch hat der König einen Wunsch, den er sich auszusprechen scheut,
und seine Rede stockt, weil er Unfreundliches dir sagen soll.
Es sprach zu mir der Erde Herr: ‚Was du begehrst, gewähre ich';
und jetzt bereuet er sein Wort, wie anderes unedles Volk.
Doch kann der Fürst auch dir zulieb nicht brechen sein gegebnes Wort.
Drum wenn du, was der König mir versprochen hat, vollziehen willst,
so will ich dir es sagen, denn es selber sagen kann er nicht."
Auf dieses Wort der Kaikeyi mit Trauern Ram erwiderte:
„Weh, wehet daß du solch ein Wort zu mir, o Fürstin, sprechen magst.
Denn wenn der König es gebeut, ins Feuer stürz' ich mich sogleich,
das stärkste Gift verschlinge ich, versenke mich zum Meeresgrund.
Drum sage mir, o Königin, was ist's, was mir der Fürst befiehlt?
Ich tu' es, das gelobe ich; zweimal versichert Rama nicht!"
Hierauf zum edlen Rama sprach Kaikeyi das Entsetzliche:
„Im Kriege der Asuren einst errettete vom Tode ich
den König, der verwundet war, da gab er mir zwei Wünsche frei.
Nun wünsche und begehre ich, daß Bharat König werden soll,
und daß du, Rama, heute noch in die Verbannung ziehen sollst.
Drum wenn du deinen Vater nicht und dich treubrüchig machen willst,
so achte als Befehl, was mir der Länderherr versprochen hat.
Du sollst im Walde vierzehn Jahr verbannet leben, Raghaver,
und Bharata soll Herrscher in dem Reiche der Kosaler sein.
Das ist es, was vor Kummer dir der König selbst nicht sagen kann.
Dies Wort vollziehend, rette du den Vater von Treulosigkeit."
Auf dieses Wort der Schrecklichen mit Ruhe Ram erwiderte:
„O wisse, nicht nach irdischem Gewinne streb' ich, Königin.
Den alten Weisen eifr' ich nach, die Tugend leitet mich allein.

Drum was dem Vater Liebes nur, Fürstin, von mir geschehen kann,
müßt' ich das Leben lassen auch, es sei mit Freudigkeit getan;
denn heiliger ist keine Pflicht und größer keine Tugend, als
des Vaters Worte treu vollziehn, den Eltern stets gehorsam sein.
Vom Vater ungeheißen auch, weil du, o Königin, gebeutst,
werd' ich in Waldeseinsamkeit nun wohnen vierzehn Jahre lang.
Du zweifelst wohl, Kekajerin, ob ich dir folgsam sei, daß du
dich an den König wendest, wo du selber nur befehlen darfst.
Sogleich zu deiner Eltern Haus mit schnellen Rossen schicke ab
die Boten, die den Bharata zur Weihe holen unverweilt.
Sobald ich Lebewohl gesagt der Mutter und der Sita auch,
so wandere ich heute noch zum großen Walde Dandaka,
und Bharata beherrsche dann das Reich und sei gehorsam stets
dem Vater, dafür sorge du; so ist es Pflicht in Ewigkeit."
Der König aber, da er Ram so reden hörte, konnte nicht
ein Wort vor Schmerz erwideren und schluchzte nur und weinte laut.
Und zu des Vaters Füßen dann und zu Kaikeyis Füßen auch,
der Schlimmen, neigte Rama sich, der Herrliche, und eilte fort.

SIEBENTER GESANG

Als Ram aus dem Palaste kam, erblickt' ihn wieder sein Gefolg,
und in dem Angesichte Rams verändert hatte sich kein Zug;
so heiter und so freundlich wie gewöhnlich grüßend alles Volk,
ging er nach seiner Mutter Haus, wo schon sein Bruder Lakshman war.
Er fand im ersten Hofe dort die Wachen vor den Toren stehn;
sie riefen ihm: „Heil, Rama, dir!" von allen Seiten grüßend zu.
Im zweiten Hofe fand er dann Brahminen, altehrwürdige;
er grüßte sie, und weiter schritt zum dritten Hofe Rama fort.
Dort waren Fraun und Mägdelein, die riefen: „Heil!" und eilten froh
ins Innre des Palastes, um Rams Ankunft anzukündigen.
Er trat ins Innre ein und sah beim Opfer die Kosalerin
in weißem Linnenkleide stehn, wie sie ihm Glück erbetete.

Sobald von ferne sie ihn sah, so eilte sie entgegen ihm
und schloß ihn in die Arme, küßt' ihn auf die Stirn und rief ihm zu:
„So lange lebend, tugendhaft und weitgepriesen sollst du sein,
als dieses Stammes Könige von alters her gewesen sind.
Sieh, Raghaver, dies ist der Tag, wo sein Versprechen Dasharath
erfüllend dich, der Erde Herr, als jungen König weihen wird."
Ein wenig zaudernd sprach hierauf zu seiner Mutter Rama so:
„So weißt du, Königin, noch nicht, was dir und der Videherin
und meinem Bruder Lakshmana zum Leide jetzt geschehen soll?
Ich gehe in den wilden Wald, zu wohnen vierzehn Jahre dort,
und Bharata an meiner Statt wird König dieses Landes sein."
Sie aber, einer Tanne gleich, die mit der Axt gefället wird,
zu Boden fiel die Königin. Doch Ram hob schnell sie wieder auf
und streichelte sie mit der Hand, und sie erholte sich und sprach:
„Du wirst im größten Leide doch mich nicht verlassen, Raghaver,
weil meine Mitgemahlin dir ein arges Wort geredet hat?
Wenn du, wie es die Pflicht gebeut, du Tugendhafter, wandeln willst,
so bleibe mir gehorsam hier, denn dies ist deine erste Pflicht.
Weil er der Mutter folgsam war, ging Kagjaping zum Himmel ein.
So sehr den König du verehrst, die gleiche Ehrfurcht zolle mir;
und ich erlaube nicht, daß du von hier zum wilden Walde gehst.
Was soll mir Glück, was Leben mir, wenn ich von dir geschieden bin?
Wenn du zum Walde ziehst und mich im Unglück hier verlassen willst,
so härm' ich mich zu Tode, denn ich kann nicht leben ohne dich.
Dann, Sohn, gehst du zur Hölle ein, wie einst aus Pflichtvergessenheit
Brahminenmordes schuldig ward der Ströme Herr, der Ozean."
Der klagenden Kosalerin erwiderte der edle Ram:
„Es ist unmöglich, daß ich nicht vollziehe meines Vaters Wort.
Sei gnädig, flehe ich gebückt, laß mich hinaus zum Walde ziehn.
Ein weiser, pflichtenkundiger, im Walde wohnender Rishi,
Kandu, hat auf des Vaters Wort sogar getötet eine Kuh.
In unserm Stamme selbst geschah einst, weil der Vater es gebot,
von Sagars Söhnen großer Mord, da sie die Erde gruben um.
Wie diese Göttergleichen und noch viele andre auch getan,
so werd' ich, ihrem Vorbild treu, dem Vater stets gehorsam sein.

Es ist ja nicht aus Haß und Neid, aus Bosheit nicht geschehen,
daß mich auf Bitten der Kekajerin der Väter zärtlichster verbannt.
Das Schicksal hat es so gewollt, daß ich zum Walde gehen muß
und daß die schon verwilligte Gewalt mir wiederum entgeht.
Denn welchen Anlaß hätte, mir zu schaden, die Kekajerin,
wenn das Verhängnis diesen Wunsch ihr nicht ins Herz gegeben hat?
Du weißt, daß ich Kaikeyi stets dir gleich, Kaushalya, achtete
und daß Kaikeyi zwischen mir und ihrem Sohn nicht unterschied.
Wie könnte vor dem Könige die edle Königstochter, die
so zarten Sinnes ist, wie ein gemeines Weib mir neidisch sein?
Des Schicksals unbegreifliche, auch über Geister herrschende
Gewalt zeigt sich an ihr und mir, indem sie alles schnell verkehrt.
Das Schicksal ist es, das uns Glück und Unglück, und was schreckt und reizt,
Gewinn, Verlust, das Leben und den Tod nach seinem Schluß verleiht.
Was unversehns, zufällig uns betrifft und plötzlich unser Werk
und unsern Plan zunichte macht, das ist des Schicksals hehrer Schluß.
Wie könnte gegen das Geschick ankämpfen ein Vermessener,
das nicht zu fassen anders ist, als mit Gebet und Opferung?
Selbst weise Heilige, die sich zu peinigen beflissen sind,
reißt aus der strengsten Büßerzucht das Schicksal in die Macht der Lust.
Drum lege, was sie grausam von Verbannung und Verstoßung spricht,
nicht der Kekajerin zur Last; es ist vom Schicksal so bestimmt."
Und während Rama also sprach, stand Lakshmana, das Haupt gesenkt,
und sinnend schwebete sein Herz in Mitte zwischen Leid und Lust.
Dann aber in den Augenbraun die Stirne faltend, fing der Fürst
zu atmen an, der Viper gleich, die man in ihrer Höhle reizt.
Sein Antlitz war schwer anzusehn, wie eines Löwen Zornesblick.
Die Augen rollend und den Hals unruhig drehend hin und her,
die Hände ballend und das Schwert, das Feindesfleisch zerreißende,
an seiner Seite streichend, hob er seitwärts blickend also an:
„Wie kann ein stolzer Kshatriya, wenn er bei vollen Sinnen ist,
so demutvolle Reden tun, wie du, von falschem Pflichtgefühl,

und weil dir Menschenkenntnis fehlt, betöret, jetzt gesprochen hast?
Was klagst du das Verhängnis an, das ärmliche, ohnmächtige,
und denkst an die Verräter nicht, den König und sein treulos Weib?
Zum frommen Vorwand dient die Pflicht, du Ehrlicher, du merkst es nicht;
indessen wird mit argem Sinn der eigne Vorteil wohl bedacht.
Denn wär' es nicht von lange her von ihnen so vorausbedacht,
so wäre diese Gnade auch schon längst gewährt und ausgeführt.
Ich kann es nicht ertragen, daß ein andrer, allem Volk verhaßt,
an deiner Statt hier König sei; du mögest mir verzeihen, Herr.
Und selbst die Pflicht, die, Edler, du zu übertreten scheust und die
dich des Verstands beraubt und ganz unkenntlich macht, ich hasse sie.
Wie wärest du verpflichtet durch ein arges, ungerechtes Wort
des Vaters, das Kaikeyi ihm arglistig falsch entlocket hat?
Wenn du das Los nicht schelten magst, das Bosheit dir bereitet hat,
so schelte deine Tugend ich, aus der mir bittres Leid entsteht.
Kannst du das Wort verehren, das der ärgsten Feinde Paar aus Neid
und Bosheit ausgesonnen, weil von Eltern es den Namen trägt?
Doch sei's! Nicht ihre Bosheit sei's, es sei das Schicksal, das dich trifft;
auch so, mein Fürst, verzeihe mir, gefällt mir Unterwerfung nicht.
Wer furchtsam, ohne Kräfte ist, der füge sich in sein Geschick.
Ein Held, der Mut im Herzen fühlt, der kümmert sich ums Schicksal nicht.
Wer tüchtig ist, mit eigner Kraft das Schicksal zu bewältigen,
der ist ein Mann und schmachtet nie, vom Schicksal seines Glücks beraubt.
Der Menschen Macht und des Geschicks, sie werden heute offenbar.
Die Welt soll jetzt von meiner Kraft des Schicksals Macht besieget sehn.
Wie mit des Stachels Spitze man den wutbeschäumten Elefant
zurücktreibt, so durch Tapferkeit hol' ich das Schicksal dir zurück,
und alle Weltenhüter mit den Welten allen könnten nicht
Rams Einweihung verhindern, wie vermöchte es der schwache Greis!

Die, welche treulos in den Wald dich zu verbannen ausgedacht,
sie selber sollen vierzehn Jahr im Walde wohnen allzumal,
und ihre Hoffnung sei verbrannt, des Vaters und des falschen Weibs,
die deine Weihung hindern will, damit ihr Söhnlein König sei.
Denn meine Kraft zu hemmen ist das Schicksal nicht so sehr imstand,
als meine grause Tapferkeit Unglück zu bringen mächtig ist.
Und wenn du fürchtest, daß das Reich verwirret werde und entzweit,
und wenn du darum, Redlicher, die Königswürde nicht begehrst;
wohlan denn, ich gelob' es dir, nicht sei der Helden Himmel mein,
wenn ich das Reich dir schütze nicht, wie das Gestade hält das Meer.
Mit Segenssprüchen lasse dich zum König weihen unbesorgt:
allein, ich habe Kraft genug, halt' ich die Fürsten untertan.
Zum Schmuck sind diese Arme nicht, der Bogen ist ein Zierat nicht,
kein eitel Spielzeug ist das Schwert, die Pfeile schwache Stäbe nicht;
den Feinden Leides anzutun, ist dieser ganzen Rüstung Zweck,
und nicht gar zärtlich, sollst du sehn, geh' ich mit meinen Feinden um.
Blitzt erst der scharfgeschliffne Stahl, das blanke Schwert, in meiner Hand,
dann mag als Feind mir Indra selbst mit seinem Donnerkeile nahn;
dann von zermalmten Eisen stiebt die Luft; von Elefant und Roß
und Mann bedecken Rüssel, Bein und Häupter dann den Boden rings.
Wenn ich, das Leder umgeschnallt und meine Pfeile aufgelegt,
gerüstet stehe, wo ist dann der Menschen Tapferkeit und Mut?
Mit vielen einen und zugleich mit einem viele treffend, schieß'
ich meine Pfeile zielend ab auf Mann und Roß und Elefant.
Zu schmücken sich mit Sandelsalb' und mit der Perlenbänder Zier,
freigebig auszuteilen Gold, den Freunden Liebes anzutun,
dazu sind meine Arme sonst geschickt, doch heute sei ihr Amt,
die Zunft, die deine Einweihung verhindern will, zu züchtigen."
Und ihm, dem heftig schnaubenden, vor Zorn die Augen rollenden,
dem teuern Bruder Lakshmana erwiderte mit Ruhe Ram:
„Ich weiß wohl, wie du, Lakshmana, so treulich mir ergeben bist;
ich kenne deinen Heldenmut und deine Kraft und Tapferkeit.
Jetzt aber, da du meinen Rat verwirfst, o Fürst, betrübst du mich.

Es sollte freilich stets die Pflicht mit Glück und Lust vereinigt sein,
wie eine treue Gattin, die umgeben von den Kindern ist.
Wenn sie geschieden aber sind, so handle, wie die Pflicht verlangt;
gehaßt wird, wer dem Glücke sich, verachtet, wer der Lust ergibt.
Die Pflicht ist das Erhabenste, und Treue ist die erste Pflicht.
Verpflichtend ist des Vaters Wort, das ich nicht überschreiten kann;
denn was ein Lehrer und ein Fürst, ein Vater und ein Greis befiehlt,
sei's auch in Leidenschaft und Zorn, wer ist so frech, es nicht zu tun?
Die Pflicht, der alle Guten stets gefolget sind, die werd' auch ich
befolgen, wie dem Sonnengott Suvartshala in Treuen folgt.
Wie kann der Götter Huld ein Mensch erwerben, die ihm ferne sind,
wenn er nicht achtet auf das Wort des Vaters, der ihm nahe ist?
Drum werde ich des Vaters Wort, das mir Kaikeyi angezeigt,
nicht übertreten, und was er versprochen hat, das werd' erfüllt.
Du aber halte von Gewalt dein Herz zurück und folge, statt
der Pflicht, dem Kriegermute nicht; o geh auf meine Meinung ein."
So sprach zu seinem Bruder Ram, und weiter zur Kosalerin:
„Sei einverstanden, Königin, daß ich zur Wildnis ziehen darf,
daß ich nicht Ruhm und Seligkeit verliere um den Königsthron,
wenn für die kurze Lebensfrist ich treulos wähle irdsche Macht.
Denk' an den greisen König nun, der deiner Pflege jetzt bedarf;
erheitre ihn, daß ihn nicht Gram verzehre, weil ich ferne bin.
Wenn auch mit Fasten und Gebet ein edles Weib stets eifrig ist,
sie gehet doch der Frevler Weg, wenn sie nicht ihres Gatten pflegt;
die aber, die dem Gatten treu ergeben ist, die geht den Weg
des Himmels, wenn den Göttern auch sie lässig Ehr' und Dienst erweist.
Bald wann des Königes Befehl vollzogen ist, dann werde ich
heimkehren in die Stadt, wie einst Yayati in die Götterwelt.
Als hättest du geträumet, sind vergangen vierzehn Jahre dann,
und froh wirst du mich wiedersehn, und alle Trübsal ist vorbei.
Drum fasse dich und klage nicht, und zu der Reise segne mich."
Es faßte sich die Mutter Rams, mit reinem Wasser netzte sie
die Lippen sich und rief sodann viel schöne Segenssprüche aus:
„Ich kann es nicht verwehren, Sohn; so gehe, edler Raghaver,

und kehre bald uns wieder heim und wandle auf der Guten Pfad.
Die Pflicht, die du mit Festigkeit und strenger Zucht so treu bewahrst,
dieselbe Pflicht, o Raghaver, soll dich bewahren wiederum.
Die Götter, die an Bäumen du und an Altären oft verehrst,
sie sollen dich beschützen, Sohn, im Walde mit den Heiligen.
Von dem Gehorsam, den du stets dem Vater und der Mutter zollst,
von deiner Treue, edler Held, beschützet, lebe lange Zeit.
Die Berge und die Meere und der Fluten König Varuna,
Luft, Himmel, Wind und Erde und das Feste und Bewegliche,
die Himmelszeichen allzumal und der Planeten Führer und
die Sterne alle schützen dich, wenn du, mein Sohn, im Walde wohnst.
Die Riesen und die Kobolde, die fürchterlichen, greulichen,
die Menschenfleisch verschlingenden, sie sollen dich nicht schrecken, Sohn.
Von Affen, Skorpionen und von Fliegen, Schnaken, Schlangen und
von Ungeziefer aller Art sei deine Wohnung stets befreit.
Des großen Elefanten und der Löwen, Tiger, Bären Zahn,
des Büffels fürchterliches Horn, sie sollen dir nicht schaden, Sohn.
Dein Eingang und dein Ausgang sei gesegnet; was du unternimmst,
das glücke und gedeihe, Ram, und Heil sei mit dir überall."
So sprechend ehrte Kaushalya mit Kränzen und mit Wohlgeruch
die Götterscharen und zugleich mit angemeßnem Lobgesang.
Dem Feuer nahte sie sich dann und ließ von einem würdigen
Brahminen nach der Vorschrift für Rams Glück vollziehn die Opferung
von Butter, weißen Kränzen und von Kushagras und Körnern Senfs.
Der Opferpriester opfert um Gesundheit und um stetes Glück
und warf des Opfers Überrest als Nahrung für die Vögel aus.
Die Segenssprecher ließ er dann mit Honig, Butter, Milch und Korn
den Walds und Reisesegensspruch nach Vorschrift sprechen über Ram.
Dem Priester gab Geschenke dann Kaushalya und sprach zu Ram:
„Des Tausendauges Segensspruch, den ihm die Götter gaben, daß
den Vritra zu erschlagen er vermochte, dieser Spruch sei dein.
Der Segensspruch des Garuda, den seine Mutter Vinata

ihm schenkte, daß er Amrita erlangte, dieser Spruch sei dein.
Der Segensspruch, den Aditi dem Herrn des Donnerkeils verlieh,
daß er der Diti Söhne schlug, derselbe Segensspruch sei dein.
Geh hin, mein Sohn, ich werde dich gesund und glücklich wiedersehn."
Drauf küßte sie ihn auf die Stirn, und Rama neigte sich herab
und rührte ihre Füße und enteilte dann, der Herrliche.

ACHTER GESANG

Noch wußte die Videherin, die fromme Sita, alles nicht.
In ihrem Herzen dachte sie, daß Rama junger König sei.
Dankopfer brachte sie, und froh erwartete sie den Gemahl.
Ram aber trat nicht ohne Scheu in sein geschmücktes heitres Haus
und konnte, als er Sita sah, nicht länger fassen seinen Schmerz.
Sein Angesicht entfärbte sich und seine Miene war entstellt.
Ihn so erblickend, Maithili erschrak und rief bekümmert aus:
„Der Pushitag ist heute doch, warum bist, Rama, du betrübt?
Warum beschattet dein Gesicht kein schaumgenetzter Sonnenschirm?
Warum wird mit der Fächer zwei dir Kühlung zugefächelt nicht?
Mit Milch und Honig haben dir Brahminen nicht die Stirn genetzt.
Kein Herold und kein Sänger zieht, dein Lob verkündend, vor dir her,
und Untertanen folgen nicht im Feierzuge hinten nach.
Vier schnelle Rosse ziehen nicht den Blumenwagen goldgeschmückt;
voran zieht dir kein Elefant, mit allen Zeichen angetan,
und ich erblicke nirgends auch im Golde blinkend einen Thron.
Und an dem Weihetage bist du traurig, Rama; sprich, was ist?"
Der also ängstlich Fragenden antwortete der Raghaver:
„Sita, es hat der Vater mich zum Walde Dandaka verbannt.
Sei jetzt, o Edle, festen Muts, vernimm, wie dieses sich gefügt.
Dasharatha gewährte einst zwei Wünsche der Kekajerin.
An sein Versprechen mahnte sie an meinem Weihetag den Fürst.
Drum soll im Walde Dandaka ich wohnen vierzehn Jahre lang,
und Bharata wird eingeweiht als junger Fürst an meiner Statt.

Dich noch zu sehen, komm' ich her, eh' ich in die Verbannung zieh'.
So lang' ich ferne von dir bin, o Sita, lebe züchtiglich,
die Götter fürchte, Dasharath und meine Mutter ehre stets.
Nichts tue, was mißliebig sei dem edeln Bruder Bharata.
Denn er ist dieses Landes und des Stammes König, Fürst und Herr.
Und nie in Bharats Gegenwart erwähne mein, o Maithili;
denn Mächtige ertragen nicht das Lob, das einem andern gilt.
Gar leicht hat man Ungnade sich erworben bei den Königen;
sie sind nur gnädig dem, der stets, was ihnen lieb ist, tut und spricht.
Im Streicheln schlägt der Elefant, die Schlange sticht, indem sie küßt;
im Lächeln und der Freundlichkeit des Königs drohet oft sein Zorn.
Und selbst des Freundes schonen nicht die Fürsten, der mißfällig ist;
und nehmen Feinde auf dafür, die schmeichelnd ihren Willen tun.
Drum wohne hier vorsichtiglich, daß Bharata dir gnädig sei."
So angeredet, Maithili erwiderte in Lieb und Zorn:
„Was sprichst du Lächerliches da? Das ist dein Ernst nicht, Raghaver.
Ich höre nicht, wenn deiner du nicht würdig redest wie ein Held.
O Ram! der Eltern jegliches, Geschwister, Kinder ebenso,
sie suchen je ihr eignes Glück, sie haben je ihr eignes Los.
Nur die Gemahlin teilet ganz mit ihrem Gatten Glück und Los.
Drum weiß ich, was ich wählen soll; mit dir im Walde wohne ich.
Denn nicht dem Vater, nicht dem Sohn, der Mutter nicht und nicht sich selbst,
nur dem Gemahle soll das Weib im Leben folgen und im Tod.
Wenn heute du, o Raghaver, zum wilden Walde wandern willst,
so brech' ich vor dir her das Gras, daß nicht sein scharfer Halm dich sticht.
Vorzüglicher als Schlösserpracht und als des Himmels Wonnesitz
ist jeder Ort dem Weibe, den beschattet ihres Gatten Fuß.
So haben meine Eltern mich von Jugend auf belehrt; darum
bedarf ich nicht zu lernen noch, wie ich das Leben führen soll.
So glücklich werd' ich sein im Wald, als wohnt' ich in des Vaters Haus,
nicht denkend an der Erde Glück, nur denkend an der Gattin Pflicht.
Dir folgsam werd' ich glücklich sein im grünen Walde, tapfrer Held;

du schützest jeden, mich zumeist; nicht abzuwenden bin ich mehr.
Wie freu' ich mich den Wald zu sehn, die Quellen und der Bäche Flut,
in Sicherheit und ohne Furcht in deinem Schutze, Herrlicher.
Jahrhunderte verschwinden mir, wenn ich bei dir bin, wie ein Tag.
Im Himmel selbst vermöcht' ich nicht zu leben, Rama, fern von dir;
und ohne dich kenn' ich kein Glück und keinen Himmel ohne dich."
Der Sita, da sie also sprach, erwiderte der Raghaver:
„O edle Sita, höre, was ich dir zum Heile raten will.
Mich zu begleiten, diesen Wunsch, o gib ihn auf und bleibe hier.
Denn nichts ist immer freudevoll, doch immer leidvoll ist der Wald.
Da mischet mit des Wasserfalls Getöse sich der Leun Gebrüll;
da spielen Elefanten in der Einsamkeit und stürzen sich,
wenn sie dich sehen, auf dich los; ja schaurig ist es in dem Wald.
Die Flüsse und die Sümpfe sind dem Wandernden ein Hindernis;
und drinnen haust das Krokodil, und Elefanten toben dran.
Da führt dich kein gebahnter Weg durch Dornen, Schlingkraut, scharfes Gras;
da nährt man sich von wilder Frucht, und wenn man Schlaf und Ruhe sucht,
legt man sich auf den bloßen Grund und schläft auf dürrem Laube ein.
Am Boden kriechen Ottern da, und Vipern winden sich im Bach;
da stechen und da beißen stets Heuschrecken, Skorpionen und
der Würmer, Wespen, Mücken Heer; ja schaurig ist es in dem Wald.
Mühselig ist und fürchterlich im Walde wohnen, Maithili;
Drum denk', o Sita, nicht daran, denn nicht ertragen möchtest du's."
Hierauf aus Stolz und Liebe fing Sita den Ram zu schelten an:
„Was dachte der Videher doch, mein Vater, Herr von Mithila,
daß er den Ram zum Eidam nahm, ein Weib, das aussieht wie ein Mann?
Ist's unwahr, ist's Unwissenheit, wenn jetzt das Volk, dich höhnend, spricht:
Verschwunden ist Rams Herrlichkeit, wie von der Sonnenglut versengt?

Wovor denn fürchtest du dich, Ram? Was ist, was dich in Schrecken setzt,
daß du dein treu ergebnes Weib, mich zu verlassen willens bist?
Wie Savitri dem Satjavat, dem edeln Sohne Jumatsens,
so bin ich dir ergeben und mein Herz denkt keines anderen.
Wirst selber du in anderer Gewalt mich übergeben, Ram?
Drum gehe du nicht ohne michl Wo du bist, werd' ich glücklich sein.
Ermüden werd' ich nicht; mit dir geh' ich, als wär's auf Teppichen.
Die Dornen scheinen Seide mir, und Stacheln rühr' ich an wie Samt,
wenn ich dir folge, und den Staub, der mich umwirbelt in dem Sturm,
halt' ich dem besten Sandel gleich. O welche Wonne, auszuruhn
auf weichem Mooseshügel und auf grünem Rasen ausgestreckt.
Die Wurzeln und die Früchte, die du selber brichst und selbst mir reichst,
sei's wenig, sei es viel, es wird mir schmecken wie Ambrosia.
Ich werde nie des Vaters und der Heimat und der Mutter nie
gedenken und nichts tun, was dir mißfiele, nie dir lästig sein.
Der Himmel ist, wo du verweilst, die Hölle ist, wo du nicht bist.
Drum, Rama, geh nicht ohne mich; wenn ohne mich du gehst, o Ram,
so trinke ich noch heute Gift, zu retten vor den Feinden mich.
Auch ohne Gifttrank stürbe ich vor Kummer, daß mich Ram verläßt."
So rief sie klagend, ungestüm warf sie sich in die Arme Rams
und weinte laut und schluchzete; der langverhaltnen Tränen Strom
schoß aus den Augen plötzlich vor, wie Feuer aus dem Arani.
Und Rama schloß die Trauernde in seinen Arm und sprach zu ihr:
„Der Himmel selber wäre mir, o Sita, ohne dich nicht lieb,
und nichts ist, was mich schreckt; wenn du, o Maithili, entschlossen bist,
zu wohnen in der Wildnis, nicht verhindern werd' ich selbst mein Glück.
So rüste dich zum Zuge denn, zum Aufenthalte in dem Wald.
Verteile den Brahminen Gold, und Speise gib der Bettlerschar;
Gewänder und kostbaren Schmuck und was wir sonst Erfreuliches
besitzen, teile alles aus an unsre treue Dienerschaft."
Und Sita, hocherfreut, daß Ram ihr mitzuziehn gewährte,

ging zu verschenken schleunig hin ihr und des Rama Hab' und Gut.
Ein brauner Garging wohnete im Walde, namens Trijata;
arm war er, und mit Karst und Pflug ernährte er sich kümmerlich.
Vor ihn mit ihrer Kinder Schar, vom bittern Mangel abgezehrt,
trat seine treue Gattin hin und sprach zu dem Brahminen so:
„Laß jetzt den Spaten und den Pflug und tue, was ich sagen will.
Geh hin zum pflichtgetreuen Ram, vielleicht beschenket er auch dich."
Und er, auf seines Weibs Geheiß, hängte den zerlumpten Mantel um
und machte gleich sich auf den Weg, zu dem Palaste Rams zu gehn;
und ungehindert drang er durch bis in den fünften Hof der Burg.
Da trat zu Rama Trijata und redete ihn also an:
„Ich bin ein armer schwacher Mann, und viele Kinder habe ich;
vom Ährenlesen leben wir, gedenke mein, o Raghaver!"
Und ihm erwiderte hierauf in froher Laune Rama so:
„Mein letztes Tausend Kühe nur von allen ist noch unverschenkt;
wenn du mit deinem Stabe es erwerfen kannst, so sei es dein."
Und hurtig, um die Hüften fest den Mantel gürtend, Trijata,
im Wirbel schwang er seinen Stab und warf ihn ab mit aller Kraft.
Der Stab entsauste seiner Hand, er flog hoch durch die Lüfte hin
und fiel gerade auf die Trift, wo Ramas Herde weidete.
Und Ram, der pflichtgetreue, drauf umarmte ihn und sprach zu ihm:
„Sei nur nicht böse, daß ich mir erlaubet habe diesen Scherz.
Die tausend Kühe und dazu die Rinderhirten sind nun dein,
und wenn du sonst noch etwas brauchst, so sag' es nur, ich geb' es dir."
„Ich möchte opfern, Raghaver", erwiderte ihm Trijata.
Da ließ zur Hütte Trijatas Rama die Herde treiben, und
was ihm zum Opfern nötig war, das schenkte er ihm noch dazu.

NEUNTER GESANG

Es kamen zu des Königs Schloß mit Sita beide Raghaver,
und zu Sumantra Rama sprach: „Nun melde uns dem Könige."
Der Wagenlenker aber ging ins Schloß hinein und, ehrfurchtsvoll
die Hände faltend, trat er vor den tiefbetrübten König hin.

Er wünschte Sieg und Heil zuvor und sprach mit sanfter Stimme dann:
„Es stehet vor dem Tor, o Herr, der Männer edelster, dein Sohn.
Er hat verschenket Hab' und Gut und seinen Freunden Lebewohl
gesagt allen, und er wünscht nun dich zu sehen. In den Wald
wird er dann ziehen, Herr der Welt; ihn, der mit Fürstentugenden
geschmückt ist wie der Sonnenball mit Feuerstrahlen, laß ihn ein!"
Der König aber rief: „Laß ein, Sumantra, meinen teuern Sohn."
Als nun der König seinen Sohn eintreten sah, da stand er auf
und wollte ihm entgegengehn; doch konnt' er nicht und sank zurück.
Ram aber faltete die Händ' und trat vor Dasharath und sprach:
„O großer König, lebe wohl, du unser aller Fürst und Herr;
zum fernen Walde Dandaka bin ich zu wandern jetzt bereit.
Auch Sita will und Lakshmana zur Wildnis mich begleiten, Herr!
Sie ließen sich abhalten nicht mit Gründen und Ermahnungen.
Drum gib uns allen Urlaub und sei ohne Kummer, Herr der Welt."
Der alte König, tiefbetrübt, erwiderte auf Ramas Wort:
„O Ram, ich war betört, als ich die Wünsche der Kaikeyi gab;
drum acht' es nicht und sei allein Gebieter in Ayodhya."
Drauf wandt' er händefaltend sich und flehend zur Kekajerin:
„Sei gnädig, edle Königin; es flehet ein Unglücklicher,
ein Hilfesuchender zu dir, es fleht dein König und Gemahl.
Laß nicht vergeblich dieses Wort mich sprechen jetzt, o Liebliche.
Tu Gnade, Teure, nun an mir, dein edles Herz erbarme sich.
Sei gnädig, Gattin, Rama soll das Reich annehmen als Geschenk
von deiner Hand, dann wird dein Ruhm sich breiten über alle Welt.
An Sita, die hier vor dir steht mit Rehesaugen, denke doch.
Hat jemals die Videherin dir Unrecht, Teure, angetan?
Daß Ram zum Walde ziehen soll, das habe ich versprochen wohl;
doch fürchtest du die Hölle nicht, wenn du darüber noch hinaus
die zarte Tochter Janakas im Walde wohnen machen willst?"
So sprach, die Arme ausgestreckt, der König zur Kekajerin,
Sie aber hörte ungerührt, und keine Antwort gab sie ihm.
Er blickte harrend zu ihr hin und sank ohnmächtig an den Grund.
Indessen kochte in der Brust dem Sumantra des Zornes Glut.
Er schüttelt' ungestüm das Haupt und zog den Atem heftiger;

er schlug zusammen Hand an Hand und knirschte mit den Zähnen wild.
Er trat nun vor Kaikeyi hin, der Wagenlenker Dasharaths,
und scharfe Redepfeile schoß er unablässig ihr ins Herz,
mit schnellen und gewaltigen Wortdonnern sie erschütterend:
„Die du den bittenden Gemahl, ihn selbst, den edlen Dasharath,
den Herrn der Erde, unerhört zu lassen, Schlimme, fähig bist;
nichts wahrlich ist, was du zu tun nicht, Königin, imstande wärst;
du des Gemahles Mörderin, des ganzen Hauses Mörderin!
So sei denn Bharata, dein Sohn, Gebieter in Ayodhya;
wir aber ziehen alle mit, wo Rama in der Wildnis wohnt.
Denn kein Brahmin wird wohnen, wo du, Schlimme, in der Nähe bist,
die du ein so entsetzliches Verbrechen auszuführen denkst.
Ein Wunder wahrlich sehe ich, daß nicht der Erde Boden sich, wo du
so schrecklich wandelst, schnell dich zu verschlingen, öffnen will;
ein Wunder, daß vom Himmel nicht der Fluch der frommen Seligen
als Feuerstrahl herniederfährt auf dich, die Ram verbannen will.
Ja freilich, wer den Amra fällt und dann ein Nimbabäumchen setzt,
wie sehr er es begießt und pflegt, erhält doch niemals süße Frucht.
So ist dir schlimmer Eigensinn von deiner Mutter angestammt,
und wahr ist, was das Sprichwort sagt, daß nie von Nimba Honig fließt.
Es hatte deinem Vater einst ein Seliger die Gunst verliehn,
daß er die Sprachen allzumal der Tier' und Geister wohl verstand.
Einst hörte er in stiller Nacht die helle Stimme eines Jrimbhs
und wohl verstand er ihren Sinn; da fing er laut zu lachen an.
Darob ward deine Mutter gleich erzürnt und frug: Was lachest du?
Der König aber sprach zu ihr: Wenn ich dir sage, Königin,
weshalb ich lache, so ist mir zu sterben heute noch bestimmt.
Doch deine Mutter wiederum antwortete dem Vater so:
Leb' oder stirb, nur sage mir's; verspotten lasse ich mich nicht.
Drauf zu dem Seligen, der ihm die Gunst verliehen hatte, ging
der König und erzählte ihm, was deine Mutter forderte.
Hierauf der gute Selige erwiderte dem Könige:
Entweder stirbst du, oder sie mußt du verstoßen alsobald.
Als dieses Wort der Fürst vernahm, tat er, wie ihm der Selige

befahl, vertrieb die Königin und lebt nun glücklich wie ein Gott.
So willst auch du, von Eigensinn betört, den König zwingen, daß
er wandle, wo die Schlechten gehn, und tue, was nicht löblich ist.
Ein wahres Sprichwort ist es traun, was in der Welt man oftmals hört:
Dem Vater werden Söhne gleich, die Tochter schlägt der Mutter nach.
Nicht also sei es! Nimm das Wort des großen Königs freundlich auf;
den Wunsch des Gatten höre an und sei des ganzen Volkes Hort.
O laß dich böser Menschen Rat verleiten nicht, daß du als Pflicht
dem göttergleichen Länderherrn das Ungerechte auferlegst.
Wie wär' es große Schande dir vor aller Welt, o Königin,
wenn Rama von dem Vater fern im öden Walde wohnen muß."
So redete des Scharfen und des Milden Sumantra noch
im Saale vor der Menge, und sie zu bewegen hoffte er.
Doch sie, die Königin, blieb stumm und ungerührt und unbewegt,
und auch die Farbe des Gesichts blieb unverändert stets sich gleich.
Und wiederum Ikshvakus Sohn mit Tränen zu Sumantra sprach:
„O Wagenlenker, wohlgeschmückt soll sich mein viergeteiltes Heer
versammeln und den Raghaver begleiten in den wilden Wald.
Ausrüsten soll der Kaufmannsstand, der reichbegüterte, sogleich
zahlreiche wohlbewaffnete Heerscharen für den lieben Sohn.
Und alle, die ihm teuer sind, und deren Dienst er brauchen kann,
die zahle reichlich, daß sie ihm zum Walde folgen allesamt.
Der Waffen beste, aller Art Werkzeuge, Wagen führe man
in Menge nach, und Jäger, die die Forsten kennen, folgen ihm.
Was ich von Herden nenne mein, den Reis, der auf den Speichern liegt,
man soll das alles ungesäumt mit Rama führen in den Wald.
Indes hier in Ayodhya der edle Bharat König ist,
soll doch im Walde Rama nichts entbehren, was er wünschen mag."
Da also Dasharatha sprach, erblaßte die Kekajerin.
Sie wandte sich zum Könige und sprach, von Angst ergriffen, so:
„Willst du, o König, daß mein Sohn die Hefe koste statt des Weins,
und daß ein ausgeplündertes, verlassnes Reich sein Erbteil sei?"
Der also schamlos Redenden erwiderte der König so:
„Ich gehe schon; was treibst du noch? und bürdest neue Lasten auf?
Ehrlose, mein Befehl gescheh', ich sollt' ihn wohl verstoßen gar?"

Auf dieses Wort des Zornigen Kaikeyi zweimal zornig sprach:
„In deinem eignen Stamme hat einst Sagara den Asamanj
verstoßen, seinen ältsten Sohn; drum kann wohl der von hinnen ziehn."
So angeredet, „Wehe, Wehe!" der König Dasharatha rief,
und alle Hörer schämten sich; sie aber achtete es nicht.
Hierauf trat ein geachteter Brahmine aus dem Kreise vor,
(Siddhartha hieß er) und er sprach dies Wort zu der Kekajerin:
„Am Wege faßte Asamanj die Kinder, die da spielten, und
warf sie zum Spaße in die Flut der Saraju, der Schreckliche.
Zum Fürsten sprachen zornbewegt die Bürger, als sie dieses sahn:
‚Nun wähle, König, zwischen uns; uns wähle oder Asamanj.'
Der König aber fragte sie: ‚Was ist, was euch so sehr erzürnt?'
Befraget so vom Könige, die Untertanen klagten so:
‚Zum Spaße unsre Kinder wirft dein Erstgeborner in den Fluß.'
Da diese Rede er vernahm, der König von der Bürgerschaft,
verstieß er seinen schlechten Sohn, um seinen Bürgern hold zu sein.
‚Sein Leben lang sei er verbannt', befahl der Vater. Asamanj
nahm einen Sack und unstet durch die Wälder zog der Bösewicht.
So ward verstoßen Asamanj von seinem Vater Sagara;
doch was hat Schlechtes Ram getan, daß man ihn banne in den Wald?
Wir sehen keinen Tadel an dem tugendhaften Raghaver.
Weißt du vielleicht, daß er getan, was Strafe zu verdienen scheint?
Verstoßen einen Edlen, der im Pfade der Gerechten geht,
ist unrecht, und das möchte selbst vernichten Indras Glanz und Ruhm.
Darum halt' ein, o Königin, noch mehr zu stören Ramas Glück;
du solltest an die Schande doch gedenken vor der ganzen Welt."
So sprach Siddhartha; Rama drauf sprach wieder mit Bescheidenheit:
„Der Welt hab' ich, o Fürst, entsagt, ich wohn' in Waldeseinsamkeit.
Was soll mir das Gefolge? Was der großen Menge eitler Troß?
Wer gibt den Elefanten hin und grämt sich um die Sattelgurt?
Hat wohl der Zaum noch Reiz, wenn man das edle Roß verschenket hat?
Darum, o König, weiß ich nicht, was mir des Heers Begleitung soll.

Für alles dank' ich, nur mein Schwert und meinen Bogen nehm' ich mit.
Es werde dieses ganze Land, an Herden und Getreide reich,
samt allem Volke untertan dem teuern Bruder Bharata,
und das Versprechen, das du, Fürst, gewährt hast der Kekajerin,
es werde ohne Schmälerung vollzogen, daß du treue seist.
Ich aber werde dein Gebot bewahren und zum Walde ziehn;
denn nicht nach Herrschaft sehn' ich mich und liebe nicht der Erde Glück
so sehr, als mir, was du gebeutst, am Herzen lieget zu vollziehn.
Laß deinen Kummer fahren und des Leides Tränen trockne ab.
Wie Habsucht nie den Ozean, der Ströme Herrn, in Wallung bringt,
so wenig wünsche ich das Reich, so wenig Glück und Macht der Welt.
Nur daß dein Wort wahr bleibe und du schuldlos seist, das wünsche ich.
Drum fasse dich, uns trifft kein Leid; wir werden froh im Walde sein,
wo sanfte Rehe weiden und die bunte Schar der Vögel singt.
Wenn vierzehn Jahr, o Länderherr, verflossen sind, dann wirst du uns
gesund und glücklich wiedersehn: drum sei, o König, nicht betrübt.
Wie kannst du, wenn dich selbst, o Herr, Betrübnis überwältiget,
den anderen zur Stütze sein, die jetzt in Tränen traurig sind?
Die Mutter, die von mir getrennt, ein nie zuvor empfundnes Leid
erfahren muß, empfehle ich, o König, deinem Schutze an.
Beweise ihr Aufmerksamkeit und laß ihr Ehre angedeihn,
daß sie, wenn ich auch ferne bin, noch leben mög', o Männerfürst."
Hierauf mit Schluchzen sprach zu Ram der tiefbetrübte König so:
„Zu Glück und Freude, trauter Sohn, zum Wiedersehen gehe du;
dein Weg sei ohne Hindernis, und keine Schrecken drohen dir."
Und zu Sumantra weiter dann sprach unter Tränen Dasharath:
„So rüste denn die Wagen und die schnellen Rosse spanne vor
und aus des Landes Grenzen fort geleite meinen teuern Sohn.
Das also ist der Lohn, den ihm die Tugend bringt, daß in den Wald
von Vater und von Mutter er, der edle Held, verstoßen wird!"
Sumantra hörte den Befehl und spannte schnell die Rosse vor.

Indessen ging zur Mutter Rams Abschied zu nehmen Maithili.
Kaushalya schloß sie an die Brust und küßte sie und sprach zu ihr:
„Schlimm sind die Weiber in der Welt; den Gatten, der sie schützt und nährt,
den achten sie nicht mehr, sobald ein Unglück ihn danieder wirft.
So ist' den Weibern eigen, daß des langgenossnen Glückes sie
nicht denken mehr, sobald ein Leid, ein ganz geringes, sie betrifft.
Schwer ist ihr Herz zu fesseln, ihr Gefühl erlischt im Augenblick.
Nicht Adel, Tugend, Wissenschaft, nicht Gaben und Anhänglichkeit
kann Weiberherzen fesseln; denn unsteten Herzens ist das Weib.
Die Tugendhaften aber, die in Treue, Sitte, Frömmigkeit
feststehen, achten den Gemahl so heilig, als die Götter selbst.
Nicht achte meinen Sohn gering, weil er verbannt zum Walde zieht;
unglücklich oder glücklich sei er einer Gottheit gleich für dich."
Zu gleicher Zeit kam Lakshmana zu seiner Mutter Sumitra,
um ihr die Füße ehrfurchtsvoll zu rühren; und sie sprach zu ihm:
„Gern lass' ich dich zum Walde gehn, wohin der Freundschaft Pflicht dich ruft.
Auf Ramas Dienst sei stets bedacht; denn ob er reich sei oder arm,
dem ältern Bruder folge du, so ist es unter Guten Recht.
Vergiß nicht, welche Sitte stets in diesem Stamme heilig war:
bei Opfern Andacht und Geschenk; in Schlachten todeskühner Mut.
Ram sei für dich nun Dasharath, statt meiner ehre Sita du,
der Wald sei dir Ayodhya. So gehe denn, mein teurer Sohn,
so gehe zu Gewinn und Glück, so gehe zu Triumph und Sieg,
zu deiner Feinde Untergang, zum Wiedersehen gehe du."
Und wieder nahte Sumantra und händefaltend demutsvoll,
wie Matali vor Indra steht, sprach er sodann zum Raghaver:
„Heil sei dir, Prinz, besteige nun den Wagen, weitberühmter Held;
schnell werde ich, wohin du mir gebieten wirst, dich bringen, Ram!"
Die Hände faltend rührten dann mit Sita beide Raghaver
des Königs Füße demutsvoll und wandelten rechts um ihn her.
Dann auf den goldnen Wagen stieg im Schmucke Sita frohen Muts;
schnell stiegen auf den blinkenden die Brüder Ram und Lakshmana.
Für Sita lagen Kleider da und Schmuck, den ihr der Schwäher gab,

und für die Brüder Schwert und Schild, und Pfeil und Bogen aufgehäuft.
Bereit war alles; Sumantra trieb nun die schnellen Rosse an.
Da war wie sinnlos aufgeregt die ganze Stadt Ayodhya.
Nach Rama liefen Kind und Greis, wie nach dem Quelle Dürstende;
sie hingen neben, hinten sich am Wagen fest und riefen laut:
„Der Pferde Zügel ziehe an, Sumantra; langsam, langsam doch,
daß wir Rams Antlitz sehen noch für lange Zeit zum letztenmal.
Von Eisen wahrlich ist das Herz der Mutter Rams, daß es nicht bricht.
O Heil dir, fromme Maithili, du folgst ihm, wie sein Schatten stets,
und nie verläßt du ihn, so wie den Meru nie der Sonnenschein.
Ha, Lakshmana, gepriesen sei, daß du des Helden warten willst;
das ist dir Weisheit, das ist Glück, das ist zum Himmel dir das Tor."
Doch Rama rief: „Schnell, Sumantra"; indes das Volk schrie: „Langsam, halt!"
Nicht beiden konnte folgsam sein der Wagenlenker Sumantra.
Er tat, wie Rama ihm gebot, und trieb die schnellen Rosse an.
Da blieb das Volk zurück, ihr Sinn und ihre Tränen folgten ihm.
Solange noch des Scheidenden Gestalt im Staube sichtbar war,
so lange zog Dasharatha von Rama nicht die Augen ab.
Solange er den teuern Sohn, den edeln, pflichtgetreuen, sah,
so lange stand der König noch am Boden unbeweglich fest.
Als aber in der Ferne nun die letzte Staubeswolke schwand,
da sank er auch zusammen und fiel auf der Erde bloßen Grund.
Ihm beizustehen nahte sich Kaushalya seiner rechten Hand,
zur linken Seite aber war Kaikeyi schnell herbeigeeilt.
Der König aber, da er sie erblickte, rief im Zorne aus:
„Kaikeyi, rühre meine Hand, du Schlimmgeartete, nicht an!
Nicht vor die Augen komme mir, du bist mein Weib nicht, bist mir fremd,
und wer dir angehörig ist, den geh' ich nichts, er mich nichts an.
Die du selbstsüchtig deiner Pflicht vergaßest, dein vergess' ich auch.
Daß ich die Hand dir gab und dich mir feierlich vermählte einst,
das alles widerrufe ich für diese und für jene Welt.
Und wenn Bharat zufrieden ist und dieses Reiches Thron besteigt,

so nehme ich als Seliger von ihm kein Totenopfer an."
So sprach der König zornbewegt; mit Schluchzen sprach er weiter dann:
„Das ist des Wagens Räderspur, der meinen Sohn von hinnen trägt,
der Rosse Hufschlag, die ihn ziehn; ihn selbst erblicke ich nicht mehr.
Zu Ramas Mutter führet mich, zur Wohnung der Kosalerin;
denn nirgends sonst wird dieses Herz zu schlagen noch vermögend sein."
Sie führten dann den Schwankenden zum Hause der Kosalerin;
dort sank er auf das Lager hin, Kaushalya aber pflegte sein.
Die Rosse aber flogen hin durch Dörfer und durch Feld und Wald.
Als sie zum Flusse Sjandika, der laut von Pfaun und Gänsen ist,
gelangten, wo die Grenze ist des Reiches, das Ikshvaku einst
erhielt von Manu; da sprach Ram zum Wagenlenker Sumantra:
„Wann werd', o Wagenlenker, ich im Walde längs der Saraju
zu jagen ausziehn wiederum, zu meinen Eltern heimgekehrt?
O unaussprechlich sehn' ich mich zu jagen an der Saraju;
denn königlichen Weisen ist die höchste Lebenslust die Jagd."
Dann gen Ayodhya gewandt, die Hände faltend, sprach er so:
„So lebe wohl, du beste Stadt, bewacht vom Sohne Kakutsthas;
lebt wohl, ihr Götter, die ihr sie bewohnen und beschützen wollt.
Einst werde ich dich wiedersehn, wann aus dem Wald ich kehre heim;
dann ist der Vater ohne Schuld und ich den Eltern froh vereint."
Dann reckt' er aus die rechte Hand und redete die Leute an:
„Ihr habet eure Treue jetzt und eure Liebe mir erzeigt,
jetzt kehret um und seid beglückt und gehet den Geschäften nach."
Sie aber grüßten ehrfurchtsvoll und wandelten rechts um ihn her,
und gingen laut wehklagend dann die Leute nacheinander fort.
Allmählich ihrem Aug' entschwand Ram, wie die Sonne vor der Nacht,
und auf dem Wagen fuhr er hin, der Männer Held, durch Kosala,
durch Reisgefild, durch Herdentrift, durch sorgenloser, glücklicher,
gesitteter Bewohner Land, wo Pfeiler und Altäre stehn,
durch Gärten, Amrahaine und an vollen Wasserteichen hin.
Da sah er, die vom Himmel kommt, der Ganga reine kühle Flut.
Da er die wellenwirbelnde erblickte, Raghus edler Sproß,

da sprach er zu Sumantra: „Hier, o Wagenlenker, halte an.
Nicht ferne von dem Strome steht, an Blättern und an Blüten reich,
ein großer, schöner Ingudi; dort übernachten wollen wir.
Ich soll der Flüsse besten schaun, den heilgen, dessen Flut verehrt
von Göttern und Dämonen und von Tieren, Schlangen, Vögeln wird."
„Es sei so", sprach Sumantra drauf und lenkte zu dem Baume hin.
Sie stiegen dann vom Wagen ab und machten sich aus Laub ein Bett;
da schliefen sie, und wachend stand am Baumesstamme Lakshmana.
Mit ihm von Ramas Tugenden sprach bis zum Morgen Sumantra.
Die Nacht verging; erwachend sprach zu Lakshmana der edle Ram:
„Die Sonne leuchtend steigt empor, vergangen ist die hehre Nacht,
der dunkelschwarze Vogel hier, der Kokila, singt munter schon,
und von dem Walde her ertönt der Pfauenhähne schriller Schrei;
auf! auf! Zeit ist zu fahren jetzt hinüber über Gangas Flut."
Sie schnallten ihre Köcher fest und gürteten die Schwerter um
und schritten nach der Ganga zu, mit Sita beide Raghaver.
Sumantra aber hinten nach, die Hände faltend, kam und rief:
„Was soll ich tun?" Da wandte sich der edle Ram und sprach zu ihm:
„Nach Hause kehre um, denn wir bedürfen deines Dienstes nicht.
Den Wagen lassen wir und ziehn zu Fuße in den großen Wald."
Da blieb Sumantra traurig stehn und blickte weinend ihnen nach.
Sie aber schritten eilig fort und kamen an den großen Strom.
Am Ufer sah der Raghaver ein Schiff und sprach zu Lakshmana:
„Steig ein, o Held, in dieses Schiff, der Sita reiche dann die Hand."
Und Lakshmana hob in das Schiff die Sita und stieg selbst hinauf;
dann folgte Ram und betete als Priester und als tapfrer Held.
Sie schlürften, wie es Vorschrift ist, der Ganga Flut und neigten sich.
Dann abzustoßen gab Befehl den Schiffern Raghus edler Sproß,
und durch die Wogen gleitete mit Rudern schnell das Schiff dahin,
und in des Stromes Mitte sprach, die Hände faltend, Maithili:
„Dies ist des großen Königes, des weisen Dasharatha Sohn;
bewahre ihn, o Ganga, daß mit Glück er tue, was er soll.
Im Walde wohnt er vierzehn Jahr mit seinem Bruder und mit mir;
dann kehrt er wieder, dann will ich dir Opfer bringen, Himmelsstrom.

Erst rauschest du durch Brahmas Welt, o Göttin, dann erscheinst du hier,
des Ozeans Gemahlin du, ich preise und verehre dich!"
So kamen sie zum Ufer und sie stiegen aus und wanderten.
Und Rama sprach: „O Lakshmana, beschützend gehe du voraus;
dir folge Sita, und zuletzt, auf beide achtend, gehe ich.
Noch ist nichts Schwieriges bisher uns widerfahren, Lakshmana;
heut' aber soll die Schrecken noch des Walds erfahren Maithili.
Sie tritt jetzt in die Wildnis ein, die menschenleere, wo kein Feld
bebaut ist und kein Garten blüht, und wo Abgründe jäh uns drohn."
Dann tauchten in den Wald sie ein, den unwegsamen, rauschenden.
Um jeden unbekannten Baum, um jede Blume, jeden Strauch,
den sie noch nie gesehen, frug die zarte Sita an bei Ram.
Schnell holte dann die Blumen und die Blüten Lakshmana herbei.
Sie gingen weit, da kamen sie bei einem Feigenbaume an;
der streckte hundert Äste wohl herab zur Erde, und dabei
war eine Quelle sprudelnd hell. Da tranken nun die Wandernden
und zündeten ein Feuer an und brieten einen Frischling dran,
den Ram geschossen hatte; den verzehrten sie und brachten dann,
gelagert unterm Feigenbaum, abwechselnd wachend zu die Nacht.
So wanderten sie manchen Tag und setzten über manchen Fluß
und sahen manchen fremden Baum und schossen manches Tier des Walds.
Da kamen sie an einen Berg, den wundervollen Tshitrakut,
und wandernd sprach der Raghaver zu Sita und zu Lakshmana:
„Siehst, Sita, du die Kinsuka im Kranze ihres Frühlingsschmucks?
Sie brennen in der eigenen hochroten Blüten Feuerglut.
Von Menschen ungepfleget stehn die Bilvabäume, von der Last
der reifen Nüsse tiefgebeugt, und bieten ihre Kost uns an.
Sieh, Lakshmana, den Honig dort an jedem Baume aufgehängt.
Hier einer Wachtel Ruf ertönt, dort schreit ein muntrer Pfauenhahn.
Wie lieblich ist's im Walde doch am wundervollen Tschitrakut.
O, kein Verlangen nach dem Thron und keine Sehnsucht nach der Stadt
ergreift mein Herz, seit ich den Wald und seine Herrlichkeit gesehn.

Schau, Holde, ragend heben sich des Berges Gipfel in die Luft,
die einen schimmern silberweiß, die andern scheinen rot wie Blut,
die dort wie gelblicher Topas, und jene grünlich wie Smaragd.
Wie Blumenpracht und Sternenglanz mit bunten Farben des Gesteins
und von Kristallen glitzernd hell umleuchtet uns der Felsen Schein.
Gazellenherden weiden hier; hier schweifen, ohne Leids zu tun,
Hyänen, Panther, Bären, und hier hausen Vögel ohne Zahl.
Hier bietet uns der Wonne viel der Bäume Schatten, Blüt' und Frucht.
Wie deckt mit kühlem Schatten uns der ungeheure Feigenbaum;
wie laben uns mit frischer Kost der Amra und der Jambu hier;
die einen träufeln süßen Saft und lindes Öl die andern aus.
Mit Würze und mit Wohlgeruch erfreun uns jene andern dort.
Sieh auf der Felsenplatte dort die klugen Zwerge zwei und zwei.
Wo vom Rhinozeros das Horn und Kleiderschmuck am Aste hängt,
da haben Elfenmädchen sich mit Spiel und frohem Tanz ergötzt,
Wie schimmert herrlich dort der Fels, von dem das Wasser schäumend stürzt,
sich brechend an den Steinen, wie der Wangensaft des Elefants.
Und dieser Wind, der aus der Schlucht mit Säuseln mir Gerüche bringt
von allen Blumen, wen erfreun, o Holde, solche Dinge nicht?
Wenn noch so viele Winter ich mit dir vereint, o Liebliche,
mit Lakshmana hier wohnen sollt', ich bliebe gern und freute mich.
Hier laßt uns bleiben; Lakshmana, erbaue eine Hütte uns
an dieses Felsens Fuße hier, wo reines Wasser nahe ist."
Und Bäume fällte Lakshmana und baute eine Hütte schnell,
und als sie fertig war, sprach Ram: „Jetzt weihen wir die Hütte ein.
Wir wollen lange wohnen hier, drum laßt uns opfern feierlich!"
Drauf eilte Lakshmana und schoß ein reines Antilopentier;
das warf er mit den Gliedern ganz aufs Feuer hin und briet es gar.
Ram aber wusch sich säuberlich, und nach der Ordnung wohlbelehrt
vollendete er jeden Brauch und murmelte die Sprüche her;
Altär' und Opferbäume auch errichtet' er und sättigte
mit Früchten, Wurzeln, Wasser und gebratnem Fleische und sodann
mit Sprüchen aus den Veden und mit Kushagras die Wesen all'.
Dann gingen beide Raghaver und Sita in die Hütte ein.

ZEHNTER GESANG

So wohnte Rama in dem Wald mit Sita und mit Lakshmana.
Zu Hause aber weinend sprach zu Dasharath Kaushalya:
„Gepriesen wirst du überall in den drei Welten, Länderherr,
daß du mitleidig, milde seist und freundlich gegen jedermann;
und doch, wie sollten, bester Fürst, die beiden eignen Söhne und
die zart erzogne Sita jetzt im wilden Walde glücklich sein?
Die liebliche Videherin, die schwarzgelockte, zärtliche,
im Glück erwachsne, wie soll sie ertragen Frost und Sommerglut?
Sie, die der Speisen köstlichste gekostet, die Großaugige,
wie soll sie von des Waldes Frucht sich nähren und von wildem Reis?
Sie, die nur Instrumententon und Liederklang vernommen hat,
wie soll das greuliche Geschrei sie hören jetzt des Raubgetiers?
Wo sitzt mit seinem Bruder jetzt Rama, auf seinen Arm gestützt?
Wann werd' ich Ramas Angesicht, das lotusgleiche, wiedersehn?
Von Demant wahrlich ist dies Herz, daß es, getrennt von Rama, nicht
in tausend Stücke bricht, da du erbarmungslos die Meinigen
verstoßen und verbannet hast, die Edlen, in den grausen Wald.
Ob im fünfzehnten Jahre einst Ram aus der Wildnis wiederkehrt,
und Bharata ihm Schatz und Reich dann übergibt? Ich glaub' es nicht.
Zum Schmause ladet mancher nur die eigenen Verwandten ein,
und wenn sie satt sind, ruft er dann zu spät Brahminen an den Tisch.
Nach andern speist ein Edler nicht, und würde Nektar ihm gereicht;
den Abhub auch vom Göttertisch zu essen dünkt er sich zu gut.
Warum nun sollte dieses Reich, dess' schon der jüngre sich gefreut,
der ältre bessre Bruder nicht verschmähen gänzlich, Länderherr?
Die Speise, die ein andres Tier berührt hat, ißt der Tiger nicht;
so auch der Männer Tiger, Ram, verschmäht, was andre kosteten,
und ist zu stolz, um dieses Reich nach andern anzunehmen, wie
Getränk, aus dem der Geist entflohn, und Opfer ohne Somasaft.
Drum auf immer hast du ihn vom Glücke und vom Reich verbannt,
getötet deinen Sohn, so wie ein Fisch die eigne Brut verschlingt.
Des Weibes erste Zuflucht ist der Mann, die zweite ist der Sohn,

die dritte sind die Eltern, und sie findet eine vierte nicht.
Du bist mir keine Zuflucht mehr, im Walde wohnet Ram verbannt,
von meinen Eltern bin ich fern, verloren bin ich ganz und gar."
Der König, da Kaushalya so herbe Worte zu ihm sprach,
begann sich zu besinnen, und es fand der kummervolle Greis
nun das Bewußtsein wieder, das so lange ihm entschwunden war.
Er seufzte tief und seufzte heiß, und von der Seite blickte er
Kaushalya an und sann und sann, und einer alten Sünde auch,
die er als Knabe absichtslos im Bogenschießen einst beging,
gedachte er und war betrübt ob dieser Sünde und betrübt
um Rama, seinen liebsten Sohn, und fühlte so zwiefaches Leid.
Und in zweifachem Kummer sprach der König zur Kosalerin
und zitterte und faltete die Händ' und senkte tief das Haupt:
„O schone mein, Kosalerin; sieh, meine Hände falte ich.
Du bist ja selbst den Fremdlingen so freundlich und so mild gesinnt.
Den Gatten aber ehren stets, ob er es wert sei oder nicht,
die tugendhaften Frauen, wie vom Himmel sichtbar einen Gott.
Drum du vor allen immerdar ob deiner Tugend hochgerühmt,
o sage kein so herbes Wort, Betrübte, mir Betrübtestem."
Da sie des Königs flehend Wort vernommen, die Kosalerin,
entstürzten Tränen ihrem Aug', und seinen Fuß berührte sie
mit ihrer Stirn und zitterte, und schleunig sprach sie dieses Wort:
„Sei gnädig, sieh, ich beuge mich, zu Boden sinke ich vor dir,
verdient zu sterben habe ich, und nicht mehr dulden sollst du mich.
Denn eine Frau, zu der ein Mann, ein weiser, trefflicher Gemahl,
um Gnad' und Schonung flehen muß, verdient den Namen Gattin nicht.
Ich kenne meine Pflichten wohl, ich kenne dich, Wahrhaftiger,
und doch im Leide um den Sohn ist mir entfallen dieses Wort.
Denn Leid zerstöret Festigkeit, und Leid zerstöret die Vernunft,
das Leid zerstöret alles, und es ist kein Feind dem Leide gleich.
Zu tragen ist die Wunde, die von Feindes Hand geschlagen wird;
doch nicht zu tragen ist das Leid, das unsichtbar am Herzen nagt.
Fünf Tage sind verflossen schon, seit Rama zu dem Walde zog,
fünf Tage, die an Herzeleid und Schmerz fünf Jahren ähnlich sind.

An Ram nur denk' ich, sehne mich nach ihm, und täglich wächst das Leid,
wie von der Ströme Zufluß stets des Meeres Wasser sich erneut."
Indem Kaushalya also sprach, begann die Nacht, und kummervoll,
getröstet von Kaushalya, sank in des Schlafes Macht der Fürst;
doch bald, vom Kummer aufgeweckt, erwachte wieder Dasharath.
Der König, in der sechsten Nacht, seit Rama in die Wildnis zog,
gedachte in der Dunkelheit an seine Sünde und er sprach:
„Wenn du noch wachst, Kosalerin, merk' auf und höre still mich an.
Was jedem hier, o Liebliche, sei's Glück, sei's Unglück, widerfährt,
das hat ein jeder wohl verdient, und das ist seiner Taten Lohn;
und wer, wenn er ein Werk beginnt, der Folgen Last, und ob die Tat
Heil oder Unheil bringt, nicht wohl bedenkt, der wird ein Kind genannt.
Wohl mancher haut die Amren um und hegt Palasen, weil er hofft,
die Früchte sei'n den Blüten gleich; der klagt dann in der Früchtezeit.
Wer so, nicht kennend ihre Frucht, die Tat vollzieht mit leichtem Sinn,
der klaget auch zur Früchtezeit, wie wer Kinsuka angebaut.
So hab' auch ich Amra gefällt und Kinsuka dafür gehegt,
und Rams Verbannung ist die Frucht, die jetzt mir unter Tränen reift.
Einst zielt' als Knab' ich nach dem Schall, begierig nach des Schützen Ruhm,
der ungesehne Ziele trifft, da fiel in schwere Sünde ich,
und wohlverdient ist dieses Leid, Kaushalya, meiner Taten Frucht.
Wie wenn ein Kind aus kindischer Begier verderblich Gift verschlingt,
wie wenn von Kobolden betört, ein Mann sich ins Verderben stürzt,
so absichtslos hab' ich dies Leid durch einen Bogenschuß verdient.
Du warst, o Königin, noch nicht vermählt, ich war ein Knabe noch,
als, meine Freude mehrend, einst die schöne Regenzeit begann.
Die Sonne, die mit glühendem Strahl der Erde Säfte ausgebrannt,
sie wandte sich zum grausen Land, wo Yama über Tote herrscht;
und schnell verging die Sommerglut, die holden Wolken zeigten sich,
und munter spielten überall die Frösche, Pfaun und Tshataka.
Mit nassem Flügel, wie durchs Bad von des Gelübdes Zwang erlöst,

auf schwanken Ästen wiegte sich im Regenwind der Vögel Schar.
Und vom gefallnen Regen und vom immer wieder fallenden
war flimmernd, einem Meere gleich, voll froher Tshataka der Berg;
und aus der Berge Schluchten gelb und rot von Staub und Blättern floß
in hundert Bächen, schlangengleich, das Wasser in das Tal herab.
In dieser wonnevollen Zeit, zu üben meine junge Kraft,
zog ich mit Pfeil und Bogen aus, entlang dem Flusse Saraju.
Den Stier, der nachts zum Flusse kommt, den durstgen Elefanten wohl,
ein andres Tier des Waldes auch zu schießen hofft' ich voll Begier.
Da hört' ich in der dunklen Nacht am Orte, den der Blick nicht traf,
Geräusch, wie wenn man Krüge füllt, und wie des Elefanten Schrei.
Sogleich legt' einen Pfeil ich auf, der glänzte, glatten Schlangen gleich,
und meiner Beute schon gewiß schoß ich ihn ab dem Schalle nach.
Und kaum war das Geschoß entflohn, da hört' ich eines Menschen Ruf:
„Weh, weh!" so rief's, „wer richtet hier den Pfeil nach eines Büßers Leib?
Zum fernen Fluß in stiller Nacht, zum Wasserschöpfen kam ich her;
von wem bin ich getroffen jetzt? Wem hab' ich jemals Leids getan?
Ein Rishi, wehr- und waffenlos, leb' ich im Wald von Waldesfrucht,
warum denn mit dem Mordgewehr wird meinem Leben nachgestellt?
Wem ist mit meinem Tod gedient? Und wer ist, der so ganz umsonst,
so ohne allen Zweck und Grund zu töten nicht für Sünde hält?
Und nicht beklage ich so sehr des eignen Lebens frühen Tod,
als ich der lieben Eltern Paar in meinem Tod bedauern muß.
Die ich so lange nährete, der greisen Eltern blindes Paar,
da ich das Leben lassen muß, wie könnten sie dann leben noch.
So sind mit einem Pfeile denn mit mir die Eltern umgebracht;
wer ist der Gottverlassene, der uns gemordet allzumal?"
Wie dieser Stimme Klageton entsetzlich mir zum Ohre drang,
entfiel im Schrecken meiner Hand der Bogen und der Pfeil zugleich.
Betäubt und meiner nicht bewußt ging ich dem Schall der Stimme nach

und sah, am Ufer hingestreckt, getroffen eines Büßers Sohn;
die langen Locken aufgelöst vom Wasser, das dem Krug entfloß,
von Schlamm und Blut den Leib genetzt, und von dem Pfeile hart
gequält.
Er sah mich mit den Augen an, ich zitterte besinnungslos,
wie Feuerbrände trafen mich die Worte, die er also sprach:
„Was ist dir, Prinz, denn Leids getan, wenn ich, Bewohner dieses
Walds,
den Eltern Wasser holen will, daß du mich hier durchbohren mußt?
Und ach, der eine Pfeil, der jetzt mich bis ins Mark getroffen hat,
er trifft die blinden Greise mir, den Vater und die Mutter auch.
Die schwachen Alten werden jetzt nach mir sich sehnen hoffnungs-
voll,
zu laben sich mit frischem Trank, den ich den Durstgen bringen soll.
So ist denn alle Frömmigkeit und alle Buße ganz umsonst,
daß jetzt mein Vater nicht erfährt, wie hier sein Sohn verschmachten
muß.
Und wüßt' er's auch, was könnt' er tun, der selbst zu schwach ist, auf-
zustehn?
Nicht retten kann ein Elefant den andern, den der Jäger traf.
Du selbst geh schnell zum Vater hin und meld' es ihm, o Raghaver,
damit dich nicht sein Zorn erreicht wie Feuer, das den Wald verzehrt.
Hier dieser Fußpfad führet dich zu meines Vaters Siedelei.
Geh hin, ihn zu besänftigen; im Zorne möcht' er fluchen sonst.
Zieh mir den Pfeil, o König, aus; das eingedrungne Eisen zerrt
am linden Marke, wie der Strom den Bühl des Ufers mit sich reißt."
So sprach er, und ich wußte nicht, ob ich vollziehn sollt', wie er sprach.
Der Pfeil, so dacht' ich, schmerzet ihn, doch frei vom Pfeile stirbt er
wohl.
Und als ich so in Bangigkeit, von Schmerz verwirrt, unschlüssig stand,
da merkte wohl der Munisohn, von welcher Furcht ich war bewegt.
In großen Qualen lag er da; die Glieder, schon dem Tode nah,
bewegten sich in Krämpfen nur; da sprach er kaum vernehmlich noch:
„Ich fürchte nicht den Tod, den Schmerz bezwingend bin ich festen
Sinns;

du, Prinz, befürchte nicht, daß du Brahminenmordes schuldig seist.
Ein Zweigeborner! bin ich nicht, sei ohne Angst, o Länderherr;
Südriff ist meine Mutter und mein Vater ist ein Vaishya."
Wie er so sprach und in dem Schmerz am Boden krampfhaft zitterte,
da zog den Pfeil ich aus, und mich anstarrend gab den Geist er auf.
Ich aber stand, der schweren Schuld bewußt, die absichtslos geschehn,
und einsam überlegte ich, was wohlgetan jetzt möchte sein.
Ich nahm den Krug und füllte ihn mit frischem Wasser und betrat
den Pfad, den er mir angezeigt, zu seines Vaters Siedelei.
Dort fand die schwachen Greise ich, die blinden Eltern führerlos,
sie sprachen ohne Unterlaß vom Sohne, den durch meine Schuld
sie nun verloren, Vögeln gleich, die man der Schwingen hat beraubt.
Und als der Muni meinen Tritt vernommen, hob er also an:
„Wie bist du lange aus, mein Kind; zu trinken reich' uns nun sogleich;
du hast am Wasser wohl gespielt, indes die Mutter nach dir seufzt.
Du bist der Stützelosen Stab, der Augenlosen Auge du;
an dir hängt unser Leben ganz; warum bist du so still, mein Sohn?"
Und mit gedämpfter Stimme dann, mit stockender, mit stotternder,
als scheuten die Gedanken sich, und mit des Mutes Anstrengung
die Worte stützend, fing ich dann die schreckliche Erzählung an:
„Ein Krieger bin ich, Dasharath; ich bin dein Sohn nicht, Heiliger;
und bin durch meiner Taten Schuld in schweres Unglück jetzt gestürzt.
Ich ging am Flusse Saraju, mit Pfeil und Bogen zog ich aus,
ein Tier zu schießen war mein Sinn, beim Trinken einen Elefant.
Da kam vom Flusse her Geräusch, wie wenn man Krüge Wassers füllt;
ein Elefant ist's, dachte ich und schoß das spitze Eisen ab.
Drauf eilt' ich an des Ufers Rand, da sah ich, wie vom Pfeil durchbohrt,
ins Herz getroffen, fast entseelt, ein Büßer auf der Erde lag.
Auf sein Geheiß sprang ich hinzu und riß den Schmerzenspfeil ihm aus;
da schwang er sich zum Himmel auf, bejammernd seiner Eltern Los.
So wurde absichtslos von mir dein Sohn, o Heilger, umgebracht.
Was weiter nun geschehen soll, o zeig' es, Muni, gnädig an."
Und er, der heilige Rishi, da er das grause Wort gehört,

das ich gesprochen, schuldbedeckt, da mußt' er fühlen tiefes Leid.
Mit tränennassem Angesicht, aufseufzend, von dem Schmerz verwirrt,
sprach dann der Heilige zu mir, der ich die Hände faltete:
„Wenn du's nicht selber wärst, o Fürst, der mir das Schreckliche erzählt,
dein Haupt sollt' auf der Stelle gleich zersplittern hunderttausendfach.
Ein Mord, von Kriegerhand verübt, zumal an eines Büßers Leib,
ein vorbedachter, stürzte selbst vom Throne Indras Herrlichkeit.
Doch weil du's ohne Wissen tatst, so magst du leben, und damit
der Raghuinge Stamm, dem du entsprossen bist, nicht untergeh'."
Und weiter sagte er zu mir: „Dorthin, o König, führe uns;
zu sehen wünschen wir ihn noch, den lieben Sohn, zum letztenmal,
wie er von Blut den Leib bedeckt, mit aufgerissnem Büßerkleid
am Boden lieget regungslos, dem Herrn des Rechtes untertan."
Darauf geleitet' ich allein dahin die zwei Bekümmerten
und ließ den Muni und sein Weib berühren ihren toten Sohn.
Sie sanken auf die Leiche hin, und also hob der Vater an:
„Warum begrüßest du mich nicht und bist so stumm, mein liebes Kind?
Was liegst du auf der Erde hier und bist wohl gar auf mich erzürnt?
Und bin ich dir nicht weiter lieb, so sieh die treue Mutter hier;
die wirst du doch umarmen, Sohn? So sag' ein kleines Wörtchen doch!
Soll ich der süßen Stimme Schall nicht hören mehr, den herzlichen,
wenn lernend du in stiller Nacht die heiligen Gesetze liest?
Wer reicht mir in der Dämmerung Weihwasser? facht das Feuer an?
und setzt sich schmeichelnd zu mir, wenn ich fürchte lästig ihm zu sein?
Wer holet Früchte, Beeren mir und Wurzeln und bewirtet mich
wie einen teuern Gast, da ich nichts selbst mehr tun und fassen kann?
Und diese Blinde, trauter Sohn, die alte fromme Mutter hier,
wie soll ich sie ernähren, die so stolz sich freute ihres Sohns?
O bleibe, bleibe, gehe nicht zu Yamas grauser Wohnung fort;
begleiten werd' ich morgen dich, und auch die Mutter gehet mit.
Zu Yama sprech' ich dann: o Fürst, gib mir den Sohn zurück,
daß er uns Greise pflege; wahrlich er verweigert meine Bitte nicht.
So wahr du ohne alle Schuld getötet von dem Frevler bist,

bei dieser Wahrheit gehe du zu aller Helden Himmel ein;
dort, wo die Tapfern wohnen, die im Kampfe nie sich wandten und
von vorn getroffen sanken, dort sei deine Wohnung, teurer Sohn.
Wo Sagara und Saivya, Dilipa, Janamejaya,
wo Nahush, Dundumara wohnt, zu jenem Himmel gehe ein."
So und noch weiter jammerte der blinde Greis und sammelte
zur Totenfeier trocknes Holz und sprengte Wasser für den Sohn.
Und dieser dann in Lichtgestalt erschien, der Munisohn, verklärt,
und über seiner Leiche sprach er schwebend zu den Eltern so:
„Zum Lande der Glückseligen darf ich ob eurer Frömmigkeit
auffahren; bald auch werdet ihr mit mir vereint dort selig sein."
So sprach verklärt der Munisohn und fuhr sichtbar zum Himmel auf.
Der Muni aber sprach zu mir, der ich die Hände faltete:
„Jetzt töte mich, o König, auch, denn sterben ist mir ein Gewinn.
Doch weil du mit dem Pfeile mir mein einzig Kind entrissen hast,
obgleich du's absichtslos getan, so höre dennoch meinen Fluch.
Das Leid, das ich empfand, da mir mein einzig Kind ermordet ward,
in deiner Todesstunde, Fürst, sollst fühlen du das gleiche Leid."
So sprechend zündete der Greis den Scheiterhaufen an und mit
der Leiche ihres Sohns zugleich verbrannte sich das Elternpaar.
Das ist die Schuld, die auf mir drückt, und die mir die Gedanken trübt;
die Sünde, die als Knabe schon im Bogenschießen ich beging.
Und dieses Frevels Lohn ist es, daß ich jetzt fühle solches Leid;
des frommen Büßers schwerer Fluch geht in Erfüllung jetzt an mir,
daß ich vor Sehnsucht, Königin, nach meinem Sohne sterben muß."
So sprach der König weinend, und mit Zittern sprach er weiter dann:
„Ich sehe dich, Kosalerin, nicht mehr, o reiche mir die Hand.
O reichte Rama mir die Hand nur einmal noch und stünde er
als junger König glücklich hier, dann glaub' ich, möcht' ich leben noch.
O mein unwürdig habe ich, o Königin, an Ram getan,
er aber hat sein würdig ganz an mir getan; den Raghaver:
Den schlechten Sohn mag wohl einmal ein kluger Mann verstoßen;
doch wo ist ein ausgestoßner Sohn, der nicht auf seinen Vater schmäht?
Mein Auge, Fürstin, sieht dich nicht, und mein Gedächtnis ist verwirrt.

Da sind des Todes Boten schon, sie holen mich, Kosalerin.
O, was ist schmerzlicher als dies, daß ich im letzten Augenblick
den treuen, tapfern, redlichen, den teuern Ram nicht sehen soll!
Ihn zu vermissen, meinen Sohn, den ohne Rachsucht Duldenden,
dies Leid verzehrt mein Leben, wie den Wassertropfen Sonnenglut.
Ha, Götter, keine Menschen sind's, die einst nach fünfzehn Jahren sein
im Ohrgeschmeide leuchtendes, liebholdes Antlitz wiedersehn.
Mein Sinn, Kaushalya, trübet sich, es ist, als schwände mir das Herz.
Gehör, Gesicht, Gefühl, Geschmack, sie halten nicht zusammen mehr,
und mit dem innern Sinne gehn die äußern Sinne auch dahin,
der Lampe letztem Flackern gleich, wenn sich das Öl zu Ende neigt;
es reißt dies Seelenleiden mich bewußtlos, rettungslos hinfort,
so wie des Gießbachs Wogendrang des Ufers Erde mit sich reißt.
Ha Raghaver, großarmiger, ha meines Kummers Linderer,
ha du mein Führer, trauter Sohn, von mir entfernt, wo weilest du?
Ha Kaushalya, ich sehe nicht! ha Sumitra, wie fromm bist du!
Ha meine Feindin, schreckliche Kaikeyi, meines Hauses Schimpf!"
So klagte bei der Mutter Rams der König Dasharath und starb.

ELFTER GESANG

Die Nacht verging, der Morgen kam; die Sänger und die Herolde
verkündeten mit Lobgesang den neuen Tag. Der Vögel Schar
auf Bäumen und in Käfigen erwachte und begann ihr Lied.
Und Dienerinnen nahten sich dem Bette, wo der König lag.
In goldnen Schalen brachten sie zum Waschen wohl mit Sandelstaub
gemischtes Wasser, und den Trank, den sonst der König morgens nahm.
Wie nun die Sonne sich erhob und noch der König stille war,
da, ihn zu wecken, traten sie heran und sahen, daß er sich
nicht regte und nicht atmete, und Furcht ergriff sie, ob er gar
gestorben sei; sie zitterten wie Gräser, die der Wind bewegt.
Sie rührten nun den Fürsten an, und was mit Zweifeln sie bisher
befürchtet hatten, wurde nun Gewißheit. Da erfüllten sie

mit Weheruf das ganze Haus. Kaikeyi kam und Sumitra;
„ach!“ riefen sie, „ach Herr! Gemahl!“ und sanken an der Erde Grund.
In diesem Lärm erwachte nun mit Schrecken die Kosalerin;
den toten König sah sie da, ein Feuer, das verglommen hat,
ein Meer, das ausgetrocknet ist, und eine Sonne, die nicht strahlt.
Mit tränenfeuchten Augen drauf, von mannigfachem Leid erfaßt,
berührte sie des Königs Haupt und sprach zu der Kekajerin:
„Nun sei zufrieden, Kaikeyi; genieße ruhig nun des Reichs.
Der König hindert dich nicht mehr, Grausame, Schlimmgeartete!
Zur Wildnis ist gegangen Ram, zum Himmel mein Gemahl;
ich bin verlassen nun und ohne Schutz, allein; ich mag nicht leben mehr!
Wo wünschte, außer Kaikeyi, der pflichtvergessnen, sonst ein Weib
zu leben noch, wenn den Gemahl, des Herzens Gottheit, sie verlor?
Drum werde ich, dem Gatten treu, vollenden heute mein Geschick;
und mit den Armen diesen Leib umschlingend in die Flammen gehn.“

ZWÖLFTER GESANG

In dieser Nacht in Rajagriha bei seiner Mutter Eltern ward
von schweren Träumen Bharata, von unheildeutenden, geschreckt.
Des alten Vaters dachte er und war geängstigt und betrübt.
Da ihn die freundlich sprechenden Genossen so bekümmert sahn,
so fingen, um die Sorgen ihm zu scheuchen, sie zu reden an.
Sie sangen unheilwendende Gesänge, hielten muntern Tanz
und führten auch Lustspiele auf und trieben Kurzweil aller Art.
Doch er, der edle Raghaver, blieb von den Scherzen unergötzt.
Da fragte ihn der liebste Freund: „Gefällt dir nicht, o Freund,
womit wir dir zu dienen uns bemühn?“ Und ihm erwiderte Bharat:
„Vernimm, aus welchem Grunde ich bekümmert und geängstigt bin:
Im Traume ist der Vater mir erschienen; schmucklos, wirren Haars,
fiel er vom Gipfel eines Bergs in einen trüben Pfuhl herab,
und in dem Schlamme schlürfte er mit Lachen Öl aus hohler Hand,
und dann versank er in der Flut, die jetzt zu lauterm Öle ward.

Und wieder ist der König mir erschienen: rot, bekränzt, gesalbt,
stand er auf einem Wagen, der mit Eseln schnell nach Süden fuhr,
und gräßlich lachend zog voran im roten Kleid ein Riesenweib.
Dies alles hab' ich diese Nacht im Traum erblickt und bin besorgt,
ob ich wohl oder Lakshmana, der König oder Rama stirbt.
Denn welcher Mann im Traumgebild mit Eseln fahrend uns erscheint,
von dessen Holzstoß wird man bald des Rauches Säule wirbeln sehn.
Aus diesem Grunde tiefbetrübt, kann ich nicht achten eures Spiels.
Wie ausgetrocknet ist mein Schlund, und ängstlich zitternd pocht mein Herz;
fast weigert meine Zunge sich zu sprechen; meine Lebenskraft
ist wie versiegt. Ich möchte mich verstecken und weiß nicht warum."
Als Bharata noch also sprach, da zogen müde Wanderer,
die Boten der Kekajerin, in Rajagrihas Wällen ein.
Man meldete sie alsobald. Sie traten ein und neigten sich.
Und Bharata erwiderte den Gruß zuerst und frug sodann:
„Befindet sich der König wohl, mein teurer Vater, Dasharath?
Sind Rama auch und Lakshmana, die Herrlichen, wohl und gesund?
Ist meine Mutter Kaikeyi gesund und was befiehlt sie mir?"
So angeredet, sprachen dann die Boten wieder zu Bharat:
„Gesund sind alle, edler Held, nach deren Heil du uns befrägst,
und Glück ist mit dir überall. Kaikeyi aber grüßet dich
und läßt dir sagen: Alsobald laß deine Rosse schirren, schnell
zieh aus und kehre heim zu uns, denn sehr verlanget mich nach dir."
Und Bharata erwiderte: „So sei's"; und zum Großvater schnell
begab er sich und sprach zu ihm: „Mich rufen Boten ab, o Fürst,
zum Vater heim; doch werde ich bald wiederkommen, wenn du willst."
Drauf küßte der Kekajerfürst ihn auf die Stirn und sprach zu ihm:
„So geh, mein Lieber! Kaikeyi hat einen guten Sohn an dir.
Bring' deiner Mutter meinen Gruß und deinem Vater ebenso."
Und drauf zum Abschied gab er noch dem Bharata manch reich Geschenk:
Wolldecken, Häute, bunt und warm, und Elefanten, stark und schön,
und hunderte von Pferden auch, und schnelle Esel, Paar um Paar,
und zahme Hunde, tigerstark, von großem Leib und scharfem Zahn.

Doch all des Reichtums achtete vor Sehnsucht nach den Eltern nicht
Held Bharata; bestieg sogleich den Wagen und zog eilends fort.
Sechs Tage reiste Bharata, und als der siebte Morgen kam,
erblickte er Ayodhya, die Stadt, die Manu selbst gebaut.
Zum Wagenlenker sprach er dann: „Ich sehe fern den weißen Lehm
der nie genug zu preisenden, ruhmreichen Stadt Ayodhya.
Sonst hört man um Ayodhya rings ein nie verhallendes Getös.
Das hör' ich heute nicht. Heut' ist kein Wagen, Elefant und Roß
von Kommenden und Gehenden zu sehen, wie doch immer sonst.
Die Gärten um Ayodhya sind munter sonst von Freud' und Lust
vergnügter Menschen immerdar; heut' aber sind sie öd' und leer.
Von Sandel und von Aguru ist sonst die Luft durchduftet hier.
Warum nicht heute? und warum ist stille heut' der frohe Ton,
der sonst den ganzen Tag erklingt, der Pauken und der Lauten Schall?
Dies alles deutet Unglück an, und bange zitternd pocht mein Herz.
Denn schwer ist immer glücklich sein, zumal für unser Königshaus."
So sprechend zog mit Bangigkeit der Edle durch die Tore ein.
Und wieder sprach er: „Alles ist so öde und so traurig hier.
Da ist kein Bali ausgestreut, kein Wohlgeruch erfreuet mich,
und auf den Blumenmärkten sind nicht bunte Kränze ausgestellt.
Der Götter Häuser stehen leer und ihre Höfe ungeschmückt.
Der Dienst der Opfer ist gestört; ein schweres Unglück ahnet mir."
So sprechend eilt' er durch die Stadt und kam zu seines Vaters Burg.
Kaikeyi aber, als sie ihn, den Langvermißten, wiedersah,
sprang freudig von dem goldenen Lehnstuhle auf, küßt' auf die Stirn
den ihre Füße Rührenden, umarmte ihn und fragte dann:
„Wie lange bist du unterwegs? Wann hast du meines Vaters Haus
verlassen? Hat nicht Müdigkeit, vom schnellen Fahren, dich erschöpft?
Befindet sich mein Vater wohl? und auch dein Oheim Yudhajit?
Und wie ist's dir im fernen Land ergangen? Sohn, erzähle mir."
Befraget so von Kaikeyi, erwiderte dann Bharata:
„Verflossen ist der sechste Tag, seit deines Vaters Wohnung ich
verlassen hab'; er ist gesund, wie auch mein Oheim Yudhajit.
Was mir von Gut und Kostbarkeit der König zum Geschenke gab,
das ist noch müde unterwegs; ich aber bin vorausgeeilt.

Nun, Mutter, gib mir Antwort auch auf alles, was ich fragen will.
Der König weilt doch meistens hier, heut' aber finde ich ihn nicht,
und mich verlangt, die Füße ihm zu rühren; sag', o Königin,
wo weilt er? Ist er etwa jetzt im Hause der Kosalerin?"
Da sagte die Herrschsüchtige wie frohe Kunde schreckliche:
„Gegangen ist dein Vater auch den Weg, den alle Wesen gehn."
Dies hörend, Bharata sogleich sein Angesicht verhüllend sank
mit Seufzen auf den Boden hin. Kaikeyi aber rief ihm zu:
„Steh auf! steh auf! was liegst du hier, ein weitberühmter Königssohn?
Nicht jammern darf, wer so, wie du, ein Edler, hochgeschätzet ist.
Dein Vater hat die Welt beschützt und stets geopfert und geschenkt
und jetzt sein Lebensziel erreicht; was also jammerst du um ihn?"
Doch lange weinte, abgewandt am Boden liegend, Bharata.
Zuletzt erhob er sich und sprach zu seiner Mutter kummervoll:
„Mit freudigen Vermutungen hab' ich mich auf den Weg gemacht:
Der König wird ein Fest begehn und Ram als jungen König weihn.
Wie hat sich alles anders nun gemacht! Zerrissen ist mein Herz,
und meinen Vater, der so hold mir immer war, seh' ich nicht mehr.
O sprich, an welcher Krankheit starb der König, weil ich ferne war?
Den Rama preis' ich selig und euch andre, die ihr sein gepflegt.
O Königin, was hat der Fürst, mein Vater, der Erhabene,
zuletzt gesprochen und getan? Da sage, Mutter, alles an."
Befraget so, erzählte dann Kaikeyi, was geschehen war:
„Mit Seufzen rufend: ‚Ram, o Ram, ha fromme Sita, Lakshmana!'
so ist der Hocherhabene gegangen in die andre Welt.
Vernimm die letzten Worte, die dein Vater in dem Tode noch
gerufen hat: „Glückselig, wer den Rama und den Lakshmana,
die Helden, und die Maithili einst wiederkommen sehen wird!"
Dies hörend mit Entsetzen, frug schnell Bharata die Mutter so:
„Wo weilt denn jetzt der edle Ram mit Sita und mit Lakshmana?"
Befraget so, begann sogleich Kaikeyi, was geschehen war,
ihm zu erzählen, Schreckliches, das sie für frohe Kunde hielt:
„Der ältste Sohn des Königs ist zum wilden Walde Dandaka
verbannt gewandert. Lakshmana und Maithili begleiten ihn."
Dies hörend, Bharata erschreckt, befürchtend, ob der Wandel Rams

des eignen Hauses Herrlichkeit beflecke, fragte wieder so:
„Ram hat doch nicht Brahminengut genommen? hat Unschuldige
doch nicht beschädigt? hat doch nicht um eines andern Weib gebuhlt?
Weshalb denn, einem Mörder gleich, ist Rama in den Wald verbannt?“
Und drauf begann Kaikeyi ihm ganz ohne Scham ihr eignes Werk
leichtsinnig zu erzählen, wie ein Weib, das seine Schuld nicht fühlt:
„Rama hat nicht Braminengut geraubt und nie ein fremdes Weib
nur angesehen; sondern ich, ich habe von dem Könige geheischt,
daß statt des Rama du geweihet seist und Ram verbannt.
Der schwache König, wie er war, vermochte nicht zu widerstehn.
Da mußte Ram mit Lakshmana und Sita in die Wüste ziehn.
Der König aber, als er nun den teuern Rama nicht mehr sah,
vor Sehnsucht jammernd um den Sohn, gab seinen Geist mit Seufzen
auf.
Du aber bist es, dem das Reich, die Königswürde jetzt gebührt,
und nur zu deinem Besten hab' ich alles dieses so gemacht.
Drum sei nicht traurig, nicht betrübt; sei frohen Sinnes, lieber Sohn.
Denn dir gehört nun diese Stadt, und dieses ganze Reich ist dein.“
Doch Bharata rief zornentbrannt der Mutter diese Worte zu:
„Vom Throne stürze, Kaikeyi, Grausame, Schlimmgeartete!
die du der Pflicht vergessen hast, beweinen magst du mich als tot.
Was hat der König dir getan, und was der tugendhafte Ram,
daß du sie tötest und verbannst? Ja, eine Mörderin bist du.
Drum fahr zur Hölle, Kaikeyi, nicht dahin, wo dein Gatte wohnt.
Mein Vater ist durch deine Schuld gestorben, Ram durch dich verbannt,
drum bin auch ich der Welt ein Greul, mit Schande hast du mich bedeckt.
Du meine Feindin, Mutter nicht, Grausame, Herrschbegierige,
kein Wort mehr rede du mit mir, Boshafte, Gattenmörderin!
Bist Aswapatis Tochter du, des weisen, des gerechten Herrn?
Nein, eine Rakshasi bist du, die meines Vaters Haus zerstört.
Daß du den Sohn, den einzigen, geraubt der treuen Mutter hast,
deswegen bist du ohne Glück in dieser und der andern Welt.
Ins Feuer stürze, gehe selbst verbannt zum Walde Dandaka,

bind einen Strick dir um den Hals; denn Heil ist nirgends mehr für dich."
So rief er zornig, wie im Wald ein aufgehetzter Elefant,
und schnaubend, einer Schlange gleich, sank er erschöpft am Boden hin.

DREIZEHNTER GESANG

Es hatten unterdessen sich die Königsräte allzumal
versammelt, und Sumantra sprach, statt aller, so zu Bharata:
„Zum Himmel ist Dasharatha gegangen, der uns teurer als
ein Vater war. Im Walde wohnt der edle Ram mit Lakshmana.
Sei du, o weitberühmter Fürst, nun unser König, daß das Land
nicht ohne Leitung, ohne Herrn, in Unordnung verloren sei.
Denn wo kein König waltend herrscht, da tränket nicht mit Himmelstau
der blitzgekrönte Donnerer, der Regengott, die dürre Flur.
In Ländern, wo kein König herrscht, da wird kein Same ausgestreut,
da folgt dem Vater nicht der Sohn und dem Gemahle nicht das Weib.
In Ländern, wo kein König herrscht, da läßt kein Glücklicher ein Haus
und keinen frohen Gartenhain und keinen Tempel fromm erbaun.
Da bringen opferkundige Brahminen nie ein Opfer dar:
da wird auf Volksversammlungen, bei heitern Festen nicht getanzt;
um keinen Dichter steht gedrängt der aufmerksamen Hörer Schar,
und Weise gehn in Hainen nicht, Gespräche führend, hin und her.
In Ländern, wo kein König herrscht, da wandeln nicht, mit Gold geschmückt,
Jungfrauen in den Gartenhain, am Abend sich des Spiels zu freun.
Da führen durch die Wälder nicht mit schnellen Rossen liebevoll
die Männer ihre Fraun. Da sieht man keinen sechzigjährigen
Elefanten, dessen Zahn geschmückt mit Glöckchen ist, am Wege stehn.
In Ländern, wo kein König herrscht, da schlummert wohlbehütet nicht,

bei offnen Türen sorgenlos, der reiche Hirt und Bauersmann.
Da zieht auf sichrer Straße nicht der weitgereiste Handelsmann
mit reichen Gütern unbesorgt; und selbst der Muni, der doch nichts
besitzend nur im Geiste lebt, vermeidet königloses Land.
In Ländern, wo kein König herrscht, da hört man nicht
der schwirrenden Geschosse Schall ohn' Unterlaß von Bogenschützen,
die zur Schlacht sich üben, und kein tapfres Heer hält Feinde von den Grenzen fern.
Wie Herden ohne Hirten sind, so ohne König ist ein Reich.
In Ländern, wo kein König herrscht, hat niemand, was ihm eigen sei,
und wie ein Fisch den andern frißt, verschlingen da die Menschen sich.
Den Frevler aber, der nichts glaubt und jede Schranke frech durchbricht,
hält doch des Königs Strafgewalt mit Züchtigung von Frevel ab.
Wie für den Leib das Auge stets nach allen Seiten sorglich blickt,
so für das Reich der Männerfürst, der Tugend Wurzel und des Rechts.
In blinde Finsternis verhüllt, wüst und verworren ist die Welt,
wenn nicht ein König Ordnung hält und zeigt, was recht und unrecht sei.
Drum, Bharata, ergreife jetzt, o Fürst, dein angestammtes Reich.
Der König Dasharatha hat die weite Erde dir verliehn
samt ihren Gütern; Rama hat des Vaters Willen sich gefügt.
Drum ohne Feinde freue dich der Herrschaft, die der Vater und
der Bruder dir gelassen hat. Aus Nord und Süd, aus Ost und West,
von Land und Meer bringt huldigend die Menge ihre Schätze dar.
Es harren dein, o Raghaver, gerüstet zu der Einweihung,
des Volkes Zünfte. Sei geweiht und unser walte, edler Held."
Auf diese Rede Sumantras erwiderte Held Bharata:
„Ich, wahrlich, will die Herrschaft nicht und weiß nichts von der Mutter Rat.
Ich weiß nichts von der Einweihung, die von dem Vater, während ich
in fernem Land abwesend war, verordnet ward. Ich bin nicht schuld,
daß Sita, Ram und Lakshmana verbannt sind in den öden Wald.
Wer billigt, daß der tapfere, der edle Ram zum Walde ging,

dess' Sinn bewahrt der heiligen Gesetzesbücher Lehre nicht.
Wer Rams Verbannung billigt, mag die Sonne schänden, mag als Knecht
dem schlechtem Manne dienen, mag im Schlafe stören eine Kuh.
Wer Rams Verbannung billigt, der mag Fürsten, die wie Väter stets
die Bürger schützen, feindlich drohn; der lädt auf sich des Königs Schuld,
der frevelhaft den Sechsten nimmt, und doch die Bürger nicht beschützt.
Wer Rams Verbannung billigt, ist so schuldig, wie wer Brahmenern
zum Opfer großes Gut verspricht und dann verweigert; wie ein Mann,
der vor der Speere Sausen flieht und feige aus der Schlacht entrinnt.
Wer Rams Verbannung billigt, hat so große Schuld, als wer ein Buch,
daß ein Gelehrter mühevoll mit Fleiß geschrieben hat, verdirbt;
so große Schuld, als wer ein Wort, das heimlich ihm vertrauet ist,
veröffentlicht; so große Schuld, als wer die Hoffnung bittender
und aufwärtsblickend flehender Unglücklicher zunichte macht.
Wer Rams Verbannung billigt, ist so schlecht, als wer die Ehe bricht,
den Göttern und den Eltern nicht gehorcht und seinen Freund verrät;
so schlecht, als wer der Brunnen Quell vergiftet und wer Feuer legt.
Wer Rams Verbannung billigt, soll mit Wasserkrug und Büßerkleid
wie ein Verrückter bettelnd durch die Länder ziehen. An der Welt
der Guten, an der Guten Ruhm, an guten Werken soll für ihn
kein Anteil sein. Er soll kein Weib erlangen, daß ihn glücklich macht;
soll sterben jung und kinderlos und ohne Grabesfestlichkeit."
So sprechend, trat dann Bharata hinaus zum Volke, stellte sich,
daß rechts das Weihgeräte blieb, und sprach vor allem Volke so:
„In unserm Stamme hat von je der älteste Sohn das Königtum
ererbet; darum stellet nicht unwürdiges Gesuch an mich.
Der Älteste und der Trefflichste, der edle Ram soll König sein.
Was meine Mutter sündliches geraten hat, gefällt mir nicht,
und meine Hände falt' ich hier vor Rama, der im Walde wohnt.
Es rüste sich ein großes Heer, daß mit dem Weihgeräte wir
zum Walde ziehen, Rama dort zum König weihen und zur Stadt
den Männertiger führen, wie das Opferfeuer auf den Herd.

Ihr Künstler, macht die Straßen weit, füllt Schlünde aus, macht Krummes schlicht,
tragt Hügel ab, macht ebne Bahn; denn Rama zieht als König ein."
So sprach der Held, und alles Volk war hocherfreut und jauchzete:
„Heil dir, daß du dem Ältesten die Erde überlassen willst."

VIERZEHNTER GESANG

Beisammen saßen auf der Bank von Felsen Ram und Maithili,
sie ruhten aus. Durch Berg und Tal lustwandelnd waren sie geschweift.
Da kam auch Lakshmana zurück mit reicher Beute von der Jagd;
und froh, nachdem den Göttern erst sie opfernd einen Teil gebracht,
begannen sie ihr Abendmahl. Da zeigte sich von ferne Staub,
und Lärm erhob sich. Durch den Schall, der immer lauter ward, erweckt,
verließ der Tiger seine Schlucht; in ihren Löchern bargen sich
die Schlangen; furchtsam flatterten die Vögel auf; vorüberflohn
in Rudeln Hirsche; Herden von Elefanten liefen tobend, wie
wenn Feuer durch die Wälder rast. Aus seiner Höhle gähnend kam
der Leu hervor; vom Baume stieg der Bär; der Büffel sah sich um.
Wie diesen Aufruhr Rama sah und dies Getöse rings vernahm,
sprach er, zu Lakshmana gewandt: „Sumitras Sohn, was dröhnt der Wald
wie dumpfer Donner? Tobet hier ein Büffel? Sind Elefanten da?
Scheucht raschen Sprungs ein starker Leu der Hirsche Rudel durch den Tann?
Ist's, daß ein Fürst, ein Königssohn, zu jagen durch die Wälder zieht?
Wie ängstlich schrein die Vögel. Sieh, was das bedeute, Lakshmana."
Und Lakshmana bestieg sogleich den nächsten Salbaum, und
nachdem er überall umhergeschaut, rief er herab dem Rama zu:
„Das Feuer, Rama, lösche aus, und Sita soll zur Höhle gehn.
Nimm Pfeil und Bogen, wappne dich, denn gegen Norden sehe ich
ein großes Heer. Zu Fuße ziehn die einen, andere zu Roß.
Der Wagen Banner flattern hoch und Elefanten folgen nach."

Und Rama fragte wiederum: „Merkst du nicht, wessen Heer es sei?“
Von Zorn entbrennend, rief hierauf vom Baume Lakshmana herab:
„Gewiß wünscht Bharata des Reichs zu walten ohne Furcht vor uns;
drum zieht, auf unser beider Tod bedacht, Kaikeyis Sohn heran.
Er ragt vor allen hoch hervor; ich kenne ihn am Kovidar,
der seines Wagens Fahne schmückt. Er kommt; er fällt in unsre Hand,
er, welcher über dich und mich und Sita großes Leid gebracht;
er, dessentwegen, Edler, du dein angestammtes Reich verlierst.
Der Feind ist da; ich schlage ihn; denn keine Sünde dünkt es mich,
zu töten den, der uns zuerst das schwerste Unrecht angetan.
Herrschgierige Kekajerin, noch heute siehst du deinen Sohn,
von mir getroffen, sinken, wie den Baum, den ein Elefant geknickt.
Auch dich, Kaikeyi, treffe ich und aller deiner Freunde Schar
und will der Erde Boden heut' von eurem Schlamme reinigen.
Heut' endlich schütt' ich meinen Grimm, den langverhaltnen, auf das
Heer der Feinde aus, wie Feuer auf verdorrte Halme. Heute soll
aus Wunden, die mein scharfer Pfeil in Feindesleiber reißt, der Wald
des Tshitrakut von Blute rot gesprenget sein. Von mir ins Herz
getroffner Männer Leichen und erschlagne Elefanten soll
der Wölfe Rachen heute noch zerfleischen. Erst wenn Bharats Heer
vertilget ist, wird meine Schuld bezahlt an Pfeil und Bogen sein.“
Zum zornbetörten Lakshmana sprach Rama drauf beschwichtigend:
„Was soll ich mit dem Bogen tun? wozu die Rüstung und das Schwert,
wenn Bharata, der tapfre Held, der edle, weise, zu mir kommt?
Soll ich durch meines Bruders Tod das Reich erlangen? das ich nur,
um euch zu nützen, euch damit Glück zu bereiten wünschen kann?
Ein Gut, und wär's der Himmelsthron, das nur durch Unrecht, nur durch Tod
der Freunde zu erlangen ist, das sei mir ferne stets wie Gift.
Was aber fürchtest du? Hat je der edle Bharata ein Leid
dir zugefügt, daß du ihn gar des Brudermordes fähig hältst?
Nur uns zu sehen, meine ich, kommt Bharata zu uns heraus.
Und wenn du solche Worte sprichst, weil dir die Herrschaft selbst gefällt,
so werde ich den Bharata ersuchen, daß er dir, o Held,

die Herrschaft lasse, und er wird, ‚so sei es‘, sprechen alsogleich.“
Und Lakshmana, als er dies Wort des Rama hörte, schämte sich,
verkroch sich in sich selber fast und sprach: „Vielleicht kommt Dasharath,
der Vater selbst, um dich zu sehn.“ Drauf stieg er von dem Baum herab
und stellte händefaltend sich an Ramas Seite schweigend hin.

FÜNFZEHNTER GESANG

Wie Meereswogen zog daher das Heer des edeln Bharata;
wie Wolken in der Regenzeit den Himmel überziehen, so
von Pferden und Elefanten ward der Erde Boden ganz bedeckt.
Und Bharat, dessen Rosse müd’ vom weiten Wege waren, sprach
zum Wagenlenker Sumantra: „Hier ist der schöne Tshitrakut,
hier ist der Fluß Mandakini. Schwarz, einer Wolke gleich, erscheint
der Wald von ferne; Blüten sind der Regen, den sie niederschickt.
Wie lieblich diese Gegend ist; gewiß, sie ist nicht unbewohnt.
Wohlan, es sollen in den Wald die Männer dringen, ob vielleicht
die Helden Ram und Lakshmana hier ihre Siedelei gewählt.“
Wie sie vernahmen dieses Wort, so drangen, Waffen in der Hand,
die Männer in die Wildnis ein und sahen Raucheswirbel bald.
Sie kehrten um zu Bharata und meldeten: „Wo Feuer ist,
da sind auch Menschen; offenbar sind hier die beiden Raghaver.“
Und Bharata befahl sogleich dem ganzen Heere: „Bleibet hier,
nicht weiter ziehetl Ich allein mit Sumantra geh’ in den Wald.“
Sie blieben stehen; Bharat ging mit Sumantra dem Rauche nach.
Zu Fuße stieg durch das Gesträuch der edle Held den Berg hinan,
und plötzlich, wo der Blütenwald sich öffnete, erblickte er
hell flackernd eine Flamme. Froh, dem Schiffer gleich, der auf der See
nach langer Reise Land erblickt, rief Bharat aus: „Hier wohnet Ram.“
Und voreinander standen nun mit Lakshmana der edle Ram,
und Bharata mit Sumantra, wie wenn am Himmel sich zugleich
der Sonne und des Mondes Ball mit Sukra und Brihaspati

erblicken lassen. Bharata verneigte sich zu Ramas Fuß.
Doch dieser nahm ihn bei der Hand, umarmte ihn und küßte ihn,
den teuern Bruder, auf die Stirn und fragte dann mit Bangigkeit:
„Wo, Trauter, ist mein Vater nun? Wie hast du ihn verlassen, sprich."
Auf diese Frag' erwiderte, die Hände faltend, Bharata:
„Den teuern Vater, als er dich entlassen hatte, hat das Leid
erschöpfet, und zum Himmel ist er heimgegangen. Nur nach dir
sich sehnend, deiner denkend nur, ist er gestorben kummervoll."
Auf diese Worte Bharatas von Schmerz ergriffen wandte sich
zu Sita und zu Lakshmana der edle Ram und redete:
„Gestorben ist, o Maithili, dein Schwäher; Lakshmana, du bist
nun ohne Vater; Bharata bringt diese Trauerkunde uns."
Wie diese Worte Maithili vernahm, da ward ihr Blick getrübt
von vielen Tränen; Bharata fing klagend laut zu jammern an.
Da ihren Kummer Rama sah, sprach tröstend er zu ihnen so:
„Der schwache Mensch vermag ja nicht zu leben, wie es ihm gefällt.
Ihn schleudert ohne Widerstand des Schicksals Laune hin und her,
und nie bewegt sich einer frei dem vorgesteckten Ziele zu.
Drum scheint es nicht vernünftig mir zu klagen um Verstorbene.
Zerrinnen muß, was aufgehäuft, und sinken, was erhaben ist;
sich trennen, was verbunden ist, und sterben, was da Leben hat.
Wie jede Frucht, indem sie reift, dem sichern Fall entgegengeht,
so kommt der Mensch von der Geburt dem Tode näher jeden Tag;
und wie ein festgestütztes Haus doch endlich morsch zusammenstürzt,
so schwindet auch der Mensch dahin, dem Tod und Alter untertan.
Die Nacht, die abgelaufen ist, sie kehret niemals mehr zurück;
sie fließt vorüber, wie der Strom, der in den Ozean verrinnt.
So eilen unsre Tage hin und tilgen jeder einen Teil
von unserm Leben, wie der Strahl der Sonne einen Strom verzehrt.
Was klagest du um andere? Dich selbst beklage, dessen Zeit
und dessen Leben, wo du gehst und wo du stehest, stets verstreicht.
Denn dich begleitet überall der Tod; er setzet sich mit dir,
und wenn du noch so ferne ziehst, der Tod kehrt mit dir wieder heim.
Mit Falten deckt sich das Gesicht, die vollen Haare werden bleich;

wer kann, wenn ihn das Alter schon entkräftet hat, noch rüstig sein?
Der Sonne Aufgang wird begrüßt, man danket, wenn sie untergeht,
und man bedenkt nicht, daß zugleich das eigne Leben kürzer wird.
Man freuet sich, so oft der Lenz mit neuem Glanze wiederkehrt;
der Jahreszeiten Wechsel führt die Lebenden dem Tode zu.
Im weiten Meere treffen sich zwei Splitter Holz; für kurze Zeit
sind sie beisammen, bis die Flut sie wieder auseinander treibt.
So Gattinnen und Kinder auch, Verwandte, Freunde, Hab' und Gut;
sie kommen und sind wieder fern, urplötzlich trifft uns ihr Verlust.
Wie einer, der am Wege steht, zu einer Karawane spricht:
‚Zieht hin; den gleichen Weg, wie ihr, werd' ich auch gehen hinter euch',
so weiß der Mensch, daß er den Weg, den Vater und Großvater ging,
auch wandeln wird; was klagt er denn, wenn kommt, was unvermeidlich ist!
Da unsre Lebenszeit verstreicht, wie Wasser, das zurück nicht fließt,
so suche man das eigne Heil und seiner Untergebnen Glück.
Der Vater hat die Seinigen beschützt, der Untertanen Heil
nach Pflicht gefördert, Dürftigen freigebig stets geschenkt und oft
der Opfer Gaben dargebracht. Zum Himmel ist er jetzt gelangt.
Der Vater hat des Lebens Ziel, das äußerste, erreicht; er hat
der Freuden volles Maß gehabt, beklage du den Vater nicht.
Er hat den alten, morschen Leib, den menschlichen, nur abgestreift
und hat des Himmels Seligkeit, die Lust der Brahmawelt erlangt.
Drum soll hier, wer wie du und ich vernünftig ist und Glauben hat,
nicht jammern. Wer verständig und in allen Lagen weise ist,
der drücket seinen Kummer nicht mit Klagen und mit Weinen aus.
Drum fasse dich und klage nicht, und laß uns zur Mandakini
hinab jetzt gehn, daß Wasser wir aussprengen, wie es bräuchlich ist."
Sie stiegen alle dann hinab zur lieblichen Mandakini,
die immer reines Wasser führt, und wo der Wald stets Blüten hat.
Sie gossen aus der hohlen Hand nach allen Seiten Wasser aus,
indem sie sprachen: „Vater, sieh! dies Wasser sprengen wir für dich."
Und diesen Ruf der Trauernden vernahm das Heer des Bharata.
Sie stiegen von den Wägen ab und eilten alle dann zu Fuß

dem Rufe nach: sie sehnten sich den Ram zu sehn, als hätten sie
ihn, der vor wenig Tagen erst geschieden war, schon jahrelang
nicht mehr erblickt. Sie fanden ihn; sie rührten ihm die Füße,
er begrüßte und umarmte sie und ehrte alle Brahmener.
Drauf setzten sie sich, Ram zuerst, dann mit den Räten Bharata.
Da strahlten die drei Raghaver, umgeben von der Freunde Schar,
drei Flammen auf dem Herde gleich, um welche Opferdiener stehn.
Und schweigend saßen alle da und wagten nicht zu sprechen. Drauf
in seiner Freunde Mitte nahm am Ufer der Mandakini
der edle Bharata das Wort und sprach zu Rama kunstgeübt:
„Wer ist, den ich mit dir, o Held, in dieser Welt vergleichen kann,
den nie ein Unglück niederschlägt und keine Freude trunken macht!
Dich, Jüngling, ehren Greise hoch und hören gerne, was du sagst;
du lebst, als wärest du schon tot, und Sein und Nichtsein ist dir gleich.
Dir zwar ist drum das Elend nichts, in welches du verstoßen bist.
Mir aber ist das Schlimme leid, das meine Mutter meinethalb,
indem ich ferne war, getan; um deine Gnade flehe ich.
Wenn mich nicht hielte Sohnespflicht, so hätte schwere Strafe schon
getroffen die Verbrecherin, die schwerer Strafe würdig ist.
Auch meinen Vater, der als Greis, als Lehrer und als Opferer,
als König und als Vater mir und als Verstorbner heilig ist,
ich will ihn vor dem Volke nicht anklagen; aber wie geschieht's,
daß einer, der die Tugend kennt, um einem Weibe hold zu sein,
ein solches Frevelwerk vollbringt, das weder recht noch nützlich ist?
Die Wesen werden töricht vor dem Ende, sagt ein alter Spruch.
Am Könige hat man gesehn, daß Wahrheit dieser Spruch enthält.
Was also, sei's im Zorne, sei's aus Torheit oder sei's aus Haß,
der Vater unrecht hat getan, das mache du nun wieder gut.
Wer wieder gut macht, was gefehlt die Eltern haben, der allein
gilt für den wahren Sohn. Sei du ein wahrer Sohn. Was schlecht getan
der Vater hat, das gelte nicht, und werde nicht von dir befolgt.
Im Stamme des Ikshvaku ist den Königen der ältste Sohn
stets nachgefolgt von Manu bis auf unsern Vater Dasharath.
Die Ordnung, die von Ewigkeit gegolten hat, die mögest du
nicht brechen; walte du des Reichs der weiten Erde väterlich.

So rette die Kaikeyi du von Sünde und den Vater auch
und mich und alle. Ziemt es sich, daß in den Wald ein Kshatriya
zurückgezogen lebe, statt den Bürgern schützend beizustehn?
Du freilich tust am liebsten, was die größte Mühe dir verspricht;
doch Mühe fehlt dir nicht, wenn die vier Kasten du beherrschen willst.
Einweihung ist das erste, was ein Kshatriya erstreben soll,
damit er dann berechtigt sei, als Fürst des Volkes Schirm zu sein.
Drum lasse auf der Stelle dich einweihen; nach Ayodhya
mit Windesschnelle eile dann und sei der ganzen Erde Hort.
Dort trage die dreifache Schuld des Lebens ab; der Feinde Schreck,
der Freunde Wonne, wohne da und herrsche über uns, o Held.
Es sei die weite Erde nicht verwitwet mehr; sei ihr Gemahl;
dann glänzt sie wie die Herbstesnacht, wenn fleckenlos der Mond erscheint.
Ich und die Freunde alle hier, wir neigen unser Haupt vor dir.
Ich bin dein Knecht, dein Schüler und dein Bruder; weise mich nicht ab,
und diesen ganzen Freundeskreis, die Räte, die dein Vater hoch
geehrt hat, die laß, o Held, nicht unerhört von hinnen gehn."
So sprach der edle Bharata und neigte mit der Stirne sich
zu Ramas Füßen. Dieser, ihn umarmend, sprach antwortend so:
„Die Rede, die soeben du, Kaikeyis Sohn, gesprochen hast,
ist wohlgefüget und beweist, wie dir mein Heil am Herzen liegt.
Doch leiht dem Schlimmen sie den Schein des Guten und vermischt,
was recht und unrecht ist. Wer ohne Scheu die Sittenlehre nicht befolgt
und schlechtem Wandel sich ergibt, der wird von Guten nicht gelobt.
Der Lebenswandel aber ist's allein, nicht Rang und nicht Geburt,
woran man siehet, ob ein Mann ein schlechter oder edler sei.
Wenn ich Unreinem auch den Schein des Reinen gebe und als Pflicht
die Sünde kleide, die ich tu'; doch wird mich kein Vernünftiger,
der Recht und Unrecht scheiden kann, hochachten, und ich werde nicht
zum Himmel kommen, wenn ich so nicht halte mein gegebnes Wort.
Da würde diese ganze Welt nur wandeln, wie's ihr wohlgefällt.

Denn wie der Fürsten Wandel ist, so ist der Bürger Wandel auch.
Nur Treue und Mildtätigkeit ist Fürstensitte immerdar.
Auf Treue ruht das Königtum, auf Treue steht die ganze Welt.
Nur Treue ist der Herr der Welt, auf Treue aller Segen ruht.
Land, Ruhm und Glück und Ehre ist, wonach das Menschenherz verlangt,
sie folgen stets der Treue nach; drum trachte immer treu zu sein.
Wer nicht sein Wort in Treue hält, wer unstet, wankelmütig ist,
den achten seine Ahnen nicht, die Götter wollen nichts von ihm;
und einem Falschen weicht man aus, wie man vor einer Schlange flieht.
Drum, was dem Vater ich gelobt, das halt' ich: was der Vater mir
geboten hat, das soll geschehn; treu und gehorsam will ich sein.
Was deiner Mutter Dasharath versprochen hat, das soll geschehn.
Wie bräche ich dem Vater selbst der Treue Rettungsbrücke ab?
Ich bleibe in dem Walde hier, damit das Wort des Vaters nicht
gebrochen werde. Aber du vollziehe auch des Vaters Wort.
Dich trifft kein Vorwurf. Ohne Schuld bist du an allem. Aber schilt
auch deine Mutter nicht. Denn was am Kinde, wenn es hilflos ist,
der Mutter treue Sorge tut mit Freundlichkeit und Zärtlichkeit,
das bleibt doch ewig unbelohnt. Auch wird die Ordnung nicht gestört,
die in Ikshvakus Stamme stets gegolten hat. Denn nach Verlauf
der vierzehn Jahre kehre ich zurück zur Stadt Ayodhya
und werde dann, mit dir vereint, der weiten Erde König sein.
Wohlan denn, kehre wieder um und wohne in Ayodhya,
und jeder führe aus, was ihm vom Vater aufgetragen ist;
du, Bharata, der Menschen Fürst, ich König in der Wildnis hier.
Du wohnest glücklich in der Stadt, ich bin im Walde auch beglückt.
Dir kühlet die erhitzte Stirn des gelben Schirmes Schattenwurf,
mir fächelt kühlem Schatten noch der Eichen dichtbelaubtes Dach.
Dir stehen Freund' und Räte bei, mir Maithili und Lakshmana.
So sind die Rollen ausgeteilt, so bleibt das Wort des Vaters fest."
So sprach er; alle hörten ihn mit Trauer und mit Lust zugleich.
„Er kommt nicht nach Ayodhya", so denkend waren sie betrübt.
„Wie fest er sein Versprechen hält", so denkend waren sie entzückt.
Sie schwiegen mit Bewunderung. Jabali dann, ein Brahmener

aus ihrer Mitte, redete so frevelhaft den Rama an:
„Ei, Raghaver, daß doch dein Sinn nicht übersehe, was dir frommt.
Und sprich doch, da du edel bist, nicht wie der niedre Pöbel spricht.
Was gehen andere dich an? Wer ist mit anderen verwandt?
Allein geboren wird der Mensch, allein sinkt jeder in das Nichts.
Deswegen, wer am Vater, an der Mutter hängt, o edler Ram,
der wird ein Tor mit Recht genannt, denn jeder steht für sich allein.
So wie, wer auf der Reise ist, in einem Dorfe wohl verweilt
und andern Tags die Herberg' schon verläßt und fröhlich weiter zieht,
so sind auch für die Menschen nur Herbergen Haus und Vaterland
und seine Eltern. Daran hängt ein edler Weiser nicht sein Herz.
Warum dein väterliches Reich verlassend, wolltest du, o Held,
bewohnen diesen wüsten Wald, den unwegsamen, dornigen?
Als König, Rama, ziehe in die reiche Stadt Ayodhya ein,
die dich erwartet, wie ein Weib, das des entfernten Gatten harrt.
Genieße froh der Herrschermacht, wie Shakra sich des Himmels freut.
Was liegt dir an Dasharatha, ihr geht einander gar nichts an.
Er ist ein andrer ja als du; drum tue, was dir wohlgefällt.
Ein Vater ist ja nichts, als was dem Halme ist das Samenkorn;
nur Blut und Fleisch, nur Sinnlichkeit ist, was dem Menschen Leben gibt.
Gegangen ist der König nun, wie ihm zu gehn beschlossen war.
Das ist das Los der Sterblichen. Du aber bist umsonst beraubt.
Nur die sind mir bedauernswert, die ihrer Pflicht beflissen sind.
Hier wartet ihrer nichts als Leid, und nach dem Tod ist alles aus.
Einfältig streut den Vätern und den Göttern Speise aus das Volk.
Sie werfen ihre Speise weg, denn Tote essen auch nichts mehr.
Ein Toter ißt das Opfer nicht, das ja am Wege liegen bleibt.
Die Bücher, worin weiter nichts als ‚opfre, gib, enthalte dich,
kasteie dich' geschrieben steht, die Pfaffen haben sie gemacht.
Drum denke, dieser ist nicht mehr, und halte dich, o weiser Held,
an das, was dir vor Augen liegt, vom Unsichtbaren wende dich.
Wenn du zu dieser Ansicht dich bekennst, die von der ganzen Welt
bestätigt wird, so nimm das Reich und tu, was Bharata begehrt."

Auf diese Worte Jabalis erwiderte mit Strenge Ram:
„Mich wundert, daß mein Vater dich in seinen Rat erwählet hat,
der du, von Recht und Wahrheit fern, dich zur Gottlosigkeit bekennst.
Mit einem Gottesleugner will ein Weiser nicht beisammen sein."
Und händefaltend wiederum sprach Bharata zu Rama so:
„Ungläubig ist Jabali nicht. Er spricht nur so, weil er damit
dir zu gefallen und dich so zur Umkehr zu bewegen hofft.
Laß deiner Knechte Bitte dich erweichen, kehre mit uns um.
Trost gibst du meiner Mutter, mir gibst du die Herrschaft, edler Ram,
ich aber gebe sie zurück, genieße ungestört des Reichs.
Denn dieses große Königreich zu schützen ist für andere
als dich zu schwer; der Brücke gleich, auf die der Strom zertrümmernd stürzt.
Der Esel kann des Rosses Lauf, das Roß den Flug des Adlers nicht
erreichen; so kann ich den Weg nicht gehn, den du gehst, Länderherr,
und glücklich scheint zu leben mir, wer andre für sich sorgen läßt,
und mühsam ist das Leben dess', der für die andern sorgen soll.
Nur du vermagst dies große Reich zu schützen. Dein, o Kakutsthing,
harrt alles Volk, wie Pflügende sich sehnen nach dem Donnerer."
So sprechend, zu den Füßen Rams sank Bharata und drang in ihn;
doch Rama hob ihn an die Brust und sprach zu ihm mit Freundlichkeit:
„Einfältig aus Bescheidenheit, mein lieber Bruder, redest du,
und du vermagst die Erde wohl zu schützen; mit den Freunden hier,
den weisen Räten, wirst du leicht vollbringen, was dir schwierig scheint.
Der Mond sei ohne Lieblichkeit, und ohne Eis der Himavat,
es trete aus der Ozean, ich halte mein Versprechen fest."
Da schaute Bharata sich um und frug die Räte: „Stimmet ihr
dem Edeln bei?" Und alles Volk aus Stadt und Land rief schnell ihm zu:
„Wir stimmen dem Erhabnen bei, pflichtmäßig spricht der edle Ram.
Fest bleibt er bei des Vaters Wort, wir wenden ihn davon nicht ab."
Drauf wieder wandte Bharata zu Rama sich und sprach zu ihm:
„So ziehe, edler Raghaver, die goldgestickten Schuhe aus,

zum Zeichen, daß dein Erbe du, die Herrschermacht, mir überträgst."
Und Rama zog die Schuhe aus und gab sie ihm. Und alle drauf
umarmten sich, und Bharata umwandelte den Rama rechts.
Von Ram entlassen, zog das Heer zurück zur Stadt Ayodhya.

EINFÜHRUNG IN DAS GESETZBUCH DES MANU

Die metrischen Gesetzbücher sind offenbar das Produkt einer Zeit, in welcher das Studium von Recht, Gesetz und Sitte soweit vorgeschritten war, daß es als ein besondrer Wissenszweig selbständige Bedeutung gewonnen hatte, eine eigene Wissenschaft bildete. Während die Dharmasutras doch immer nur verhältnismäßig wenig umfangreiche Anhängsel vedischer Textsammlungen waren, zeigen sich die *Dharmashastras* als selbständige und umfängliche *Rechtsbücher*. Allerdings standen auch diese noch in einem gewissen Zusammenhang mit dem Veda und erkannten ihn als oberste Autorität an, aber die Verfasser derselben wollten offenbar doch selbständige und möglichst vollständige Darlegungen des indischen Rechtes bieten, und nicht bloß einzelne Aphorismen, wie sie die Dharmasutras enthalten.
Die metrischen Gesetzbücher sind denn auch sowohl in Bezug auf Umfang und Vollständigkeit als auch hinsichtlich der systematischen Behandlung des Gegenstandes den mageren Abhandlungen der vedischen Sutras weit überlegen. Sie vertreten eben eine ganz anders vorgerückte Phase des Rechtsstudiums. Um nur ein Beispiel anzuführen, so werden hier die Regeln über das Zivilrecht nicht mehr wie in den Sutras alle in einem Haufen gegeben, sondern systematisch in 18 Gruppen gesondert.

Was diese Dharmashastras von vornherein schon äußerlich deutlich von den Dharmasutras unterscheidet, ist der Umstand, daß sie durchgängig im epischen Shloka geschrieben sind, während die Dharmasutras in Prosa, nur untermischt mit Versen in Shloka- oder auch anderem Metrum. Ob diese Neuerung durch das wachsende Ansehen der großen Epen eingetreten oder infolge eines anderen Grundes, mag dahingestellt bleiben. Jedenfalls sind durchgängig auch auf anderen Gebieten des indischen Wissens die Prosaschriften die älteren.

Das älteste, wichtigste und angesehenste unter diesen metrischen Gesetzbüchern ist ohne Zweifel das *Manavadharmashastra*, das sogenannte *Gesetzbuch des Manu*.

Die Autorität des weisen Manu, der auch als Vater der Menschheit gefeiert wird, ist jedenfalls eine sehr alte. Eine Reihe vedischer Schriften zitieren ihn bereits als Autorität für das Recht. Das *Kathakam* (11, 5) und die *Taittiriya-Samhita* (2, 2, 10, 2) sagen: „Alles, was Manu gesagt hat, ist Arznei." In *Yaskas Nirukta* (3, 4) wird eine Regel des Erbrechts dem Manu Svayambhuva zugeschrieben; der Autor unseres Gesetzbuches trägt denselben Beinamen, aber freilich stimmt jene von Yaska zitierte Regel nicht zu dem, was das uns vorliegende Gesetzbuch lehrt. *Shankhayanas Grihyasutra* (2, 16) zitiert den Manu zur Stütze der Lehre, daß bei bestimmten Opfern das Töten von Vieh erlaubt sei, und wir finden die entsprech-ende Regel in der Tat im Manavadharmashastra (5, 41). Auch in der *Gautamasmriti*, dem ältesten Dharmasutra, wird Manu als Autorität zitiert, und die ihm zugeschriebene Regel findet sich wirklich in unserem Gesetzbuch. Eine besonders große Anzahl von Zitaten aus einem Manu-Buch (Manavam), die faktisch im vorhandenen Text zu finden sind, begegnen in Vasishthas Dharmasutra; andre im Sutra des Baudhayana und anderen Werken. Auch im Mahabharata finden sich viele Verse, welche dem Manu zugeschrieben werden; einige davon finden sich in dem uns vorliegenden Gesetzbuch, andere nicht. Ebenso begegnen wir dem Manu auf den indischen Inschriften. Überhaupt, wo immer die alten Gesetzgeber aufgeführt werden, nicht nur in den juristischen Sammlungen und Kommentaren, sondern ebenso auf den Inschriften, in den Puranas und metrischen Gesetzbüchern, immer finden wir *Manu* obenan genannt.

Dieses schon für eine sehr frühe Zeit verbürgte hohe Ansehen des Manu als Autorität für das Recht beweist nun aber natürlich nichts für ein hohes Alter des Gesetzbuches des Manu in der Form, wie uns dasselbe gegenwärtig vorliegt; es ist vielmehr sowohl durch die einfache und moderne Sprache desselben als auch durch andere Umstände wohl unzweifelhaft, daß dieses Werk erst dem Mittelalter, der nachchristlichen Zeit angehört, der Blütezeit des klassischen Sanskrit.

In Anlehnung an jenen altberühmten Weisen Manu hat sich innerhalb des schwarzen Yajurveda eine *Manava-Schule* gebildet, und aus diesem Kreise ist aller Wahrscheinlichkeit nach das sogenannte

Gesetzbuch des Manu hervorgegangen. Dasselbe war aber jedenfalls nicht das erste Rechtsbuch dieser Schule, sondern geht zurück auf ein älteres Werk, welches zu jener ersten Kategorie vedischer Rechts-Sutras gehörte, ein *Manavadharmasutra*, von dem wir mit Bestimmtheit voraussetzen dürfen, daß es einstmals existiert hat, das aber leider verlorengegangen ist.

Jedenfalls wußte unser Gesetzbuch das hohe Ansehen, welches schon der alte Weise Manu genoß, dauernd ihm und sich zu wahren. Seine Vollständigkeit, seine gute Anordnung und Verständlichkeit verschaffte ihm eine weitreichende Popularität und Verbreitung in Indien. Wie weit dabei noch andere, historische Faktoren mit im Spiele gewesen – der Einfluß eines bestimmten Herrscherhauses, das Ansehen der *Maitrayaniya-Manava-Schule* u. dergl. m. – müssen wir dahingestellt sein lassen. Die große Menge von alten Kommentaren zu Manus Gesetzbuch aus verschiedenen Teilen Indiens beweist die frühe Verbreitung des vorhandenen Textes über das ganze Land. Von Medhatithi (etwa im neunten oder zehnten Jahrhundert) bis auf Raghavananda (im 16. oder 17. Jahrhundert) zeigen die Kommentare bei ihren Zitaten aus Manu wenig Abweichung in den Lesarten und man sieht daraus, daß der jetzt vorliegende Text seit jener Zeit – also wohl mehr als ein Jahrtausend lang – sorgfältig überliefert wurde.

Vorher freilich hat das Gesetzbuch so manche Wandlungen durchgemacht, denn es birgt – wie früher schon erwähnt – einen alten Kern, der mehrfach überarbeitet und mit Zusätzen versehen ist. Es hat nach einander, vielleicht auch gleichzeitig, verschiedene Rezensionen des Manu gegeben. Nur so erklärt es sich, daß vieles, was ihm in älteren Werken zugeschrieben, resp. aus ihm zitiert wird, in der uns vorliegenden Rezension nicht vorhanden ist. Ein merkwürdiger Bericht über vier verschiedene Rezensionen des Manu findet sich in der Einleitung zur Naradasmriti. Dort heißt es: Manu verfaßte ein großes Werk, das alle möglichen Dinge, göttliche und menschliche, behandelte, in 100.000 Shloken und 1.080 Kapiteln. Dieses Werk überlieferte er dem Narada, der es zum Gebrauch der Menschen auf 12.000 Shloken reduzierte. Es wurde dann später sukzessiv durch Markandaya und Sumati, den Sohn des *Bhrigu*, weiter reduziert auf 8.000 und 4.000 Shloken. Das Originalwerk soll jetzt nur noch von den Göttern studiert werden. Die letzte Rezension ist offenbar die uns vorliegende, welche ausdrücklich sich selbst als Bhrigu-Rezension bezeichnet. Dem übrigens natürlich fabelhaften Bericht dürfte doch etwas Wahres zu Grunde liegen; zum mindesten insoweit, als er eben auch das einstmalige Vorhandensein verschiedener Rezensionen des Manu konstatiert.

AUSZÜGE AUS DEM GESETZBUCH DES MANU

ERSTES KAPITEL

Über die Schöpfung

1. Manu saß zurückgelehnt und hatte seine Aufmerksamkeit auf einen Gegenstand, auf den höchsten Gott, gerichtet: da näherten sich ihm die göttlichen Weisen und redeten ihn, nach gegenseitigen förmlichen Grüßen, folgendermaßen an:

2. Geruhe Mein Beherrscher, uns über die heiligen Gesetze in ihrer Ordnung zu berichten, wie sie von allen vier Kasten und von jeder nach ihren verschiedenen Graden befolgt werden müssen; ferner über die Pflichten jeder gemischten Kaste.

3. Denn Du, Herr, und Du allein unter den Sterblichen, verstehst den wahren Sinn, das erste Prinzip und die vorgeschriebenen Zeremonien, dieses allgemeinen, übernatürlichen Veda, welches keine Grenzen beschränken und kein Ansehen übertreffen kann.

4. Als er, unermeßlich an Kräften, auf diese Art von den großen Weisen, deren Einsichten tief waren, ersucht wurde, grüßte er sie alle mit Ehrerbietung, gab ihnen eine vielumfassende Antwort und sagte: „Laßt es gehört werden."

5. Dieses Ganze befand sich bloß in der ersten göttlichen Vorstellung, noch unausgebreitet, gleichsam in Dunkel gehüllt, unbemerkbar, unerklärbar durch Vernunft, unentdeckbar und unentdeckt durch Offenbarung, als ob es gänzlich in Schlummer versenkt wäre.

6. Dann erschien in unveränderter Majestät die einige, durch sich bestehende Macht, ließ, obwohl selbst unbemerkt, diese Welt mit fünf Elementen und anderen Prinzipien der Natur bemerkbar werden und dehnte ihre Vorstellung aus und verscheuchte das Dunkel.

7. Er, den sich der Geist bloß denken kann, dessen Wesen nicht für äußere Sinneswerkzeuge ist, er, der keine sichtbare Teile hat, der von Ewigkeit ist, ja, er selbst, selbst die Seele aller Wesen, den kein Wesen begreifen kann, ging glänzend hervor in eigener Person.

8. Als er verschiedene Wesen aus seiner eigenen göttlichen Sub-

stanz hervorbringen wollte, schuf er zuerst mit einem Gedanken die Wasser und legte einen fruchtbaren Samen in sie.

9. Dieser Same wurde ein Ei, glänzend wie Gold, flammend wie Sonnenlicht in tausend Strahlen; und in diesem Ei wurde er selbst geboren in der Gestalt *Brahmas*, des großen Urvaters der ganzen Welt.

10. Die Wasser heißen *Nara*, weil sie von *Nara* – oder dem Geiste Gottes – hervorgebracht wurden; und da sie seine erste *Ayana* – oder Bewegungsart – waren, so heißt er davon *Narayana* – oder der sich auf den Wassern bewegt.

11. Aus dem, was ist, seinem Gegenstande der Sinne, aus der ersten Ursache, die überall dem Wesen nach gegenwärtig, für unsere Wahrnehmung nicht gegenwärtig ist, ohne Anfang und Ende, wurde der göttliche Mann, in allen Welten unter dem Namen *Brahma* berühmt, geboren.

12. In diesem Ei saß die große Macht untätig ein ganzes „Schöpferjahr", nach dessen Verlauf er das Ei bloß durch seine Gedanken in zwei Hälften trennte.

13. Und aus dessen beiden Hälften bildete er den Himmel oben und die Erde unten; in die Mitte setzte er den feinen Äther, die acht Gegenden und den ewigen Wasserbehälter.

14. Aus dem höchsten Geiste nahm er die Seele, welche dem Wesen nach vorhanden, nicht sinnlich bemerkbar, sondern unmanifest ist, und vor der Seele oder Vernunft brachte er Bewußtsein hervor, den jungen Ermahner, den Regierer.

15. Und vor beiden schuf er das große Prinzip der Seele – oder die erste Ausdehnung der göttlichen Vorstellung – und alle Lebensgestalten, begabt mit den drei Eigenschaften und den fünf Sinnen und den fünf Werkzeugen sinnlicher Wahrnehmung.

16. Als er die kleinsten Teilchen von sechs unermeßlich wirksamen Prinzipien des Bewußtseins und der fünf Sinne auf einmal mit Ausgüssen des höchsten Geistes durchdrungen hatte, bildete er alle Geschöpfe.

17. Und da die kleinsten Teilchen der sichtbaren Natur von diesen sechs Ausgüssen aus Gott abhängen, so haben daher die Weisen seinem Bilde oder seiner Erscheinung in der sichtbaren Natur den

Namen *Sarira* gegeben – oder von sechsen abhängend –, was bedeutet, die zehn Organe hängen ab vom Bewußtsein und die fünf Elemente von eben so vielen Wahrnehmungen.

18. Daraus entstehen die großen Grundstoffe, mit besonderen Kräften begabt, und die Seele mit unendlich feinen Wirkungen, die unvergängliche Ursache aller äußeren Formen.

19. Daher ist dieses Ganze aus den kleinen Teilen der sieben göttlichen und wirksamen Prinzipien zusammengesetzt, aus der großen Seele oder aus dem ersten Ausflusse, aus dem Bewußtsein und den fünf Wahrnehmungen: ein unveränderliches Ganzes aus unveränderlichen Vorstellungen.

20. Jedes dieser Elemente nimmt die Beschaffenheit der vorhergehenden an, und man schreibt jedem derselben ebensoviele Eigenschaften zu, als es Grade vorgedrungen ist.

21. Er wies auch zuerst allen Geschöpfen besondere Namen, besondere Handlungen und besondere Beschäftigungen an, so wie sie in dem vorher existierenden Veda offenbart waren.

22. Er, der höchste Regierer, schuf eine Menge Untergottheiten, mit göttlichen Eigenschaften und reinen Seelen, und viele Genien, ausnehmend reizvoll; und er schreib das Opfer vor, welches von Anfang verordnet war.

23. Aus Feuer, aus Luft und aus der Sonne machte er gleichsam die drei ursprünglichen Veden, genannt *Rik*, *Yajur* und *Sama*, zur gehörigen Verrichtung des Opfers.

24. Er schuf die Zeit und ihre Einteilung. Er gab Dasein den Fixsternen und Planeten, den Flüssen, Meeren und Bergen, den ebenen Gefilden und unebenen Tälern.

25. Er gab Dasein der Andacht, der Sprache, der Freundlichkeit, dem Verlangen, dem Zorne und der Schöpfung, die sogleich erwähnt werden soll: denn er wollte das Dasein aller dieser geschaffenen Dinge.

26. Zur Beurteilung der Handlungen machte er einen gänzlichen Unterschied zwischen Recht und Unrecht und gewöhnte die empfindenden Geschöpfe an Vergnügungen und Schmerz, an Kälte und Hitze und an andere entgegengesetzte Dinge.

27. Mit sehr feinen, veränderlichen Teilen der fünf Elemente wurde diese ganze sichtbare Welt in gehöriger Ordnung zusammengesetzt.

28. Und sooft eine Lebensseele einen neuen Körper bekommt, hält sie sich von selbst an die Beschäftigung, die ihr der höchste Herr zuerst anwies.

29. Wenn er ein Wesen bei der Erschaffung schädlich oder unschädlich, hart oder gelinde, ungerecht oder gerecht, falsch oder wahr bildete, so nimmt es natürlicherweise dieselbe Eigenschaft bei seinen folgenden Geburten an.

30. Wie die Jahreszeiten ihre Kennzeichen zur richtigen Zeit von sich selbst annehmen, so sind jedem bekörperten Geiste seine Handlungen von Natur aus zugedacht.

31. Damit das Menschengeschlecht vermehrt werden solle, ließ er den *Brahmanen*, den *Kshatriya*, den *Vaishya* und den *Shudra* (so genannt nach Schrift, Schutz, Reichtum und Arbeit) aus seinem Munde, Arme, Fuße und aus seiner Hüfte hervorgehen.

32. Die gewaltige Macht teilte ihr eigenes Wesen und wurde halb Mann, halb Frau oder wirkende und vergehende Natur, und aus dieser weiblichen Hälfte wurde *Vira* gezeugt.

33. Wisset, vortreffliche Brahmanen, daß ich der bin, welcher die männliche Macht *Vira* nach strenger Andachtsübung aus sich selbst zeugte, ich, der zweite Urheber dieser ganzen sichtbaren Welt.

34. Ich war es, welcher aus Verlangen, ein Menschengeschlecht hervorzubringen, sehr strenge religiöse Pflichten erfüllte und zuerst zehn Herren der erschaffenen Wesen von vorzüglicher Heiligkeit werden ließ, nämlich:

35. *Marichi, Atri, Angira, Pulastya, Pulaha, Kratu, Praketas, Vasishtha, Bhrigu* und *Narada.*

36. Diese, voller Majestät, brachten sieben andere Manus hervor und Gottheiten und Wohnungen der Gottheiten und *Maharishis* – oder große Weise von unbegrenzter Macht.

37. Sie ließen wohlwollende Genien und wütende Riesen, blutdürstige Barbaren, himmlische Sänger, Nymphen und Dämonen, ungeheure und kleine, Schlangen, Vögel mit mächtigen Fittichen und

besonders Gesellschaften von *Pitris* – oder Erzeugern des Menschengeschlechts – entstehen.

38. Blitze und Donnerkeile, Wolken und farbige Bogen des *Indra*, fallende Meteore, die Erde zerreißende Dünste, Kometen und Lichtkörper verschiedener Grade formten sie.

39. Sie brachten hervor Sylvane mit Pferdegesichtern, Affen, Fische und verschiedene Vögel, zahmes Vieh, Rehe, Menschen und reißende Tiere mit zwei Reihen Zähnen.

40. Kleine und große kriechende Tiere, Motten, Läuse, Flöhe und gemeine Fliegen, auch alle stechenden Mücken und unbeweglichen Dinge verschiedener Art entsprangen ihren Vorstellungen.

41. So wurde diese ganze Menge fester und unbeweglicher Körper von jenen großdenkenden Wesen durch die Stärke ihrer eigenen Andacht und auf meinen Befehl mit besonderen, einem jeden zugeteilten Verrichtungen, geformt.

42. Was für Beschäftigungen jedem dieser Geschöpfe auf Erden angewiesen sind, das will ich euch jetzt bekannt machen, dergleichen, wie sie in der Ordnung nacheinander geboren werden.

43. Vieh und Tannhirsche und wilde Tiere mit zwei Reihen Zähnen, Riesen und blutdürstige Barbaren und das Menschengeschlecht werden aus einer Bärmutter ans Licht gebracht.

44. Vögel werden aus Eiern gebrütet; ebenso Schlangen, Krokodile, Schalentiere und Schildkröten, wie auch andere Tierarten auf der Erde, zum Beispiel Chamäleons und im Wasser zum Beispiel Muschelfische.

45. Aus erhitzter Feuchtigkeit erzeugen sich stechende Mücken, Läuse, Flöhe und gemeine Fliegen; diese und alle anderen von der nämlichen Gattung werden durch Hitze hervorgebracht.

46. Alle Gewächse, welche durch Samen oder Schößlinge eingepflanzt werden, wachsen aus Stengeln; einige Kräuter mit vielen Blumen und Früchten vergehen, wenn ihre Frucht reif ist.

47. Andere Gewächse, genannt Herren des Waldes, haben keine Blüten, aber sie tragen Früchte, und große holzige Pflanzen, die entweder auch Blüten oder bloß Frucht tragen, werden in beiden Fällen Bäume genannt.

48. Es gibt kleine Gestrüppe mit vielen Stengeln, aus der Wurzel aufschießend, und Rohre mit einfachen Wurzeln, aber zusammengewachsenen Stengeln, alle von verschiedener Gattung, und Grasarten und Weinstöcke oder an anderen hinauflaufende oder kriechende Gewächse, welche aus einem Samenkorne oder aus abgeschnittenen Sprößlingen wachsen.

49. Diese Tiere und Pflanzen, umringt mit vielgestaltiger Finsternis, haben wegen voriger Handlungen inneres Bewußtsein und fühlen Vergnügungen und Schmerz.

50. Alle Umwandlungen, die in den heiligen Büchern aufgezeichnet sind, vom Zustande des *Brahma* an, bis zu dem der Pflanzen, ereignen sich beständig in dieser erschreckenden Wesenswelt im Wechselspiel von Geburt und Tod.

51. Als er, dessen Kräfte unbegreiflich sind, auf diese Art mich und dieses Ganze geschaffen hatte, wurde er wieder in den höchsten Geist verschlungen und vertauschte die Zeit der Tätigkeit mit der Zeit der Ruhe.

52. Wenn diese Macht erwacht (denn, obwohl Schlummer der einigen ewigen Seele, die unendlich weise und unendlich wohlwollend ist, nicht zugeschrieben werden kann, so wird er doch im bildlichen Sinn dem *Brahma* als eine allgemeine Eigenschaft des Lebens beigelegt), dann hat diese Welt ihre völlige Ausdehnung, aber wenn er mit ruhigem Gemüt schlummert, dann verschwindet das ganze System.

53. Denn, wenn er sozusagen im sanften Schlummer ruhet, so verlassen die bekörperten Geister, welche Fähigkeit zu handeln erhalten, ihre angewiesenen Beschäftigungen, und die Seele selbst wird kraftlos.

54. Und wenn sie einmal in das erhabene Wesen verschlungen sind, dann nimmt die göttliche Seele aller Wesen ihre Kraft zurück und schlummert in Ruhe.

55. Auch dann bleibt diese Lebensseele erschaffener Körper mit allen sinnlichen und handelnden Organen lange in der ersten Vorstellung oder in Dunkelheit versenkt, und sie verrichtet ihre natürlichen Geschäfte nicht, sondern wandert aus ihrer körperlichen Gestalt;

56. wenn sie, wieder aus kleinen Urprinzipien zusammengesetzt,

auf einmal in Pflanzen- oder Tierformen eintritt und eine neue Gestalt annimmt.

57. So wiederbelebt und zerstört die unveränderliche Macht in ewiger Aufeinanderfolge durch abwechselndes Wachen und Ruhen diesen ganzen Haufen beweglicher und unbeweglicher Geschöpfe.

58. Als er dieses Gesetzbuch feierlich bekanntgemacht hatte, lehrte er es mich erst vollständig, dann lehrte ich es *Marichi* und den anderen neun heiligen Weisen.

59. Dieser mein Sohn *Bhrigu* wird euch das göttliche Buch ohne Auslassung wiederholen, denn dieser Weise lernte es von mir ganz hersagen.

60. Als Manu den großen und weisen *Bhrigu* also zur Bekanntmachung seiner Gesetze gewählt hatte, redete dieser alle *Rishis* sehr liebreich an und sagte also: „höret!"

61. Dieser Manu, genannt *Svayambhuva* – oder entsprossen dem Selbstbestehenden –, hatte sechs Nachkommen, andere Manus – oder welche die Schrift vollkommen verstehen –, von denen jeder ein eigenes Geschlecht zeugte, alle von hoher Würde und vorzüglicher Macht:

62. *Svarokisha, Auttami, Tamasa, Raivata* und *Kakshusha*, majestätisch, glänzend und *Vivasvat*, der Sonne Kind.

63. Die sieben Manus – oder die sieben Erstgeborenen –, denen sieben andere folgen sollten, unter denen *Svayambhuva* der vorzüglichste ist, haben diese Welt beweglicher und unbeweglicher Wesen hervorgebracht und erhalten, jeder während seiner eigenen Regierungszeit.

64. Achtzehn *Nimeshas* – oder Augenblicke – sind eine *Kashtha*, dreißig *Kashthas* sind eine *Kala*, dreißig *Kalas* eine *Muhurta*, ebensoviele *Muhurtas* läßt das Menschengeschlecht auf die Dauer seines Tages und seiner Nacht rechnen.

65. Die Sonne verursacht bei Göttern und Menschen die Einteilung in Tag und Nacht; die Nacht ist zur Ruhe und der Tag zur Tätigkeit der verschiedenen Wesen bestimmt.

66. Ein Monat der Sterblichen ist ein Tag und eine Nacht der *Pitris* – oder der Erzväter –, die im Monde wohnen; und da sich jeder Monat in zwei gleiche Hälften teilt, so ist die eine Hälfte, vom Voll-

mond an, ihr Tag zu Geschäften, die andere, vom Neumond an, ihre Nacht zum Schlummern.

67. Ein Jahr der Sterblichen ist ein Tag und eine Nacht der Götter – oder der Regierer des Ganzen –, die um den Nordpol sitzen und ihre Zeiteinteilung folgende: Ihr Tag ist der nördliche und ihre Nacht der südliche Sonnenlauf.

68. Lerne nun, wie lange ein Tag und eine Nacht dem *Brahma* und in den verschiedenen Zeitaltern währet, die ich kurz der Ordnung nach erwähnen will.

69. Ein Zeitalter, welches viertausend Jahre der Götter enthält, haben die Weisen *Krita* genannt; die vorausgehende Dämmerung faßt ebensoviele hundert Jahre in sich und die darauffolgende Dämmerung eine gleiche Anzahl.

70. In den anderen drei Zeitaltern mit ihren vorausgehenden und nachfolgenden Dämmerungen werden die Tausende und Hunderte um eins kleiner.

71. Rechnet man die göttlichen Jahre in den erwähnten Menschenzeitaltern zusammen, so ist ihre Summe zwölftausend, dies entspricht einem Zeitalter der Götter.

72. Nimmt man tausend solche Götterzeitalter, so hat man einen Tag des *Brahma:* seine Nacht ist von gleicher Dauer.

73. Diejenigen verstehen die Einteilungen in Tage und Nächte am besten, die wissen, daß der Tag des *Brahma*, der bis ans Ende tausend solcher Zeitalter dauert, tugendhafte Bemühungen erzeugt und daß seine Nacht ebensolange wie sein Tag währt.

74. Am Ende seiner Nacht, wenn er lange geruht hat, wacht er auf und wendet die Kraft des Verstandes beim Aufwachen an oder bringt das große Prinzip des Lebens wieder hervor, dessen Sinn ist zu existieren, ohne sinnlich bemerkbar zu sein.

75. Der Verstand, durch seinen Willen zur Schaffung von Welten in Wirksamkeit gesetzt, verrichtet wiederum das Wort der Schöpfung, und daher entsteht zuerst der feine Äther, welchem Philosophen die Eigenschaft der Fortpflanzung des Schalls zuschreiben.

76. Aus Äther, der Gestalt nach verändert, entspringt die reine

und starke Luft, mittels welcher sich alle Gerüche mitteilen, und Luft wird für berührbar gehalten.

77. Ferner, wenn Luft eine Veränderung hervorbringt, entsteht aus derselben Licht oder Feuer, welches Gegenstände sichtbar macht, Dunkelheit verscheucht, helle Strahlen verbreitet und der Gestalt empfänglich sein soll.

78. Aber aus Licht, nach hervorgegangener Veränderung, kommt das Wasser mit der Eigenschaft des Geschmackes; und das Wasser setzt Erde mit der Eigenschaft des Geruchs zu Boden; so wurden sie im Anfang erschaffen.

79. Das vorerwähnte Zeitalter der Götter – oder zwölftausend ihrer Jahre –, einundsiebzig mal vervielfältigt, gibt eine *Manvantara*, wie es hier genannt wird – oder das Reich eines Manu.

80. Es gibt unzählige *Manvantaras*, auch unzählige Erschaffungen und Zerstörungen der Welten; das höchsterhabene Wesen verrichtet alles das zu wiederholten Malen, so leicht als im Spiele, um Glückseligkeit zu verbreiten.

81. Im *Krita*-Zeitalter steht der Genius der Wahrheit und des Rechts in Gestalt eines Stieres fest auf seinen vier Füßen, und die Menschen haben auch noch keinen Vorteil von der Ruchlosigkeit.

82. Aber in dem folgenden Zeitalter wird er nach und nach durch ungerechten Gewinn eines Fußes beraubt, und selbst gerechte Vorteile werden unvermittelt durch überhandnehmende Diebereien, Falschheit und Betrug um ein Viertel verringert.

83. Im *Krita*-Zeitalter gelangen Menschen, die frei von Krankheit bleiben, zu aller Art glücklichen Wohlstandes und leben vierhundert Jahre, aber im *Treta*-Zeitalter und den folgenden Zeitaltern wird ihr Leben allmählich um ein Viertel verkürzt.

84. Das Leben der Sterblichen, welches im Veda erwähnt wird, die Belohnung edler Taten und die Kräfte verkörperter Geister sind Früchte, welche unter den Menschen im Verhältnis mit der Ordnung der vier Zeitalter stehen.

85. Einige Pflichten werden von guten Menschen im *Krita*-Zeitalter erfüllt; einige im *Treta*-Zeitalter, andere im *Dvapara* und noch andere im *Kali*, je nachdem diese Zeitalter an Länge abnehmen.

86. Im *Krita* wird Andacht als die herrschende Tugend angegeben; im *Treta* göttliche Kenntnis; im *Dvapara* nennen heilige Weisen die vorzüglich ausgeübte Pflicht Opfer; im *Kali* Freigebigkeit allein.

87. Um dieses Ganze zu erhalten, wies das höchstglorreiche Wesen denen, die von seinem Munde, Arme, Hüfte und Fuße entsprossen, besondere Pflichten an.

88. Die Pflichten, welche es den *Brahmanen* auferlegte, sind: den Veda zu lesen, ihn andere zu lehren, zu opfern, anderen beim Opfer beizustehen, Almosen zu geben, wenn sie reich sind, und wenn sie arm sind, Geschenke zu nehmen.

89. Die Pflichten eines *Kshatriya* sind in wenig Worten: das Volk zu verteidigen, Almosen zu geben, zu opfern, den Veda zu lesen und sich vor den Reizen des sinnlichen Vergnügens zu hüten.

90. Aber Viehherden zu hüten, Geschenke zu geben, zu opfern, die Schrift zu lesen, Handel zu treiben, auf Zinsen zu leihen und das Land zu bebauen, dies ist einem *Vaishya* befohlen oder zugelassen.

91. Eine Hauptpflicht legte der höchste Regierer einem *Shudra* auf: den vorher erwähnten Klassen zu dienen, ohne ihrer Würde Abbruch zu tun.

92. Der Mensch ist reiner über dem Nabel; aber die selbst bestehende Macht hat verkündet, daß sein reinster Teil der Mund sei.

93. Da der *Brahmane* aus dem vortrefflichsten Teile entstand, da er zuerst geboren wurde und da er den Veda besitzt, so ist er von Rechts wegen das Haupt dieser ganzen Schöpfung.

94. Ihn ließ das Wesen, welches durch sich selbst besteht, aus seinem eigenen Munde im Anfange hervorgehen, damit er nach der Beachtung heiliger Gebräuche den Göttern gesäuberte Butter darreichen möge und Reiskuchen den Erzeugern des Menschengeschlechts zur Erhaltung dieser Welt.

95. Welches erschaffene Wesen nun kann ihn übertreffen, mit dessen Munde die Götter unaufhörlich gesäuberte Butter verzehren und die Schatten der Voraltesten geheiligte Kuchen?

96. Unter den erschaffenen Dingen haben die belebten den Vorzug, unter den belebten die, deren Dasein sich auf Vernunft gründet,

unter den vernünftigen das Menschengeschlecht und unter den Menschen die Priesterklasse.

97. Unter den Priestern haben die vorzüglich gelehrten den Vorzug, unter den Gelehrten die, welche ihre Pflicht kennen, unter solchen, welche sie kennen, diejenigen, die sie tugendhaft erfüllen und unter den tugendhaften die, deren Wonne eine vollkommene Bekanntschaft mit der Schriftlehre ist.

98. Schon die Geburt der *Brahmanen* ist eine beständige Inkarnation des *Dharma*, des Gottes der Gerechtigkeit, denn der *Brahmane* wurde geboren, Gerechtigkeit zu fördern und endliche Glückseligkeit zu bewirken.

99. Wenn ein *Brahmane* ans Licht kommt, wird er erhaben über der Welt geboren, ist das Haupt aller Geschöpfe und dazu bestimmt, die Schatzkammer religiöser und bürgerlicher Pflichten zu bewachen.

100. Alles, was sich im Universum befindet, ist in der Tat – obwohl nicht dem Anscheine nach – der Reichtum der *Brahmanen*, weil der *Brahmane* durch seine erste und erhabene Geburt ein Recht dazu hat.

101. Der *Brahmane* ißt nur seine eigen erworbene Nahrung, trägt nur seine eigenen Kleider und gibt nur seine eigenen Almosen; ja wahrlich, durch das Wohlwollen des *Brahmanen* genießen die übrigen Sterblichen ihr Leben.

102. Um die Pflichten der Priester und die der anderen Klassen in gehöriger Ordnung zu verkünden, gab Manu, der Sohn des Selbstbestehenden, dieses Gesetzbuch.

103. Ein Gesetzbuch, welches mit äußerster Sorgfalt von jedem gelehrten *Brahmanen* studiert und seinen Schülern völlig erklärt werden, aber von keinem anderen Manne aus einer niederen Kaste erläutert werden soll.

104. Der *Brahmane*, welcher dieses Buch studiert, ist nach der Beachtung heiliger Bräuche immer schuldlos in Gedanken, Worten und Handlungen.

105. Er gibt Reinheit seiner lebenden Familie, seinen Vorfahren, seinen Nachkommen bis ins siebente Glied, und er allein verdient, diese ganze Erde zu besitzen.

106. Dieses höchst vortreffliche Gesetzbuch ist der Ursprung alles Guten; dieses Gesetzbuch vermehrt die Einsichten; dieses Gesetzbuch bringt Ruhm und langes Leben; dieses Gesetzbuch zeigt den Weg zur höchsten Wonne.

107. In diesem Buch wird das System der Gesetze ausführlich dargestellt, mit den guten und bösen Beschaffenheiten menschlicher Handlungen und mit den uralten Gebräuchen der vier Kasten.

108. Uralter Gebrauch ist das vollkommenste Gesetz, gebilligt in der heiligen Schrift und in den Verordnungen göttlicher Gesetzgeber; daher müsse jeder in den drei vorzüglichsten Kasten, welcher für den höchsten in ihm wohnenden Geist gehörige Achtung hat, uralte Sitten genau und beständig beachten.

109. Ein Mann aus der Klasse der Priester, der Krieger oder Handelsleute, welcher uralte Sitten vernachlässigt, schmeckt die Frucht des Veda nicht, aber durch genaue Beachtung derselben erhält er seine Frucht in ihrer Vollkommenheit.

110. So haben heilige Weise, überzeugt, daß Gesetze auf uralte Sitten gegründet sind, gute, langeingeführte Gebräuche als den Ursprung aller Frömmigkeit begangen.

111. Die Erschaffung dieses Ganzen, die Art des Unterrichts und der Erziehung sowie die Pflichten und das Betragen eines Schülers der Gottesgelehrtheit, die Anweisungen zu der Zeremonie nach seiner Rückkehr aus der Wohnung seines Lehrers;

112. das Gesetz der Verehelichung im allgemeinen und der verschiedenartigen Hochzeitsfeierlichkeiten, die Verordnungen für die großen Sakramente und die Art, Totenfeiern zu beachten nach der Einsetzung von allem Anfange;

113. die verschiedenen Weisen, Lebensunterhalt zu erwerben und die Vorschriften, welche der Herr einer Familie beachten muß, erlaubte und verbotene Nahrungsmittel als auch die Reinigung der Personen und Gefäße;

114. Gesetze die Frauen betreffend, Andachtsübungen der Eremiten und Einsiedler, die nur an endliche Seligkeit denken, die ganze Pflicht eines Königs und die rechtliche Beilegung der Streitigkeiten;

115. mit dem Gesetz von Zeugen und Verhör, Gesetze Mann

und Frau betreffend, Erbschaftsverordnungen, das Verbot des Spiels und die Strafe der Verbrecher;

116. die verschiedenen Seelenwanderungen in diesem Weltall, welche aus dreierlei Vergebungen entspringen und die endliche Wonne, welche bei der förmlichen Prüfung von Tugend und Laster guten Handlungen folgt:

117. Alle diese Gegenstände des von Manu gegebenen Gesetzes und gelegentlich die Gebräuche verschiedener Länder, verschiedener Stämme und verschiedener Familien, mit Vorschriften betreffend die Ketzer und die Gesellschaften von Kaufleuten, werden in diesem Gesetzbuch abgehandelt.

118. Ganz so, wie Manu auf mein Ersuchen vormals diese göttlichen Gebote offenbarte, so höret sie nun von mir, ohne die geringste Abkürzung oder Erweiterung.

ZWEITES KAPITEL

Über die Erziehung – oder die Priesterklasse und den ersten Stand

1. Lernet das System der Pflichten kennen, welches von denen, die in den Veden gelehrt sind, beredet wird und welches als Mittel zur Glückseligkeit den Herzen der Gerechten aufgedrückt ist, die immer von Haß und unordentlicher Neigung frei sind.

2. Selbstliebe ist kein löblicher Beweggrund, aber Freiheit von Selbstliebe ist in dieser Welt nicht zu finden; auf Selbstliebe gründet sich das Studium der Schrift und die Ausübung der darin empfohlenen Handlungen.

3. Heftiges Verlangen zu handeln entspringt aus der Erwartung eines Vorteils; in dieser Erwartung werden Opfer vollzogen; die Vorschriften religiöser Strenge und Enthaltung von Sünde entstehen, wie bekannt, aus der Hoffnung einer Vergeltung.

4. Man sieht auf Erden keine menschliche Handlung ohne Selbstliebe ausüben; der Mensch mag tun, was er will, er wird dazu durch einen Wunsch nach Belohnung angetrieben.

5. Wenn aber jemand diese Pflichten unablässig ohne Rücksicht auf den darauf folgenden Vorteil erfüllte, so würde er dereinst in den

Stand der Unsterblichen treten und schon in diesem Leben alle tugendhaften Freuden genießen, die ihm seine Einbildungskraft nur immer eingeben könnte.

6. Die Wurzeln des Gesetzes sind der ganze Veda, die Verordnungen und tugendhaften Sitten derer, die ihn vollkommen verstehen, die uralten Gebräuche guter Menschen und in ganz gleichgültigen Fällen Gutbefinden.

7. Jedes Gesetz, das Manu irgend jemandem vorgeschrieben hat, ist ausführlich im Veda aufgezeichnet, denn *ER* war vollkommen in göttlicher Wissenschaft.

8. Ein wahrhaft gelehrter Mann, der dieses vollständige System mit den Augen heiliger Weisheit betrachtet, wird unfehlbar alle Pflichten ausüben, deren Verordnung durch das Ansehen des Veda bestätigt ist.

9. Wahrlich, der, welcher die Vorschriften, die im *Sruti* und *Smriti* enthalten sind, ausübt, wird sich Ruhm in diesem Leben und im künftigen unaussprechliche Glückseligkeit erwerben.

10. Durch *Sruti* – oder was von oben her gehört wurde – versteht man den Veda; durch *Smriti* – oder was seit Anfang an innerlich war – den Inbegriff der Gesetze; diese beiden müssen nicht durch heterodoxe Gründe bestritten werden, da aus diesen beiden das ganze Pflichtensystem hergeleitet wird.

11. Wenn irgendein Mann der höchsten drei Klassen aus Vorliebe für häretische Bücher diese zwei Quellen des Gesetzes mit Verachtung behandelt, so soll er als Atheist und Verächter der Offenbarung aus der Gesellschaft der Tugendhaften gestoßen werden.

12. Die Schrift, die Gesetzbücher, gutgeheißene Gebräuche und Wohlbefinden sind, nach der unzweideutigen Erklärung der Weisen, die vier Quellen der Gesetzkunde.

13. Menschen, die nicht dem Wucher oder der Sinnlichkeit ergeben sind, finden hinlängliche Aufmunterung in der Kenntnis dessen, was Rechtens ist; und für die, welche nach Kenntnis des Rechts streben, hat göttliche Offenbarung das höchste Ansehen.

14. Aber wenn sich zwei heilige Schriftstellen finden, die einen scheinbaren Widerspruch enthalten, so haben beide Gesetzeskraft, denn nach dem Ausspruch der Weisen sind beide gültig und vereinbar.

15. So befinden sich im Veda folgende Stellen: „Nach Aufgang der Sonne soll geopfert werden“ und „vor Sonnenaufgang“ und „wenn weder Sonne noch Sterne sichtbar sind“: Demnach kann man in irgendeinem oder in jedem dieser Fälle opfern.

16. Derjenige, welcher von seinem Empfängnisse an bis zum Scheiterhaufen sein Leben nach heiligen Aussprüchen einrichtet, hat ein ausdrückliches Recht, dieses Gesetzbuch zu studieren; aber kein anderer, ohne Ausnahme.

17. Zwischen den zwei göttlichen Flüssen *Sarasvati* und *Drishadvati* liegt die Strecke Landes, welche die Weisen *Brahmavarta* genannt haben, weil sich die Götter oft dort aufhielten.

18. Eine Sitte, welche sich durch uralte Überlieferung unter den vier reinen Klassen und unter den gemischten erhalten hat, heißt gebilligter Brauch.

19. Die Ebene der *Gurus, Matsya, Pankalas* und *Surasenakas* bilden die Gegend, welche *Brahmashi* genannt wird und von *Brahmavarta* verschieden ist.

20. Von einem *Brahmanen*, der in diesem Lande geboren ist, sollen alle Menschen auf der Erde ihre verschiedenen Gebräuche lernen.

21. Das Land, welches zwischen *Himavat* und *Vindhya*, gegen Morgen von *Vinasana* und gegen Abend von *Prayaga* liegt, ist unter der Bezeichnung *Madhyadesa* – oder Mittelland – berühmt.

22. Bis zum Ostmeere und Westmeere, zwischen den oben erwähnten Bergen, erstreckt sich das Land, welches die Weisen *Aryavarta* – oder bewohnt von angesehenen Männern – genannt haben.

23. Das Land, welches die schwarze Antilope zur Weide sucht, wird für gut zur Vollziehung der Opfer gehalten; aber das Land der *Mlekkhas* – oder derer, die barbarisch reden – ist davon weit unterschieden.

24. Die drei ersten Kasten sollen unveränderlich in den vorher erwähnten Ländern wohnen; aber ein *Shudra*, dem es an Lebensunterhalt fehlt, mag sich aufhalten, wo es ihm gefällt.

25. So ist euch der Ursprung der Gesetze und die Erschaffung dieses Universums kürzlich verkündet worden; vernehmt nun die Gesetze der verschiedenen Klassen.

26. Gebräuche bei Empfängnissen und dergleichen, welche die Körper der drei Klassen in diesem Leben reinigen und sie für das künftige fähig machen, müssen mit gehörigen Zeremonien, unter günstigen Umständen, begangen werden.

27. Durch Spenden ins Feuer während der Mutter Schwangerschaft, durch heilige Gebräuche bei der Geburt eines Kindes, durch Abscheren der Haupthaare desselben, so daß nur etwas davon stehenbleibt und durch die Umbindung des Opferbandes werden alle Befleckungen des Samens und der gebärenden Mutter der drei Klassen gänzlich vertilgt.

28. Das Studium des Veda, religiöse Beachtungen, Spenden ins Feuer, die Zeremonie, bei der den Göttern und Manen geopfert wird, Kinderzeugung, die fünf großen Sakramente und feierliche Opfer; alles das macht den menschlichen Körper eines göttlichen Zustandes empfänglich.

29. Bei der Geburt eines Knaben ist vor der Abtrennung des Nabelstranges eine Zeremonie verordnet: Man muß ihm, unter Hersagung heiliger Schriftstellen, etwas Honig und gesäuberte Butter aus einem goldenen Löffel zu kosten geben.

30. Am zehnten oder zwölften Tage nach der Geburt oder an einem glücklichen Tage des Mondes, zu einer glücklichen Stunde und unter dem Einfluß eines Gestirns mit guten Eigenschaften, soll der Vater die Zeremonie der Namengebung verrichten oder im Falle seiner Abwesenheit, verrichten lassen.

31. Der erste Teil in dem zusammengesetzten Namen eines *Brahmanen* sollte Heiligkeit, in dem eines *Kshatriya* Macht, in dem eines *Vaishya* Reichtum und in dem eines *Shudra* Verachtung ausdrücken.

32. Der zweite Teil in eines Priesters Namen soll Heil, in dem eines Kriegers Erhaltung, in dem eines Handelsmannes Nahrung und in dem eines Dieners untertänige Aufwartung bedeuten.

33. Frauennamen sollten gefällig, sanft, leicht, die Einbildungskraft bezaubernd, guter Vorbedeutung, mit langen Selbstlauten schließend und Segnungsworten ähnlich sein.

34. Im vierten Monate sollte das Kind aus dem Hause getragen werden, die Sonne zu sehen, im sechsten Monate sollte man ihm Reis

zu essen geben, oder man mag so verfahren, wie es nach der Tradition der Familie am zuträglichsten gehalten wird.

35. Auf Verordnung des Veda sollte die Zeremonie des Abscherens der Haare gesetzmäßig von den drei ersten Klassen im ersten oder dritten Jahre nach der Geburt vollzogen werden.

36. Im achten Jahre nach der Empfängnis eines *Brahmanen*, im elften nach der eines *Kshatriya* und im zwölften nach der eines *Vaishya* soll der Vater dem Sohne das Unterschreibungszeichen seiner Kaste feierlich mitteilen.

37. Wenn ein *Brahmane* oder dessen Vater für ihn in heiliger Kenntnis Fortschritte zu machen, wenn ein *Kshatriya* seine Macht auszubreiten, oder ein *Vaishya* in Handlungsgeschäfte sich einzulassen wünscht, so kann jene Mitteilung oder Einweisung im fünften, sechsten oder achten Jahre nach ihren verschiedenen Stufen geschehen.

38. Die Zeremonie der Einweisung, welche durch die *Gayatri* geheiligt ist, muß bei einem Priester nicht über das sechzehnte Jahr, bei einem Krieger nicht über das zweiundzwanzigste Jahr und bei einem Handelsmanne nicht über das vierundzwanzigste aufgeschoben werden.

39. Nach dieser Zeit werden alle Jünglinge der drei aufgeführten Kasten, die nicht zur gehörigen Zeit eingewiesen wurden, *Bratyas* – oder Ausgestoßene – durch die *Gayatri* erniedrigt und von den Tugendhaften verachtet.

40. Alle gesetzmäßige Verbindung mit dergleichen Leuten, entweder durch gemeinschaftliches Studium des Veda oder durch Verwandtschaft, muß ein *Brahmane*, wenn er auch in Nahrungssorgen sein sollte, durchaus vermeiden.

41. Schüler der Theologie sollen schwarze Antilopen-, Tannhirsch- oder Ziegenfellmäntel tragen und Unterkleider von gewebtem Hanf, Flachs oder Wolle, nach der genauen Vorschrift ihrer Klasse.

42. Der Gurt eines Priesters muß ein dreifacher Strick, von *Mungagras* gemacht und glatt und weich sein; der Gurt eines Kriegers muß eine Bogensehne aus *Murvafasern* und der des Handelsmannes muß ein dreifacher Faden aus Hanf sein.

43. Wenn man kein *Mungagras* bekommen kann, so müssen ihre

Gürtel aus den Pflanzen *Kusha*, *Asmantaka*, *Balbaga*, in dreifachem Faden mit einer, drei oder fünf Schleifen nach der Familiensitte gemacht werden.

44. Bei einem *Brahmanen* muß sich das Opferband in drei Enden teilen und aus Baumwolle gemacht sein, daß man es beim Anlegen über das Haupt nehmen kann.

45. Dem Gesetze nach sollte ein Priester einen Stab aus *Bilva* oder *Palasa* tragen; ein Krieger aus *Vata* oder *Khadira*; ein Handelsmann aus *Pilu* oder *Udumbara.*

46. Der Stab eines Priesters muß so lang sein, daß er bis tief an sein Haar reicht, der eines Kriegers muß bis an seine Stirn und der eines Handelsmannes bis an seine Nase reichen.

47. Alle Stäbe müssen gerade, nicht zerknickt, schön, in völliger Rinde, nicht vom Feuer beschädigt und so sein, daß sie den Leuten keinen Schrecken einjagen.

48. Der Schüler wähle sich einen im Gesetze verordneten Stab, der ihm gefällt, trete der Sonne gegenüber, gehe dreimal um das Feuer, von der rechten zu der linken, und dann verrichte er die Zeremonie der Bitte um Nahrung, so wie es im Gesetze vorgeschrieben ist.

49. Die vorzüglichste unter den drei Klassen muß sich mit dem Opferband umgürten und mit dem ehrerbietigen Worte „*Bhavati*“ zu Anfang einer Redensart um Lebensmittel bitten, die zweite Klasse braucht dieses Wort in der Mitte und die dritte am Ende der Redensart.

50. Er bitte zuerst seine Mutter oder seine Schwester oder seiner Mutter rechte Schwester um Speise und dann irgendeine Frau, die ihm keine Schande macht.

51. Wenn er so viel von den verlangten Lebensmitteln gesammelt hat, als er braucht, und sie ohne Verstellung seinem Lehrer angeboten hat, so soll er nach gehöriger Reinigung mit seinem Gesichte gegen Morgen gewandt etwas davon essen.

52. Wenn er langes Leben begehrt, so muß er sich beim Essen mit seinem Gesichte gegen Morgen wenden; wünscht er ausgebreiteten Ruhm – gegen Mittag, wünscht er Wohlergehen – gegen Abend, und strebt er nach Wahrheit und dem Lohne derselben – gegen Mitternacht.

53. Wenn sich der Schüler gehörig gebadet hat, kann er seine Nahrung ohne Unruhe genießen; nach dem Genuß muß er dreimal den Mund völlig waschen und die sechs hohlen Teile des Hauptes – oder seine Augen, Ohren und Nasenlöcher – mit Wasser besprengen.

54. Er muß seine Nahrung in Ehren halten und ohne Verachtung genießen; wenn er sie sieht, so muß er stille Freude empfinden und bitten, daß er sie immer erhalten möge.

55. Nahrung, unablässig mit Achtung genossen, gibt Nervenstärke und Zeugungskraft; aber zerstört beides, wenn man sie unehrerbietig zu sich nimmt.

56. Das, was er übrig läßt, muß er niemandem geben, noch etwas zwischen Morgen und Abend essen; er muß auch nicht zu viel essen oder mit einem Überbleibsel von Nahrung im Munde irgendwohin gehen.

57. Übermäßiges Essen ist der Gesundheit, dem guten Namen und der künftigen Seligkeit im Himmel nachteilig; es ist der Tugend schädlich und unter den Menschen verhaßt, daher muß er es auf das geflissentlichste vermeiden.

58. Ein *Brahmane* muß jederzeit die Waschung mit dem reinen Teile seiner Hand verrichten, welcher seinen Namen vom Veda hat, oder mit dem Teile, welcher dem Herrn der Geschöpfe heilig, oder mit dem, welcher den Göttern gewidmet ist, aber nie mit dem Teile, welcher seinen Namen von den *Pitris* hat.

59. Der reine Teil unter der Wurzel des Daumens heißt *Brahma*; der an der Wurzel des kleinen Fingers *Caya*; der an den Spitzen der Finger *Daiva* und der Teil zwischen dem Daumen und dem Zeigefinger *Pitrya*.

60. Erst muß er dreimal Wasser schlürfen, dann sich zweimal den Mund abtrocknen und zuletzt die sechs vorher erwähnten Höhlungen, seine Brust und sein Haupt naß machen.

61. Wer das Gesetz kennt und nach Reinlichkeit strebt, wird immer seine Waschung mit dem rechten Teil seiner Hand vollziehen und weder mit heißem noch schäumendem Wasser, er wird sich an einen einsamen Ort stellen und sich nach Morgen oder Mitternacht wenden.

62. Ein *Brahmane* wird gereinigt durch Wasser, welches bis zu sei-

nem Herzen kommt, ein *Kshatriya* durch Wasser, welches durch seine Kehle hinabläuft; ein *Vaishya* durch Wasser, bloß in seinen Mund genommen, ein *Shudra* durch Wasser, das er mit den äußersten Lippen berührt.

63. Ein Jüngling in den drei höchsten Klassen heißt *Upavitin*, wenn seine rechte Hand ausgestreckt ist, um den Gurt über das Haupt geben und auf der linken Schulter befestigen zu lassen; wenn seine linke Hand ausgestreckt ist, damit der Faden auf seine linke Schulter zu liegen komme, heißt er *Prakinavitin* und *Nivitin*, wenn der Faden am Halse festgemacht ist.

64. Wenn sein Gurt, sein lederner Umhang, sein Stab, seine Opferbinde und sein Wasserkrug abgetragen oder zerbrochen sind, so muß er sie in den Fluß werfen und andere, durch geheimnisvolle Sprüche geweihte, nehmen.

65. Die Zeremonie *Keshanta* – oder das Haarabschneiden – ist für Priester im sechzehnten Jahre nach der Empfängnis verordnet, für Krieger im zweiundzwanzigsten Jahr, für Handelsleute zwei Jahre später.

66. Die gleichen Zeremonien, ausgenommen die des Opfergurtes, müssen von den Frauen, die im gleichen Alter und im gleichen Stande sind, beachtet werden, um den Körper vollkommen zu machen, doch ohne Sprüche aus dem Veda.

67. Die völlige Einweihung der Frauen in ihren Stand, welche durch die Hochzeitszeremonie geschieht, ferner Ehrerbietung gegen ihre Männer, einstweiliges Verbleiben in ihres Vaters Familie, Versorgung der häuslichen Geschäfte und Aufsicht über das heilige Feuer, sind den Frauen im Veda verordnet.

68. Dies ist das offenbarte Gesetz der Gebräuche für die Wiedergeborenen, Gebräuche, in deren Beachtung ihre zweite Geburt offenbar besteht und welche ihre Fortschritte in der Heiligkeit bewirken; vernimm nun, was für Pflichten sie nachher zu beachten haben.

69. Nachdem der ehrwürdige Lehrer seinen Zögling mit dem Bande umgürtet hat, muß er ihn erst in der Reinigung, in guten Gebräuchen, in der Behandlung des geweihten Feuers und in den heiligen Zeremonien des Morgens, Mittags und Abends unterweisen.

70. Das Gesetz schreibt vor, daß ein Schüler, welcher den Veda zu lesen im Begriffe ist, sich zuvor, mit seinem Gesichte nach Mitternacht gekehrt, wasche, darauf ein reines Unterkleid anziehe, den schriftmäßigen Gruß abstatte, die gehörige Stellung einnehme und sodann Unterricht empfange.

71. Zu Anfang und zu Ende jeder Lehrstunde muß er allemal beide Füße seines Lehrers umfassen und dann mit gefalteten Händen lesen: Das nennt man „den schriftmäßigen Gruß verrichten".

72. Er lege seine Hände quer übereinander und umfasse so die Füße des Lehrers, nämlich mit seiner linken Hand den linken Fuß und mit seiner rechten den rechten Fuß.

73. Wenn er nun zum Unterrichte vorbereitet ist, soll der unablässig aufmerksame Lehrer sprechen: „Auf, lies", und am Ende der Unterweisung soll er sagen: „Ruhe aus".

74. Ein *Brahmane* muß allezeit zu Anfange und am Ende eines Unterrichts über den Veda bei sich selbst die Silbe „*Om*" aussprechen, denn wenn die Silbe *Om* nicht vorher gesagt wird, weicht seine Gelehrsamkeit von ihm, und wenn er sie nachher zu sagen unterläßt, so wird der Unterricht nicht lange haften.

75. Daher lasse sich der *Brahmane* zuerst auf *Kusha*, dessen Halmspitzen nach Morgen zu stehen, nieder, reinige sich durch die Reibung dieses heiligen Grases auf seine beiden Hände und durch dreimaliges Anhalten des Atems, deren jedes so lange wie die Aussprache fünf kurzer Selbstlaute dauert: so vorbereitet kann er ohne weitere Bedenken *Om* sagen.

76. *Brahma* melkte gleichsam aus den drei Veden den Buchstaben *A*, den Buchstaben *U* und den Buchstaben *M*, welche durch ihre Verbindung das einsilbige Wort von drei Buchstaben bilden, desgleichen die drei geheimnisvollen Worte *Bhuh*, *Bhuvah*, *Svha* – oder Erde, Luft, Himmel.

77. Der unbegreiflich erhabene Herr der Schöpfung melkte auch aus den drei Veden nach und nach die drei Verse des unaussprechlichen Lehrsatzes, welcher mit dem Worte „*tad*" anfängt und *Savitari* oder *Gayatri* überschrieben ist.

78. Ein Priester, der den Veda versteht und morgens und abends

diese Silbe und den heiligen Lehrsatz, vor welchem jene drei Worte stehen, bei sich selbst hersagt, wird die Heiligkeit erlangen, welche der Veda erteilt.

79. Und wenn ein wiedergeborener Mann diese drei Worte (oder *Om*, die *Vyahritis* und den *Gayatri*) fern vom großen Haufen tausendmal wiederholt, so soll er in der Zeit von einem Jahre, wenn er auch ein großes Verbrechen begangen hätte, ebenso frei davon werden, wie eine Schlange von ihrer abgeworfenen Haut.

80. Der Priester, der Krieger, der Handelsmann, welcher diesen geheimnisvollen Spruch vernachlässigt und nicht zu richtiger Zeit seine besonderen Frömmigkeitsübungen beachtet, soll von den Tugendhaften verachtet werden.

81. Die drei großen unveränderlichen Worte, vor welchem die Silbe mit drei Buchstaben steht und auf welche die *Gayatri* folgt, welche aus drei Versen zusammengesetzt ist, müssen als der Mund oder als der vorzüglichste Teil des Veda beachtet werden.

82. Wer drei Jahre lang täglich ohne Unterlaß diesen heiligen Satz wiederholt, wird sich dereinst dem göttlichen Wesen nahen, sich leicht wie Luft bewegen und eine ätherische Gestalt annehmen.

83. Das einsilbige Wort von drei Buchstaben ist ein Sinnbild des Höchsten; das wiederholte Zurückhalten des Atems mit einem auf Gott gerichteten Herzen ist das größte Zeichen der Andacht; aber nichts ist erhabener als die *Gayatri*; eine Verkündigung der Wahrheit ist vorzüglicher als Stillschweigen.

84. Alle im Veda verordneten Gebräuche, Spenden ins Feuer und feierliche Opfer vergehen, aber es ist kundgetan, daß die Silbe *Om* nicht vergeht, welche daher *akshara* genannt wird, weil sie das Symbol Gottes, des Herren der erschaffenen Wesen ist.

85. Die Wiederholung seines heiligen Namens ist zehnmal besser als das festgesetzte Opfer, hundertmal besser, wenn niemand dabei zuhört und tausendmal besser, wenn sie bloß in Gedanken geschieht.

86. Die vier häuslichen Sakramente, verbunden mit einem verordneten Opfer, sind, wenn sie auf alle zusammengenommen werden, nicht dem sechzehnten Teile eines Opfers gleich, welches durch die Hersagung der *Gayatri* vollzogen wird.

87. Bloß durch die Wiederholung der *Gayatri* kann ein Priester unstreitig Seligkeit erlangen, er mag nun andere religiöse Handlungen verrichten oder nicht; wenn er ein Freund aller Geschöpfe ist, so heißt er mit Recht *Brahmana* – oder vereinigt mit dem einigen Großen.

88. Wie ein Fuhrmann widerspenstige Pferde zu behandeln weiß, so wird ein weiser Mann mit der größten Sorgfalt die Gliedmaßen zu bezäumen verstehen, welche unter den hinreißenden Sinnlichkeiten wild herumirren.

89. Ich will die elf Gliedmaße, welchen die ersten Weisen Namen gaben, kurz und in richtiger Ordnung nennen, insofern sie Gegenstände der Gesetze sind.

90. Die Nase ist das fünfte nach den Ohren, nach der Haut, den Augen und der Zunge; und die Sprachwerkzeuge haben den zehnten Platz nach den Organen der Ausleerung und der Bewegung und nach den Händen und Füßen.

91. Fünf derselben, das Ohr und die übrigen, wie sie in der Reihe folgen, sind von gelehrten Männern Sinnwerkzeuge genannt worden; und die anderen nannten sie Glieder des Handelns.

92. Das Herz muß als das elfte betrachtet werden, welches, seiner natürlichen Beschaffenheit nach, leidet und wirkt; wenn dieses bezwungen ist, dann sind auch die beiden anderen Reihen, jede aus fünf Gliedern bestehend, gewonnen.

93. Wer seine Opfer an sinnliche Vergnügen kettet, ist ganz gewiß strafbar; wer sie aber völlig im Zaume hält, wird himmlische Wonne genießen.

94. Verlangen wird nie durch den Genuß des erwünschten Gegenstandes gestillt, ebensowenig wie Feuer mit gereinigter Butter gelöscht, sondern vielmehr nur noch heftiger angeflammt wird.

95. Die Unterdrückung sinnlicher Lüste ist weit besser als die Befriedigung derselben, ohne Rücksicht auf das Ansehen von Personen, die sich entweder allen Genuß erlauben oder demselben völlig entsagen.

96. Anreizungen zur Wollust vermeiden ist kein so kräftiges Mittel zur Bezwingung der Organe, welche durch sinnlichen Genuß verwöhnt sind, als anhaltendes Streben nach göttlicher Kenntnis.

97. Wer sich durch Sinnlichkeit befleckt hat, dem können weder die

Veden noch Freigebigkeit, noch Opfer, noch Ausübung strenger Regeln, noch fromme Härte gegen sich selbst Glückseligkeit gewähren.

98. Wer sich über das, was den Sinnen des Gesichts, des Gefühls, Gehörs, Geschmacks und Geruchs angenehm oder widrig ist, weder sehr freut noch betrübt, den kann man wirklich Sieger über seine Sinneswerkzeuge nennen.

99. Aber wenn ein einziges unter allen diesen Organen sündigt, so verliert er durch diesen Fehltritt seine Kenntnis von Gott, ebenso wie sich das Wasser durch eine einzige Öffnung aus einer Lederflasche verliert.

100. Hat er alle seine Organe der Sinne und des Handelns im Zaume halten und auch sein Herz beherrschen gelernt, so wird er jeden Vorteil genießen, wenn er auch seinen Körper nicht durch religiöse Härte kasteit.

101. Des Morgens in der Dämmerung wiederhole er die *Gayatri* stehend, bis er die Sonne sieht, und in der Abenddämmerung sitzend, bis die Sterne deutlich zu sehen sind.

102. Wer die *Gayatri* in der Morgendämmerung stehend hersagt, entfernt jede unbekannte nächtliche Sünde und wer sie in der Abenddämmerung sitzend wiederholt, tilgt die Flecken, die er wider sein Wissen den Tag über bekommen hat.

103. Wer aber die *Gayatri* weder stehend des Morgens, noch sitzend des Abends hersagt, muß wie ein *Shudra* von der Beachtung jeden heiligen Brauches der wiedergeborenen Klassen ausgeschlossen werden.

104. Er begebe sich behutsam an einen einsamen Ort, sage, wachsam auf seine Glieder, in der Nähe von reinem Wasser die *Gayatri* her und schreite dann zu den Zeremonien des Tages.

105. Das Lesen der *Vedangas* oder der Grammatik, Prosodie, Mathematik und dergleichen oder auch derjenigen Teile des Veda, welche selten gelesen werden, ist nicht an besonderen Tagen verboten, ebensowenig wie das Hersagen der Sprüche, welche bei Spenden ins Feuer festgesetzt sind.

106. Bei dem, was immer gelesen werden muß und deswegen *Brahmasattra* heißt, kann kein solches Verbot stattfinden, und dem

Veda zufolge bringt die Spende ins Feuer gute Frucht hervor, ob man gleich dabei den Spruch *Vashat* hersagt, welcher bei anderen Gelegenheiten an gewissen Tagen unterbleiben muß.

107. Wer ein ganzes Jahr fortfährt, den Veda zu lesen, seine Glieder in Aufmerksamkeit und seinen Leib rein zu erhalten, der wird allezeit gute Früchte von seinen Opfern ernten, sie mögen aus frischer oder geronnener Milch, aus gesäuberter Butter oder aus Honig bestehen.

108. Ein wiedergeborener Jüngling, mit dem Opferbande umgürtet, muß Holz für das heilige Feuer sammeln, Lebensmittel von Verwandten erbitten, auf einem niedrigen Bett schlafen und sich beschäftigen, wie es seinem Lehrer gefällt, bis er wieder in das Haus seines natürlichen Vaters zurückkehrt.

109. Folgende zehn Personen haben die Erlaubnis der Gesetze, sich im Veda unterweisen zu lassen: der Sohn eines geistlichen Lehrers, ein fleißiger Knabe, einer, der Geschicklichkeit besitzt, in anderen Kenntnissen Unterricht zu erteilen, ein Gerechter, ein Reiner, ein Gefälliger, ein Mächtiger, einer, der Reichtum schenken kann, ein Redlicher und ein Blutsverwandter.

110. Außer diesen muß ein verständiger Lehrer mit keinem anderen über Dinge sprechen, über die man ihn entweder gar nicht oder doch sehr unschicklich fragt, sondern unter dem großen Haufen, wenn er auch noch so gelehrt ist, soll er tun, als ob er stumm wäre.

111. Wenn von zwei Leuten der erste gesetzwidrig war und der andere gesetzwidrig antwortet, so wird einer entweder sterben oder verhaßt werden.

112. Wo sich nicht Tugend und Reichtum, um sie gehörig zu schützen oder wenigstens genaue, der Heiligkeit des Gegenstandes angemessene Aufmerksamkeit findet, auf solches Land muß göttlicher Unterricht nicht gesät werden, er würde umkommen wie schöne Samen in unfruchtbarem Boden.

113. Ein Lehrer des Veda sollte lieber mit seiner Gelehrsamkeit sterben, als sie in unfruchtbaren Boden säen, ob er gleich große Nahrungssorge haben mag.

114. Heilige Gelehrsamkeit nahte sich einem *Brahmanen* und sagte zu ihm: „Ich bin dein kostbares Kleinod, verwahre mich sorgfäl-

tig, übergib mich keinem Verächter. Durch solche Bewahrung werde ich vorzüglich stark werden."

115. „Sondern als einem wachsamen Verwahrer deines Kleinods teile mich dem Schüler mit, von dem du weißt, daß er rein ist und daß er seine Leidenschaften bezwungen hat, um die Pflicht seines Standes zu erfüllen."

116. Wer sich Kenntnis des Veda ohne Einwilligung eines Lehrers erwirbt, macht sich eines Diebstahls der Schrift schuldig und wird in die Gegend der Qual sinken.

117. Wer auch immer der Lehrer sein mag, der einen Schüler über einfache Zeremonielle oder über heilige Gegenstände unterrichtet hat, die Pflicht des Schülers gebietet, daß er seinen Lehrer zuerst grüße, wenn sich beide begegnen.

118. Ein *Brahmane*, der über seine Leidenschaften völlig Meister ist, ob er gleich nur eine *Gayatri* versteht, verdient mehr Ehre als der, welcher seine Leidenschaft nicht zähmt, alle Arten von Nahrung ißt und alle Arten von Waren verkauft, wenn er auch die drei Veden verstünde.

119. Wenn ein Oberer auf einem Sessel oder einer Bank sitzt, so darf kein Niederer mit ihm darauf sitzen, und wenn ein Niederer auf einem Sessel sitzt, so soll er aufstehen und den Oberen grüßen.

120. Die Lebensgeister eines jungen Mannes steigen aufwärts, um von ihm zu fliehen, wenn sich ein älterer ihm naht, aber durch Aufstehen und Grüßen erlangt er sie wieder.

121. Ein Jüngling, der sich gewöhnt, die Bejahrten beständig zu grüßen und zu verehren, hat vierfachen Gewinn an Leben, Kenntnis, Ruhm und Stärke.

122. Nach dem Gruße muß ein *Brahmane* den älteren anreden und sagen: „Ich bin der und der" und seinen Namen nennen.

123. Wenn einige Personen aus Unkenntnis der Sanskritsprache die Bedeutung seines Namens nicht verstehen, so sollte ein gelehrter Mann zu ihnen sagen: „Ich bin's", und auf diese Art sollte er alle Klassen der Frauen anreden.

124. Beim Gruße sollte er nach seinem eigenen Namen die Partikel des Vokativs „*Bhoh*" aussprechen, denn weise Männer legen dem Partikel „*Bhoh*" die gleiche Eigenschaft bei, welche ganze Namen haben.

125. Auf den Gruß eines *Brahmanen* sollte man so antworten: „Mögest du lange leben, vortrefflicher Mann!“ Und am Ende seines Namens sollte der Selbstlaut und der vorhergehende Mitlaut mit einem scharfen Ton drei syllabische Momente oder drei kurze Vokale lang gedehnt werden.

126. Der *Brahmane*, der nicht in Form auf einen Gruß antworten kann, muß von keinem gelehrten Mann gegrüßt werden, er ist gerade wie ein *Shudra*.

127. Der Gelehrte frage einen Priester, wenn er ihm begegnet, ob seine Andachtsübungen guten Erfolg haben, einen Krieger, ob er nicht beschädigt, einen Handelsmann, ob sein Reichtum in Sicherheit ist und jemanden aus der Klasse der Sklaven, ob er gesund ist; hierbei muß er sich der besonderen Worte bedienen, *Kushalam*, *Anamayam*, *Cshemam* und *Arogyam*.

128. Wenn jemand von einem feierlichen Opfer oder aus einem Reinigungsbad kommt, sollte man ihn nicht bei seinem Namen anreden, wenn er auch noch jung ist, sondern wer das Gesetz versteht, sollte ihn mit der Partikel des Vocativs oder mit *Bhavat*, dem Pronomen der Achtung, anreden.

129. Zu der Frau eines anderen und zu irgendeiner Frau, die nicht seine Blutsverwandte ist, muß er sprechen: „*Bhavati* und liebenswürdige Schwester.“

130. Zu seinen Oheimen väterlicher oder mütterlicher Seite, zu seinem Schwiegervater, zu denen, die opfern und zu geistlichen Lehrern muß er sagen: „Ich bin der und der“, dann aufstehen und sie grüßen, wenn sie auch jünger als er selbst sein mögen.

131. Seiner Mutter Schwester, die Frau seines Oheims von mütterlicher Seite, seine eigene Schwiegermutter und seines Vaters Schwester muß er wie seines Vaters oder Lehrers Frau grüßen; sie sind seines Vaters oder Lehrers Frauen gleich.

132. Seines Bruders Frau, wenn sie aus der gleichen Klasse ist, muß er alle Tage grüßen, aber seine weiblichen Verwandten väterlicher- und mütterlicherseits braucht er nur nach seiner Rückkehr von einer Reise zu grüßen.

133. Bei seinen Basen und bei seiner älteren Schwester muß er

sich wie bei seiner Mutter betragen, obgleich seine Mutter verehrungswürdiger ist als sie.

134. Mitbürger sind zehn Jahre lang in gleichem Alter, Tänzer und Sänger fünf Jahre, gelehrte Theologen nicht ganz drei Jahre, aber Blutsverwandte nur für eine kurze Zeit, das heißt, ein größerer Unterschied des Alters hebt die Gleichheit auf.

135. Der Schüler muß einen *Brahmanen*, wenn dieser auch nur zehn Jahre alt und einen *Kshatriya*, wenn er auch in seinem hunderten Jahr sein sollte, als Vater und Sohn betrachten, da unter diesen beiden der junge Brahmane wie ein Vater zu verehren ist.

136. Reichtum, Verwandtschaft, Alter, gute Aufführung und fünftens göttliche Kenntnisse geben Anspruch auf Achtung, aber das zuletzt genannte ist das achtungswürdigste.

137. Je mehr ein Mann aus den drei obersten Klassen, er sei wer er wolle, von den fünf genannten Eigenschaften, sowohl der Anzahl als dem Grade nach, besitzt, desto verehrungswürdiger ist er, ja, sogar ein *Shudra*, wenn er im zehnten Jahrzehnt seines Alters ist.

138. Man weiche aus dem Wege vor einem Mann, der gefahren kommt, vor einem, der über 90 Jahre alt oder krank ist, vor einem, der eine Last trägt, vor einer Frau, vor einem Priester, der soeben aus der Wohnung seines Lehrers zurückkommt, vor einem Fürsten und einem Bräutigam.

139. Wenn man diesen allen zusammen begegnet, so muß man dem zurückkehrenden Priester und dem Fürsten die größte Hochachtung bezeugen, und unter diesen beiden sollte der eben zurückkommende Priester mit mehr Achtung behandelt werden als der Fürst.

140. Der Priester, der seinen Zögling mit dem Opferband umgürtet und ihn nachher im ganzen Veda, in den Opfergesetzen und in den heiligen *Upanishaden* unterrichtet, wird von heiligen Weisen ein *Acharya* genannt.

141. Aber wer, um sich Lebensunterhalt zu verschaffen, bloß über einen Teil des Veda oder in den *Vedangas* und der Grammatik Unterricht erteilt, wird ein *Upadhyaya* – oder Unterlehrer – genannt.

142. Ein Vater, der die Gebräuche bei der Empfängnis und der-

gleichen, nach dem Gesetz beachtet und der das Kind zuerst mit Reis nährt, hat den Beinamen *Guru* – oder verehrungswürdig.

143. Wer für die Bereitung des heiligen Feuers, für das Anordnen des *Paca* und *Agnishtoma* und für die Verrichtung anderer Opfer Bezahlung nimmt, heißt in diesem Gesetzbuch der *Ritwij* dessen, der ihn dingt.

144. Wer wahrhaftig beide Ohren mit dem Veda füllt, muß einer Mutter gleich geachtet und wie ein Vater geehrt werden, der Zögling muß ihn nie beleidigen.

145. Ein bloßer *Acharya* – oder Lehrer der *Gayatri* – übertrifft zehn *Upadhyayas*, ein Vater übertrifft hundert solche *Acharyas* und eine Mutter tausend natürliche Väter.

146. Unter den beiden, von denen der eine natürliches Dasein und der andere Kenntnis des ganzen Veda gibt, ist der Geber heiliger Kenntnis der verehrungswürdigere Vater, da die zweite – oder göttliche – Geburt dem Wiedergeborenen nicht nur in dieser Welt, sondern auch dereinst auf ewig Leben zusichert.

147. Man betrachte das als bloß menschliche Geburt, was die Eltern zu ihrem gegenseitigen Vergnügen einem Wesen mitteilen und was er erhält, nachdem er im Mutterleib gelegen hat.

148. Aber die Geburt, die sein vorzüglichster *Acharya*, der den ganzen Veda versteht, ihm durch seine göttliche Mutter *Gayatri* mitteilt, ist eine wahre Geburt, ihr kann weder Tod noch Alter schaden.

149. Wer jemandem die Wohltat heiliger Gelehrsamkeit erteilt, sei sie klein oder groß, der soll auf Erden *Guru* – oder verehrungswürdiger Vater – wegen dieser himmlischen Wohltat genannt werden.

150. Ein *Brahmane*, der geistlich zeugt und vorgeschriebene Pflichten lehrt, wird mit Recht der Vater eines alten Mannes genannt, wenn er auch selbst ein Kind ist.

151. *Kavi* – oder der Gelehrte –, ein Kind des *Angiras*, lehrte seine Oheime väterlicherseits den Veda lesen, und da er sie an göttlicher Wissenschaft übertraf, sagte er zu ihnen: „Kleine Söhne“.

152. Erzürnt fragten diese die Götter um die Meinung dieses Ausdrucks, und die versammelten Götter antworteten: „Das Kind hat euch angeredet, wie es sich geziemt.“

153. „Denn ein ungelehrter Mann ist in der Tat ein Kind, und wer ihn den Veda lehrt, ist sein Vater; heilige Weise haben allezeit Kind zu einem unwissenden Manne gesagt und Vater zu einem Lehrer der Schrift."

154. Größe erlangt man nicht durch Jahre, nicht durch graue Haare, nicht durch Reichtum, nicht durch mächtige Verwandtschaft, die göttlichen Weisen haben folgendes Gesetz gegeben: „Wer die Veden und ihre *Angas* gelesen hat, der ist groß unter uns."

155. Bei Priestern berechnet man die Seniorität nach heiliger Gelehrsamkeit, bei Kriegern nach Tapferkeit, bei Handelsleuten nach Überfluß an Getreide, bei der Sklavenklasse allein nach dem Alter.

156. Daher ist ein Mann nicht alt, weil sein Haupt grau ist; in Wahrheit halten die Götter den für alt, der, ungeachtet seiner Jugend an Jahren, den Veda gelesen hat und versteht.

157. Ein ungelehrter *Brahmane* ist ebenso wie ein Elefant aus Holz oder eine Antilope aus Leder, diese drei Dinge haben nichts als Namen.

158. Wie ein Entmannter bei Frauen ohne Wirkung, wie Freigebigkeit bei einem Toren nichts nützt, wie eine Kuh eine andere befruchten kann, so ist ein *Brahmane* untüchtig, wenn er die heiligen Lehren nicht liest.

159. Gute Unterweisung muß dem Schüler ohne unangenehme Empfindung gegeben werden, und ein Lehrer, welcher der Tugend huldigt, muß süße, sanfte Worte brauchen.

160. Derjenige erntet die völlige Frucht eines vollständigen Studiums des Veda, dessen Rede und Herz rein und immer aufmerksam bewahrt sind.

161. Niemand lasse Klagen von sich hören, ob er gleich Schmerz leidet, niemand beleidige den anderen, weder in der Tat noch in Gedanken, niemand sage ein Wort, das seinen Mitmenschen kränken könnte, denn dies wird seinen eigenen Fortschritt zur künftigen Glückseligkeit verhindern.

162. Ein *Brahmane* sollte immer weltliche Ehre wie Gift vermeiden und lieber Geringschätzung suchen, als ob es Nektar wäre.

163. Ein *Brahmane* kann vergnügt schlafen und vergnügt aufwa-

chen, ob er gleich verachtet wird, vergnügt kann er durch dieses Leben wandeln, aber der Verächter verdirbt gänzlich.

164. Ein wiedergeborener Jüngling, dessen Herz durch diese regelmäßige Folge verordneter Handlungen gebildet worden ist, muß sich auch nach und nach, wenn er bei seinem Lehrer wohnt, an die Andachtsübungen gewöhnen, die mit dem Studium der Schrift verbunden sind.

165. Wer aufs neue geboren ist, muß den ganzen Veda und besonders die heiligen *Upanishaden* unter verschiedenen Andachtsübungen und mit den im Gesetze verbundenen Kasteiungen lesen.

166. Die vorzüglichsten der wiedergeborenen Klassen müssen, wenn sie andächtig sein wollen, beständig das Lesen der Schrift wiederholen, denn wiederholtes Lesen der Schrift wird hier die höchste Andacht eines *Brahmanen* genannt.

167. Ja, wahrlich! Derjenige Schüler der Gottesgelehrtheit verrichtet die höchste Andachtsübung mit seinem ganzen Körper bis an die Spitzen seiner Nägel, welcher, so viel wie in seinen äußersten Kräften steht, täglich den Veda liest, ob er gleich insofern sinnlich sein sollte, daß er den Kranz wohlriechender Blumen trüge.

168. Ein wiedergeborener Mann, welcher den Veda nicht studiert hat und große Aufmerksamkeit auf eine andere weltliche Wissenschaft wendet, gerät bald schon bei Lebzeiten in den Zustand eines *Shudra* und seine Nachkommen nach ihm.

169. Die erste Geburt geschieht durch die natürliche Mutter; die zweite durch das Umbinden des Gürtels, die dritte durch das gehörige Beachten des Opfers; dies sind die Geburten dessen, den man gewöhnlich nach einem Ausspruche des Veda „wiedergeboren" nennt.

170. Unter diesen ist die göttliche Geburt diejenige, welche sich durch das Umbinden des Gürtels und des Opferbandes auszeichnet, und in dieser Geburt ist die *Gayatri* seine Mutter und der *Akarya* sein Vater.

171. Die Weisen nennen den *Akarya* Vater, weil er im Veda unterrichtet, und kein junger Mann kann vor seiner Einweisung eine heilige Zeremonie verrichten.

172. Ehe er in die Unterscheidungszeichen seiner Klasse einge-

wiesen ist, darf er keinen heiligen Lehrsatz aussprechen, diejenigen ausgenommen, derer man sich bei der Totenfeier eines Vorfahren bedienen sollte, weil er vor seiner Wiedergeburt durch die offenbarte Schrift nichts besser als ein *Shudra* ist.

173. Von dem, der gehörig eingewiesen ist, fordert man sowohl Andachtsübungen als auch regelmäßiges Studium des Veda nach vorhergegangenen bestimmten Zeremonien.

174. Der Umhang von Leder, das Opferband und der Gürtel, der Stab und die Unterkleider, welche, wie oben erwähnt wurde, beim Jüngling jeder Klasse besonders zu tragen vorgeschrieben sind, müssen auch bei ihren religiösen Verrichtungen getragen werden.

175. Ein *Brahmachari* – oder Schüler der Gottesgelehrtheit – muß, solange er bei seinem Lehrer wohnt, folgende Vorschriften beachten und über alle seine Glieder wachen, um sich immer mehr und mehr an Andachtsübungen zu gewöhnen.

176. Tag für Tag, wenn er sich gebadet und gereinigt hat, muß er den Göttern, den Weisen und den Manen frisches Wasser darbringen; er muß dem Bilde der Gottheit seine Achtung bezeugen und Holz für Spenden ins Feuer zusammentragen.

177. Er muß sich enthalten des Honigs, des Fleisches, der Wohlgerüche der Blumenkränze, der süßen Pflanzensäfte, der Frauen, aller süßen Sachen, die sauer geworden sind, und der Beschädigung irgendeines belebten Wesens.

178. Er muß sich enthalten der Salben für seine Glieder, des schwarzen Pulvers für seine Augen, des Gebrauchs der Pantoffeln und des Sonnenschirms, sinnlicher Lüste, des Zorns, des Geizes, des Tanzes, des Gesanges und des Saitenspiels.

179. Er muß sich enthalten der Streitigkeiten, des Spielens, der Verunglimpfung, der Falschheit, der Umarmung und des frechen Anschauens der Frauen und der Ungefälligkeit gegen andere.

180. Er muß immer allein schlafen und nie seine Mannheit verschwenden; denn wer seine Mannheit mit Willen verschwendet, verletzt die Vorschrift seines Standes und bricht sein Gelübde.

181. Ein wiedergeborener Jüngling, der ohne Vorsatz seine männliche Stärke im Schlafe verschwendet, muß sich baden, zur Son-

ne beten und hochachtungsvoll den folgenden Spruch der Schrift hersagen: „Laß meine Stärke wieder zu mir kehren."

182. Er muß Wasser, Töpfe, Blumen, Kuhmist, frische Erde und Kushagras so viel wie möglich ist, zu seinem Lehrer tragen und alle Tage die Pflicht eines religiösen Bettlers ausüben.

183. Ein *Brahmanen*-Schüler muß alle Tage mit gehöriger Sorgfalt seine Nahrung durch Betteln aus den Häusern solcher Personen erhalten, die wegen der Erfüllung ihrer Pflichten berühmt und nicht nachlässig in Vollziehung des Opfers sind, die der Veda verordnet.

184. Er soll keine Lebensmittel von den Vettern seines Lehrers fordern, auch nicht von seinen eigenen Vettern, noch von anderen Verwandten väterlicher oder mütterlicher Seite; aber wenn er keinen Zugang zu anderen Häusern hat, so muß er bei den letzten von denen anfangen, die im Gesetze verordnet sind und den ersten vermeiden.

185. Oder wenn keine der eben erwähnten Häuser zu finden sind, dann soll er durch die ganze Gegend um das Dorf herum mit Wachsamkeit über seine Glieder und beständiges Stillschweigen betteln gehen, aber von denen, die eine Todsünde begangen haben, muß er sich abwenden.

186. Er trage sich Stücke Holz aus der umliegenden Gegend zusammen, lege sie erst in die freie Luft und bringe dann regelmäßig abends und morgens Spenden ins Feuer dar.

187. Wer sieben Tage nacheinander die Zeremonie, Nahrung zu betteln, unterläßt und kein Holz zum heiligen Feuer trägt, muß die Buße eines *Avakirnin* – oder Gelübdebrechers – tun, sofern er nicht krank ist.

188. Ein Schüler muß immer fortfahren, so zu betteln, aber sich nicht nur von einer Person speisen lassen; der Unterhalt eines Schülers durch Betteln wird in Rücksicht auf religiöses Verdienst dem Fasten gleichgehalten.

189. Aber wenn er über eine feierliche Handlung zu Ehren der Götter oder Manen befragt wird, kann er nach Belieben Lebensmittel von einer einzigen Person annehmen, doch mit Beachtung der Enthaltsamkeitsgesetze und der Strenge eines Einsiedlers, so wird das Gesetz seines Standes nicht verletzt.

190. Diese Pflicht eines Bettlers ist von den Weisen bloß für einen *Brahmanen* verordnet, aber einem Krieger oder Handelsmann ist dergleichen nicht vorgeschrieben.

191. Der Schüler muß immer mit Anstrengung lesen und zum Vorteil seines Lehrers handeln, er mag von ihm ausdrücklichen Befehl dazu haben oder nicht.

192. Er muß wachsam über seinen Körper, über Worte, Sinne und Herz sein, stehend seine flachen Hände zusammenfügen und seinem Lehrer ins Gesicht sehen.

193. Er darf seinen rechten Arm nicht bedecken, muß immer anständig gekleidet und gehörig gefaßt sein, und wenn sein Lehrer zu ihm sagt: „Setze dich“, dann muß er sich seinem verehrungswürdigen Lehrer gegenüber setzen.

194. In Gegenwart seines Lehrers muß er allemal weniger essen und einen gröberen Umhang mit schlechteren Gehängen tragen, er muß eher aufstehen als sein Lehrer und später zur Ruhe gehen.

195. Wenn er auf die Befehle seines Lehrers antwortet, wenn er sich mit ihm unterhält, darf er sich nicht auf das Bett legen, auch nicht sitzen, essen, stehen oder von ihm das Gesicht abwenden.

196. Wenn der Lehrer sitzt, so soll er stehen, ihm antworten und mit ihm sprechen; wenn er steht, soll er auf ihn zugehen, wenn der Lehrer auf ihn zugeht, soll er ihm entgegenkommen, wenn er läuft, soll er ihm nacheilen.

197. Wenn sein Gesicht weggewendet ist, so soll er um ihn herumgehen, von der linken zur rechten; ist er etwas entfernt, so soll er sich nähern, hat er sich zurückgebeugt, so soll er sich zu ihm neigen, und wenn er auch noch so weit von ihm entfernt ist, so soll er auf ihn zulaufen.

198. Wenn sein Lehrer in der Nähe ist, so muß des Schülers Sitz stets niedrig sein, wenn seines Lehrers Auge ihn bemerken kann, darf er nicht sorglos und bequem sitzen.

199. Er soll nie den bloßen Namen seines Lehrers, nicht einmal in dessen Abwesenheit, aussprechen, auch nie seinen Gang, seine Rede oder seine Manieren nachmachen.

200. Wenn man irgendwo über seinen Lehrer zwar begründete,

aber doch mißbilligende oder falsche und verkleinernde Bemerkungen macht, so soll er seine Ohren zuhalten oder sich anderswo hinbegeben.

201. Wenn er seinen Lehrer, obgleich mit Grund, tadelt, so wird er bei der Geburt zum Esel werden, wenn er ihn fälschlich verunglimpft, zum Hunde, wenn er seine Sachen ohne Erlaubnis braucht, zu einem kleinen Wurme, wenn er sein Verdienst beneidet, zu einem großen Ungeziefer.

202. Er darf seinen Lehrer nicht durch einen anderen bedienen lassen und selbst müßig dastehen, noch ihm im Zorne aufwarten oder dann, wenn eine Frau in der Nähe ist; er muß von einem Wagen oder erhöhten Sitz herabsteigen, um seinen himmlischen Führer zu grüßen.

203. Er muß sich nicht so setzen, daß der Zug der Luft nur ihn, aber nicht seinen Lehrer bestreiche, noch irgend etwas sagen, das der verehrungswürdige Mann nicht hören kann.

204. Er kann mit seinem Lehrer in einem Wagen sitzen, welcher von Stieren, Pferden oder Kamelen gezogen wird, auf einer Terasse, einem Steinpflaster oder auf einer geflochtenen Grasmatte, auf einem Felsen, auf einer hölzernen Bank oder in einem Kahne.

205. Wenn seines Lehrers Lehrer gegenwärtig ist, so muß er sich so benehmen, als ob sein eigener gegenwärtig wäre, auch soll er sich nicht in dessen Gegenwart vor seinem natürlichen Vater oder Oheim väterlicherseits niederwerfen, ausgenommen, wenn es ihm sein geistlicher Vater befohlen hat.

206. Ebenso muß er sich auch beständig gegen seine anderen Lehrer in Wissenschaften betragen, gegen seine älteren Verwandten von väterlicher Seite, gegen alle die, welche ihn von Sünde zurückhalten und gegen alle, die ihm heiligen Rat geben können.

207. Desgleichen soll er sich gegen Männer, die wahrhaft tugendhaft sind, allezeit wie gegen seinen Lehrer betragen, auch gegen seines Lehrers Söhne, die auf Achtung Anspruch haben können, weil sie älter und keine Schüler mehr sind, ferner gegen seines Lehrers Verwandte von väterlicher Seite.

208. Der Sohn seines Lehrers, er mag jünger oder gleichen Alters oder ein Schüler sein, sofern er im Stande ist, den Veda zu erklären,

verdient eben die Ehre wie der Lehrer selbst, wenn er bei irgendeiner Opferverrichtung gegenwärtig ist.

209. Aber bei dem Sohne seines Lehrers obliegt ihm nicht die Pflicht, dessen Glieder zu reinigen oder ihn zu baden oder zu essen, was übrig ist oder seine Füße zu waschen.

210. Wenn die Frauen seines Lehrers aus der gleichen Klasse sind, muß ihnen ebensoviel Ehre als ihrem verehrungswürdigen Gemahle bezeugt werden, aber wenn sie aus einer anderen Klasse sind, so ehrt man sie nur mit Aufstehen und Grüßen.

211. Die Verrichtungen, wohlriechendes Öl auf eine Frau seines Lehrers zu gießen, sie zu bedienen, wenn sie sich baden, ihre Füße und Arme zu reiben oder ihr Haar zu schmücken, darf er nie übernehmen.

212. Wenn er sein zwanzigstes Jahr vollendet hat oder Tugend von Laster unterscheiden kann und einer jungen Frau seines Lehrers begegnet, so soll ihm auch die gewöhnliche Zeremonie, sie durch Berührung ihrer Füße zu grüßen, verboten sein.

213. Frauen sind in dieser Welt von ihrer Natur her zur Verführung der Männer geneigt, daher verliert sich ein weiser Mann nie aus dem Gesichte, wenn er in der Gesellschaft von Frauen ist.

214. Wahrlich, eine Frau kann nicht nur einen Toren, sondern selbst einen Weisen vom rechten Pfad in diesem Leben abziehen und ihn von seiner Unterwürfigkeit zur Begierde und Wut anflammen.

215. Daher darf kein Mann mit seiner nächsten Verwandten an einem einsamen Ort sitzen, die Annäherung der Glieder des Körpers ist wirksam genug, den Weisen ihre Weisheit zu rauben.

216. Ein junger Schüler kann, wie das Gesetz verordnet, nach seinem Gefallen sich vor einer jungen Frau seines Lehrers zur Erde niederwerfen und sagen: „Ich bin der und der".

217. Und wenn er von einer Reise zurückkehrt, muß er die Füße der bejahrten Frau seines Lehrers einmal berühren und sie alle Tage durch Niederwerfen grüßen: So pflegen tugendhafte Männer zu handeln, wird er bei sich selbst denken.

218. Gleich wie derjenige, welcher tief mit dem Spaten gräbt auf einen Wasserquell stößt, so erhält der Schüler, welcher seinem Lehrer

in Demut dient, die Kenntnis, die tief in seines Lehrers Seele verborgen liegt.

219. Sein Haupt mag ungeschoren, sein Haar lang oder oben in einem Zopf zusammengeflochten sein, so muß doch die auf- oder untergehende Sonne ihn nie schlafend im Dorfe finden.

220. Wenn er aus Sinnlichkeit solange schläft, daß die Sonne ihm unbemerkt auf- oder untergeht, so muß er einen ganzen Tag fasten und die *Gayatri* hersagen.

221. Wer von der auf- oder untergehenden Sonne schlafend angetroffen wird und nicht diese Buße tut, macht sich sehr strafbar.

222. Er muß sich nach der Verordnung des Gesetzes bei Sonnenauf- und -untergang baden, mit Wachsamkeit seiner Glieder zu Gott beten und mit unverminderter Aufmerksamkeit die Stelle, welche ihm vorgeschrieben ist, an einem von Unreinheit freien Orte hersagen.

223. Wenn eine Frau oder ein *Shudra* irgend etwas zur Beförderung der höchsten göttlichen Wohlfahrt tut, muß der Schüler dies sorgfältig nachahmen, und er kann alles unternehmen, wozu er Lust hat, wenn es nicht durch die Gesetze verboten ist.

224. Einige setzen das höchste zeitliche Gut in Tugend und Reichtum, andere in Reichtum und erlaubtes Vergnügen, andere in Tugend allein und noch andere in Reichtum allein, aber das vorzüglichste Gut auf Erden besteht aus allen dreien zusammen – das ist eine zuversichtliche Entscheidung.

225. Ein Lehrer des Veda ist das Bild Gottes; ein natürlicher Vater das Bild *Brahmas*, eine Mutter das Bild der Erde, ein älterer rechter Bruder das Bild der Seele.

226. Deswegen dürfen ein geistlicher und ein natürlicher Vater, eine Mutter und ein älterer Bruder nicht mit Unaufmerksamkeit behandelt werden, am wenigsten von einem *Brahmanen*, wenn der Schüler auch noch so sehr beleidigt sein sollte.

227. Die Schmerzen und Kümmernisse, welche Mutter und Vater bei der Zeugung und Erziehung ihrer Kinder erdulden, können in hundert Jahren nicht vergolten werden.

228. Jeder Mann muß so handeln, daß seine Eltern und seine Lehrer immer mit ihm zufrieden sein mögen, wenn er diesen dreien

gefällt, so sind ihre Andachtsübungen nicht dem mindesten Tadel unterworfen.

229. Diejenige Andachtsübung wird für die größte gehalten, wenn man diesen dreien gehörige Hochachtung erweist; und ohne ihre Einwilligung darf man keine andere Pflicht erfüllen.

230. Denn sie allein werden den drei Welten, sie allein werden den drei vorzüglichsten Ständen, sie allein werden den drei Veden, sie allein werden den drei Feuern gleichgeschätzt.

231. Der natürliche Vater wird als das *Garhapatya* – oder das hochzeitliche Feuer – betrachtet; die Mutter als das *Dakshinagni* – oder zeremoniale Feuer – und der geistliche Führer als das *Ahavaniya* – oder Opferfeuer: Diese drei Feuer sind die verehrungswürdigsten.

232. Wer, wenn er selbst Hausvater wird, diese drei nicht vernachlässigt, der wird endlich Herrschaft über die drei Welten erlangen; sein Körper wird verklärt werden wie ein Gott, und er wird überschwengliche Wonne im Himmel genießen.

233. Wenn er seine Mutter ehrt, gewinnt er diese irdische Welt; wenn er seinen Vater ehrt, erwirbt er die mittlere oder ätherische Welt; und wenn er seinem Lehrer beständige Achtung erweist, gewinnt er sogar die himmlische Welt des *Brahma*.

234. Wer diese drei ehrt, so sehr er kann, erfüllt alle Pflichten vollkommen; aber wer sie nicht ehrt, dem fruchtet die Ausübung aller Andachtspflichten nichts.

235. Solange diese drei am Leben sind, beachte er keine sich nur auf ihn selbst beziehende Pflicht, sondern sein Vergnügen bestehe darin, sich zu bemühen, wie er ihre Liebe gewinnen, ihre Wünsche erfüllen und sie Tag für Tag auf das fürsorglichste bedienen möge.

236. Wenn er in Gedanken, Worten oder Werken eine Pflicht in Absicht auf die künftige Welt, ohne seiner Achtung gegen sie zu nahezutreten, ausübt, so muß er sie von allen Umständen dabei genau unterrichten.

237. Wer diese drei ehrt, ohne an etwas Weiteres zu denken, tut wirklich so viel, wie man nur immer zu tun schuldig ist; es ist die erhabendste Pflicht, welche uns wie *Dharma* selbst vorkommt, und jede andere Handlung ist ein *Upadharma* – oder untergeordnete Pflicht.

238. Wer an die Schrift glaubt, kann sogar von einem *Shudra* reine Erkenntnis erhalten und Unterricht bei der höchsten Tugend auch von einem aus der untersten Kaste; ja, eine Frau, glänzend wie ein Kleinod selbst, von der verworfensten Familie.

239. Sogar aus Gift kann man Nektar nehmen, selbst von einem Kinde Leutseligkeit, selbst von einem Feinde Klugheitsregeln und selbst aus Schlacken Gold.

240. Deswegen muß man Frauen, die wie Juwelen glänzen, Kenntnis, Tugend, Reinigkeit, Sanftmut und verschiedene wohlanständige Künste aus allen Gegenden wählen.

241. Im Notfalle mag der Schüler den Veda auch von einem Manne, der kein *Brahmane* ist, lernen und solange wie dieser Unterricht währt, seinen Lehrer mit steter Aufmerksamkeit ehren.

242. Aber ein Zögling, der einen unvergleichlichen Pfad zum Himmel sucht, sollte nicht bis ans Ende seiner Tage im Hause eines Lehrers wohnen, der kein *Brahmane* ist, oder der nicht alle Veden mit ihren Angas gelesen hat.

243. Wenn er ein großes Verlangen hegt, sein ganzes Leben in dem Hause eines priesterlichen Lehrers zuzubringen, so muß er ihm mit genauer Sorgfalt dienen, bis er aus seiner sterblichen Hülle erlöst wird.

244. Ein *Brahmane*, der seinem Lehrer pflichtgemäß bis zur Auflösung seines Körpers aufgewartet hat, wird unmittelbar in die ewige Wohnung Gottes versetzt.

245. Ein Schüler, der seine Pflicht kennt, braucht, ehe er nach Hause zurückkehrt, seinem Lehrer kein Geschenk zu geben, aber wenn er auf Erlaubnis seines Lehrers die bei der Rückkehr gewöhnliche Zeremonie verrichten will, muß er so gut wie es seine Umstände erlauben, dem verehrungswürdigen Manne etwas von Wert geben:

246. Einen Acker oder Geld, einen Edelstein, eine Kuh oder ein Pferd, einen Sonnenschirm, ein Paar Pantoffeln, einen Schemel, Getreide, Kleider oder ein vorzüglich gutes Gemüse. So wird er sich die Gunst und Andenken bei seinem Lehrer erhalten.

247. Ein Schüler muß nach dem Tode seines Lehrers dessen tugendhaften Sohn, dessen Witwe oder einen von dessen Verwandten

väterlicherseits auf Lebenszeit mit der gleichen Achtung unterstützen, die er dem Verstorbenen erwies.

248. Wenn niemand von allen diesen am Leben ist, so muß er die Stelle seines Lehrers, den Sitz und den Ort der religiösen Übungen einnehmen; er muß beständig den Feuern, welche jener geweiht hatte, gehörige Aufmerksamkeit widmen und seine eigene Seele zum Himmel vorbereiten.

249. Wenn ein wiedergeborener Mann ohne Unterlaß auf diese Art seine Lebensjahre zubringt, so wird er nach dem Tode in die erhabenste Sphäre versetzt und nie wieder in dieser Welt geboren werden.

DRITTES KAPITEL

Über den zweiten oder ehelichen Stand

1. Um eine Erziehung nach den drei Veden zu erhalten, ist es Schülern erlaubt, in dem Hause ihrer Lehrer 36 Jahre, oder die Hälfte, oder ein Viertel dieser Zeit, oder überhaupt so lange zu bleiben, bis sie dieselben völlig innehaben.

2. Jedem Schüler, der seine Vorschriften nicht übertreten hat, ist es vergönnt, in den Ehestand zu treten, doch muß er zuvor in der Ordnung einen Zweig aus allen drei Veden, aus zweien oder aus einem derselben lesen.

3. Zuvor erteile man ihm das verdiente Lob über die genaue Erfüllung seiner Pflicht, dann beschenke ihn sein natürlicher oder geistlicher Vater mit der heiligen Gabe des Veda, hierauf setze er sich auf ein stattliches, mit einer Blumenflechte geschmücktes Bett, und der Vater schenke ihm vor seiner Hochzeit eine Kuh.

4. Wenn ein Wiedergeborener die Einwilligung seines verehrungswürdigen Führers erlangt und nach der Vorschrift des Gesetzes das Reinigungsbad mit den verordneten Zeremonien bei seiner Rückkehr nach Hause verrichtet hat, heirate er eine Frau aus der gleichen Klasse, welche die Merkmale der Vortrefflichkeit besitzt.

5. Ein wiedergeborener Mann hat Erlaubnis, diejenige Frau zur Ehe und zur heiligen Vereinigung zu wählen, welche nicht von seinen Vorfahren väterlicher oder mütterlicher Seite bis ins sechste

Glied abstammt und aus deren Familiennamen sich keine Verwandtschaft mit seinem Familienstamme vom Vater oder der Mutter her ableiten läßt.

6. Wenn er sich mit einer Frau vermählen will, so muß er sorgfältig folgende zehn Familien vermeiden, sie mögen auch noch so vornehm und reich an Kühen, Ziegen, Schafen, Gold und Getreide sein;

7. die Familie, welche die vorgeschriebenen religiösen Zeremonien verabsäumt hat; die, welche keine männlichen Erben hat; die, in welcher der Veda nicht gelesen wird; die, welche dickes Haar auf dem Leibe hat und diejenigen Familien, welche zu Hämorrhoiden, Schwindsucht, schlechter Verdauung, fallender Sucht, Aussatz und geschwollenen Beinen neigen.

8. Eine Jungfrau mit rötlichem Haare oder mit irgendeinem mißstalteten Gliede, eine von Natur kränkliche, eine, die zu viele oder keine Haupthaare hat, eine, die unerträglich geschwätzig ist oder die entzündete Augen hat, soll er nicht heiraten;

9. noch eine, die den Namen eines Gestirns, eines Baumes, eines Flusses, einer barbarischen Nation, eines Berges, eines geflügelten Tieres, einer Schlange oder eines Sklaven hat oder deren Name etwas Entsetzenerregendes beschreibt.

10. Er muß eine Jungfrau zur Frau nehmen, deren Gestalt keinen Fehler aufweist und die einen angenehmen Namen hat, deren Gang voller Anstand so wie der Gang eines Flamingo oder eines jungen Elefanten ist, deren Haar und Zähne sowohl an Stärke als Größe das Mittel halten und deren Körper vorzüglich weich ist.

11. Kein verständiger Mann heirate eine Frau, die keinen Bruder hat oder deren Vater nicht hinlänglich bekannt ist, weil er sonst, im ersten Falle, zu befürchten hat, daß der Vater ihren ersten Sohn als seinen eigenen, zur Vollziehung seines Leichenbegängnisses nehmen werde und im zweiten, daß die gestiftete Ehe unerlaubt sei.

12. Zur ersten Ehe der wiedergeborenen Klassen wird eine Frau aus der gleichen Klasse empfohlen; aber diejenigen, welche Neigung haben, wieder zu heiraten, müssen Frauen, wie sie nach den Klassen aufeinanderfolgen, den Vorzug geben.

13. Eine *Shudrafrau* allein darf bloß einen *Shudra* heiraten; diese und eine *Vaishya* einen *Vaishya*; diese beide und eine *Kshatriya* einen *Kshatriya*; diese beiden und eine *Brahmani* einen *Brahmanen*.

14. In keiner alten Geschichtserzählung findet sich ein Beispiel, daß ein *Brahmane* oder *Kshatriya* zur ersten Ehe eine Frau aus der dienenden Klasse genommen hätten, wenn es ihnen auch noch so schwergefallen wäre, eine Gattin nach ihrem Wunsche zu finden.

15. Männer der wiedergeborenen Klassen, welche sich aus Verstandesschwäche in gesetzwidrige Ehen mit Frauen aus der niedrigsten Klasse einlassen, bringen ihre Familien und Nachkommen sehr bald zum Stande der *Shudras* herab.

16. Nach dem Ausspruch des *Atri* und *Gotama*, Sohns des *Utathya*, erniedrigt sich derjenige, der auf diese Art eine Frau aus der dienenden Klasse heiratet, wenn er ein Priester ist, sogleich um einen Grad und nach dem Ausspruch des *Saunaka* bei der Geburt eines Sohnes, wenn er ein Krieger ist, wenn er ein Handelsmann ist bei der Geburt eines Enkels, nach *Bhrigus* Urteil.

17. Wenn ein *Brahmane* eine *Shudra* zur ersten Ehe in sein Bett nimmt, sinkt er in die Gegenden der Qual, und wenn er ein Kind mit ihr zeugt, verliert er sogar seinen Rang als Priester.

18. Und da die Frau hauptsächlich das, was er den Göttern opfert, was er den verstorbenen Seelen darbringt und womit er Fremde bewirtet, zu besorgen hat, so werden die Götter und abgeschiedenen Seelen nichts von dem Überreichten essen, noch kann der Himmel durch solche Gastfreiheit erworben werden.

19. Denn wer auf diese unrechtmäßige Weise das Naß der Lippen einer *Shudra* trinkt, wer durch ihren Atem befleckt wird und wer sogar ein Kind mit ihr zeugt, dessen Verbrechen erklären die Gesetze für unversöhnbar.

20. Lerne nun kurz die acht Arten der Verheiratungszeremonie, die unter den vier Klassen gewöhnlich sind und bald gute, bald schlimme Folgen in dieser und der zukünftigen Welt haben:

21. Die Zeremonie des *Brahma*, der *Devas*, der *Rishis*, der *Pragapati*, der *Asuras*, der *Gandharvas* und der *Rakshasas*, die achte und höchste ist die der *Pisakas*.

22. Welche von diesen Zeremonien jeder Klasse durch das Gesetz erlaubt, welches die guten und bösen Eigenschaften jeder Zeremonie sind, alles das will ich euch bekannt machen, wie auch die guten und bösen Eigenschaften, durch die sich ihre Kinder auszeichnen.

23. Laßt die Menschen wissen, daß die sechs ersten in gerader Folge von einigen bei einem Priester für gültig gehalten werden, die vier letzten bei einem Krieger und die gleichen vier, ausgenommen die *Rakshasa*heirat, bei einem Handelsmanne und einem aus der dienenden Klasse.

24. Einige sind der Meinung, daß Priestern nur die vier ersten Arten erlaubt sind; daß eine Art, nämlich die der *Rakshasas*, den Soldaten eigentümlich ist und daß die *Asuras*verheiratung einem Handelsmanne und einem aus der dienenden Klasse zukomme.

25. Aber nach diesem Gesetzbuch werden drei der fünf letzten für rechtmäßig und zwei für gesetzwidrig angesehen. Die Zeremonien der *Pisakas* und *Asuras* dürfen nie vollzogen werden.

26. Einem Krieger erlaubt das Gesetz die vorerwähnten Heiraten der *Gandharvas* und *Rakshasas* sowohl einzeln als vermischt, zum Beispiel wenn eine Jungfrau von ihrem Liebhaber nach einem Siege über ihre Verwandten zur Gefangenen gemacht wird.

27. Wenn ein Vater seine Tochter nur in ein einziges Gewand kleidet, sie einem Vedagelehrten schenkt, den er aus freien Stücken dazu einlädt und achtungsvoll aufnimmt: Diese Heiratszeremonie wird *Brahma* genannt.

28. Der Brauch, den die Weisen *Daiva* nennen, besteht darin, wenn ein Vater seine Tochter mit stattlichen Kleidern schmückt und nach schon angefangenem Opfer demjenigen Priester gibt, welcher diese religiöse Zeremonie aus Amtspflicht verrichtet.

29. Wenn der Bräutigam dem Vater ein oder zwei Paar Kühe gibt, wie das Gesetz es vorschreibt und von diesem seine Tochter erhält, so wird die Heirat *Arsha* genannt.

30. Der Hochzeitsbrauch, der *Pragapatya* heißt, besteht darin, wenn ein Vater seine Tochter mit geziemender Ehrbarkeit übergibt und dabei vernehmlich sagt: „Möget ihr beide zusammen eure bürgerlichen und religiösen Pflichten erfüllen!“

31. Wenn der Bräutigam dem Vater, den Verwandten väterlicher Seite und der Jungfrau selbst so viel Reichtum gegeben hat, wie es seine Umstände erlauben und diese Jungfrau aus freien Stücken zu seiner Braut wählt, so wird die Verheiratung *Asura* genannt.

32. Wenn sich Jüngling und Jungfrau aus gegenseitigem Verlangen verbinden, so heißt die Vermählung *Gandharva;* Umarmungen der Liebe und sinnlicher Genuß sind der Zweck derselben.

33. Wenn eine Jungfrau nach einem Treffen, in welchem ihre Verwandten und Freunde erschlagen oder verwundet oder die Häuser derselben erbrochen worden sind, weinend und um Hilfe rufend gewaltsam aus ihrem Hause geschleppt wird, diese Verbindung heißt *Rakshasa.*

34. Wenn jemand seine Geliebte verstohlen umarmt während sie schläft, durch berauschende Getränke erhitzt oder überhaupt wahnsinnig ist, diese sündliche Heirat heißt *Pisaka* und ist die achte und ruchloseste.

35. Die Verheiratung der Töchter in der Priesterklasse wird am meisten gebilligt, wenn sie zuvor Wasser in die Hände des Bräutigams gegossen haben, aber die Zeremonien der anderen Klassen mögen nach ihrem eigenen Gefallen eingerichtet werden.

36. Vernehmt nun von mir, ihr *Brahmanen*, was für eine Eigenschaft einer jeden dieser Hochzeitszeremonien beigelegt wird, vernehmt es alle von mir, ich will es euch ausführlich bekannt machen.

37. Wenn der Sohn einer *Brahmi* – oder einer Frau nach der ersten Zeremonie – tugendhafte Handlungen ausübt, befreit er zehn Vorfahren, zehn Nachkommen und sich selbst, als den einundzwanzigsten, von Sünde.

38. Der Sohn einer Frau nach der *Daiva*heirat befreit sieben und sieben in höheren und niederen Graden; von einer Frau nach der *Arsha* drei und drei; von einer Frau nach der *Pragapati* sechs und sechs.

39. Aus vier Ehen, von der des *Brahma* an zu rechnen in gerader Folge, werden Söhne geboren, die durch den Veda erleuchtet sind, gelehrte Leute, von den Gelehrten geliebt.

40. Mit Schönheit und mit Güte geschmückt, reich, berühmt und

hinlänglich zufrieden mit erlaubten Vergnügungen werden sie sein; sie erfüllen alle Pflichten und leben hundert Jahre.

41. Aber in den anderen vier bösen Ehen, welche übrig sind, werden Söhne geboren, die grausam handeln, falsch reden und den Veda und die darin verordneten Pflichten verabscheuen.

42. Aus den untadelhaften Hochzeitsgebräuchen der Menschen entspringt eine untadelhafte Nachkommenschaft; aus den tadelswürdigen eine verwerfliche; daher müssen die Sterblichen sorgfältig sträfliche Heiratszeremonien vermeiden.

43. Der Brauch, die Hände zusammenzufügen, ist für diejenigen verordnet, welche Frauen aus ihrer eigenen Kaste heiraten, aber bei Frauen von einer anderen Kaste müssen sie folgende Zeremonien beachten:

44. Wenn sich eine *Kshatriya* mit einem *Brahmanen* vermählt, muß sie einen Bogen in ihrer Hand halten, vermählt sich eine *Vaishya* mit einem Bräutigam aus der Klasse der Priester oder der Krieger, muß sie eine Peitsche halten, und eine *Shudrafrau*, wenn sie einen Priester, Soldaten oder Handelsmann heiratet, muß den Saum eines Mantels in ihrer Hand halten.

45. Der Mann nähere sich seiner Frau zur gehörigen Zeit, das ist zu der Zeit, welche für die Schwangerschaft am bequemsten ist, und er sei beständig mit ihr allein zufrieden; übrigens kann er sich ihr mit einem Verlangen ehelicher Umarmung nahen, wenn es auch außer der gehörigen Zeit sein sollte, ausgenommen an den verbotenen Tagen des Mondes.

46. Sechzehn Tage und Nächte in jedem Monat mit vier besonderen Tagen, die von den Tugendhaften übersehen werden, heißen die natürliche Zeit der Frauen.

47. Unter diesen sechzehn werden die vier ersten Nächte, die elfte und die dreizehnte mißbilligt, die übrigen zehn Nächte sind erlaubt.

48. Einige sagen, daß in den gleichen Nächten Söhne und in den ungleichen Töchter gezeugt werden; daher muß der Mann, welcher einen Sohn zu haben wünscht, sich seiner Frau zu richtiger Zeit in den gleichen Nächten nähern.

49. Aber eigentlich wird ein Knabe durch die größere Stärke

männlicher Kraft und ein Mädchen durch die größere Wirksamkeit der weiblichen erzeugt; durch Gleichheit ein Zwitter oder ein Knabe und Mädchen, bei Schwäche oder Mangelhaftigkeit findet gar keine Empfängnis statt.

50. Wer sich der ehelichen Umarmungen in den sechs mißbilligten Nächten und in acht anderen enthält, gleicht an Keuschheit einem *Brahmachari*, in welchem der zwei nächsten Stände er sich auch befinden mag.

51. Kein der Gesetze kundiger Vater darf irgendein auch noch so kleines Geschenk für die Verheiratung seiner Tochter nehmen, denn der, welcher aus Geiz ein Geschenk deswegen annimmt, ist ein Verkäufer seines Kindes.

52. Wenn sich der Verwandte einer Frau aus Verblendung des Verstandes ihr Eigentum aneignet, wäre es auch nichts weiter als ihre Wagen und Kleider, so sinkt er in die Gegend der Qual wegen dieses Verbrechens.

53. Einige sagen, daß der Stier und die Kuh, die bei der Hochzeitsfeier der *Rishis* zum Geschenk gegeben werden, eine Bestechung des Vaters wären; aber dies ist falsch: Wahrlich, eine große oder kleine Bestechung ist wirklicher Verkauf der Tochter.

54. Wenn eine Jungfrau Geld oder Güter zum Geschenk erhält, wovon sich ihre Anverwandten nichts zu eigenem Gebrauch anmaßen, so kann man das keinen Verkauf nennen, sondern bloß einen Beweis der Höflichkeit und Zuneigung gegen die Bräute.

55. Ehefrauen müssen von ihren Vätern und Brüdern, von ihren Männern und von den Brüdern ihrer Männer geehrt und geschmückt werden, wenn diesen die Vermehrung ihres eigenen Wohlstandes am Herzen liegt.

56. Wo die Frauen in Ehren gehalten werden, da ist Wohlgefallen der Götter; aber wo sie verachtet werden, da sind alle religiösen Handlungen vergeblich.

57. Die Familie desjenigen, welcher seine Verwandten bedrückt und betrübt, geht bald gänzlich zugrunde; aber die Familie, wo man sie nicht bekümmert, wächst beständig.

58. Wenn die Frauen einer Familie, denen man nicht die gehörige

Achtung erwiesen hat, über ein Haus ihren Fluch aussprechen, so geht es mit allem, was dazugehört, gänzlich zugrunde, ebenso, als ob es durch das Opfer für den Tod eines Feindes vernichtet worden wäre.

59. Daher müssen Männer, die reich werden wollen, die Frauen beständig mit Schmuck, Kleidern und Nahrung an Festen und Freudentagen versorgen.

60. Diejenige Familie, in welcher der Mann mit seiner Frau und die Frau mit ihrem Mann zufrieden ist, wird gewiß in ununterbrochenem Wohlstande bleiben.

61. Gewiß, wenn eine Frau nicht mit Sorgfalt gekleidet ist, kann sie ihren Mann nicht aufheitern; und wenn es ihrem Herrn an Heiterkeit fehlt, so werden sie keine Kinder bekommen.

62. Wenn eine Frau schön geputzt ist, so ist ihr ganzes Haus geziert; aber wenn sie nicht geschmückt ist, so wird es allen anderen an Ansehen mangeln.

63. Durch sträfliche Heiraten, durch Vernachlässigung vorgeschriebener Zeremonien, durch versäumtes Lesen des Veda und durch Unachtsamkeit gegen *Brahmanen* sind große Familien heruntergekommen.

64. Desgleichen, wenn sie Handwerke trieben, Geld auf Zinsen liehen oder sich in andere Geldgeschäfte einließen, wenn sie nur mit *Shudra*frauen Kinder zeugten, wenn sie mit Kühen, Pferden und Wagen handelten und wenn sie Ackerbau trieben oder einem Könige aufwarteten.

65. Große Familien, welche aus Mangel an heiliger Kenntnis denen opfern, die nicht dazu berechtigt sind und auch leugnen, daß gute Handlungen künftig belohnt werden, richten sich in kurzer Zeit zugrunde.

66. Aber Familien, welche durch die Kenntnis des Veda bereichert sind, ob sie gleich wenig zeitliche Güter besitzen, werden unter die Großen gerechnet und erwerben ausgebreiteten Ruhm.

67. Ein Hausvater muß die häuslichen Zeremonien mit dem Hochzeitsfeuer verrichten, wie es die Gesetze vorschreiben, ferner die Zeremonien der fünf großen Sakramente und die verschiedenen, auf alle Tage festgesetzten Gebräuche beachten.

68. Ein Hausvater hat fünf Mordplätze – oder wo kleine lebendige Geschöpfe umkommen können –, seinen Küchenherd, seinen Schleifstein, seinen Besen, seinen Stößel und seinen Mörser sowie sein Wassergefäß, durch deren Gebrauch er ein Sklave der Sünde wird.

69. Um die Vergehen, deren er sich wider sein Wissen in diesen nach der Reihe angeführten Orten schuldig gemacht hat, auszusöhnen, haben vortreffliche Weise verordnet, daß ein Hausvater alle Tage die fünf großen Sakramente feiern soll.

70. Die Schrift lesen und studieren ist das Sakrament des Veda; Kuchen und Wasser darbringen das Sakrament der abgeschiedenen Seelen; eine Spende ins Feuer das Sakrament der Gottheiten; Reis oder andere Lebensmittel lebendigen Geschöpfen geben das Sakrament der Geister; Gäste mit Ehrerbietung aufnehmen das Sakrament der Menschen.

71. Wer diese fünf großen Zeremonien nicht unterläßt, wenn er sie ausüben kann, den beflecken die Sünden der fünf Mordplätze nicht, ob er gleich beständig zu Hause bleibt.

72. Aber wer nicht fünf Klassen von Wesen in Ehren hält, nämlich die Gottheiten, die, welche um Bewirtung bitten, die, welche er nach den Gesetzen erhalten muß, seine verstorbenen Vor-Eltern und sich selbst, ein solcher lebt nicht, ob er gleich atmet.

73. Einige nennen die fünf Sakrament *Ahuta* und *Huta*, *Prahuta*, *Brahmyahuta* und *Prasita.*

74. *Ahuta* – oder nicht dargebracht – ist göttliches Studium; *Huta* – oder dargebracht – ist die Spende ins Feuer; *Prahuta* – oder wohl dargebracht – ist die Nahrung, welche Geistern gegeben wird; *Brahmyahuta* ist die Hochachtung, die man wiedergeborenen Gästen erzeigt; *Prasita* – oder wohlgegessen – ist Reis oder Wasser, welches den abgeschiedenen Seelen der Vorfahren dargebracht wird.

75. Jedermann beschäftige sich in diesem zweiten Stande mit täglichem Lesen der Schrift und mit Feiern des Sakrament der Götter; denn er unterhält diese ganze Tier- und Pflanzenwelt, während er sich mit dem Sakrament der Gottheiten beschäftigt.

76. Seine gehörig in die Flammen gegossene Spende gesäuberter Butter steigt im Rauche zur Sonne auf und aus der Sonne fällt wieder

der Regen herab, aber mit Hilfe des Regens sprießen die eßbaren Pflanzen empor und von diesen nähren sich die Tiere.

77. Die Hausväter sind ebenso notwendig zur Erhaltung der verschiedenen Stände unter den Menschen, wie die Luft allen Geschöpfen zum Leben.

78. Und weil Männer aus den drei anderen Ständen täglich von ihnen mit göttlicher Gelehrsamkeit und mit Lebensmitteln versorgt werden, deshalb gehören Hausväter zum vorzüglichsten Stande.

79. Wer nun nach unvergänglicher Glückseligkeit im Himmel und nach frohen Gefühlen in dieser Welt strebt, muß das Ansehen dieses Standes auf das sorgfältigste behaupten, welches niemand zu tun imstande ist, der nicht seinen Körper beherrscht.

80. Die göttlichen Weisen, die abgeschiedenen Seelen, die Götter, die Geister und die Gäste flehen Segen und Wohlstand auf die Hausväter herab; daher muß sie ein Hausvater, welcher seine Pflicht kennen will, auf folgende Art ehren:

81. Er ehre die Weisen durch das Studium des Veda, die Götter durch gesetzmäßige Spenden ins Feuer, die abgeschiedenen Seelen durch fromme Totenfeiern, Menschen durch Unterstützung mit Lebensmitteln und Geister durch Geschenke an alle belebten Geschöpfe.

82. Er opfere alle Tage eine *Graddha* mit gekochtem Reis und dergleichen mit Wasser oder mit Milch, mit Wurzeln und Früchten, denn so erlangt er die Gunst der Vorfahren.

83. Zu demjenigen der fünf Sakramente, welches für die *Pitris* gefeiert wird, kann er einen *Brahmanen* einladen; aber wenn er allen Göttern opfert, darf er keinen einzigen Priester einladen.

84. Ein *Brahmane* muß in seinem Hause auf dem Feuer, welches er nach der Vorschrift des Gesetzes zur Zubereitung der Speise für alle Götter unterhält, den folgenden Gottheiten täglich ein Opfer bringen:

85. Erst dem *Agni*, dem Gott des Feuers und dem Mondgott, dann beiden zugleich, nachher den versammelten Göttern und dem *Dhanvantari*, dem Gott der Heilkunde.

86. Der *Cuhu*, Göttin des Tages, an welchem man den Neumond sehen kann, der *Anumati*, Göttin des Tages nach der Opposition,

dem *Prajapati* – oder dem Herrn der Geschöpfe –, der *Dyava* und *Prithivi*, Göttinnen der Luft und der Erde und zuletzt dem Feuer des guten Opfers.

87. Wenn er auf diese Art mit unverminderter Aufmerksamkeit gesäuberte Butter nach allen Weltgegenden von Morgen an nach Mittag zu, dem *Indra*, *Dama* und *Varuna* und dem Gott *Soma* dargebracht hat, dann muß er seine Gabe den belebten Geschöpfen mit folgenden Worten überreichen:

88. „Ich grüße die *Maruts* oder Winde" und Reis an ihre Tür schütten. Unter Hersagung der Worte: „Ich grüße die Wassergötter", schütte er Reis ins Wasser und dann auf seinen Mörser und seinen Stößel mit den Worten: „Ich grüße die Götter der großen Bäume".

89. Das gleiche soll er nach Nordosten zu tun oder bei seinem Hauptkissen zu Ehren der *Shri*, Göttin des Überflusses, nach Südosten zu oder am Fuße seines Bettes zu Ehren der gnädigen Göttin *Bhadracali*, in der Mitte seiner Wohnung zu Ehren *Brahmas* und seines Familiengottes.

90. Das Opfer für die sämtlichen Götter werfe er in die freie Luft, bei Tage für die Geister, die im Lichte wandeln, und bei Nacht für die, welche in der Finsternis wandeln.

91. Er werfe auf den obersten Teil seines Hauses oder hinter seinen Rücken das Opfer für die Wohlfahrt aller Geschöpfe und was übrig ist, gebe er, mit seinem Gesichte nach Mittag gekehrt, den *Pitris*.

92. Was bestimmt ist für die Hunde, für Ausgestoßene, für Hundeführer, für Sünder mit dicken Füßen oder Auszehrung bestraft, für Krähen und Ungeziefer, das soll er allmählich auf die Erde fallen lassen.

93. Ein *Brahmane*, der auf diese Art täglich alle Wesen ehrt, wird geradewegs in die höchste Sphäre mit verklärter Gestalt emporsteigen.

94. Wenn er diese Pflicht der Opfer erfüllt hat, dann nötige er seinen Gast zu dem, was aufgetragen ist, ehe er selbst etwas davon genießt und gebe etwas Reis dem Bettler, welcher den Veda studiert, wie es verordnet ist.

95. Die Tugend des wiedergeborenen Hausvaters, der einem reli-

giösen Bettler einen Mundvoll Reis gegeben hat, soll ebenso reichlich belohnt werden wie die Freigebigkeit eines Schülers, der, um der Vorschrift des Gesetzes nachzukommen, seinem Lehrer eine Kuh dargereicht hat.

96. Einem *Brahmanen*, der das wahre Prinzip des Veda kennt, gebe er nach Verrichtung gehöriger Zeremonien etwas Reis oder einen Topf voll Wasser, mit Früchten und Blumen bekränzt.

97. Überreste der Opfer, welche den Göttern oder den abgeschiedenen Seelen dargebracht worden sind, verderben gänzlich, wenn Leute, die ihre Pflicht nicht achten, sie aus Verblendung unwissenden *Brahmanen* geben, die bloße Asche sind.

98. Aber ein Opfer in das Feuer eines Priestermundes, welcher in hellen Flammen wahrer Kenntnis und Frömmigkeit lodert, wird den Geber aus Not und selbst aus Todsünde erlösen.

99. Einen Gast, der von selbst kommt, lasse er, nach geziemenden Höflichkeitszeremonien, sich setzen, gebe ihm Wasser und ein Mahl, so gut er es zubereiten kann.

100. Ist der angekommene Gast ein *Brahmane* und nicht mit gebührender Achtung aufgenommen worden, so eignet er sich selbst alle die Belohnung der vorigen Tugend des Hausvaters zu, hätte dieser auch so mäßig gelebt, daß er sich von aufgelesenen Ähren nährte, wäre er auch so fromm gewesen, daß er in fünf besondere Feuer Spenden dargebracht hätte.

101. Gras und Erde, sich darauf zu setzen, Wasser zum Waschen der Füße und viertens freundliche Worte fehlen in den Wohnungen der Guten nie, ob sie gleich noch so arm sein mögen.

102. Ein *Brahmane*, der nur eine Nacht über als Gast verweilt, heißt ein *Atit' hi*, weil er seinen kurzen Aufenthalt nicht einmal auf einen ganzen *tit' hi* – oder einen Mondtag – ausdehnt.

103. Ein Hausvater darf den, der in der gleichen Stadt wohnt und ihn nur besucht oder einen *Brahmanen*, der Geschäfte halber zu ihm kommt, als keinen *Atit' hi* betrachten, wenn er auch in das Haus kommt, wo seine Frau wohnt und wo seine Feuer brennen.

104. Wenn sich Hausväter als vorgebliche Gäste bei anderen zu Mahlzeiten einschleichen, so werden sie wegen dieser Niederträch-

tigkeit nach ihrem Tode in den Zustand des Viehs herabsinken, welches dem Geber der Nahrungsmittel gehört.

105. Des Abends schicke ein Hausvater keinen Gast fort, denn die untergehende Sonne sendet ihn, und er darf nicht ohne Erfrischung im Hause gelassen werden, sein Besuch mag nun zu gelegener oder ungelegener Zeit kommen.

106. Auch esse er keine leckeren Speisen, ohne dem Gast davon angeboten zu haben; die Zufriedenheit des Gastes wird dem Hausvater gewiß Reichtum, Ehre, langes Leben und einen Platz im Himmel verschaffen.

107. Vornehme Gäste behandele er mit der größten, niedrige mit der wenigsten und seinesgleichen mit gebührender Aufmerksamkeit, er biete ihnen Sitze und Ruheplätze an, begleite sie beim Abschied ihrem Stande gemäß und betrage sich während des Besuches ehrerbietig gegen sie.

108. Wenn ein Gast nach schon vollendetem Opfer für alle Götter kommt, so muß ihm der Hausherr zwar ein Mahl zubereiten, aber er braucht das Opfer für beseelte Wesen nicht zu wiederholen.

109. Kein *Brahmanen*-Gast muß, nur um eine Mahlzeit zu erhalten, seine Familie und Ahnen herpreisen, wer dies tut, wird von den Weisen ein *Vantasi* – oder ein sich schändlich nährender Dämon – genannt.

110. In dem Hause eines *Brahmanen* wird ein Soldat nicht Gast genannt, ebensowenig wie jemand aus der Handels-Kaste oder dienenden Klasse, ein vertrauter Freund, ein Verwandter von väterlicher Seite oder sein Lehrer.

111. Aber wenn ein Krieger in sein Haus kommt, so muß etwas Essen für ihn zubereitet werden, so wie er es verlangt, wenn zuvor die oben erwähnten *Brahmanen* gegessen haben.

112. Selbst einem Handelsmanne oder einem Arbeiter, die als Gäste in sein Haus kommen, muß er Essen geben und sich nebst seinen Bedienten gegen sie freundlich betragen.

113. Anderen, zum Beispiel vertrauten Freunden und den übrigen oben Benannten, wenn sie aus Freundschaft in seine Wohnung kommen, bereite er ein gemeinschaftliches Mahl zu, an welchem er

und seine Frau teilnehmen können und schaffe alles nach seinem Vermögen reichlich herbei.

114. Einer Braut und einer Jungfrau, Kranken und schwangeren Frauen muß er ohne Anstand und noch ehe er seine Gäste bedient, Essen darreichen.

115. Wer so töricht ist, sein Mahl zu sich zu nehmen, ohne den eben genannten Personen etwas davon anzubieten, weiß, indem er sich vollstopft, nicht, daß er nach dem Tode eine Speise für Kettenhunde und Geier sein wird.

116. Nach der Mahlzeit des *Brahmanen*-Gastes, seiner Verwandten und seiner Bedienten, kann das Ehepaar des Hauses essen, was unberührt übriggeblieben ist.

117. Wenn der Hausvater den Geistern, den heiligen Weisen, Männern, Vorfahren und Hausgöttern seine Hochachtung bezeigt hat, kann er die Überbleibsel dieser Opfer selbst genießen.

118. Wer nur das genießt, was für ihn selbst zubereitet ist, ißt nichts als Sünde, aber ein Mahl oder Überreste nach den Sakramenten, heißt der Schmaus der Guten.

119. Wenn ein Hausvater einen König, einen Opferer, einen Schüler, der von seinem Lehrer zurückgekehrt ist, einen Schwiegersohn, einen Schwiegervater oder einen Oheim mütterlicher Seite bewirtet hat, so lege er ihnen wiederum ein Jahr darauf mit einem *Madhuperca* – oder Geschenk von Honig, Matten und Früchten – seine Achtung an den Tag.

120. Wenn ein König oder ein *Brahmane* unter der Feier seines Sakramentes kommt, so verehre man ihnen ein *Madhuperca*, aber nicht, wenn es schon vorüber ist: Diese Regel ist unveränderlich.

121. Abends opfere die Frau die zugerichteten Speisen, aber ohne sich einiger Vedasprüche dabei zu bedienen; des Abends und des Morgens ist ein Opfer für die versammelten Götter verordnet, welches deswegen *Vaishvadeva* heißt.

122. Die Wiedergeborenen müssen alle Monate am finsteren Tage des Mondes, nach dem täglichen Sakrament der *Pitris* und wenn ihr Feuer noch flammt, die feierliche *Sraddha*, *Pindanvaharya* genannt, verrichten.

123. Weise haben die monatliche *Sraddha* durch den Namen *Anvahrya* – oder nachgegessen, das heißt nach der *Pinda* oder Reiskugeln gegessen –, ausgezeichnet; sie muß mit äußerster Sorgfalt und mit sehr guter Fleischspeise verrichtet werden.

124. Ich will nun ausführlich und vollständig darlegen, welche *Brahmanen* bei dieser Zeremonie bewirtet und welche ausgeschlossen werden müssen, und wie viele und was für Speisen man zu essen geben muß.

125. Bei der *Sraddha* der Götter kann er zwei *Brahmanen* bewirten; bei der seines Vaters, seines väterlichen Großvaters und seines väterlichen Eltervaters drei; oder nur einen bei der *Sraddha* der Götter und einen bei der seiner drei Vorfahren von väterlicher Seite: ob er gleich sehr reich sein mag, so muß er doch nicht wünschen, eine große Gesellschaft zu bewirten.

126. Eine große Gesellschaft raubt folgende fünf Vorteile: Hochachtung für die Priester, gehörige Rücksicht auf Zeit und Ort, Reinigkeit und die Erwerbung tugendhafter *Brahmanen*; daher muß es ihm nie darum gehen, daß er sehr viele bewirte.

127. Die geziemende Ehre, die den abgeschiedenen Seelen an dem finsteren Tage des Mondes bezeigt wird, ist unter dem Namen *Pitrya* – oder vorelterlich – berühmt; die gesetzmäßige Zeremonie zur Ehre der abgeschiedenen Geister belohnt den, welcher solche Totenfeiern unternimmt, mit immerwährender Frucht.

128. Spenden für die Götter und Ahnen sollten einem höchst verehrungswürdigen *Brahmanen* gegeben werden, der völlig im Veda bewandert ist, da das, was ihm gegeben wird, die größte Belohnung nach sich zieht.

129. Dafür, daß er einen gelehrten Mann bei dem Opfer der Götter und bei dem der Vorfahren bewirtet, wird er reichlicher belohnt, als wenn er dem gemeinen Volke zu essen gibt, welches die heiligen Schriftlehren nicht versteht.

130. Er muß sich bei einem *Brahmanen*, der bis ans Ende des Veda gekommen ist, nach dessen Vorfahren, selbst nach den entferntesten, erkundigen; ein solcher Mann, wenn er von guten Männern herstammt, kann zu den Opfern, die man den Göttern und Ahnen

darbringt, gelassen werden, so ein Mann heißt mit Recht ein *Atit' hi* – oder Gast.

131. Wahrlich, wenn man auch eine Million von Leuten, die nicht in heiligen Grundsätzen unterrichtet sind, speisen wollte, so würde doch ein einziger Mann, der in der Schrift gelehrt und völlig mit seiner Bewirtung zufrieden ist, mehr wert sein, als die übrigen alle zusammen.

132. Speisen, die den Göttern und den abgeschiedenen Seelen geheiligt sind, müssen einem Gottesgelehrten von vorzüglicher Gelehrsamkeit dargebracht werden; denn gewiß, wenn Hände mit Blut befleckt sind, so können sie nicht mit Blut gereinigt werden, und Sünde kann nicht von einer Menge Sündern getilgt werden.

133. Der Geber der *Sraddha* muß in der künftigen Welt ebenso viele glühende eiserne Kugeln verschlingen wie ein Ungelehrter bei einem Opfer der Götter und Vorfahren Bissen verschluckt hat.

134. Einige *Brahmanen* streben nach Kenntnis der Schrift, andere nach strenger Kasteiung, manche nach beiden, und andere bemühen sich um die Ausübung heiliger Gebräuche.

135. Opfer für die abgeschiedenen Seelen der Vorfahren sollte man sorgfältig denen vorsetzen, die sich um heilige Gelehrsamkeit bemühen, aber Opfer für Götter kann man mit den gehörigen Zeremonien den *Brahmanen* aller vier Gattungen darreichen.

136. Es ist möglich, daß man einen *Brahmanen* findet, dessen Vater nicht die Schrift studiert hatte, obgleich der Sohn bis ans Ende derselben gekommen ist; auch ist es möglich, daß man einen findet, dessen Sohn den Veda nicht gelesen hat, obgleich der Vater bis ans Ende desselben gekommen war.

137. Unter diesen beiden sollen die Menschen den für vorzüglicher halten, dessen Vater die Schrift studiert hatte; aber wegen der Verrichtung der Zeremonien mit heiligen Schriftstellen verdient auch der andere Ehrerbietung.

138. Bei verordneten Totenfeiern soll niemand seinem vertrauten Freunde Speisen darreichen, weil man einem Freunde durch Geschenke anderer Art zu nützen suchen muß. Aber wer seine *Sraddha* verrichtet, soll dem *Brahmanen*, den er weder für seinen Freund noch Feind hält, Nahrungsmittel geben.

139. Derjenige, dessen Leichenbegängnis und Opfer von gesäuberter Butter vornehmlich aus Freundschaft besorgt werden, hat im künftigen Leben wegen seines Leichenbegängnisses und seines Opfers keinen Vorteil zu erwarten.

140. Derjenige, welcher aus Selbstbetrug zeitliche Verhinderungen durch Leichenfeierlichkeiten knüpft, ist von den himmlischen Wohnungen als ein Geber der *Sraddha* der Freundschaft wegen ausgeschlossen und ist der niedrigste der Wiedergeborenen.

141. Das Geschenk eines solchen Schmauses unter Männern aus den drei höchsten Klassen heißt die Gabe der *Pisachas* und wird auf Erden zurückgehalten wie eine blinde Kuh in einem Stalle.

142. Gleich wie ein Landmann, der auf einen unfruchtbaren Boden gesät hat, kein Getreide erntet, so erhält der, welcher die heiligen Zeremonien verrichtet, wenn er einem ungelehrten *Brahmanen* gesäuberte Butter gegeben hat, keine Belohnung im Himmel.

143. Aber wenn man, nach der Verordnung des Gesetzes, einem gelehrten Theologen ein Geschenk macht, so genießen sowohl der Geber als der Empfänger in dieser und in der künftigen Welt die Vorteile davon.

144. Wenn kein gelehrter Brahmane in der Nähe ist, so kann er einen Freund nach seinem Gefallen zur *Sraddha* einladen; aber keinen Feind, wenn er auch noch so gelehrt ist: denn wenn ein Feind vom Opfer ißt, so verliert es allen guten Erfolg im künftigen Leben.

145. Er muß es sich sehr angelegen sein lassen, bei der *Sraddha* einen Priester zu speisen, welcher die ganze Schrift gelesen und vornehmlich den *Rigveda* studiert hat; ferner einen, der alle Abteilungen, aber besonders die *Yajurs* inne hat und einen, welcher sich das Ganze zu eigen gemacht und dem *Sama* besondere Aufmerksamkeit gewidmet hat.

146. Wenn einer dieser drei *Brahmanen* nach gehöriger Ehrbezeigung von einem Opfer gegessen hat, so werden die Vorfahren dessen, der es darbrachte, beständig bis zur siebenten Person oder bis in den sechsten Grad befriedigt sein.

147. Dies ist die Hauptvorschrift, wenn man Göttern und Vorfahren eine *Sraddha* darbringen will. Folgendes aber kann man als ei-

ne Vorschrift zur Aushilfe betrachten, wo keine solchen gelehrte Priester zu finden sind, und sie wird beständig von guten Leuten beachtet:

148. Er bewirte seinen Großvater und Oheim mütterlicher Seite, den Sohn seiner Schwester, seinen Schwiegervater, seinen geistlichen Führer, den Sohn seiner Tochter oder ihren Gatten, seinen Vater mütterlicher Seite, seinen Haus-Priester oder den, der sein Opfer verrichtet.

149. Niemand, der Kenntnis von den Gesetzen hat, soll, wenn er den Göttern opfern will, sehr genau nach den Verwandten eines *Brahmanen* fragen; wenn er aber den Vorfahren eine Spende zubereitet hat, so soll er mit großer Sorgfalt sich danach erkundigen.

150. Diejenigen *Brahmanen*, welche einen kleinen Diebstahl oder ein größeres Verbrechen begangen haben, die, die der Mannheit beraubt sind oder die offenbar an kein künftiges Leben glauben, sind von Manu für unwürdig erklärt worden, an der Ehre einer *Sraddha* für die Götter oder Vorfahren teilzunehmen.

151. Einen Beflissenen der Gottesgelehrtheit, der den Veda nicht gelesen hat, einen Mann, welcher für vorige Verbrechen dadurch bestraft ist, daß er ohne Vorhaut geboren wurde, einen Spieler und die, welche viele Opfer für andere Leute verrichten, muß er nie bei heiligen Leichenbegängnissen speisen.

152. Ärzte, gewinnsüchtige Bilderverehrer, Eßwarenhändler und die, welche von Krämerei leben, dürfen bei Opfern für die Götter und Vorfahren nie zugegen sein.

153. Ein öffentlicher Diener der ganzen Stadt oder des Fürsten, ein Mann mit weißen Geschwüren an seinen Nägeln oder mit schwarzgelben Zähnen, ein Gegner seines Lehrers, einer, der das heilige Feuer verläßt und ein Wucherer,

154. ein Schwindsüchtiger, ein Viehfütterer, einer, der die fünf großen Sakramente verabsäumt, ein Verächter der *Brahmanen*, ein jüngerer Bruder, welcher eher als sein älterer verheiratet ist, ein älterer Bruder, der nicht vor seinen jüngeren verheiratet ist und ein Mann, welcher von dem Reichtum vieler Verwandten lebt,

155. ein Tänzer, einer, der die Vorschrift der Keuschheit im ersten oder vierten Stande übertreten hat, der Ehemann einer *Shudra*,

der Sohn einer zweimal verheirateten Frau, ein Einäugiger und ein Ehemann, in dessen Hause ein Ehebrecher wohnt,

156. einer, der sich für seinen Unterricht im Veda bezahlen läßt, einer, der einem solchen Lehrer Lohn gibt, der Schüler eines *Shudra* und der *Shudra-Lehrer*, einer, der unaufhörlich spricht, der Sohn einer Ehebrecherin, der vor oder nach dem Tode des Mannes geboren ist,

157. der, welcher ohne gerechte Ursache seine Mutter, seinen Vater oder Lehrer verläßt und ein Mann, welcher sich entweder durch Schrift- oder Heiratsverwandtschaft mit großen Sündern in Verbindung einläßt,

158. ein Mordbrenner, ein Giftmischer, derjenige, der Speisen ißt, die ihm der Sohn einer Ehebrecherin darreicht, wer die Mondpflanze, eine Art von Bergraute, verkauft, ein Schiffer auf dem Meere, ein dichterischer Lobredner, ein Ölverkäufer und einer, der zum Meineid anreizt,

159. einer, der mit seinem Vater zankt, einer, der Spieler zu seinem Vorteil braucht, einer, der starke Getränke trinkt, ein Mann, der wegen seiner Sünde mit dem Aussatze bestraft ist, einer, der im üblen Rufe ist, ein Betrüger und einer, der mit Getränken handelt,

160. einer, der Bogen und Pfeile macht, der Mann einer jüngeren Schwester, die sich eher als die ältere, die ihre rechte Schwester war, verheiratet hat, einer, der seinem Freunde schadet, einer, der ein Spielhaus hält und ein Vater, der von seinem eigenen Sohne im Veda unterrichtet worden ist,

161. einer, der die fallende Sucht hat, ein öffentlicher Angeber, ein Mondsüchtiger, ein blinder Mann und ein Verächter der Schrift, diese alle müssen gemieden werden.

162. Ein Bezähmer von Elefanten, Stieren, Pferden oder Kamelen, ein Sterndeuter, einer, der Vögel hält und einer, der den Gebrauch der Waffen lehrt,

163. einer, der das Wasser ableitet und der, welcher sich ein Vergnügen daraus macht, den Lauf desselben zu hemmen, der, welcher Häuser für Gewinn baut, ein Bote und einer, der Bäume für Geld pflanzt,

164. einer, der Jagdhunde zieht, einer, der Falken zähmt, ein Verführer der Jungfrauen, ein Schadenfroher, ein *Brahmane*, der wie ein *Shudra* lebt, einer, der nur den Untergöttern opfert,

165, einer, der die gebilligten Gebräuche nicht beachtet und einer, der auf vorgeschriebene Pflichten nicht achtet, einer, der immer ungestüm um Gefälligkeiten bittet, einer, der sich durch Ackerbau unterhält, ein Mann mit einem Klumpfuß und einer, den die Tugendhaften verachten,

166. ein Schäfer, einer, der Büffel hält, der Ehemann einer zweimal verheirateten Frau und der, welcher tote Körper für Geld wegschafft, müssen sehr sorgfältig vermieden werden.

167. Die niedrigsten unter den Brahmanen, deren Sitten verächtlich sind und die nicht in die Gesellschaft bei einem Mahle zugelassen werden können, muß ein vornehmer und gelehrter Priester bei beiden *Sraddha* vermeiden.

168. Ein *Brahmane*, welcher nicht in der heiligen Schrift unterrichtet ist, verlöscht in einem Augenblick wie ein Feuer aus trockenem Grase; ihm muß kein Opfer gegeben werden; denn man soll die gesäuberte Butter nicht auf Asche gießen.

169. Nun will ich ausführlich berichten, was für eine Belohnung derjenige im folgenden Leben zu erwarten hat, der bei der *Sraddha* der Götter und der Vorfahren Männer gespeist hat, die man nicht in Gesellschaft aufnehmen sollte.

170. Die *Rakshasas* verschlingen gierig die Speisen, die man Brahmanen gibt, die die Vorschriften ihres Standes überschritten haben oder einem jüngeren Bruder, welcher eher als der ältere heiratet und den übrigen, die nicht in Gesellschaften aufgenommen werden dürfen.

171. Wer sich in einen Heiratsvertrag mit dem ehelichen Feuer einläßt, während sein älterer Bruder noch unverheiratet ist, heißt *Perivettri*, und der ältere Bruder wird als ein *Perivitti* bezeichnet.

172. Der *Perivettri*, der *Perivitti*, die Braut, der, welcher sie verheiratet und der Vollzieher des Hochzeitopfers, alle sinken in eine Gegend der Qual.

173. Der, welcher mit der Witwe seines verstorbenen Bruders un-

züchtig scherzt, wenn sie auch nach dem Gesetze an ihn verheiratet ist, heißt der Mann einer *Didhishu*.

174. Zwei Söhne, genannt ein *Kunda* und ein *Golaka*, werden im Ehebruche geboren; der *Kunda* während der Ehemann noch am Leben ist und der *Golaka*, wenn der Ehemann tot ist.

175. Diese von Ehebrechern geborenen Tiere vernichten in dieser und in der künftigen Welt die Speisen, die ihnen von denen dargereicht werden, welche den Göttern oder den abgeschiedenen Seelen Opfer bringen.

176. Wer törichterweise eine *Sraddha* gibt, verliert im künftigen Leben den Vorteil so vieler annehmlicher Gäste, wie ein Dieb oder eine dergleichen Person, welche nicht in Gesellschaften aufgenommen werden muß, zu sehen imstande ist.

177. Wenn man einen Blinden dahin stellt, wo ein Sehender seine Augen nutzen könnte, so verscherzt man die Vergeltung von neunzigen; wenn man einen Einäugigen dahin stellt, so verscherzt man die Belohnung von sechzig; durch einen Aussätzigen von hundert und durch einen, der mit geschwollenen Beinen gestraft ist, von tausend.

178. Wenn nun jemand für einen *Shudra* opfert und einen hier genannten Verworfenen eingeladen hat, so bringen ihm die Geschenke, welche er bei der *Sraddha* den *Brahmanen* gibt, nicht den geringsten Vorteil, wenn er auch so viele beschenkt hätte, wie er berühren kann.

179. Wenn ein *Brahmane*, der den Veda versteht, von dem, welcher ein solches Opfer darbringt, aus Geiz Geschenke annimmt, so wird er in kurzer Zeit wie eine Figur von ungebranntem Ton im Wasser zugrunde gehen.

180. Nahrungsmittel, die man einem Verkäufer der Mondpflanzen gibt, werden in einer anderen Welt zu Unrat; die, welche man einem Arzte gibt, werden zu eiterndem Blut, und der Geber wird zu einem Ungeziefer, das sich darin erzeugt; bietet man sie einem Bildverkäufer an, so sind sie weggeworfen und bei einem Wucherer infam.

181. Speise, die man einem Kaufmann gibt, dauert weder in diesem noch in dem künftigen Leben und die, welche man einem *Brahmanen* schenkt, der eine Witwe geheiratet hat, gleicht gereinigter Butter, die auf Asche als eine Spende ins Feuer geworfen wird.

182. Die Speise, die den anderen vorerwähnten bösen, unzulässigen Leuten gegeben wird, ist nach dem Ausspruche der Weisen weiter nichts als tierisches Öl, Blut, Fleisch, Haut und Knochen.

183. Vernimm nun kurz, durch welche *Brahmanen* eine Gesellschaft gereinigt werden kann, wenn sie durch unzulässige Personen verunreinigt worden ist: *Brahmanen*, die die vorzüglichsten ihrer Klassen und Reiniger jeder Gesellschaft sind.

184. Man muß diejenigen Priester als die Reiniger einer Gesellschaft betrachten, die am gelehrtesten in allen Veden und in allen *Angas* derselben sind, sowie ihre Nachkommen, welche die ganze Schrift gelesen haben.

185. Ein Priester, welcher einen Hauptteil des *Yajurveda* versteht, einer, der die fünf Feuer nie ausgehen läßt, einer, der in einem Hauptteile des *Rigveda* erfahren ist, einer, der die sechs *Vedangas* auslegt, der Sohn einer *Brahmi* – oder einer Frau, welche mit der *Brahma-Zeremonie* verheiratet worden ist – und einer, der den vorzüglichsten *Sama* singt.

186. Einer, der den Sinn der Veden, den er von seinem Lehrer lernt, auslegen kann, ein Schüler, welcher tausend Kühe zu frommen Absichten gegeben hat, und ein hundertjähriger *Brahmane* müssen alle als Reiniger einer Gesellschaft bei einer *Sraddha* angesehen werden.

187. Entweder an dem Tage vor einem heiligen Leichenbegängnis oder am Tage selbst, an dem es gehalten wird, sollte der, welcher es feiert, mit gehöriger Ehrerbietung dergleichen *Brahmanen* einladen, wie sie hier erwähnt worden sind; gewöhnlich einen vom höheren Range, welcher drei unter sich hat.

188. Der *Brahmane*, welcher zu einer *Sraddha* für Vorfahren eingeladen worden ist, muß immer enthaltsam sein und nicht einmal die Veden lesen, und der, welcher die Zeremonie verrichtet, muß sich ebenso verhalten.

189. Die verblichenen Ahnen befinden sich ohne Zweifel bei solchen eingeladenen *Brahmanen*, sie schweben um sie wie reine Geister und sitzen bei ihnen, wenn diese sich gesetzt haben.

190. Wenn ein Priester gehörig zu einer *Sraddha* eingeladen worden ist und wenn er seine Zusage nicht hält, so macht er sich eines

schweren Verbrechens schuldig und wird bei seiner künftigen Geburt ein Eber.

191. Wer nach erhaltener Einladung zu einem heiligen Leichenbegängnis eine *Shudra*frau liebkost, nimmt alle die Sünde auf sich, die der Wirt des Gastmahls begangen hat.

192. Die *Pitris* – oder großen Erzeuger – sind frei vom Zorne, nie sinnlichen Lüsten ergeben und mit großen Vorzügen begabt; sie sind Gottheiten der Vorzeit, welche die Waffen fortgelegt haben.

193. Höre nun vollständig, woher sie stammten und von wem und durch welche Zeremonien sie geehrt werden müssen.

194. Die Söhne der *Marichi* und aller anderen *Rishis*, welche die Nachkommen *Manus*, Sohns des *Brahma* waren, werden die Gesellschaften der *Pitris* – oder Vorväter – genannt.

195. Die *Somasads*, welche von *Vira* herstammen, werden als die Vorfahren der *Sadhyas* beschrieben, und die *Agnishvattas*, welche unter den erschaffenen Wesen als Kinder des *Marichi* berühmt sind, werden für die Vorväter der *Devas* gehalten.

196. Die *Daityas*, *Danavas*, *Yakshas*, *Gandharvas*, *Uragas* – oder Schlangen –, die *Rakshasas*, *Garudas* und *Cinnaras* sind Nachkommen der *Barhishads*, welche von *Atri* abstammen.

197. Die Vorväter der Brahmanen sind die sogenannten *Somapas*, die *Kshatriyas* stammen von den *Havishmats*, die *Vaishyas* von den *Ajyapas*, die *Shudras* von den *Sushalins*.

198. Die *Somapas* stammen von mir, *Bhrigu*; die *Havishmats* von *Angiras*, die *Ajyapas* von *Pulastya*; die *Sushalins* von *Basishta*.

199. Diejenigen, die vom Feuer verzehrt und nicht verzehrt werden können, heißen *Agnidagdhas* und *Anagnidagdhas*, die *Shavyas*, *Barhishads*, *Agnishvattas* und *Saumyas* und müssen von den Menschen als die Hauptahnen der *Brahmanen* betrachtet werden.

200. Von diesen, welche gemeinhin für die Hauptstämme der *Pitris* gehalten werden, stammen Söhne und Enkel, die ohne Unterschied als erhabene Vorfahren in dieser Welt gelten.

201. Von den *Rishis* kommen die *Pitris* oder Patriarchen her; von diesen die *Devas* und *Danavas*, von den *Devas* diese ganze Welt der Tiere und Pflanzen in gehöriger Ordnung.

202. Wenn man den Voreltern der Menschen aus redlichen Absichten bloßes Wasser in Gefäßen darbringt, die entweder ganz aus Silber gefertigt oder damit verziert sind, so wird es eine Quelle der Unvergänglichkeit.

203. Wenn *Brahmanen* ihren Voreltern opfern, so ist es von größerer Wichtigkeit, als wenn sie Gottheiten opfern, weil dieses Opfer nur eine bloße Einleitung und Vollendung des ersteren ist.

204. Als ein Verwahrungsmittel des Opfers für die Voreltern muß jeder Hausvater damit anfangen, daß er den Göttern opfert, denn wenn ein Opfer kein solches Verwahrungsmittel hat, so zerreißen es die *Rakshasas* in Stücke.

205. Man opfere den Göttern vor und nach einer *Sraddha*, aber nie mit einem Opfer für die Vorfahren an und ende auch nicht damit, denn wer mit einem Opfer für die *Pitris* anfängt und endet, geht samt seinen Nachkommen halb zugrunde.

206. Der *Brahmane* bestreiche ein gereinigtes und abgelegenes Stück Land mit Kuhmist, trage aber dabei Sorge, einen solchen Platz auszuwählen, welcher einen Abhang nach Mittag zu hat.

207. In leeren Waldöffnungen, die an sich sauber sind, an Ufern von Flüssen und an einsamen Orten ist den göttlichen Manen eine Spende jederzeit angenehm.

208. Erst gehe er, wie es sich gehört, ebenso wie die eingeladenen *Brahmanen* in das Reinigungsbad, und dann führe er einen nach dem anderen von ihnen auf die bestimmten Plätze, die zuvor mit *Kushagras* geweiht wurden.

209. Hat er sie nun achtungsvoll auf ihre Sitze geführt, so muß er erst den Göttern und dann ihnen mit duftenden Blumenkränzen und Wohlgerüchen seine Ehrerbietung bezeugen.

210. Wenn ihnen nun der *Brahmane* Wasser, *Kushagras* und *Tila* gebracht hat, so soll er mit den anderen Brahmanen die Spende nach der Vorschrift des Gesetzes in das heilige Feuer gießen.

211. Hat er vorgeschriebenermaßen erst den *Agni*, *Soma* und *Yama* mit gesäuberter Butter befriedigt, so muß er zunächst die abgeschiedenen Seelen seiner Vorfahren befriedigen.

212. Falls er kein geheiligtes Feuer hat, zum Beispiel, wenn er

noch unverheiratet oder wenn seine Frau soeben verstorben ist, so muß er das Opfer in die Hand eines Brahmanen tröpfeln: Denn ein *Brahmane* besitzt, wie Vedagelehrte sagen, die gleiche Kraft wie Feuer.

213. Bei heiligen Weisen heißen die Hauptwiedergeborenen die Götter der Totenfeiern und werden beschrieben als zornfrei, von wohlwollender Miene und aus einem uralten Geschlechte entsprossen, die sich mit dem Nutzen des Menschengeschlechts beschäftigen.

214. Wenn er gehörigermaßen von Morgen nach Mittag fortgeschritten ist und alle Bestandteile seiner Spende ins Feuer geworfen hat, spritze er mit seiner rechten Hand Wasser auf die Erde.

215. Ferner mache er mit dem Überreste der gesäuberten Butter drei Reiskugeln und opfere sie mit unverwandter Aufmerksamkeit und mit seinem Gesichte nach Mittag gewendet ebenso wie das Wasser.

216. Wenn er diese Kugeln unter gehörigen Zeremonien und mit Aufmerksamkeit den abgeschiedenen Seelen seines Vaters, seines väterlichen Großvaters und Elternvaters dargebracht hat, soll er die gleiche Hand mit *Kushawurzeln*, die er vorher schon gebraucht hatte, abwischen, zum besten seiner väterlichen Vorfahren im vierten, fünften und sechsten Grade, welche den Reis und die gesäuberte Butter, die man auf jene Art daran abwischt, genießen.

217. Dann wasche er sich, wende sich wieder nach Mitternacht zu, halte dreimal den Atem langsam an und begrüße die Götter der sechs Jahreszeiten und auch die *Pitris*, da ihm schickliche Stellen aus dem Veda hinlänglich bekannt sind.

218. Alles übrige Wasser in seinem Kruge muß er bedächtig zu den Reiskuchen zurücktragen und dann mit steter Aufmerksamkeit an den Kuchen in der gleichen Ordnung riechen, in welcher sie geopfert wurden.

219. Darauf nehme er ein wenig von den Kuchen nach der Reihe und lasse, wie es das Gesetz vorschreibt, die sitzenden *Brahmanen* davon essen.

220. Wenn sein Vater noch lebt, so muß er die *Sraddha* seinen Voreltern in den drei höheren Graden darbringen, oder er muß seinen Vater ebenso wie einen *Brahmanen* bei dem Leichenbegängnis essen lassen.

221. Ist aber sein Vater tot und sein Großvater lebt noch, so muß er, wenn er den Namen seines Vaters feiert, das ist, wenn er ihm ein Leichenbegängnis veranstaltet, auch seinem väterlichen Elternvater ein feierliches Andenken widmen.

222. Ein Großvater väterlicher Seite kann entweder – so spricht Manu – an der *Sraddha* teilnehmen oder, wenn sein Enkel von ihm bevollmächtigt ist, so kann er die Zeremonie nach seinem Gutdünken verrichten.

223. Nachdem er nun *Kushagras* und *Tila* in die Hände der *Brahmanen* gelegt und Wasser darauf gegossen hat, gebe er ihnen den oberen Teil der Kuchen und sage: „Svadha den abgeschiedenen Seelen!"

224. Darauf muß er selbst in beiden Händen ein Gefäß mit Reis herbeibringen, es bedächtig den *Brahmanen* vorsetzen und dabei immer an die *Pitris* denken.

225. Den Reis, welchen man fortträgt und nicht in beiden Händen hält, zerstreuen die mißgünstigen *Asuras* in viele Teile.

226. Er muß sich erst waschen und dann die Brühen, Gemüse und andere Speisen, welche auf den Reis gelegt sind sowie die frische und geronnene Milch, die gesäuberte Butter und den Honig zuerst auf die Erde setzen und dabei an nichts anderes denken.

227. Dann muß er gewürzte Puddings und verschiedene Milchgerichte, Kräuter, Wurzeln und reife Früchte, schmackhafte Speisen und wohlriechende Getränke dazu setzen.

228. Endlich muß er sich gehörig reinigen, mit vollkommener Geistesgegenwart alle Gerichte einzeln aufheben, sie nach der Ordnung den Brahmanen darreichen und ihre Eigenschaften nennen.

229. Er muß dabei nie eine Träne fallen und sich durch nichts zum Zorne reizen lassen, er muß die Gerichte nicht mit seinem Fuße berühren, noch die Speisen rütteln.

230. Eine Träne sendet die Speisen zu unruhigen Geistern, Zorn zu Feinden, Falschheit zu Hunden, Berührung mit dem Fuße zu Dämonen, Erschütterung zu Sündern.

231. Alles, was den *Brahmanen* angenehm ist, muß er ohne Neid hergeben und dann über die Eigenschaften Gottes sprechen; die abgeschiedenen Seelen erwarten eine Rede darüber.

232. Bei den Totenfeiern der Vorfahren muß er die *Brahmanen* Stellen aus dem Veda, aus den Gesetzbüchern, aus moralischen Erzählungen, aus Heldengedichten, aus den *Puranas* und aus theologischen Aussprüchen hören lassen.

233. Wenn er nun selbst vergnügt ist, dann bemühe er sich, auch die *Brahmanen* aufzuheitern und nötige sie, allmählich von den Gerichten zu essen, er lade sie wiederholt mit gekochtem Reis und anderen Speisen dazu ein und erwähne die Güte der Speisen.

234. Den Sohn seiner Tochter, wenn er auch ein Schüler der Gottesgelehrtheit ist, muß er bei einer *Sraddha* mit Vorsicht bewirten, er muß ihm zu seinem Sitze eine weiße Decke aus Nepal geben und die Erde mit *Tila* bespritzen.

235. Bei solchen Totenfeiern werden drei Sachen für rein gehalten: der Tochter Sohn, die Nepal-Decke und der *Tila*, und drei Dinge werden von den Weisen dabei gelobt: Reinigkeit, Verhütung des Zorns und Behutsamkeit, daß man sich nicht übereile.

236. Man muß darauf achten, daß alle gekochten Speisen sehr heiß sind. Die *Brahmanen* müssen sie ganz stillschweigend essen und nicht über die Beschaffenheit derselben ihre Meinung sagen, wenn sie der Wirt auch fragt.

237. So lange wie die Speisen warm bleiben, so lange wie die *Brahmanen* stillschweigend davon essen, so lange sie nichts über die Beschaffenheit sagen, so lange schmausen auch die abgeschiedenen Seelen davon.

238. Was ein *Brahmane* mit bedecktem Haupte ißt, was er ißt, während sein Gesicht nach Mittag gekehrt ist und was er ißt, während er Pantoffeln an den Füßen hat, das fressen die Dämonen sicherlich auf.

239. Kein *Chandala*, kein Stadtschwein, kein Hahn, kein Hund, keine Frau in ihrer Monatszeit und kein Verschnittener muß die *Brahmanen* essen sehen.

240. Sieht eines von diesen bei einer Spende ins Feuer zu oder bei einem feierlichen Geschenke von Kühen und Gold, bei einem Gastmahle, welches man den *Brahmanen* gibt, bei heiligen Zeremonien zu Ehren der Götter oder bei Totenfeiern zum Andenken der Vorfah-

ren, so hat das, was jene ansichtig geworden sind, nicht den beabsichtigten Nutzen.

241. Das Schwein vernichtet es durch seinen Geruch, der Hahn durch den Wind seiner Flügel, der Hund durch die Art seines Anblicks und ein Mann aus der niedrigsten Kaste durch sein Antasten.

242. Wenn ein Lahmer, ein Einäugiger oder jemand, der an irgendeinem Teile seines Körpers mißgebildet ist, auch sogar im Dienste des Wirtes wäre, so muß ihn sein Herr doch von dem Orte entfernen.

243. Wenn ein anderer *Brahmane* oder ein Bettler in sein Haus kommt, um bei ihm zu essen, so ersuche er die eingeladenen *Brahmanen* um Erlaubnis, den Fremden bewirten zu dürfen und tue es nach seinen besten Kräften.

244. Er trage sofort allerlei Speisen, zum Beispiel gekochten Reis und dergleichen auf, spritze Wasser darüber, reiche sie erst den *Brahmanen*, welche bereits gegessen haben und lasse dann etwas davon auf die Blätter des *Kushagrases* fallen, welches vorher auf den Boden ausgebreitet worden war.

245. Was in den Schüsseln zurückbleibt und was auf das *Kushagras* gefallen ist, muß als das Zubehör der verstorbenen *Brahmanen* betrachtet werden, die nicht mit dem Opferbande umgürtet sind und derer, die unerlaubterweise die Frauen ihrer Klasse verlassen haben.

246. Was bei einer *Sraddha* der Vorfahren auf den Boden gefallen ist, haben die Weisen den Dienern zugesprochen, die in ihren Handlungen gerade und nicht träge oder heimtückisch sind.

247. Ehe die Totenfeiern der Vorfahren bis ins sechste Glied vollzogen werden, muß man eine solche Zeremonie zu Ehren eines unlängst verstorbenen *Brahmanen* veranstalten; in diesem Falle aber muß der, welcher sie veranstaltet, die *Sraddha* ohne die Zeremonie für die Götter verrichten und nur einen runden Kuchen opfern, und diese Totenfeier für einen einzigen Vorfahren sollte jährlich an seinem Todestage gehalten werden.

248. Wenn nun die Totenfeiern der Vorfahren bis ins sechste Glied, ihn mit einbezogen, dem Gesetze nach gehalten worden sind,

dann müssen die Nachkommen Kuchen opfern, so wie es vorher für die monatlichen Zeremonien verordnet worden ist.

249. Derjenige Tor, welcher nach dem Genusse der *Sraddha* die Überreste einem Manne aus der Dienstklasse gibt, stürzt gerade herab in die Hölle, *Calasutra* genannt.

250. Wenn jemand an dem gleichen Tage, an dem er die *Sraddha* gegessen hat, in das Bett einer Verführerin steigt, so müssen seine Vorfahren einen Monat lang auf ihren Exkrementen schlafen.

251. Zunächst muß er mit dem Worte „*Svaditam*" die *Brahmanen* fragen, ob sie wohl gespeist haben, und wenn sie satt sind, muß er ihnen Wasser zur Reinigung geben und höflich zu ihnen sprechen: „Ruhet entweder zu Hause oder hier."

252. Dann sollen die *Brahmanen* ihn mit dem Worte „*Svadha*" anreden, denn bei allen Zeremonien, die sich auf die Vorfahren beziehen, ist das Wort „*Svadha*" der höchste Segen.

253. Darauf sage er den Göttern, was für Speisen noch übriggeblieben sind, höre, wie sie die *Brahmanen* angewendet wissen wollen und verteile sie nach ihren Befehlen.

254. Nach einer *Sraddha* für seine Vorfahren frage er die *Brahmanen* mit dem Worte „*Svadita*", ob sie satt sind, nach einer Familien-*Sraddha* mit dem Worte „*Susruta*", nach einer *Sraddha* zu seinem Vorteil mit dem Worte „*Sampanna*", nach einer *Sraddha* zu Ehren der Götter mit dem Worte „*Ruchita*".

255. Der Nachmittag, das *Kushagras*, die Reinigung des Fußbodens, die *Tilas*, die großmütigen Geschenke von Speisen, die gehörige Zubereitung zum Mahle und die Gesellschaft sehr erhabener *Brahmanen*, sind wahre Reichtümer bei den Totenfeiern der Vorfahren.

256. Das *Kushagras*, die heiligen Sprüche, der Vormittag, alle die Opfer, die sogleich genannt werden sollen und die vorerwähnte Reinigung, müssen als Reichtum bei einer *Sraddha* zu Ehren der Götter betrachtet werden.

257. Wildwachsende Getreidearten, wie sie Einsiedler essen, Milch, der Saft der Mondpflanze, frische Nahrungsmittel und nicht künstlich aufbereitetes Salz, sind ihrer Eigenschaften wegen am schicklichsten für das eben erwähnte Opfer.

258. Wenn er die eingeladenen *Brahmanen* entlassen hat, muß er sich mit Aufmerksamkeit und Stillschweigen waschen, nach Mittag zusehen und folgenden Segen von den *Pitris* erbitten:

259. „Oh, daß doch unser Haus immer viele großmütige Geber haben möge, daß doch in demselben die Schrift immer fleißig gelesen und die Nachkommenschaft vermehrt werden möge, daß Redlichkeit nimmer von uns weiche und daß wir doch immer viel haben möchten, den Armen zu geben!"

260. Wenn er nun die *Sraddha* beendet hat, so lasse er die Überreste der Kuchen entweder von einer Kuh, von einem Priester, von einer Geiß oder vom Feuer verzehren, wenn er sie nicht ins Wasser werfen will.

261. Einige opfern runde Kuchen nach dem Mahle der *Brahmanen*, andere lassen Vögel den Rest essen oder werfen ihn ins Feuer oder ins Wasser.

262. Eine rechtmäßige Frau, die ihrem Herrn immer treu ist und beständig seine Vorfahren verehrt, muß den mittelsten der drei Kuchen oder den essen, welcher seinem Großvater von väterlicher Seite dargebracht worden ist und unter gehörigen Zeremonien um Kinder bitten.

263. Wenn dies so geschieht, kann sie einen Sohn gebären, der lange leben, berühmt, entschlossen, reich, Vater vieler Nachkommen, mit den besten Eigenschaften begabt sein und alle religiösen und bürgerlichen Pflichten erfüllen wird.

264. Hierauf wasche er sich beide Hände, schlürfe Wasser und bereite etwas Reis für seine Anverwandten von väterlicher Seite zu, den gebe er ihnen mit gehöriger Hochachtung und bereite dann auch ein Mahl für seine Verwandten von mütterlicher Seite zu.

265. Die Überbleibsel lasse er an ihrer Stelle, bis die *Brahmanen* entlassen sind, dann kann er die übrigen häuslichen Sakramente feiern.

266. Nun will ich euch vollständig auseinandersetzen, was für Opfer den abgeschiedenen Seelen auf lange Zeit oder auf ewig gefallen, wenn sie ihnen gehörig dargebracht werden.

267. Die Vorfahren der Menschen sind einen ganzen Monat mit *Tila*, Reis, Gerste, schwarzen Linsen oder Wicken, Wasser, Wurzeln

und Früchten zufrieden, wenn sie ihnen mit den vorgeschriebenen Zeremonien gegeben werden;

268. zwei Monate mit Fischen, drei Monate mit Wildbret, vier Monate mit Schöpfenfleisch, fünf mit dem Fleische solcher Geflügel, wie sie die Wiedergeborenen essen können;

269. sechs Monate mit Ziegenfleisch, sieben mit dem Fleische gefleckter Tannhirsche, acht mit dem Fleische des Tannhirsches oder der Antilopen, genannt *Ena*, neun mit dem Fleische des *Ruru*;

270. zehn Monate sind sie zufrieden mit dem Fleische wilder Eber und wilder Büffelochsen, elf Monate mit dem Fleisch der Kaninchen oder Hasen und der Schildkröten;

271. ein ganzes Jahr mit Kuhmilch und Speisen, die aus solcher Milch zubereitet wurden und mit dem Fleische der weißen Ziegen mit langen Ohren.

272. Das Küchenkraut *Calasaca*, der Fisch *Mahasalca* oder der *Diodon*, das Fleisch eines Rhinozeros oder einer eisenfarbenen Ziege, Honig und dergleichen Waldkräuter, wie sie Einsiedler essen, sind von der Art, daß sie ohne Unterlaß ihren Wohlgefallen daran haben.

273. Alle reinen Lebensmittel mit Honig vermischt, die man am dreizehnten Tage des Mondes in der Regenzeit und unter dem Wendgestirne *Magha* opfert, dauern gleichfalls beständig.

274. „Oh“, sagen die abgeschiedenen Seelen, „möge doch der Mann in unserer Geschlechtsreihe geboren werden, der uns Milchspeisen mit Honig und reiner Butter am dreizehnten Tage des Mondes und auch dann gibt, wenn der Schatten eines Elefanten nach Morgen zu fällt.“

275. Dasjenige, was ein Mann von starkem Glauben aus Frömmigkeit und nach der Vorschrift des Gesetzes opfert, gewährt seinen Vorfahren in der künftigen Welt beständiges und unvergängliches Vergnügen.

276. In der finsteren Monatshälfte sind der zehnte und die folgenden Tage des Mondes, ausgenommen der vierzehnte, die Tage, die man am geeignetsten für heilige Totenfeiern hält; die anderen sind nicht so wie diese sind.

277. Wer die abgeschiedenen Seelen an gleichen Mondtagen und unter Konjunktionen ehrt, erreicht alle seine Wünsche, wer ihnen an ungleichen Mondtagen und unter Oppositionen opfert, wird eine berühmte Nachkommenschaft zeugen.

278. Wie zur Vollziehung einer Totenfeier die letzte oder finsterste Hälfte des Monats weit besser ist als die erste oder lichte Hälfte, so ist zu eben dieser Absicht die letztere Hälfte des Tages weit vorzüglicher als die erstere.

279. Das Opfer für die Vorfahren, samt der Austeilung an das Gesinde, muß bis ans Ende – ja sogar bis ans Ende des Lebens – auf die vorgeschriebene Art von einem *Brahmanen* gehörig verrichtet werden, der sein Band auf der rechten Schulter trägt; er muß dann ohne Saumseligkeit von der Rechten zur Linken gehen und *Kushagras* in seine Hand nehmen.

280. Totenfeiern müssen nicht bei Nacht begangen werden, denn die Nacht wird *Rakshasi* – oder von Dämonen beunruhigt – genannt, noch während Auf- oder Untergang der Sonne, noch gleich nach Aufgang derselben.

281. Ein Hausvater, der nicht alle Monate ein Gastmahl zu geben imstande ist, kann die Totenfeiern nach der heiligen Verordnung nur dreimal im Jahr, in den Jahreszeiten *Hemanta*, *Grishma* und *Versha* begehen; aber die fünf Sakramente muß er täglich beachten.

282. Die Gesetze befehlen, daß das Opfer bei den Totenfeiern der Voreltern nicht mit gemeinem Feuer verrichtet werde und die monatliche *Sraddha* eines *Brahmanen*, der ein beständiges Feuer unterhält, sollte an keinem anderen Tage als an dem der Konjunktion gehalten werden.

283. Wenn ein Wiedergeborener nach seinem Reinigungsbade den verschiedenen Seelen ein Opfer zu ihrer Zufriedenheit nur mit Wasser darbringt, weil er kein Gastmahl geben kann, so gewinnt er durch dieses Opfer alle Vorteile einer *Sraddha*.

284. Unsere Väter werden von den Weisen *Vasus* genannt, unsere väterlichen Großväter *Rudras*, unsere väterlichen Elternväter *Adityas*, das bedeutet, alle müssen wie Gottheiten verehrt werden, hierüber befindet sich eine sehr alte Stelle im Veda.

285. Derjenige, dessen Umstände es erlauben, muß sich ständig mit *Vighasa* und *Amritha* nähren, *Vighasa* heißt der Überrest des Mahls einer Totenfeier und *Amritha* das, was von einem Opfer an die Götter übrigbleibt.

286. Dieser vollständige Inbegriff von Vorschriften zur Feier der fünf Sakramente und dergleichen, ist euch nun hier verkündet worden.

SECHSTES KAPITEL

Über Andachtsübung – oder über den dritten und vierten Stand

1. Wenn nun der wiedergeborene Mann nach der Vorschrift des Gesetzes seine Schülerzeit vollendet und im Stande eines Hausvaters verblieben ist, so begebe er sich in einen Wald, um dort zu wohnen, beharre standhaft in seinem Glauben und halte seine Gliedmaßen unablässig in wachsamer Aufsicht.

2. Wenn der Vater einer Familie merkt, daß seine Muskeln schlaff werden und sein Haar grau und wenn er das Kind seines Kindes sieht, dann fliehe er in einen Wald.

3. Er lasse alle Lebensmittel, die man in Städten zu genießen pflegt und all sein Hausgerät zurück und begebe sich also in den einsamen Forst; seine Frau aber vertraue er entweder der Vorsorge seiner Söhne an oder lasse sich, wenn sie bei ihm bleiben möchte, von ihr begleiten.

4. Er nehme sein geweihtes Feuer und all seine Hausgeräte, die zum Opfern gebraucht werden, dann wandere er aus der Stadt zum Walde und wohne dort mit völliger Herrschaft über seine Sinne und Handlungsorgane.

5. Er feiere die fünf großen Sakramente mit vielerlei reinen Nahrungsmitteln, wie sie heilige Weise zu essen pflegten, mit grünen Kräutern, Wurzeln und Früchten und bringe sie mit gehörigen Zeremonien dar.

6. Sein Gewand sei eine schwarze Antilopenhaut oder ein Kleid von Rinde, er bade sich abends und morgens, und er lasse die Haare auf seinem Haupte und in seinem Barte, desgleichen seine Nägel, beständig wachsen.

7. Er bringe von aller Nahrung, die er ißt, soweit es seine Kräfte erlauben, Spenden dar und teile Almosen aus; die aber, welche seine Einsiedelei besuchen, ehre er mit Geschenken von Wasser, Wurzeln und Früchten.

8. Sein beständiges Geschäft sei, den Veda zu lesen, geduldig in allen Nöten und wohlwollend gegen jedermann zu sein, seine Gedanken immer auf das höchste Wesen zu richten, immer Geschenke zu geben, aber nie welche anzunehmen und mit zärtlicher Neigung gegen alle belebten Körper durchdrungen zu sein.

9. Er opfere auf dem Herde mit drei heiligen Feuern und vernachlässige nicht, zu richtiger Zeit die Zeremonien zu verrichten, welche auf die Konjunktion und Opposition des Mondes fallen, wie das Gesetz befiehlt.

10. Er vollziehe auch das Opfer, welches zu Ehren der Mondkonstellationen verordnet ist, mache die gehörige Spende mit neuem Getreide und feiere alle vier Monate und bei der Winter- und Sommersonnenwende heilige Gebräuche.

11. Kuchen- und gekochte Getreidespenden mache er, wie sie das Gesetz vorschreibt, mit reinem Reis, wovon sich die alten Weisen nährten, welcher im Frühling und im Herbst wächst und welchen er selbst zu Hause gebraucht hat.

12. Wenn er nun dieses höchst reine Opfer, welches der wilde Forst erzeugte, den Göttern dargebracht hat, dann esse er den Überrest mit etwas Salz, das er selbst eingesammelt hat.

13. Seine Nahrung bestehe aus grünen Kräutern, Blumen, Wurzeln und Früchten, welche auf der Erde oder im Wasser wachsen, ferner aus allem, was auf reinen Bäumen erzeugt und aus Öl, welches aus Früchten gezogen wird.

14. Aber Honig und Fleischspeisen, alle Arten von Pilzen, die Pflanze *Bhustrina*, die, welche man *Gighrusha* nennt und die Frucht des *Gleshmataca* darf er nicht zu seiner Nahrung brauchen.

15. Im Monat *Asvina* muß er die Nahrung der Weisen, die er vorher eingesammelt hatte und sein Kleid, welches dann abgetragen ist und seine Kräuter, Wurzeln und Früchte, wegwerfen.

16. Er esse nie das, was auf einem gepflügten Acker wächst,

wenn ihn auch der Besitzer desselben verlassen hat, noch Früchte und Wurzeln, die in der Stadt gewachsen sind, wenn er auch vom Hunger gequält werden sollte.

17. Was vom Feuer erweicht und was durch die Zeit zur Reife gekommen ist, das ist ihm zu essen erlaubt, und er breche die Früchte, welche hart sind, entweder mit einem Stein auf oder bediene sich seiner Zähne, anstelle eines Stößels.

18. Er kann entweder so viel pflücken, wie er auf einen Tag braucht, er kann sammeln, was er auf einen Monat braucht, er kann zusammentragen, was er auf sechs Monate braucht oder sich mit so viel versorgen, wie ihm auf ein ganzes Jahr nötig ist.

19. Wenn er nun so wie es die Umstände erlaubten, für seine Nahrung gesorgt hat, so kann er sie an jedem Abend oder an jedem Morgen genießen, aber nur alle vier oder alle acht Tage ein regelmäßiges Mahl zu sich nehmen.

20. Oder er kann nach den Vorschriften der Mondbuße an jedem der hellen vierzehn Tage einen Mundvoll mehr und an jedem der dunklen vierzehn Tage einen Mundvoll weniger essen, oder es ist ihm auch erlaubt, nur einmal am Ende jeder Doppelwoche ein Gericht gekochten Reis zu essen.

21. Er kann sich auch nur von Blumen und Wurzeln und von völlig reifen Früchten ernähren, die von selbst abgefallen sind, wobei er aber genau die Vorschriften beachten muß, die den Einsiedlern gegeben sind.

22. Er rutsche entweder auf der Erde hin und her oder stehe einen ganzen Tag lang auf den Zehen oder erhalte sich bald sitzend, bald stehend in beständiger Bewegung; aber bei Sonnenaufgang, am Mittage und bei Sonnenuntergang gehe er ins Wasser und bade sich.

23. Zur heißen Jahreszeit setze er sich so, daß fünf Feuer auf ihn wirken, viere, die rings um ihn lodern und die Sonne von oben, zur Regenzeit muß er da, wo die Wolken die vollsten Ströme herabgießen, ganz unbedeckt, auch sogar ohne einen Mantel, stehen, wenn die Kälte eingetreten ist, muß er nasse Kleider tragen, und so muß er nach und nach seine Andachtsübungen vermehren.

24. An den drei *Savanas*, wenn er sein Reinigungsbad vornimmt,

bemühe er sich, es zur Zufriedenheit der abgeschiedenen Seelen und der Götter zu tun, und durch Erduldung härterer und härterer Bußen mergele er seinen Körper ab.

25. Wenn er nun seine heiligen Feuer in seinem Geiste aufbewahrt hat, so lebe er ohne äußeres Feuer, ohne Wohnung, ganz sprachlos und nähre sich von Wurzeln und Früchten, wie es das Gesetz vorschreibt.

26. Er denke nie an sein Vergnügen, sei keusch wie ein Schüler, schlafe auf der bloßen Erde in den Gegenden frommer Einsiedler und wohne ohne die geringste Selbstsucht an den Wurzeln der Bäume.

27. Von andächtigen *Brahmanen* oder von anderen Hausvätern der wiedergeborenen Klassen, die in dem Walde wohnen, sei es ihm erlaubt, zur Erhaltung seines Lebens Almosen anzunehmen.

28. Ein Einsiedler darf auch aus der Stadt Lebensmittel bringen, die er in einem Blätterkorbe, in seine nackte Hand oder in eine Scherbe bekommen hat, und dann genieße er davon acht Bissen.

29. Diese und andere Vorschriften muß ein *Brahmane*, der sich in die Wälder begibt, genau beachten, und damit er seine Seele mit dem göttlichen Geiste vereinige, muß er die verschiedenen *Upanishaden* der Schrift oder die Kapitel über das Wesen und die Eigenschaften Gottes erlernen.

30. Die Kapitel muß er erlernen, die mit Hochachtung von Einsiedlern, die in der Theologie bewandert waren und von Hausvätern, die später in Wäldern wohnten, zur Vermehrung ihrer erhabenen Kenntnis und Andacht und zur Reinigung ihrer Körper studiert worden sind.

31. Wenn er irgendeine unheilbare Krankheit hat, gehe er in geradem Pfade auf den unüberwindlichen nordöstlichen Punkt zu und nähre sich von Wasser und Luft, bis seine sterbliche Hülle gänzlich zusammenfalle und seine Seele mit dem Höchsten vereinigt werde.

32. Wenn ein *Brahmane* seinen Körper auf irgendeine der erwähnten Arten, wie große Weise getan haben, unvermerkt zerrüttet hat und gleichgültig gegen Kummer und Furcht geworden ist, so wird er in dem göttlichen Wesen höchst erhaben werden.

33. Wenn er auf diese Art den dritten Teil seines Lebens hindurch religiöse Handlungen in einem Walde vollzogen hat, so werde er in der vierten Abteilung desselben ein *Sannyasin*, härte sich gegen alle sinnlichen Eindrücke ab und ruhe gänzlich in dem höchsten Geiste.

34. Wer aus einem Stande zum anderen hinübergegangen ist und bei den Veränderungen seiner Zustände Spenden ins Feuer gemacht und seine Glieder in immerwährender Untertänigkeit gehalten hat, aber nun durch so vieles Almosengeben und Opfern ermüdet, sich also ganz in Gott ausruht, wird nach dem Tode die Höhe des Ruhmes erreichen.

35. Wenn er seine drei Schulden an die Weisen, an die abgeschiedenen Seelen und an die Götter abgetragen hat, dann beschäftige sich seine Seele mit der endlichen Glückseligkeit, aber der, welcher, ohne diese Schulden bezahlt zu haben, es wagt, nach Glückseligkeit zu streben, wird tief fallen.

36. Wenn er die Veden auf die gesetzmäßige Art gelesen hat, rechtlicherweise einen Sohn gezeugt und die Opfer nach seinen besten Kräften verrichtet hat, so sind seine drei Schulden bezahlt, und er kann alsdann an ewige Wonne denken.

37. Aber wenn ein *Brahmane* nicht den Veda gelesen, keinen Sohn gezeugt, keine Opfer verrichtet hat und doch nach endlicher Glückseligkeit strebt, so soll er in einen Ort der Erniedrigung sinken.

38. Wenn ein *Brahmane* das Opfer des *Prajapati* verrichtet, daneben seinen sämtlichen Reichtum weggeschenkt und die Opferfeuer in seiner Seele aufbewahrt hat, so kann er aus seinem Hause, das ist aus dem zweiten Stande oder sogar auch aus dem ersten, in den Stand eines *Sannyasin* übergehen.

39. Höhere Welten werden durch den Ruhm des Mannes erleuchtet, welcher aus seinem Hause in den vierten Stand übergeht, alle belebten Wesen von Furcht befreit und die mystischen Worte des Veda ausspricht.

40. Ein *Brahmane*, welcher empfindenden Geschöpfen auch nicht die kleinste Furcht verursacht hat, darf nirgendswoher etwas besorgen, wenn er aus seinem sterblichen Körper befreit wird.

41. Wenn er in den vierten Stand treten will, so verlasse er sein

Haus, nehme seine reinen Gefäße, nämlich seinen Wassertopf und seinen Stab mit sich, spreche kein Wort und lasse sich nicht verleiten, nach den ihn umgebenden Gegenständen zu verlangen.

42. Wegen seiner eigenen Glückseligkeit wohne er beständig allein, er überlege, wie selig ein einsamer Mann ist, der weder verläßt noch verlassen ist und lebe ohne Gesellschafter.

43. Er darf kein Küchenfeuer, keine Behausung haben, sondern in die Stadt gehen, wenn er sehr hungrig ist, Krankheit trage er mit Geduld, und seine Seele sei standhaft, er strebe, Gott kennenzulernen und hefte seine Aufmerksamkeit auf Gott allein.

44. Ein irdener Wassertopf, die Wurzeln großer Bäume, grobe Kleidung, gänzliche Einsamkeit, Gutmütigkeit gegen alle Geschöpfe, dies sind die Unterscheidungsmerkmale eines freigewordenen *Brahmanen.*

45. Er muß nicht den Tod wünschen und nicht um Leben flehen, er erwarte seine bestimmte Zeit, wie ein gemieteter Diener seinen Lohn erwartet.

46. Wenn er einen Schritt mit seinem Fuße tun will, so reinige er diesen zuvor dadurch, daß er herabblickt, damit er nicht von ungefähr etwas Unreines berühre, wenn er Wasser trinken will, so reinige und siebe er es durch ein Tuch, damit er nicht etwa ein Insekt beschädigt, wenn er sprechen will, so wähle er Worte, die durch Wahrheit gereinigt sind, aber vorzüglich halte er ja sein Herz rein.

47. Er muß Tadel mit Geduld ertragen und gegen niemand von anderen verkleinernd sprechen, er muß sich nie wegen seines hinfälligen, fiebrigen Körpers mit irgend jemand in Zwistigkeiten verwickeln.

48. Gegen einen zornigen Mann muß er seinerseits nicht wieder zornig sein, wird er geschmäht, so antworte er mit Sanftmut, noch spreche er ein einziges Wort über die nichtigen täuschenden Dinge, welche in sieben Tore eingeschränkt sind, dies sind die fünf Sinneswerkzeuge, das Herz und der Verstand oder diese Welt mit noch drei anderen darüber und dreien darunter.

49. Wohlgemut stelle er seine Betrachtungen über den höchsten Geist an und sitze in solche Gedanken vertieft ohne etwas Irdisches zu verlangen, ohne ein sinnliches Bedürfnis, ohne einen anderen Ge-

sellschafter als seine eigene Seele zu haben, so lebe er in dieser Welt und trachte nach der Glückseligkeit der nächsten.

50. Er suche sich niemals dadurch seinen täglichen Unterhalt zu verschaffen, daß er Vorbedeutungen und Wunder erklärt oder Geschicklichkeit im Sterndeuten und Wahrsagen aus den Linien der Hand zeigt, noch dadurch, daß er Gewissensfragen zu entscheiden sucht und Erläuterungen heiliger Sprüche unternimmt.

51. Er nahe sich keinem Hause, wo Einsiedler, Priester, Vögel, Hunde oder andere Bettler oft ein- und ausgehen.

52. Mit beschnittenen Haaren, Nägeln und Barte und einem Teller, einem Stab und einem Wassertopf in seiner Hand, mit gänzlich auf Gott gerichteten Gedanken, wandere er beständig umher, ohne Tieren oder Pflanzen Schmerz zuzufügen.

53. Seine Teller dürfen keinen Sprung haben und nicht aus glänzenden Metallen sein, zur Reinigung dieser Geräte ist nur Wasser verordnet, wie für die Säuberung der Opfergefäße.

54. Ein Kürbis, eine hölzerne Schale, ein irdener Teller, ein geflochtener Korb, dies sind die Gefäße, welche Manu, der Sohn des Selbstbestehenden, den *Brahmanen*, die sich Gott gewidmet haben, als die schicklichsten zur Aufbewahrung ihrer Lebensmittel angegeben hat.

55. Nur einmal am Tage nehme er Nahrung zu sich und gewöhne sich, nicht viel auf einmal zu essen, denn ein Einsiedler, der sich angewöhnt viel zu essen, fängt an, sinnliche Vergnügungen zu suchen.

56. Wenn die Küchenfeuer nicht mehr rauchen, wenn der Stößel ungebraucht daliegt, wenn die Kohle ausgebrannt ist, wenn die Leute gegessen haben und wenn die Teller weggetragen sind, wenn sich der Tag also neigt, dann muß ein *Sannyasin* allezeit um Nahrung bitten gehen.

57. Gibt man ihm keine, so muß er sich nicht kränken, und wenn er welche erhält, so muß er sich nicht freuen: seine Sorge sei nur, genug zum Lebensunterhalt zu haben, aber um seine Geräte darf er sich nicht ängstlich sorgen.

58. Er lasse sich nie herab, Lebensmittel nach einer demütigen Verbeugung anzunehmen, denn wenn ein *Sannyasin* wegen eines de-

mütigen Grußes dergleichen annimmt, so wird er ein Gefangener, wenn er gleich frei ist.

59. Diejenigen Gliedmaße, an denen sich von Natur die Sinnlichkeit stärker äußert, muß er durch weniges Essen und durch den Aufenthalt in einsamen Gegenden kasteien.

60. Durch das Zügeln seiner Glieder, durch gleiche Entfernung von Widerwillen und Zuneigung und dadurch, daß er empfindenden Geschöpfen keinen Schmerz zufügt, bereitet er sich zur Unsterblichkeit vor.

61. Seine Betrachtungen richte er auf folgende Gegenstände: auf die Wanderungen der menschlichen Seelen, die eine Folge ihrer sündlichen Handlungen sind, auf ihr Hinabstürzen in die Gegend der Finsternis und auf die Qualen in der Wohnung des *Yama*;

62. auf ihre Trennung von denen, die sie lieben und ihre Vereinigung mit denen, die sie hassen, auf ihre durchs Alter zerstörte Stärke und auf ihre durch Krankheit gefolterten Leiber;

63. auf ihre Todesangst bei dem Verlassen dieser körperlichen Hülle, auf ihre abermalige Bildung im Mutterleibe und auf das Hinüberschlüpfen dieses Lebensgeistes durch zehntausend Millionen Mutterwege;

64. auf das Elend, das sich bekörperte Geister durch die Verletzung ihrer Pflichten zuziehen und auf die unvergängliche Wonne, die sie nach der völligen Ausübung aller ihrer religiösen und bürgerlichen Pflichten erwarte.

65. Desgleichen betrachte er mit ungeteilter Anstrengung das zarte, unteilbare Wesen des höchsten Geistes und dessen vollkommenes Dasein in allem was ist, es sei so erhaben oder so tief erniedrigt wie es wolle.

66. Gleich gut gesinnt gegen alle Geschöpfe erfülle er, ohne Rücksicht auf den ihm angewiesenen Stand, seine Pflicht auf das genaueste, ob ihn gleich kein sichtbares Merkmal seines Standes auszeichnet; das sichtbare Merkmal oder der bloße Name seines Standes ist keineswegs eine wirkliche Erfüllung seiner Pflicht.

67. Ebenso wie man Wasser nicht nur dadurch reinigen kann, daß man den Namen der Frucht des Baumes *Cataca*, welche diese Reini-

gungskraft hat, ausspricht, sondern man muß sie zu Pulver stoßen und in das Gefäß werfen.

68. Um kleinen Tieren bei Nacht und bei Tage das Leben zu erhalten, muß er, ob es seinem Körper gleich noch so schmerzhaft sein mag, im Gehen immer auf die Erde sehen.

69. Um den Tod der Geschöpfe auszusöhnen, die ein *Sannyasin* unwissentlich bei Tag oder bei Nacht etwa vernichten könnte, muß er sich, wie es vorgeschrieben ist, baden und sechsmal den Atem anhalten.

70. Wenn ein *Brahmane* auch nur dreimal nach der göttlichen Vorschrift seinen Atem unterdrückt und dabei den Satz „*Bhurbhuvah Svjah*" und die Silbe „*Om*" ausspricht, so wird ihm das als die höchste Andachtsübung angerechnet.

71. Denn wie die Schlacken und Unreinigkeiten der Erze durch Feuer verzehrt werden, so werden sündige Handlungen der menschlichen Gliedmaße durch die Unterdrückung des Atems und während des Andenkens an die mystischen Worte und an die Verse der *Gayatri* verzehrt.

72. Auf diese Weise verbrenne er durch die Unterdrückungen des Atems seine Vergehen, und durch beständiges Nachdenken über die Schritte, die zur Glückseligkeit hinaufführen, zerstöre er die Sünde; durch Bezähmung seiner Glieder verhindere er alle sinnliche Anhänglichkeit; durch Nachdenken über die innige Vereinigung seiner eigenen Seele und des göttlichen Wesens ersticke er alle Äußerungen, die mit der Natur Gottes streiten.

73. Er beobachte mit äußerster Geistesanstrengung den Fortschritt seines inneren Geistes durch die verschiedenen hohen und niedrigen Körper, ein Fortschritt, welcher Leuten von ungeübten Verstandeskräften sehr schwer begreiflich ist.

74. Wer die beständige Allgegenwart Gottes völlig versteht, der kann von ruchlosen Vergehen nicht mehr gefangengenommen werden, wer aber diese erhabene Kenntnis nicht besitzt, muß wieder durch die Welt wandern.

75. Diejenigen, die keinem belebten Wesen Schaden zufügen, ihre sündlichen Lüste durch fromme verordnete Gebräuche des Veda

und durch strenge Kasteiungen bezähmen, kommen schon in diesem Leben in den Zustand der Wonne.

76. Eine Behausung, die Knochen anstatt der Haupt- und Querbalken, Nerven und Sehnen anstatt der Seile hat, Muskeln und Blut anstatt des Kalks und Haut zur äußeren Bedeckung und die nicht mit süßen Düften erfüllt, sondern mit Unrat und Urin überhäuft ist;

77. eine Wohnung, die von Alter und Kummer angegriffen, die ein Sitz der Krankheit ist, die durch Schmerzen erschüttert wird, die mit Finsternis umgeben und nicht so beschaffen ist, daß sie lange stehen kann, eine solche Wohnung der Lebensseele muß ihr Bewohner allezeit mit Vergnügen verlassen.

78. Wie sich ein Baum vom Ufer eines Flusses absondert, wenn er hineinfällt, wie ein Vogel von dem Aste eines Baumes fliegt, wenn es ihm beliebt, so wird der, welcher seinen Körper aus Notwendigkeit oder aus rechtmäßiger Willkür verläßt, von dem heißhungrigen Haifisch oder Krokodil von der Welt befreit.

79. Wenn er seine guten Taten mittels der Gesetze des Veda auf die kommen läßt, die ihn lieben und seine bösen Handlungen auf die, welche ihn hassen, so kann er durch andächtiges Nachdenken zum ewigen Geiste gelangen.

80. Wenn er die Beschaffenheit und Folge der Sünde wohl erwägt hat und alle sinnlichen Vergnügungen zu scheuen anfängt, dann gelangt er zu einer Glückseligkeit in dieser Welt, die auch nach dem Tode fortdauern wird.

81. Nachdem er so alle irdischen Neigungen aufgegeben hat und gegen alle Paarungen entgegengesetzter Dinge, zum Beispiel gegen Ehre und Schande und dergleichen, gleichgültig ist, so bleibt er im göttlichen Wesen verschlungen.

82. Alles soeben Verkündete erlangt man durch frommes Nachdenken, aber niemand, der den höchsten Geist nicht kennt, kann diese Frucht von bloßer Beachtung der Zeremonien einsammeln.

83. In dem Teil des Veda, der vom Opfer handelt, in dem, welcher die untergeordneten Gottheiten betrifft, in dem, der das Wesen des höchsten Gottes offenbart und in allem, was in den *Upanishaden* verkündet wird, muß er beständig forschen.

84. Diese heilige Schrift gewährt selbst denen eine sichere Zuflucht, die derselben Bedeutung nicht verstehen und denen gewiß, die sie verstehen. Dieser Veda ist ein sicheres Mittel für die, die oben Glückseligkeit suchen, dieser Veda ist ein sicheres Mittel für die, die nach ewiger Wonne trachten.

85. Ein *Brahmane*, der durch diese strengen Übungen, die in richtiger Ordnung erörtert worden sind, ein *Sannyasin* wird, schüttelt auf Erden alle Sünde ab und gelangt zum Allerhöchsten.

86. Dies ist das allgemeine Gesetz, welches euch für Einsiedler mit bezähmten Gedanken offenbart worden ist. Nun will ich euch die besonderen Übungen derer lehren, die sich nach den Gesetzen des Veda von der Welt trennen. Das ist der Einsiedler im ersten und vierten Grade.

87. Der Schüler, der Ehemann, der Eremit und der Einsiedler stammen, wenn sie auch in vier Ständen sind, von verheirateten Hausvätern.

88. Und jeder von diesen Ständen oder nur etliche derselben, wenn sie ein *Brahmane* einen nach dem anderen bekleidet und er die vorher erwähnten Vorschriften erfüllt, führen ihn in die höchste Wohnung.

89. Aber unter all diesen kann man den Hausvater, der die Verfügungen der *Shruti* und *Smriti* beachtet, den vorzüglichsten nennen, weil er die drei anderen Stände unterhält.

90. So wie alle weiblichen oder männlichen Flüsse zu ihrem bestimmten Orte in das Meer laufen, so gehen Männer aller anderen Stände an ihren bestimmten Ort in der Wohnung des Hausvaters.

91. *Brahmanen*, die sich in diesen vier Ständen befinden, müssen beständig einen Inbegriff von zehn Pflichten sorgfältig erfüllen:

92. Zufrieden sein, Böses mit Gutem vergelten, die sinnlichen Lüste unterdrücken, sich unerlaubten Gewinn versagen, sich reinigen, die Gliedmaße im Zaume halten, die Schrift erforschen, den höchsten Geist kennen, wahrhaftig sein und sich nicht zum Zorne verleiten lassen. Dies sind die zehn Teile ihres Pflichtenverzeichnisses.

93. *Brahmanen*, die die zehn Vorschriften ihrer Pflicht aufmerksam lesen und sie nach dem Lesen sorgfältig beachten, versetzen sich in einen Zustand, der über alles erhaben ist.

94. Wenn ein *Brahmane* mit Aufsicht über seine Gliedmaße seine zehnfachen Pflichten erfüllt und eine Erklärung der *Upanishaden* nach der Vorschrift des Gesetzes gehört hat und welcher seine drei Schulden abgetragen hat, kann nun dem Veda zufolge im Hause seines Sohnes ein Einsiedler werden.

95. Und da er nun keine zeremoniellen Gebräuche mehr beachtet, alle seine Verfehlungen ausgesöhnt hat, Herr über seine Gliedmaße geworden ist und die Schrift völlig innehat, so kann er, während sein Sohn die häuslichen Geschäfte besorgt, nach seiner Bequemlichkeit leben.

96. Wenn er sich derart von allen Anforderungen der Gesellschaft frei gemacht hat, gänzlich mit sich selbst beschäftigt und frei von aller anderen Neigung ist, wenn er sich Gott geweiht und dadurch seine Sünde ausgelöscht hat, dann steht er auf der erhabensten Stufe des Ruhmes.

97. So ist euch nun die vierfache Verordnung für die Priesterklasse bekannt gemacht worden, eine gerechte Verordnung, die unaufhörlich Frucht nach dem Tode trägt.